當代思潮 系列叢書

成為一個人
一個治療者對心理治療的觀點

ON BECOMING A PERSON
A Therapist's View of Psychotherapy

卡爾・羅哲斯──著
Carl R. Rogers

宋文里──譯

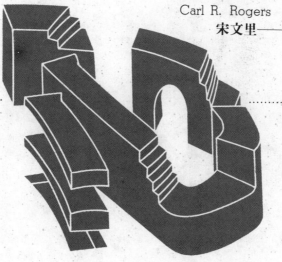

久大文化股份有限公司
桂冠圖書股份有限公司

「當代思潮系列叢書」序

　　從高空中鳥瞰大地，細流小溪、低丘矮嶺渺不可見，進入眼簾的只有長江大海、高山深谷，刻畫出大地的主要面貌。在亙古以來的歷史時空裡，人生的悲歡離合，日常的蠅營狗苟，都已爲歷史洪流所淹沒，銷蝕得無影無踪；但人類的偉大思潮或思想，却似漫漫歷史長夜中的點點彗星，光耀奪目，萬古長新。這些偉大的思潮或思想，代表人類在不同階段的進步，也代表人類在不同時代的蛻變。它們的形成常是總結了一個舊階段的成就，它們的出現則是標示著一個新時代的發軔。長江大海和高山深谷，刻畫出大地的主要面貌；具有重大時代意義的思潮或思想，刻畫出歷史的主要脈絡。從這個觀點來看，人類的歷史實在就是一部思想史。

　　在中國的歷史中，曾經出現過很多傑出的思想家，創造了很多偉大的思潮或思想。這些中國的思想和思想家，與西方的思想和思想家交相輝映，毫不遜色。這種中西各擅勝場的情勢，到了近代却難繼續維持，中國的思想和思想家已黯然失色，無法與他們的西方同道並駕齊驅。近代中國思潮或思想之不及西方蓬勃，可能是因爲中國文化的活力日益衰弱，也可能是由於西方文化的動力逐漸強盛。無論眞正的原因爲何，中國的思想界和學術界皆

應深自惕勵，努力在思想的創造上發憤圖進，以締造一個思潮澎湃的新紀元。

時至今日，世界各國的思潮或思想交互影響，彼此截長補短，力求臻於至善。處在這樣的時代，我們的思想界和學術界，自然不能像中國古代的思想家一樣，用閉門造車或孤芳自賞的方式來從事思考工作。要想創造真能掌握時代脈動的新思潮，形成真能透析社會人生的新思想，不僅必須認真觀察現實世界的種種事象，而且必須切實理解當代國內外的主要思潮或思想。為了達到後一目的，只有從研讀中外學者和思想家的名著入手。研讀當代名家的經典之作，可以吸收其思想的精華，更可以發揮見賢思齊、取法乎上的效果。當然，思潮或思想不會平空產生，其形成一方面要靠思想家和學者的努力，另方面當地社會的民眾也應有相當的思想水準。有水準的社會思想，則要經由閱讀介紹當代思潮的導論性書籍來培養。

基於以上的認識，為了提高我國社會思想的水準，深化我國學術理論的基礎，以創造培養新思潮或新思想所需要的良好條件，多年來我們一直期望有見識、有魄力的出版家能挺身而出，長期有系統地出版代表當代思潮的名著。這一等待多年的理想，如今終於有了付諸實現的機會——桂冠圖書公司決定出版「當代思潮系列叢書」。這個出版單位有感於社會中功利主義的濃厚及人文精神的薄弱，這套叢書決定以出版人文學及社會科學方面的書籍為主。為了充實叢書的內容，桂冠特邀請台灣海峽兩岸的多位學者專家參與規劃工作，最後議定以下列十幾個學門為選書的範圍：哲學與宗教學、藝文(含文學、藝術、美學)、史學、語言學、心理學、教育學、人類學、社會學(含未來學)、政治學、法律學、經濟學、管理學及傳播學等。

　　這套叢書所談的內容，主要是有關人文和社會方面的當代思潮。經過各學門編審委員召集人反覆討論後，我們決定以十九世紀末以來作爲「當代」的範圍，各學門所選的名著皆以這一時段所完成者爲主。我們這樣界定「當代」，並非根據歷史學的分期，而是基於各學門在理論發展方面的考慮。好在這只是一項原則，實際選書時還可再作彈性的伸縮。至於「思潮」一詞，經過召集人協調會議的討論後，原則上決定以此詞指謂符合下列條件之一的學術思想或理論：(1)對該學科有開創性的貢獻或影響者，(2)對其他學科有重大的影響者，(3)對社會大衆有廣大的影響者。

　　在這樣的共識下，「當代思潮系列叢書」所包含的書籍可分爲三個層次：經典性者、評析性者及導論性者。第一類書籍以各學門的名著爲限，大都是歐、美、日等國經典著作的中譯本，其讀者對象是本行或他行的學者和學生，兼及好學深思的一般讀書人。第二類書籍則以有系統地分析、評論及整合某家某派(或數家數派)的理論或思想者爲限，可爲翻譯之作，亦可爲我國學者的創作，其讀者對象是本行或他行的學者和學生，兼及好學深思的一般讀書人。至於第三類書籍，則是介紹性的入門讀物，所介紹的可以是一家一派之言，也可以就整個學門的各種理論或思想作深入淺出的闡述。這一類書籍比較適合大學生、高中生及一般民衆閱讀。以上三個層次的書籍，不但內容性質有異，深淺程度也不同，可以滿足各類讀者的求知需要。

　　在這套叢書之下，桂冠初步計畫在五年內出版三百本書，每個學門約爲二十至四十本。這些爲數衆多的書稿，主要有三個來源。首先，出版單位已根據各學門所選書單，分別向台灣、大陸及海外的有關學者邀稿，譯著和創作兼而有之。其次，出版單位也已透過不同的學界管道，以合法方式取得大陸已經出版或正在

編撰之西方學術名著譯叢的版權，如甘陽、蘇國勛、劉小楓主編的「西方學術譯叢」和「人文研究叢書」，華夏出版社出版的「二十世紀文庫」，陳宣良、余紀元、劉繼主編的「文化與價值譯叢」，沈原主編的「文化人類學譯叢」，袁方主編的「當代社會學名著譯叢」，方立天、黃克克主編的「宗敎學名著譯叢」等。各學門的編審委員根據議定的書單，從這些譯叢中挑選適當的著作，收入系列叢書。此外，桂冠圖書公司過去所出版的相關書籍，亦已在選擇後納入叢書，重新加以編排出版。

「當代思潮系列叢書」所涉及的學科衆多，爲了愼重其事，特分就每一學門組織編審委員會，邀請學有專長的學術文化工作者一百餘位，參與選書、審訂及編輯等工作。各科的編審委員會是由審訂委員和編輯委員組成，前者都是該科的資深學人，後者盡是該科的飽學新秀。每一學門所要出版的書單，先經該科編審委員會擬定，然後由各科召集人會議協商定案，作爲選書的基本根據。實際的撰譯工作，皆請學有專攻的學者擔任，其人選由每科的編審委員推薦和邀請。書稿完成後，請相關學科熟諳編譯實務的編輯委員擔任初步校訂工作，就其體例、文詞及可讀性加以判斷，以決定其出版之可行性。校訂者如確認該書可以出版，即交由該科召集人，商請適當審訂委員或其他資深學者作最後之審訂。

對於這套叢書的編審工作，我們所以如此愼重其事，主要是希望它在內容和形式上都能具有令人滿意的水準。編印一套有關當代思潮的有水準的系列叢書，是此間出版界和學術界多年的理想，也是我們爲海峽兩岸的中國人所能提供的最佳服務。我們誠懇地希望兩岸的學者和思想家能從這套叢書中發現一些靈感的泉源，點燃一片片思想的火花。我們更希望好學深思的民衆和學生，

也能從這套叢書中尋得一塊塊思想的綠洲，使自己在煩擾的生活中獲取一點智性的安息。當然，這套叢書的出版如能爲中國人的社會增添一分人文氣息，從而使功利主義的色彩有所淡化，則更是喜出望外。

　　這套叢書之能順利出版，是很多可敬的朋友共同努力的成果。其中最令人欣賞的，當然是各書的譯者和作者，若非他們的努力，這套叢書必無目前的水準。同樣值得稱道的是各科的編審委員，他們的熱心參與和淵博學識，使整個編審工作的進行了無滯礙。同時，也要藉此機會向高信疆先生表達敬佩之意，他從一開始就參與叢書的策劃工作，在實際編務的設計上提供了高明的意見。最後，對桂冠圖書公司負責人賴阿勝先生，個人也想表示由衷的敬意。他一向熱心文化事業，此次決心出版這套叢書，益見其重視社會教育及推展學術思想的誠意。

楊國樞

一九八九年序於

台灣大學心理學系

心理學類召集人序

　　心理學是一門相當年輕的領域，充其量它的發展不過只有百年的歷史。但在這短短的百年之內，心理學却歷經了許多思潮的起伏與派典的替換，這顯示了這個領域的學術非常活潑，變化非常快速，而且充滿生機。我們不難發現，當代心理學已經不再是一門依賴思辨與內省的玄學，而是一門理論與實用兼備的科學。雖然如此，心理學在今天仍舊是一門不太被人瞭解的科學，有時甚至被誤解或被漠視。

　　早期的心理學源於哲學並受哲學的影響是不難理解的。探究人類的心智與行為的問題，並不是當代心理學研究的產物。早在十七、八世紀的時候，哲學家就已經思索著這類的問題，並因而產生了知識論。知識論所最關心的有兩大議題，即㈠我們對外界的事物如何有「知」與㈡人類內在心理世界的內容究竟為何，其活動的基本機制又為何。為此，知識論曾出現了兩派不同而對立的看法，其中之一是經驗主義，這個主義主張，人類對世界的觀念與知識皆來自於「經驗」，而其中尤以直接的感覺經驗為最重要。另外一派是理性主義，主張「理知」是知識的主要來源，不是權威或精神的啟示、直覺或感覺的經驗。理性主義認為，人生而具備知識詮釋的機制，外界的事物只有透過詮釋才能顯示其意義與彼此之間的關係。這兩派看法對心理學的思潮都產生了某種

程度的影響。譬如，以馮特爲代表的意識結構學派，支加哥的功能學派與行爲學派，基本上都承襲經驗主義的主張，強調後天經驗對人類心智發展的重要性。而柯夫卡的完形派心理學，魯文的人格場論，弗洛依德的心理分析理論以及皮亞傑的認知發展理論裡，皆可看到理性主義強調天生機制對心智定性的影子。

　　心理學接受哲學思維的內容，但並不滿意哲學思維的方法。哲學思考常使用內省與思辨，因此易陷於主觀與臆測。當十九世紀生理學在研究神經系統的機制與功能有了傑出成就的時候，心理學也開始借用實驗生理學的方法與策略，對人類心智與行爲進行客觀的、分析的與量化的研究。如此，方法的改變得以使心理學術脫胎換骨，而躋身於科學之林，並且衍生了新的思潮。譬如，結構學派的創始者馮特，承襲了經驗主義的看法，認爲知識旣然來自於感覺經驗，而經驗者亦不時對感覺經驗採取某種反應，因此他主張，心理學應使用實驗生理學的方法，量化感覺刺激與反應，並尋求兩者之間的函數關係。這種研究的取向導致了心理物理研究的出現，使心理學開始成爲一支實驗的科學。馮特同時主張，感覺經驗必爲經驗者所意識，因此意識及其組成元素應爲心理內容的主體，心理學的課題應該是分析意識並揭露其結構。

　　與結構學派不同，功能學派主張，人類的意識與心智應從其功能而非其結構去瞭解；意識與心智皆爲個體爲適應環境、維持生命所發展出的結果，因此應從其維生的機制及其發展的動力歷程去瞭解。這種看法源於史賓塞，達爾文與高爾登的進化與適應觀點。進化是透過一連串整合與分化的過程，使得同質性最終變成異質性。由此觀點，低等動物只能以不變應萬變的使用反射性的行爲去應付各種不同的遭遇，略爲高等者則出現本能性行爲，再高等者則以不同的行爲應付不同的情境。人類的心智活動則是

進化與適應所顯現的最高境界。因此，為了瞭解心智與意識，心理學應該研究人類適應其環境的過程。功能學派裡不乏其人，詹姆斯、杜威、卡耳、桑代克以及吳德窩斯皆是這個學派的知名人物。卡耳指出人在維生過程中動機所扮演的角色。「動機」比「適應」更能具體說明心智與行為的改變；適應的過程抽象難以瞭解，使用這個概念詮釋事物，容易引起循環論證，不如把這個過程看成是一個為了維生的動機而產生「問題解決」的過程。此觀點經由桑代克的實驗發展成功了一項行為改變的法則──效果律。效果律是指，如果一個行為的結果令行為者滿意，則此行為有再次產生的可能；反之，如果感到厭惡，則此行為不再產生。效果律指出，「滿意性」的概念比「動機」的概念更適合解釋行為的改變。

功能學派與行為主義結合成為行為學派是極其自然的，因為兩者都肯定行為與環境的決定關係。兩者的不同只是在於，行為主義主張，為了使心理學成為自然科學的一支，心理學應摒棄「意識」、「心智」、「心靈」、「感情」以及其他不能直接觀察到而與「心」有關的概念，唯一需要關心的就是「行為」。行為學派的主要興趣在瞭解並預測行為的發生與改變。行為學派繼承西方的實徵主義，強調科學實驗嚴謹的變項控制，旨在發現一套為所有動物所服從的行為法則。典型的代表可推學派大師赫爾所提出的行為強化法則：一個行為出現的潛能是等於此行為的習慣強度、驅力強度、刺激強度與誘因大小等四者的乘積，此處「行為的習慣強度」是與行為受強化的次數呈指數函數的關係。

正如上述，心理學的研究曾籠罩在行為學派的思潮長達四十年之久，但四十年的時間，行為學派仍在爭論行為改變的基本機制與歷程。基本的機制與歷程如果歷久懸而未決，又如何用來解

釋複雜的行為與高層的心理運作如知覺、記憶、思考、心象以及其他的心理能力？行為學派的心理學是沒有「心」的心理學，它的「困境」是過份強調環境刺激與行為改變兩者的表面關係，而忽略了支持此關係、發生在身體內部的心理運作。

　　一九五六年之後，心理學在面對行為學派的困境之下，力求自身的改變，同時接受了語言學，傳送科學與計算機科學的影響，對人類的心智與行為有了全然不同於行為學派的看法。這是一個集眾人智慧所形成的思潮。在這個思潮底下，人被看成是一個符號運作與計算的系統，此系統不是一個單元體，而是一個多階段運作的系統，每一階段有其獨特的心理運作方式與能力的極限。同時，人被看成是一個從事複雜作業的系統。以有限的能力處理複雜的作業，勢必顯現學習、記憶與認知的困難，因此個體必須發展學習與記憶的策略，思考與解題的策略以及自我監控認知的能力，以克服這些困難。人是一個知識吸收的系統，但常以其所擁有的知識影響知識的吸收。這個思潮正在方興未艾，在未來將是心理學術的主幹。

　　任何科學與技術的研究與開發，其最終目的無非在增進人類的文明，改善人類的生活與提高人類的福祉。自然與物質科學的研究使得人類能夠掌握與運用自然界的資源，以達到前述的目的，而心理科學的研究使得人類能夠認識與改善自身的心智功能，以達到前述的目的。因此，兩者殊途同歸，彼此互補，缺一不可。尤有甚者，人為事物之主宰，而心智又為人之主宰，舉凡文化之發展，科學之推動與文明之設計，無一不是人類心智運作之功。如此，研究人類心智的發展與運作是至為重要的。

鄭昭明

一九八九年序於台灣大學心理學系

譯　序

1.

　　一個驟然興起的專門職業中，許多從事者們急切想要建立他的專業身份，他所憑恃的常是那些較易於爲人所知的外顯行爲，譬如說：執行的技術，而不是內在的專業理念。這是「心理輔導」這門專業的現況，同時也是問題之所在。當然，這並不是說，現今輔導工作的從事者們對於輔導的理念──即哲學、理論或基本假設──都一無所知。事實上，正因爲所有的輔導技術都由理念所孳生並且也由理念指引方向，因此，若對理念無知便實際上無法執行技術。然而我們目前的問題是：自從輔導這門專業輸入國內並漸成氣候以來，雖然有了些關於輔導的組織、做法、期望的成果等參考讀物（其實大部份仍是節譯或編譯的介紹性作品）出現，但基本的理論著作却仍然罕見。輔導工作者在養成教育的階段所閱讀的「理論性著作」也泰半是些大綱或摘要，對於經典原著的閱讀則常因資料來源的匱乏，或時間經濟的問題，甚至因爲無法瞭解其必要性，而被省略了。

　　理論的摘要不能代替原著本身，其理安在？

　　作爲一個專業輔導者，光是「聽說」或「知道」一些關於理論的說法，對自己的專業工作是毫無助益的。他的工作要求他必須以他的全部存在沉潛於某種理論之中，直到理論浹洽內化成爲他的一部份爲止——這個說法和閱讀理論大綱時的那種含糊籠統、事不關己的態度實在是南轅北轍。簡單地說，「沉潛」就是羅哲斯〔或其他關切存在 (existential) 問題的思想家們〕所說的「成爲」(becoming)，而決不是許多初學者所誤信的「聽說」「看過」云云。

　　輔導的工作者除了用他所學到的一些專業技術（譬如心理測驗、評量、或輔導的組織運作方式）之外，能使輔導具有眞實成效的東西，竟是輔導者自己的人格！正因爲我們不假設輔導的人格會從天而降，反而認定：在人間，我們可以用人自身的力量培養適當的人來擔任輔導工作，所以，我們也可用不帶神秘色彩的方式，來看看這種培養應如何才能成功。

　　羅哲斯的《成爲一個人》(*On Becoming a Person*, Boston: Houghton Mifflin, 1961) 這本書，假如讀者們也能認眞理解的話，應很容易發現：重要的不在於如何安排一些程序步驟，或使用一些方法技術來操弄受輔者，讓他去成爲一個（輔導者心目中的）人；相反的，羅哲斯反覆再三地說明，成人的過程需要具備一些基本條件才有以發生，而發生此一過程的動力有兩重，其一在於輔導者以自身爲本而創造出某些條件，其二則是受輔者感受到這些條件後，加強了改變的意願；於是，在兩重動力的交互合作之中〔羅哲斯所謂的「關係」(relationship) 即此之謂也〕，輔導就會以一個動態過程而往目標邁去。

　　話說回來，這就是羅哲斯寫成一些理論著作時，常有的本意

——在閱讀之中，羅哲斯本人（如同一個輔導者）與讀者（如同一個受輔者）以文字訊息為媒介而產生一個交互合作的動態過程。在本書中，羅哲斯提到一個案例，案主閱讀羅氏的原著而獲得相似於輔導治療的效果（十六章，原文pp.325-6），而所謂輔導治療的「效果」也者，正是指：讓人格變化的過程得以發動起來。輔導者在學習的階段先經發動，然後有受輔者加入，然後再以雙方合作的方式繼續進行此一動態過程。所以說，輔導者所運用的工作法則並不將他自己摒除於外，他不能抽離於治療關係之外，他不能袖手旁觀，或僅僅以「後座司機」的身份來指點受輔者應該何去何從。簡而言之，輔導者的學習過程和受輔者是一樣的；如果他沒有機會進入實際的治療關係，那麼，他至少應進入一種能引發變化過程的閱讀。

事實上，除了少數的專家之外，大多數身負輔導之責的人都沒有機會以受輔者的身份進入實際的治療關係，因為一方面只有專業訓練的課程中才會包含這種課目，再方面，這種課目和真正的治療關係一樣，總是得延續一段相當長的時間（大約一年到兩年），因此，目前在台灣並不是每一位輔導工作者都能負擔接受這樣的訓練。我們總是用比較簡便的方式來開始，因此，那就非閱讀莫屬了。也許，我們會由此而比較容易瞭解，為什麼不能只讀教科書式的大綱和摘要，而必須讀到真正可能引發交互關係的原著了。

2.

羅哲斯的心理治療取向，有過三種名稱。最初叫做「非指導」

　　(nondirective) 治療法，到1951年出版《以受輔者爲中心的治療法》(*Client-Centered Therapy*) 時，已被揚棄，其理由是要將「強調的重點從負面的、狹隘的語詞……轉成較正面的、針對受輔者那個人自身所能產生成長的因素。」(Meador and Rogers, 1984: 150)。但在1974年，羅哲斯和他的同僚們又把「以受輔者爲中心」的名稱改換成「以 (個) 人爲中心」(person-centered)，「相信這個名稱更能充分描述人在其工作的方式中，所涵攝的價值。」(Meador and Rogers，1984:142n)。

　　這一段「正名」的過程，對於瞭解羅哲斯和他的心理治療理念而言，頗有意義。在台灣，我們常見到「當事人中心」、「個人中心」這樣的譯名。本書中，將前者改譯爲「以受輔者爲中心」，至於後者，雖然在本書出版時尚未出現，但對於〝person〞那個核心字眼的翻譯，則從本書的書名起直到最後一頁都無法迴避翻譯上的尷尬問題，我們將在下一節裏討論。

　　在此首先要談的是「當事人」或「受輔者」的問題。原文中的client一字，最初由羅哲斯啓用，以代替過去慣用的「病人」(patient) 或「被分析者」(analysand) 之名。Client是什麼意思呢？在法律事務上，僱請或委託代理人的那位主人，叫做client。中文的法定譯名就叫做「當事人」。不過，client這個字的字根原義是「聽」，也就是說，被僱請或委託的人通常是個專家，所以那個出錢的老闆還必須聽他的意見。以此而言，用〝client〞來代替〝patient〞，用意在使求助者不再被視爲一個有病的東西，也不再接受病患般的處置。不過，這是不是說，他眞的「反客 (體) 爲主」了呢？原文中雖給了他一個「中心」的名號，但是，到底是什麼樣的中心呢？

　　由本書所輯錄的二十一篇文章來看，羅哲斯的心理治療理論

幾乎毫無例外地，是從治療者開始談起的。首先是有個人前來向
治療者求助，然後兩個人接觸了。由於求助者處在焦慮、脆弱、
紊亂的狀態中，使得治療者必須對他提供一種特殊的協助。而後，
理論的核心於焉展開——治療者應具備的條件是什麼？哪些條件
可以有效地幫忙求助者，使他卸除防衛之心，而開始和眞實的自
己鈎連？——如果沒有治療者的發動，則求助者的困難狀態簡直
毫無改變的契機。他將會帶著焦慮來，帶著焦慮回去。所以，治
療者乃是這場引發改變的關係中，居於結構性關鍵地位的人物。
就此而言，他和醫師、律師的關鍵性毫無二致。但是，話說回來，
這個治療者是怎樣運用他的關鍵地位呢？這就涉及了羅哲斯正名
過程的第一層次考慮——治療者究竟要不要指導前來求助的人？
你到底該不該叫他去做這做那？羅哲斯的回答是「不必」。因爲求
助的關係已經帶有形式結構上的引導性，求助者已經進入了一個
很特殊的引導性關係之中，而這種結構上的引導性已經很夠了，
不必再加上別的引導——何況，在求助者那個人的整個存在中，
還分受了一種來自宇宙天地的自然結構，動力豐沛，躍躍欲出，
只等著由治療者釋放而已，哪還需要什麼命令、催促式的指導呢？
這個想法看似幾近神秘，但羅哲斯(1981:vii-x)曾特別爲文闡說：
大自然的世界中富含形成的趨勢(formative tendency)，即使生
物學家、化學家也可在演化的進程，或物質的結晶法則中看出此
一趨勢的存在，所以並非神秘主義者妄誕的主張。由於懷有這樣
的信念，所以，「非指導」的治療法可以義無反顧地推出，但是，
我們不可被字面意義所惑，因爲nondirective並不意味著no
direction，「非指導」並不是「沒有引導」。至少，不談自然所引
導的方向吧，在結構關係中的引導之責仍然一分不少地落在治療
者的肩上。因此，這個治療者既然身負重任，羅哲斯就必然要先

把他所應具備的條件指明。然而，在關係中如此重要的人，爲什麼反而不是中心，却讓另一個人變成了中心？這是怎麼說的？

　　事實上，這種令人困惑的問題胥來自於翻譯的語義。當我們說「當事人中心」或「個人中心」時，原本是一種相互關係的心理治療結構，竟只凸顯了一個人，而讓另一個關鍵人物隱沒不見了。這是翻譯者的矯枉過正，因爲，在原文中，不論client-centered或person-centered的語詞都含有「被…造成」「因…而然」的含義，而這樣的被動態自然涵蘊了一個主動者在內。我認爲，這就是方才提到的「結構性」之主動。誰主動？不是別的，正是治療者，以及他所代表的治療體制。是這主動者使求助者變成治療關係的中心，或焦點，但，我們永遠不應忘記：焦點的背後必然有個聚焦的裝置，或調整焦距的人存在。

　　談到這裏，才可以回過頭來說明：爲什麼我寧願使用「以受輔者爲中心」的冗長譯名。我不願把「以…爲」兩字省掉，是爲了讓結構性的主動者重新回到它的涵義中。其次，我把「當事人」換成了「受輔者」，則是因爲「當事人」一詞即使在法律意味之中，也並未眞正顯出「主動性」的意思──他仍然是個委託專家替他辦事的人。反正我們的國語中沒有一個在意義上完全相當的字眼，不如就直接以實際的求助情形來給他一個名稱也罷。他來尋求的是心理治療，或心理諮商，而由於本地已經有個通用來稱呼以上兩者的名詞──「心理輔導」──我們就說他是個「接受輔導的人」，簡稱作「受輔者」，於是，我們的「以受輔者爲中心」的譯名乃於焉構成。

　　至於到「以（個）人爲中心」的階段，事實上，羅哲斯已經很明顯地放棄了偏袒一方而讓另一方隱在背後的做法。他使用了person一字，用以指稱關係雙方的兩個個人。史畢哥勃（Herbert

Spiegelberg, 1972:154) 在分析羅哲斯的現象學觀點時說得好,他說:「到了這個地步,我們就得說:這種理論已經不是只以受輔者爲中心,而是雙中心 (bi-centered),或是兩極 (bipolar) 的了……。」兩極互動,或是互爲主體〔(intersubjective),也譯作「交互主觀」〕,其實才是羅哲斯所謂的「關係」之本色。

3.

　　接著要談person的問題。我把 "On Becoming a Person" 譯作「成爲一個人」,是利用「一個」的量詞和「人」接在一起,一方面使「人」不會成爲集合名詞;另方面也避免了用「個人」來譯person的困境。Person當然是指單數的人,但它不等於「個人」(individual) ——馬丁‧布伯 (Martin Buber) 在他和羅哲斯的對話中很堅持這種分野。他說:「我反對individuals而贊成persons。」(Buber, 1965:184) 至於布伯的堅持究竟有什麼道理?我想,也許應該先從我們自己的語言,來看看我們的意義系統中潛伏的一個基本難題。在中文的語法中,「人」這個字雖是個單數人的造形,但它却絕少有「個人」的涵義。在古文中的「人」甚至常用來指「他人」,譬如在「利己利人」「推己及人」等等詞句中,「人」是用來與「己」對立的。而在俗語中的「人家」「不像人」則用「人」來泛指集體而不特定的人。另外只在「人家我要去……」或「氣死人」等語句中,才用來指外化的「我」。不過,以上這幾種用法,都不同於羅哲斯所特意標擧 (或布伯所堅持) 的person。

　　布伯對於person的說明是:「一個person……乃是一個個人

而實實在在地與世界生活在一起 (an individual living really with the world)。而所謂**與世界在一起** (with the world)，並不意指他只**在世界之內** (in the world) ——而是他和世界有眞實的接觸，有眞實的相互性，且是在世界之能與人相遇的各點上，皆能如此……這才是我所謂的 a person……」(Buber, 1965: 184)。A person是個可以數的、具體存在的人，但他旣不是囿於一己之內而與世界（社會）分別、對立的個人，也不是被世界所吞噬，被群體所範限而至失去各別性的「一般人」。與此相較的話，羅哲斯的用法比較不作嚴格的區分——他以individual和person作可以互換的使用，但很明顯的，他的 "individual" 一字承襲了齊克果 (Søren Kierkegaard) 的用法，不是指私心濃重、與人有別的個人，而更爲接近布伯所稱的person之義。

由於person一字在中文裏譯作「個人」或「人」都不很貼切，加上它在西方的語言體系中確實有相當複雜的脈絡〔參見關子尹在《人文科學的邏輯》(Ernst Cassirer原著) 一書中的譯註，pp. 90-92，台北：聯經〕，所以台灣的神學、哲學界常採用「位格」的譯名，也就是以新語詞來刷新它在中文裏的涵義。這個辦法，我也無法採用，因爲羅哲斯所稱的person雖也用來指稱一個哲學概念，但更重要的是，它常常與量詞、冠詞連用 (persons, a person, the person) 而用以指稱「具體存在的個人」。譯作「一個位格」，無人能解，所以，我仍然想辦法依照文脈，使用具體字眼去翻譯它——有時作「個人」，有時作「人」，有時作「我個人」，只有在不指各別而具體的人時，才稱作「人格」，但，我一定要提醒讀者：對於person這個關鍵字眼，我們決不可掉以輕心；更進一步說：每當羅哲斯提到人、個人、我、自我之類字眼時，他所指的，幾乎都是他的哲學中所欲重建的那種人。我們必須洗掉我們舊有的

語言習慣，否則將無法接收他的意思。對於「人」，我們已經到了
必須賦予它更多新義的時候。俗話中有種種與「人」有關的常用
語詞，譬如「人權」「人性」「注意人而不注重物質」等等，都不
見得超脫得了傳統語義的窠臼，換句話說，僅僅一個「人本主義」
的新口號，也不見得能表示任何嶄新的反省。我們很需要跳進另
一個意義系統的水庫中，才能汲得新的理解。羅哲斯至少是那個
意義系統中的一個鮮活樣本，值得我們浸潤於其中。

4.

　　羅哲斯在他有生之年，對美國以及許多其他地區的心理治療
已造成廣泛的影響，有人以爲，主要的原因在於他的理論「簡單、
易懂」，換言之，他是個很適合大衆傳播（甚至報紙的家庭版與休
閒生活版）口味的人。這種說法似乎正是大衆傳播式的論調──任
何事情都可以在報導中變得「簡單、易懂」。但在本質上，羅哲斯
有個無比艱難的層面。從理論和方法的關聯上，對羅哲斯重新加
以思索，就會發現，其實他一點也不簡單。

　　羅哲斯和存在主義哲學以及現象學的關係相當微妙。他未嘗
以「學術性的閱讀」，或其他學術活動（如研討會、辯論會等等）
的方式直接參與現象學界以及存在主義哲學。他自承自己「不是
一個學者」，只是偶爾讀到幾本別人寫的書，而「確認了我自己當
時所作的嘗試性思考。」（Rogers, 1980:63）。他所指的書包括了
齊克果、布伯、以及博蘭霓（Michael Polanyi）等人的著作。而
在本書中，羅哲斯也曾七度提及齊克果的名字。我們只能說，他
獨立發展自己的哲學，但却與存在主義者們遙相呼應。至於現象

學，羅哲斯的工作證明了他在這方面有更深入的參與及貢獻。史
畢哥勃指出：「羅哲斯對於人格與行爲的最後理論更明顯地表
示：現象域（phenomenal field）乃是人格結構中的一個基要部
份……現象學的世界不僅是人的行爲之主要原因（causal fac-
tor），也是治療過程中主要的攻擊點（point of attack）。」
（Spiegelberg, 1972:152）雖然羅哲斯的工作同僚中就有現象學
者（譬如Arthur Comb, Eugene Gendlin），但他從未明顯引述
現象學著作，只是一直以他自己的現象學方法呈現了受輔者和輔
導者的主觀體驗。而這樣的工作實際上就是他一生事業的主要內
容。

　　對於現象學，或存在主義哲學都很陌生的知識界（譬如美國，
或台灣），提及現象學方法，以及存在主義的「本體論」時，幾乎
都難以開始討論。尤其對存在現象學的術語，每多無法接受，因
此，很自然的，這種溝通無從發生，只能留下一些「簡單、易懂」
的部份，聊資茶餘酒後閒話一番而已。

　　再談到方法的問題（專業工作者事實上都應從這裏開始談起
才對）。

　　羅哲斯所稱的眞誠（genuineness）〔或稱「合一」（congru-
ence）〕、同理心（empathy）、無條件的積極關懷（unconditional
positive regard）等，在方法的運作上是極其困難的過程。首先，
就概念的界定，或性質的指認來說，就會引發非常複雜的問題。
羅哲斯對於這些概念都用體驗描述的方式來說明它們的性質，然
後用交互主觀認定的方式，來確認它們的存在。接著，放在專業
訓練的脈絡中，更爲困難的則是：如何引發、如何修正、如何維
持的問題──對接受專業訓練的準輔導者，和對受輔者而言，都
一樣不容易。沒有人能期盼它「天生註定」或「生而有之」，我們

必須以整套的培養、實習及核驗的方法，來引發並鞏固理論的主張。就培養和實習的部份而言，羅哲斯學派 (the Rogerian School) 事實上發展出很多方法，而且也廣泛地被專業訓練機構採用。以一份調查資料來看，當可見其一斑——Heesacker, Heppner, & Rogers(1982) 對諮商心理學的經典之作，用引述(citation)次數的多寡為標準，計算三種主要學術期刊(*The Counseling Psychologist, Personnel and Guidance Journal, Journal of Counseling Psychology*) 在 1979, 1980 兩整年內所有文章所引述的著作，結果發現：自從1957年以來，排名前九名的著作中，有四本受到羅哲斯的直接影響，並且都以說明專業訓練方法為其主要內容〔這四本著作是：Carkhuff (1969)，Truax & Carkhuff (1967)，Ivey (1971)，Egan (1975)〕。再就核驗的部份來說，羅哲斯更以大量的精力投入於各種實徵研究。本書十一、十二兩章對這段研究過程及結果作了清楚的報告。總之，理論本身涉及複雜的訓練方法及核驗方法，而這些都是羅哲斯理論的實質內容。對這些方法未曾親歷或未嘗清晰理解的人，都不應說是「知道」了羅哲斯，而只能算是道聽塗說。很可惜，一直到今天，在台灣號稱為心理輔導「專業訓練機構」的地方，都還明顯地缺乏對理論的深入討論，以及，更嚴重的是，幾乎沒有認真的專業養成訓練——沒有完整的訓練制度，甚至沒有充分的訓練設備。在這種情形下，難怪會稀釋了羅哲斯的份量，也使得心理輔導、心理治療的理念縮水淡化，不知所云。

5.

　　另外兩個問題也必須在此澄清一下，就是關於羅哲斯和心理分析理論及治療法的關係，以及羅哲斯與行爲主義者之間的爭論。

　　羅哲斯本人相當堅信他的主張是反弗洛依德的。在本書中(第五章)，他指出：弗洛依德及其後繼者認爲，人的本能衝動若不加以管制則必導致亂倫、謀殺等行爲；人的本質是非理性、非社會性、損人害己的。這種態度，經過二十年也似乎沒有改變 (Rogers, 1980:201)。但是，羅哲斯並不知道他犯了相當嚴重的「稻草人式」謬誤──他所說的弗洛依德不是弗洛依德的原義，充其量只是一些流行的成見而已。

　　弗洛依德創造了心理治療的基本型式，而他所創用的幾種觀念，譬如：潛意識 (unconcious)、自我防衛 (ego defense)、情感移換 (transference) 等等，幾乎已成了心理治療學所不自覺的通用概念。羅哲斯無疑的也落在這種觀念系統中。認眞檢查羅哲斯的想法，可以找出他和心理分析有許多相通之處。譬如本書第六章，談到人的意識知覺與有機體官能和體驗的關係，他說：「當意識不再戰戰兢兢地執行看管任務的時候，人的所有官能都會善爲自律……」(p.119) 在此，他的「意識」與「官能」間的關係，可說是弗洛依德「自我」與「原我」關係的複本。換言之，知覺與體驗之可以併存，或根本是相互依存的關係，都接近於弗洛依德的主張。更明顯的證據，莫過於本書十七章中的一段話：「一個心理失調的人 (the "neurotic")，在自己的意識裏有個常被稱

爲潛意識的部份，這些部份由於受到壓抑或否認，以致造成了知
覺上的障礙，使得這些部份的訊息無法向意識，或向他自己的主
宰部份傳遞。」(p.330)──這個說法，如果不特別標明的話，幾
乎會被認爲出自心理分析的官方文件。更有甚者，羅哲斯在早年
的工作經驗中雖然有「棄絕心理分析模式」的階段（本書第一章，
關於羅徹斯特那幾年的工作經驗），但他也接觸了另一種心理分
析學者的治療法，就是巒克 (Otto Rank) 的意志治療法 (will
therapy) 或「關係治療法」(relationship therapy)，並且頗受
影響 (Rogers, 1980:37)。巒克的治療法導源於弗洛依德所發現的
情感移換。不論巒克對弗洛依德有多少修正的意見，他仍是屬於
心理分析傳統的。弗洛依德的後繼者，乃至其他的批評者，很少
人看到了弗洛依德的全貌；更有甚者，由於訛傳、誤譯之故，更
嚴重地扭曲了心理分析的原旨。貝托海 (Bruno Bettelheim,
1982) 曾提出許多嚴肅的說明，希望糾正這數十年來的錯誤。他
在書名頁之前，引了弗洛依德致雍格 (Jung) 信函中的一句話：
「心理分析在本質上乃是一種透過愛的治療。」(Psychoanalysis
is in essence a cure through love.)──這不也正是羅哲斯的
根本信念嗎？以此而進一步再尋找羅哲斯與弗洛依德的相容，或
相匯（而非對立）之處，不是很有可能嗎？

　　羅哲斯沒有機會碰到弗洛依德，但是他碰到了行爲主義的代
表人物──哈佛大學的史金納 (B.F. Skinner)。他們眞的對上
了。1956年九月，羅、史二人在明尼蘇達大學（杜魯日校區）作
了一場長達九小時的辯論，其辯論內容被摘要節錄於《科學》雜
誌，但羅哲斯原本希望全部內容，甚至錄音帶都能全部公開，卻
因史金納事後拒絕同意，而使此事未能如其所願。羅哲斯對此耿
耿於懷，他的強烈不滿表現於1980年的回顧中，他說：「我覺得

（我們）這整個專業都被（他）欺騙了。」(1980:56)

究竟羅哲斯和史金納的爭論焦點何在？羅哲斯表示那是基本哲學之間的對立：自由對控制，人本主義對環境決定論。但史金納在辯論中堅認：人本主義者所主張的自由抉擇，最後都擺脫不掉控制的成份——在心理治療中，不論受輔者如何被允許、鼓勵去作自由抉擇，他仍是在治療者所提供的控制之中才能如此。史金納的回顧說得非常乾脆：「一個人可用安排環境的方式來協助另一個人，然而他所安排的環境就施行了控制。如果我沒說錯的話，一個人不可能不作此安排而竟能有助於人。所謂的人本主義心理學家是在控制著人的，如果他們所做的事情真的有效的話。」(Skinner, 1974:186) 羅哲斯在本書中很清楚地提出行為主義的缺陷，但，史金納的答辯不是也頗有道理嗎？所以，到底他們在爭什麼？

如果他們的爭論不只是因為「控制」這個字眼的同名異指，那麼，也許羅、史二人的主張是分立在兩個不同的層次上。羅哲斯強調人的價值判斷和目的選擇的基本歷程，而史金納則把焦點放在人際互動的實際行為，以及該行為的結構涵義上（我在譯序第二節中對此作過說明）。史金納並不是個贊成恐怖控制的人，相反的，他的《桃源二村》（Walden Two）乃是一個烏托邦式的理想，他想使人的精力不浪費於維持不人道的「尊嚴」；他所嚮往的是一個能以有效安排行為和賞罰的前後關係而建立的秩序世界，藉此避免濫施懲罰的「社會化」過程——他又是哪裏逸出了人本的關懷之外？史金納的本體論不在他自己的方法論之中，但我們却可以在他的研究和著作事業上，清楚地看出他的價值觀。所以，羅哲斯才會說：「我們（的想法）儘管截然不同，但這仍不會傷害我對他的尊敬。」(Rogers, 1980:56) 行為主義當然可以衍生很

多機械論、決定論式的枝節末流，但當我們弄淸楚它和人本主義的層次關聯後，就不難理解：它們之間仍可以有結構性的相容關係。行爲主義的心理學衍生出行爲改變技術 (behavior modification) 和行爲治療法 (behavior therapy)，但誰說它不能被人本主義者使用呢？誰又能說一個行爲治療者不能懷有羅哲斯的價值觀呢？

　　羅哲斯不是讓我們用來反心理分析或反行爲主義的藉口。這就是我的意思。我們閱讀羅哲斯的目的，是在於達成融匯──存在的本體之融匯──而不是在製造「說說嘴」式的衝突。這就是我的意思。

6.

　　我在1986年裏開始動手迻譯這本書，到1989年它才得以出版，距原文首版的時間(1961)，已有二十七年之久。這是不是正表示了：即使在號稱爲「已經現代化」的台灣，我們對具體存在之人的關懷，在起點上也比羅哲斯所處的世界落後了至少二十七年──或不知如何計算的時間？成爲一個人的路程，在個人的世界中，已有羅哲斯這類的人物爲我們指出方向，但在文化全面的意義上，我們能不能測量這段路程的距離？

宋文里

一九八九年三月

于新竹清華大學

參考書目

1. Bettelheim, B.

   1982 *Freud and man's soul.* New York: Random House.

2. Buber, M.

   1965 *The knowledge of man: A philosophy of the interhuman.* New York: Harper & Row.

3. Carkhuff, R. R.

   1969 *Helping and human relations: A primer for lay and professional helpers* (Vols. 1 & 2). New York: Holt, Rinehart & Winston.

4. Cassirer, E.

   1961 *Zur Logik der Kulturwissenschaften: Fünf Studien.* Darmstadt: Wissenschaftliche Buchgesellschaft. 〔關子尹譯(1986)《人文科學的邏輯》，台北：聯經。〕

5. Egan, G.

   1975 *The skilled helper: A model for systematic helping and interpersonal relating.* Monterey, Calif.: Brooks／Cole.

6. Heesacker, M., P.,Heppner, & M. E. Rogers

   1982 Classics and emerging classics in counseling psychology. *Journal of Counseling Psychology*, 29(4), 400-405.

7. Ivey, A. E.

　　1971　*Microcounseling: Innovations in interviewing training.* Springfield, Ill: Charles T. Thomas.

8. Meador, B., & C. Rogers

　　1984　Person-centered therapy, in Corsini, R. (Ed.) *Current psychotherapies.* Itasca, Ill.: E. E. Peacock. 142-195.

9. Rogers, C. R.

　　1951　*Client-centered therapy.* Boston: Houghton Mifflin.

10. Rogers, C. R.

　　1980　*A way of being.* Boston: Houghton Mifflin.

11. Rogers, C. R.

　　1981　The formative tendency, foreword to Royce, J. R., & L. P. Mos, (Eds.). *Humanistic psychology: Concepts and criticism.* New York: Plenum.

12. Rogers, C. R., & B. F. Skinner

　　1956　Some issues concerning the control of human behavior: A symponium. *Science,* 124(30), 1057-1066.

13. Skinner, B. F.

　　1974　*About behaviorism.* New Yok: Alfred A. Knopf.

14. Skinner, B. F.

　　1948　*Walden two.* New Yok: Macmillan. 〔蘇元良譯 (1977)《桃源二村》，台北：長橋。〕

15. Spiegelberg, H.

1972　*Phenomenology in psychology and psychiatry: A historical introduction.* Evanston, Ill.: Northwestern University Press.

16. Truax, C. B., & R. R. Carkhuff

1967　*Toward effective counseling and psychotherapy: Training and practice.* Chicago: Aldine.

致讀者

　　說來真令人驚訝，我當個心理治療師（或個人輔導員）已經超過三十年了。這意思是說，在將近三分之一個世紀長的時間裡，我一直努力在協助很廣泛的一群人，其中包括兒童、青少年和成年人，他們的問題有教育上、職業上、或個人的、婚姻的；這些人也常被分類為「正常人」、「神經質的人」，或「精神病患」（我用引號標出來，意思是說，這些分類標籤都具有誤導的作用）；他們或者是自行前來求助，或則是被人送來治療的，有些人的難題不大，有些人則在重重困難中，甚至變得灰心喪志，了無生氣。對我來說，能夠接近這麼多種不同的人，深入到他們個人的世界之中，真是難得的機會和無比的特權。

　　在這麼多年的臨床經驗和研究工作之中，我寫出了好幾本書和多篇文章。收錄在本書中的各個篇章就是從 1951 到 1961 的十年之間所寫成的東西中挑選出來的。我想說明一下，為什麼要把這些東西收編成一本書。

　　首先，我相信，幾乎所有的篇章都是關於個人如何在這個令人眩惑的現代世界中過生活的。這並不意指本書是像勸善文或勵志集那一類的東西，也不是自助性的說明書。在我的經驗中，讀者常會在這些文章裡發現一些挑戰，和一些讓他覺得更豐實的東

西。一個人在努力嘗試要邁向他想成為的那種人時，看到這些文章，多少會讓他覺得對自己的抉擇比較有信心。為了這個緣故，我才覺得應該讓這些文章更容易被人取得——我說的人是指那些可能會有興趣，但通常都叫做「有知識的門外漢」的人。我會特別有感於此，是因為過去我寫的書都只在專業的心理學圈子裡流通，使得圈外人很不容易觸及這些著作。我很懇切地希望那些不在心理輔導或心理治療領域中的人，可以發現：在這一領域中茁長的知識和心得也可以讓他們的生活變得更為有力、更有生機。我同時也希望和相信：很多從未向專業輔導者求助的人，在讀過這本書的某些段落（特別是和受輔者諮商面談的紀錄）之後，也會很微妙地感覺到他們的勇氣和自信心都提高了。他們只靠書中的內容而想像和感受別人如何奮力掙扎、邁向成長，結果他們也會變得更容易瞭解自身的難題。

　　另外一個影響我編成此書的理由是：愈來愈多原本已經知道我的觀點的諮商輔導、心理治療、人際關係等方面的專業人員，不斷催我把書弄出來。他們很明白地表示，他們希望瞭解我最近的想法，而且希望有種比較方便的方式可以讓他們取得。他們聽說文章沒出版，也就是幾乎沒法看到，就覺得很喪氣；他們也很害怕在許多不上道的期刊裡東一篇西一篇地獵取我寫的東西；總之，他們希望這些東西可以彙輯成冊。對任何一位作者來說，這種要求是一種恭維。同時，對我來說，這也構成了一種須盡的義務。我很希望我的選錄結果可以讓他們滿意。所以，就此而言，這本書的編撰實在是為了那些學心理學的、精神醫學的，或從事教育工作、學校輔導工作、宗教工作、社會工作、語言矯治工作的、還有擔任企業領導、勞工管理、政治事務有關的人。說真的，這本書就是要獻給他們的。

　　除此之外，還有個更複雜的個人動機對我頻頻催促。那就是：我在找尋更適合於聽我說這話的人。十幾年來，這個問題一直令我困惑。我知道能聽我說的只是一小撮心理學者，其他大多數學心理學的人（他們的興趣大概都在「刺激‧反應」「學習理論」「操弄制約」等字眼的暗示下形成）幾乎都一心一意地把個人看成物體，使得我所講的話要不是煩擾了他至少也讓他感到爲難。我也曉得，願聽我說的精神科醫師也只是一小撮。對許多人，甚至大多數人來說，心理治療也者，其眞理早經弗洛依德宣示過，因此他們沒興趣再聽聽新的可能性，也沒興趣（或反對）在這方面下功夫進行研究。我還曉得，另外一群組成份子較駁雜而自稱爲「諮商輔導人員」的人中，也只有一部份願聽聽我說什麼。這群人的大部份，其主要興趣仍只在於預測用的測驗和評量，以及如何運用輔導的方法。

　　所以，每當我要把文章投稿時，我就會對上述各個領域所擁有的專門期刊感到不滿。我曾經在以上各類的期刊上發表文章，但近年來，我大部份的寫作都是未出版的手稿，堆在那裡，等到有人向我索取時，才複印分送。這就表示我感到很不清楚該向哪些聽衆發表才好。

　　在這段期間，有些期刊的編輯（常是很小的，或很奇特的期刊）打聽到這些文章，來請求我准予刊登。我總會同意他們的要求，不過我也會附上個但書，告訴他們，將來我也許會希望以別的方式出版這些文章。因此之故，在這十年之中，我寫的東西要不就是沒出版的，要不就只在一些很小、很奇特、或不見經傳的期刊上亮相。

　　好了，我總算決定要把這些想法用書本的形式公諸於世，好藉此來找到自己的聽衆。我很肯定這群聽衆會包含很多不同行業

的人，其中有些可能距離我的本行遙遠至如哲學或公共行政方面。然而，我也相信這群聽眾會有某種共同之處。我相信這些文章是屬於一個新的潮流，而此一潮流將會對心理學、精神醫學、哲學及其他學門領域造成不小的衝擊。我還不太情願為這個潮流貼下個標籤，但在我心中，可以找到一些與此相關的形容詞，如：現象學的、存在的(existential)、以人為本的(person-centered)；或相關的概念，如自我實現、形成 (becoming)、成長等；或一些人物 (國內的)，如：奧爾堡 (Gordon Allport)、馬思婁 (Abraham Maslow)、梅 (Rollo May) 等。因此，雖然我相信會重視這本書的人來自很多不同的行業，其興趣也可能涵蓋很大的範圍，但他們之間定會有一條線把他們連在一起，那就是：他們都關懷每一個人，以及各人的成長形成過程。相對於當今之世對於人的忽視和貶低人的價值而言，這種關懷更是饒富意義。

結集出版這本書還有最後一個理由，也是對我而言極有意義的動機。我們這個時代對於處理人和人間的緊張關係，正迫切需要更基本的知識和更有效的技術。人類在無限大的外太空和無限小的微粒子方面都有令人屏息的科學進展，但這些進展竟好像只會把人類導向全盤的毀滅，除非我們在處理人和人間及團體間的緊張關係上也有長足的進展。對於我們在這方面現有的一點點知識，我覺得實在還沒理由驕傲。很希望有一天，我們可以把發展一兩枚大型火箭的費用轉而投資於追尋如何才能對人和人間的關係，獲得更充分的瞭解。不過，我還更急切地關注目前已有的知識——我們還很少承認它、利用它。我希望大家都能由這本書而明白：實際上我們已經擁有一些知識，而且，假若能好好運用的話，將會有助於減低種族之間、工商業上，及國際外交上的緊張

關係。我希望大家都能清楚：這些知識若用於預防的話，會有助
於發展成熟、非防衛性、善體人意的人格，將來當他們長大後，
就能以建設性的方式來處理各種緊張關係。如果我能讓一群有心
人都曉得：有些關於人際關係方面的知識資源雖尚未被人運用，
但實際上已經可以取得了，能這樣的話，我定會感到十分欣慰。

　　我把這本書出版的理由就是這樣了。對於內容的本質，我再
作點說明，就算是這段話的結語吧。在此彙集的這些文章所代表
的是我過去十年內主要的興趣之所在❶。

　　這些篇章當初都是爲不同的目的而寫就的，通常是對不同的
聽衆，或只爲了自己的滿足而已。我爲各篇寫了些序言，使得各
篇內容的上下脈絡有跡可循。各篇的組織乃是以對個人或對社會
的意義爲軸心而使得它們能描繪出一個統一的、且是正在發展中
的主題。在編排之際，我已經刪掉了重複的部份，但在各篇章中
對於同一概念的不同陳述，我則常將它們保留下來，當作是「主
題的變奏」，希望它能獲得像音樂一樣的目的，也就是說，使主題
旋律的意義變得更爲豐富。由於各篇本來是各不相同的文章，因
此，讀者們如果願意的話，可以把各篇分開來讀。

　　這本書的目的，一言以蔽之，就是要拿我的體驗中的某些東
西──或說，就是我的某些部份──來與你分享。這是我在現代
生活的叢莽之中，在泰半尚未畫入地圖的疆域之中，所體驗到的
一些東西；這是我所看到的；這是我終於相信的；這也是我所面
對的一些困惑、疑問、關懷和不定。但願在這個分享過程中，你
會發現，有些東西正是針對著你說的。

一 九 六 一 年 四 月
于 威 斯 康 辛 大 學
心 理 學 與 精 神 醫 學 系

注 解

❶唯一例外的是在有關人格的理論方面。我這些理論說明已經作得十分詳
盡，而且由於最近已經被收錄在一本書裡，任何專業圖書館都可以看到，
所以我就不再將它放在這裡。我所指的是一篇題爲〈在以受輔者爲中心的
架構上所發展而成的治療、人格與人際關係理論〉(A theory of therapy,
personality, and interpersonal relationship as developed in the cli-
ent－centered framework)，收在Koch, S. (ed) *Psychology:A Study of
a Science*,Vol III, pp.184－256, McGraw－Hill, 1959.

目　錄

第一部　說到我自己

第二部　我怎能有助於人？

第三部　成爲一個人的過程

第四部　人格的哲學

第五部　逼近事實：
研究在心理治療學中的地位

第六部　對於生活的涵義

第七部　行爲科學與人

第一部

說到我自己

這些話，
我是以一個人的身份，
根據個人的體驗和學到的心得而說的。

第一章
「這就是我」
我的專業思想和個人哲學的發展

　　本章是把兩段非常私人的談話結合而寫成的。五年前，布蘭迪(Brandeis)大學邀請我去給高年級作一次演講——不是講我的心理治療概念，而是講我自己。他們想問我：我的那些思想是怎麼來的？我怎會變成像我這樣的一個人？當時我覺得這樣的邀請很能激發我的思考，於是我就很認真地準備，希望能符合這些學生的要求。去年，威斯康辛學生聯會的議事委員會 (Student Union Forum Committee at Wisconsin) 也對我作了個相似的請求。他們要求我在他們辦的「告別講演」系列中談談我自己。他們認定了一個不必言宣的理由，就是當一個教授要作最後一次講演時，他一定會談到他個人的事。(在我們的教育體制內，有個這般「陰謀」的設想：就是在像這樣極不尋常的情況下，一位教授必會情不自禁地以任何個人的方式透露關於他自己的事。) 在這次威斯康辛的演講中，我比上一次更完整地表露了我個人所知所學，或對我而言極有意義的一些哲學主題。在本章中，我就把那兩次所講的都編織起來，但仍嘗試把其中一些不很正式的特徵保留下來，好讓它顯得和最初演講時的樣子比較接近些。

　　那兩次演講之後得到的迴響才使我曉得：人們對於那些能告訴他們、教他們的人本身，懷有如何飢渴的知識慾求。所以後來

我才把這一章擺在本書的最前面，希望能藉此傳達一些關於我的消息，也因此而使得接下去的幾章能有更清晰的脈絡和更多的意義。

*　　　*　　　*

有人告訴我說，他們希望我對這團體所講的題目應該是「這就是我」。我對這樣的邀請有幾種反應，但其中有一個感覺我願在此一提，那就是：任何一個團體竟會想要以最個人的方式來瞭解我這個人，眞令我覺得光彩，也很飄飄然。我可以向你們保證，這樣的邀請確實很特別，而且也很能鼓舞我，因此，我應該儘可能對這樣誠實的問題給予最誠實的答覆。

那麼，我到底是誰呢？我是個心理學家，而多年以來我最主要的興趣則在於心理治療。那是什麼意思呢？我可不想用一段個人著作的長長說明來煩你們，但我卻想從我的一本書，《以受輔者爲中心的治療法》(*Client – Centered Therapy*) 的序言中取出幾段，以主觀的方式指出我的經歷對我的意義。在該書中，爲了使讀者稍稍熟悉其主要題材，我便這樣寫道：「這本書到底是寫什麼？讓我來嘗試給個答覆，這樣也許可以傳達我在本書中所意圖傳達的生活體驗了。」

「本書所要談的是關於人的痛苦和希望、焦慮和滿足，也就是充滿於每一位治療者的諮商室中的種種。同時，這本書也是關於每一位治療者和他的每一位受輔者之間所建立的獨特關係，以及在我所有這些關係之中發現的共同因素。這本書談的是我們每一個人最私己的體驗，談的是縮在我的桌邊角落裡的人——他掙扎著想成爲他自己，卻又對成爲自己感到怕得要死；也就是說，他一直努力著想接觸自己眞正的體驗，想要和那些體驗合而爲一，但卻深深地害怕這樣的期望。這本書談的是我，也就是正當

我和受輔者坐在那裡，面對著他，竭盡我之所能，去深切而又敏感地參與他的努力；同時也是關於我如何嘗試去領會他的體驗，以及他所體驗到的意義、感覺、情趣和滋味。這本書也談到，爲了無法瞭解我的受輔者，我如何爲自己人性中的缺憾而悲歎；有些時候，我更惋惜自己無法瞭解生命對他而言的眞義，而我的失敗有如一個重重的物體穿破他那張纖弱而又複雜的成長之網，落入無底洞中。這本書也談到我身爲一個產婆，親見一個新人格的誕生而歡欣——如同我帶著肅然之情，站在一旁看見一個自我、一個人正逐漸萌芽茁長，而在這個誕生過程中，我知道我曾付出一份重要的推助之功。這本書是談受輔者與我雙方如何以驚奇之情來關注我們全部的體驗當中，一種明顯而又健行不息的力量，這種力量似乎深深地根植於我們所在的整個宇宙之中。這本書，我相信，是在談生命，談生命如何在治療過程中清清楚楚地將自身展現出來——不論所展現的是一種具有鉅大毀滅性的盲目力量，或是相反的，在獲得生長的良機中，它又可成爲另一種超平衡的衝力使人奔向成長。」

也許以上這段話可以畫下一個輪廓，讓諸位知道我所作的是什麼，以及我對它的感覺又是什麼。我猜想各位也可能很想知道我爲什麼會投身於那樣的事業，以及我在其中所作的一些決定和選擇，不論是有意的或是無意的。我可以想想看是否能從我的自傳中抽出一些心理上的重點，尤其是和我這個專業生涯有關的部份，來告訴諸位。

我的早年生涯

我所生長的家庭有密切的親子同胞關係，也有非常嚴格、不妥協的宗教和道德氣氛，同時這種氣氛還使得我們一家人都崇尚

勤勉。我在六個孩子中排行第四。我的雙親對我們非常關愛，幾乎永遠不會忘記我們的幸福。他們同時也會以好幾種微妙且愛護的方式來安排控制我們的行為。他們認為（我也接受這個想法）我們和別人不一樣──不喝酒、不跳舞、不打牌、不看戲、很少社交生活，但有很多很多工作。後來我自己也很難教我的孩子相信：連那些有汽泡的飲料也帶有些許能引人入罪的氣味。我還記得我喝下第一瓶汽水時，心中確有那麼一點邪惡的感覺。我們在家裡大家相處得很好，但是我們並沒有混在一起。所以，我是個相當孤獨的孩子。我孜孜不倦地讀書，而在整個中學時代裡，只有過兩次約會的經驗。

在我十二歲那年，我的父母買了一塊田地，我們就住在那裡。

原因可分兩方面來說。一方面是我的父親自從成為頗發達的生意人之後，他就有這樣的雅好。另方面，我相信更重要的原因是：我的父母親似乎認為，正在成長中的青少年家庭應該遠離城郊區的各種「誘惑」比較好。

住在田野間，我發展出兩種和我日後的工作可能有關的興趣。我開始對各種大型的夜蛾變得很著迷（當時Gene Stratton─Porter 的書很流行），同時也變成幾種漂亮蛾類的專家，譬如名叫Luna, Polyphemus ，和Cecropia等，和其他幾種居住在我家附近林子裡的蛾類。我花了很多工夫去飼養捉來的蛾，讓牠們繁殖幼蟲，把牠們的繭保存過長長的冬天，而且，也大體瞭解到科學家們在觀察自然時所碰到的一些快樂和挫折。

我父親決心要用科學方法來耕作他的新田，因此他買了好些關於農業科學的書。他鼓勵我們這些孩子獨立地去試試幹點有用的活兒，所以我的兄弟們和我都各自擁有一群雞，有時也照料些剛出生的小羊、小豬和小牛。幹這些活兒使我變成個農科的學生，

而直到近年我才明白：以那種方式，我實在獲得了很多科學的基本感覺。當時沒有人會對我說莫里生（Morrison）的《飼料與飼養》（*Feeds and Feeding*）一書不是給十四歲的孩子讀的，所以我一頭栽進那幾百頁的書裡，學到實驗進行的方法——學到怎樣使控制組和實驗組配對，怎樣用隨機分派法使各種實驗條件得以維持恆常性，然後才能確定某種飼料對肉產量或乳產量有什麼影響。我由此才明瞭：要考驗一個假設是多麼不容易。對於科學方法，我就是由這樣實際的田野工夫中學到了知識，以及對它的尊重。

大學及大學後的教育

我剛進大學時，是在威斯康辛大學的農科。我記得最清楚的是有位農藝學的教授在教訓我們關於學習和利用事實的時候，講了一句很粗的話。他強調百科全書式的知識本身是如何的毫無用處，他說：「別去當什麼他媽的彈藥車，要當一支槍！」

在大學的頭兩年，我的農業志向改變了，因爲我參加了一些感性激昂的學生宗教大會，然後我決定從農科轉向傳道——這只是個小轉變吧！我是從農學系轉入歷史學系的，因爲我相信這是個比較好的預備。

大三那年，我被選爲十二個學生代表之一，從美國到中國參加一項國際性的世界學生基督徒聯合大會（World Student Christian Conference）。這對我而言是極爲重要的經驗。那是一九二二年，第一次世界大戰之後四年。我目睹法國人和德國人相互間仍有強烈的仇恨，雖然他們各別的人看來都還蠻可親的。爲此，我不得不伸展我的思考，而弄明白了：即使是誠實、眞心的人之間仍可能信仰著極爲歧異的信條。就這樣，我第一次以一種

非常重要的方式從我父母親的宗教思想中解放出來，並且也想通了：我不可能再跟隨他們的信仰方式。這種思想上的獨立造成了我們親子關係間很大的痛苦和緊張，但是返首回顧那段歷史，我相信，比起任何其他時間，就是那時候我才變成了個獨立的人。當然，在那期間我的態度上有不少的反叛和抗拒，但是根本的決裂則在我六個月的東方之旅中已經完成，從此之後，我就把脫離家庭影響的事情想通了。

雖然這是說明影響我的事業發展（而不完全是個人成長）的事件，但我仍得扼要地提提一個在我個人生涯中有深切重要性的因素：大約在我到中國旅行那段時間，我愛上了一位可愛的女孩子，我和她其實已經相識多年，而且是始於孩提時代。後來我們結婚了，我的父母親很不情願地同意了我們的婚事。那是在大學畢業那年，我們所以如此是爲了能夠一齊去唸研究所。對於此事，我沒法說得很客觀，但是自從結婚之後，多年以來，她那穩定而持續的愛以及相伴之情實是最爲重要，也最能充實我的生命的因素。

8　　　爲了準備我的宗教工作，我決定就讀聯合神學院（Union Theological Seminary），這是當時（一九二四年）全國最爲自由開放的一所神學院。對於那兩年，我從來不曾有任何遺憾。我在那裡接觸到幾位偉大的學者和教師，較著名的有如麥格利佛博士（Dr.A.C. McGriffert）　，他堅決信仰探索的自由，以及對眞理的追尋，而不論眞理引向何方。

在我瞭解大學以及研究所的教育之後——瞭解了它們的規則和嚴謹性——我才對於聯合神學院裡的一個經驗感到非常地驚訝。我們學生之中有一群人覺得：我們到這裡來學習，本來是想發掘我們自身的難題與疑問，並且找出它們所導向之處，可是我

們卻先被灌輸了一堆觀念。因此我們向學校行政主管提出一項申請：希望能准許我們成立一個有學分但沒有教師的研討課程，課程內容完全由我們自己所提的問題來組成。可想而知的是：學校對此感到相當尷尬，但是，他們竟然准了我們的申請！但是為了學校本身的水準，有一項附帶的條件，那就是：學校須請一位年輕的教師來加入我們的研討，只是，除非我們希望他發表意見，否則他將只坐在那兒，不參與討論。

我想，這大概是不言可喻的：這個研討課程果眞深令我滿意，而且還有撥雲見日的效果。我覺得它使我向我自己的哲學邁開了很大的一步。那班學生中有一大部份在探討他們所提的問題時，都覺得自己好像逾越了宗教範圍。我也不例外。我覺得像「生命意義」以及「個體生命之建設性的進展之可能」那類的問題，總是會不斷地吸引著我，但我卻無法在學校教我們一定要相信的那些宗教教義之內，去思考那些問題。我的信仰已經發生大幅度的改變，而且還有可能會繼續改變。在我看來，為了要保住自己的職業而必須去專精一套既定的信仰，那是很可怕的事情。我想要闖出一片天地，希望在那裡可以確定：我的思想自由不會受到限制。

成為一個心理學家

但是，什麼天地呢？在聯合神學院裡，我曾經被一些心理學和精神醫學的課目及演講所吸引，這些科目才正在方興未艾的階段。渥岑（Goodwin Watson）、艾略特（Harrison Elliott）、甘沃西（Marian Kenworthy）等人對於引發這個興趣很有幫助。我也開始到聯合神學院對街那頭的哥倫比亞大學教師學院（Teacher's College, Columbia University）去選修更多課目。我選

9

了克帕契 (William H. Kilpatrick) 的教育哲學，且發現他是位很了不起的教師。我開始從事對兒童的實際臨床工作則是由何玲活 (Leta Hollingworth) 所指導的，她是位既敏感又實際的人。我覺得兒童輔導工作很對我的胃口，因此，我幾乎沒什麼適應困難地就漸漸轉到兒童輔導的領域去，而且我也開始以臨床心理學者自視。走上這一步實在很順利，我簡直沒有為此做過什麼刻意的選擇，而只是隨著興之所至的活動就走過去了。

我在教師學院的時候，也申請到當時才剛成立的兒童輔導研究所 (Institute for Child Guidance) 去，該所是由公共福利基金會出資設立的。我的申請不但獲准，而且也得到一筆獎助學金，或說是實習補助費吧。在那裡的第一年，我一直覺得非常慶幸和感激。整個組織在當時尚在混亂的草創狀態中，但那也表示：在裡頭工作的人想做什麼就可以做什麼。我從同事們那兒吸收了很多動力派的弗洛依德觀點 (dynamic Freudian views)，其中包括李維 (David Levy) 和婁瑞 (Lawson Lowrey) 等人，而且發現這些觀點和當時在教師學院中蔚為主流的觀點——嚴謹、科學、冷靜客觀、統計學式的方法論——有很大的衝突。現在回想起來，我相信：為了解決這樣的衝突，我經歷了一段必要而且非常有價值的學習經驗。在當時，我覺得我是在兩個截然不同的世界之間活動，而且覺得它們「兩者永無合一之日」。

到了這段實習要結束之時，很重要的是，我獲得一份可以維持家計的工作，雖然我的博士學位尚未完成。當時的就業機會不多，我記得我找到工作時是怎樣舒了長長的一口氣。我受聘為一個心理學家，工作的機構是位在紐約羅徹斯特虐待兒童預防協會 (Society For the Prevention of Cruelty to Children)，我的工作單位則是其中的兒童研究部。這個單位裡有三名心理學家，

而我的年薪是二九〇〇美元。

回想當時接受這份工作實在覺得興味盎然，也有點訝異。使我高興的原因是：那是個機會，讓我可以做我想做的事。至於，以任何合理的標準來看，那個工作在專業發展上是一條死胡同，使我無法接觸其他的專業人員，還有，以當時的生活水準而言，我獲得的待遇也不好，像這些事情，我似乎全然不介意，任我今天怎麼回想，都不覺得我曾經抱怨過。我常覺得，要是我能有機會做我最感興趣的事情，那麼，其他的一切就都會船到橋頭自然直了。

羅徹斯特的年代

接下來在羅徹斯特的十二個年頭更有難以衡量的價值。至少在其中的前八年裡，我整個人浸潤在執行心理學的實務工作，所接觸的總是那些虞犯和不良環境下長大的兒童，為他們做些診斷和計劃未來生活的工作。這些兒童都是法庭和其他特殊機構送過來的，我們為其中許多個案做「處遇面談」。在那段時期中，我和專業學術相當隔離，而我唯一關心的也只是如何能更有效地對待我們那些受輔者而已。我們必須和我們自己的成功及失敗共存，因此我們都被逼著去自行學習。在處理這些孩子和對待他們的家長時，我們所使用的任何方法都只能面對唯一的標準，那就是：「管用嗎？有效嗎？」我發覺我在那時開始漸漸地把我每天的工作經驗湊合起來，使自己的觀點能逐次成形。

有三個要點躍進我腦海，都是小規模的，但對當時的我則是極其重要的。使我驚異的是：那三個要點都是針對著各種錯覺的——對權威，對資料素材，以及對我自己。

在我所受的訓練中，我曾經對希里博士（Dr.William Healy）

的著作非常著迷，他指出：虞犯行為常奠基於性的衝突，而若果這些衝突得以表露，犯行自會消失。在羅徹斯特的頭一兩年裡，我很努力地處理一個年輕縱火狂個案。在感化院裡和他一次又一次的面談，我逐漸將他的縱火慾追溯到有關手淫的性衝動。萬歲！這個個案就此告終了。可是，當他假釋出去之後，又故態復萌，出現原有的難題。

　　我記得我是多麼地震驚和動搖。希里很可能錯了。也許我自己在學習的是希里所未曾知曉的東西。反正，這個案件深深地提醒了我，即：權威式的教導方法，很可能是錯誤的；此外，有些新知識還尚待發掘。

　　我的第二個天真的發現是屬於很不一樣的種類。在抵達羅徹斯特後不久，我就帶領一個研討面談技術的小組。我找到一份說明如何與家長面談的書面資料，幾乎詳細到句句紀錄的地步。這份資料中的個案工作者顯得很積極、聰明又有見識，而且面談很快就引入難題的核心。我很高興能用這份資料來示範好的面談技術應如何進行。

　　若干年後，我又有一次類似的機會，而且也立刻想到這份上好的資料。我四處搜尋，找到之後再讀一次。我嚇了一大跳。這回，我覺得它像是一種聰明的法律偵訊，那位面談者在促使那位家長相信她自己的潛意識動機，而且幾乎是從她心裏擰出招認自己有罪的供詞。這回，根據我的經驗，我曉得了：這樣的一種面談對於家長和孩子都不會有任何長久的助益。我這才明白過來，我自己已經漸漸遠離了那些帶有強制性，以及逼著建立治療關係的種種做法。我沒有什麼哲學上的理由，只知道那種工作取向除了獲得表面效果之外，便一無是處。

　　第三件事情發生在稍後幾年。我已經學會了，在解釋受輔者

的行為時，要用更微妙的方式，也要一直嘗試抓住適當的時間，很溫和地告訴他，才能使他接納。當時我曾輔導一位才智很高的母親，她有個男孩子，有些行為不良的問題。問題很明顯地出在她早年時曾經排斥這個孩子，但經過好多次面談，我就是沒法讓她接受這個見解。我把她拉出來，好心好意地把她給我的種種證據拼湊起來，想幫她看清問題的來龍去脈。但是我們卻只在那裡徘徊，不知所之。最後，我放棄了。我告訴她說：我們好像都努力試過，但我們卻失敗了，所以我們也只得中止這場接觸。她同意如此。所以我們就結束這次的面談，握了握手之後，她向辦公室的門那邊走去。但她又轉過身來問道：「你有沒有接受過成年人的諮商呢？」我肯定地回答，她當下就說：「那好，我需要一點幫忙。」她回到她剛剛坐過的椅子，接著就開始傾出一堆生活中的種種絕望：她的婚姻、她和丈夫之間困難重重的關係、她感覺到的失敗和混亂，整個故事都和她當初所報告的那種僵硬的「個案史」大不相同。真正的心理治療從那時候才開始，後來這個個案非常成功。

　　這件事情和其他幾個類似的案件有助於我體會到事實真相——這是後來才完全明瞭的——那就是說：真正曉得什麼叫傷害、該往何處去、哪部份的問題最重要、哪些經驗被深深掩埋住的等等，真正曉得這些的，是受輔者本人。在那之後，我才開始想：除非是因為我需要展現我的聰明和學養，否則，信賴受輔者，讓他走向他要的方向，這樣的結果會使輔導的過程和進行方式變得更好些。

心理學家或是？

　　在那一段期間，我開始懷疑我是不是個心理學家。羅徹斯特

12

大學很清楚地表明：我所做的工作不是心理學，因此他們沒興趣讓我在心理學系教書。我參加了美國心理學協會（American Psychological Association） 的研討會，發現裡頭滿是有關老鼠學習歷程和實驗室的報告，而我覺得那些東西和我所做的事情沒有關係。但那些精神醫學方面的社會工作員卻好像跟我用的是同一國的語言，所以我就在社會工作的專業上變得很積極，而且也加入了地區性乃至全國性的組織。後來直到美國應用心理協會成立之後，我才正式以心理學家的名義積極工作。

我在羅大開課，教授有關如何瞭解及處理問題兒童的課目，而開課的是社會學系。不久，教育學系也想把我的課列入教育課程。（而在我離開羅大之前，心理學系也終於請求將我的課列入心理課程，所以，我最後也被他們承認為心理學家了。） 我把這些經驗一一羅列，就可以使我明瞭：在追尋我自己的方向時，我是多麼執著不變，而且，我是多麼不去顧慮我是否和自己那幫人走在一起。

時間不允許我在羅徹斯特成立一個獨立的輔導中心（Guidance Center） ，也不允許我和一些參與其事的精神醫學專家們大打出手。這些多半只是行政管理的鬥爭，和我的觀念、想法的發展倒是沒什麼太大的關係。

我的孩子們

在羅徹斯特幾年裡，我的兒子和女兒從嬰兒長到童年期，他們的成長教給我很多關於人、關於他們的發展、關係等等，甚至比我向專家們學到的還要多些。我覺得，在他們的早年生活，我實在不是個很好的父親，但幸好我的妻子是個好母親。時間慢慢過去，我才相信我也逐漸變得更好、更能瞭解他們。當然，和孩

子們相處的權利眞是無價之寶：我和兩個敏感而纖細的小傢伙慢慢建立關係，經過了他們童年的歡樂和痛苦，靑少年期的自我肯定和困難，乃至進入他們的成年期、到他們開始自組家庭。我的妻子和我都認爲：我們和自己的成年孩子以及他們的配偶都能以極深刻的方式交談溝通，他們也能以同樣的方式對待我們，這眞是我們倆最令自己滿意的一種成就。

俄亥俄州的年代

一九四〇年，我接受了俄亥俄州立大學（Ohio State University）的一個職位。我確信他們考慮聘請我的唯一原因就是我寫的一本書：《問題兒童的臨牀處置》（*Clinical Treatment of the Problem Child*），這本書是我利用假期和短暫的休假之中硬擠出來的。我覺得很驚訝，而且沒料到的是：他們給了我一個教授的席位。我全心全意地開始在這個職位上投入學術的世界。我常覺得感激的是：我不必像很多大學教師一樣，爲了在競爭激烈（但也常使人的品質變壞）的升等過程中步步的爬升，而致學會了那唯一的教訓——不要太鋒芒畢露。

在我對俄州大學的研究生們教授我所學會的那些處置和諮商方法時，才第一次明瞭，自己很可能竟是在發展一套嶄新的個人觀點，而我所根據的乃是自己的經驗。我試著把這些觀念具現出來，並於一九四〇年在明尼蘇達大學（University of Minnesota）作了一次報告，結果發現它引起強烈的反應。那是我第一次體會到：我的一個新觀念，對我自己而言可以顯現熠熠發亮的潛能，但對別人則會造成鉅大的威脅。同時我也發現：當自己成爲一大堆批評、爭辯的焦點時（不論是支持或是反對），都會弄得自己七上八下，對自己也起了不少的懷疑。不過，我覺得我既然有些東

西可以貢獻出來，就著手草擬《諮商與心理治療》（*Counseling and Psychotherapy*） 這樣一本書，把我覺得可能是更為有效的治療取向揭示出來。

14 在這裡，很有趣的，我又發現我對於人家所說的「現實」是多麼地不關心。我把那本書的初稿交出時，出版者認為它確是新穎而有趣，但卻一直在考慮：到底什麼課會採用它？我回答道：只有兩門課——其中一門是我教的，另一門則在另一所大學。出版商就覺得我這樣做是大錯特錯，他們原本期望我把書寫成目前的課目都能合用的教科書。他懷疑此書能否賣出兩千本，而那是抵銷成本的起碼數量。直到我說我要把它交給另一家出版社時，他才決定為這本書賭一次。書出版發行之後，我不曉得他和我到底是誰比較驚訝——到目前為止，已經售出七萬本，而且銷售的情形仍維持著目前的狀況。

最近幾年

我相信，從那時起到目前的階段，我的專業生涯——俄州大學的五年，芝加哥大學（University of Chicago） 的十二年，和威斯康辛大學 （University of Wisconsin） 的四年——都已經可由我的各種著作中得到詳細的說明。在這裡我還想扼要地強調兩三個對我而言頗有意義的重點。

我學會和日益擴大範圍的的各種受輔者們相處，建立最深刻的治療關係。這種經驗可能是（而且也曾經是）極其令人欣慰的，然而有些時候它也可能是（而且曾經是）令人害怕的。譬如說，一個深受困擾的人可能會執意要求我做得比我自己還多一些，以便能符合他的需要。當然，就此而言，能繼續秉持心理治療的工作，就幾乎等於要求治療者自己需繼續不斷地成長，這樣的經驗

有時是很痛苦的，雖然，把眼光放遠些，總會知道它仍能令人感到欣慰不已。

另外要提的一點是：研究對我而言，其重要性也在與日俱增。在心理治療的工作中，我可以放手地讓自己主觀；然而作研究時，我就得站開一點，用客觀性來觀看那些豐富的主觀體驗，而且要運用各種細緻的科學方法來斷定我是否在欺騙自己。有一個信念漸漸在我心中生長出來，那就是：我們應該設法發現人格和行為的一些法則，這些法則對於人類文明的進程和人類的互相瞭解而言必須負有相當於重力法則或熱力學法則一樣的重要性。

在過去二十年之中，我已經變得習於被人攻擊，但對於我的一些觀念，仍常有令人難料的反應。從我自己的觀點來說，我覺得我一直都是以嘗試性的態度提出我的種種想法的，讓我的讀者或學生們自行決定要接受或拒絕。但在別的時間和地點，許多心理學家、諮商員和教育工作者們卻被我的看法激出憤怒、嘲笑和批判的反應。近年來，這些領域的專家們對我的怨懟正逐漸平息下來，可是在精神醫學界卻重新撩起類似的攻擊；他們之中有些人認為：我的工作方式對他們孜孜矻矻追求著、堅信著的原則，構成了重大的威脅。而且，很可能，和這些批判的風暴可以等量齊觀的是一些不問是非、不知所以然的「信徒」們所造成的傷害——他們之所以採用我的觀點，只因為它是新的觀點，而他們就用這些觀點來當做武器，向各色各樣的東西宣戰，而不先問自己對於我和我的工作之瞭解究竟正確不正確。有些時候，我發覺自己真不容易瞭解：傷害我最深的，究竟是我的「朋友」還是我的敵人。

由於被人爭論不休而造成種種麻煩，我才變得非常珍惜能夠避開爭論的權利，也珍惜獨處的機會。我個人認為：我的著述工

15

作眞正開花結果的時期，就是能完全避開別人的想法、專業界的
期待以及日常性的種種干擾的時候，而且也唯在這樣的時候，我
才能看淸自己所潛心工作的全貌。我和我妻在墨西哥和加勒比海
找到幾個可以隱居的地方，那裡沒有人知道我是個心理學家，而
我在那些地方最主要的活動只是畫畫、游泳、潛水、以及用彩色
照片捕捉些風景。然而在那裡，我每天的專業工作從不超過二到
四小時，卻是前幾年裡我能臻至最佳進境的時候。我珍惜能有獨
處的權利。

我學到的幾個重要的心得

以上所說的（以簡要的形式）乃是我的專業生涯的一些外貌。
但我還想帶諸位到裡面去，讓你們看看我學到的一些重要的體
16　認。我的學習是經過數千個小時，和那些滿懷憂戚、困擾的一個
個人密切地在一起工作而得以學會的。

我要很坦白地說：這些對我而言特別有意義，我不知對你們
是不是也一樣重要。我無意把這些體驗說成什麼人生的導引。不
過，我倒是發現：任何別人要是願意把他自己內在的方向說出來
給我聽的話，那都會對我很有價值。所以，就是基於這種體認才
使我講出我學到的是些什麼東西。我所要談的，早在我自己淸楚
地意識到之前就已經是我的行動和內在信念的一部份。當然，學
到這些心得都是零零星星地，而且也不完整。我只能說：它們曾
經，而且也一直對我非常重要。我不斷地學到又再學到那些事情。
我經常無法按照那些去行動，但每次我都會爲此而反悔。我也經
常無法在新的情況發生時，立刻看出我可以應用其中的哪些部

份。

我所學到的並不是固定地釘在我心裡的。它們一直在變化。有些會漸漸獲得加強；另外一些則偶爾會顯得沒那麼重要，但是，這些心得卻都對我很有意義。

以下，我將把我學到的東西介紹給各位，然後再用幾句話解釋一下它對我個人的意義。最後，我會據此作詳細的說明。以下要說的並沒有很嚴格的系統。只有第一條是和其它各條都有關係的，此外，有些學習心得會涉及一些各人的價值和信念。

我要用一句否定的敍述來開頭。在我和他人的關係中，我發現：如果把眼光放遠一點的話，那麼我若有意地想表現一些非本然的我自己，那將是毫無助益的。如果實際上我在生氣而且滿懷批評之意，那麼，表現得很平靜或很愉快，就一點用處也沒有。如果實際上我一無所知，却要表現得好像知道答案，那也是沒用的。如果有些時候我懷著敵意，但卻表現得像個充滿關愛的人，那是沒有用的。如果實際上我正在擔驚受怕、滿腹疑慮，卻要裝得好像信心十足的樣子，那對我才真是一無是處。就拿個更簡單的情形來說吧，我這個說法也一樣真實：如果我覺得不舒服，卻要裝得沒事的樣子，那是沒有什麼好處的。

我在這裡所說的，換用另一種說法，那就是：在我和他人的 17 關係中，試圖去維持一個假裝的表面，那是從來也不會有效或有益的，也就是說：最無益的乃是表面上的一套做法和實際的體驗大相逕庭之時。我相信：在我希望和另一個人建立一種有建設性的關係時，那種表裡不一的情形最是使我無法成功。我要坦白地表明：就算我覺得這種信念十分真切之時，那並不意指我可以從這種認識中充分地得利。事實上，我在和別人建立個人關係的過程中所犯的種種錯誤，以及我無法對別人有助益時，多半都可以

歸咎於此──也就是說，為了某種自我防衛的理由，我在表面上的作為和我真實的感受互相往不同的方向跑了。

第二個心得也許可以這樣說──我發現：在我能夠很接納地聽我自己、做我自己的時候，我才是個比較有效的治療者。我覺得，這許多年來，我才充分學會聆聽我自己；我也因此比以往更能充分地知曉我在任何時刻中真正的感覺──我能明瞭我是否在生氣，或是否正在拒絕一個人；或者我能感覺我對一個人是否有足夠的溫暖和關愛；或者我是否對眼前發生的事情感到厭煩、沒趣；或者我是否急切想瞭解這個人，或者我是否在和這個人的關係中感到慌亂和害怕。這些各色各樣的態度乃是我可以從我自己這兒聽出來的。我還可以這麼說：我因此變得更能完全地讓我做我自己。我也因此變得更容易接納自己之為一個決不完善的人，而這個人並不是永遠都能夠運作自如的。

對於某些人來說，方才我所提出的方向好像會令人茫然若失。但對我而言，它的價值就在於其中含有這樣的一個令人困惑的作用：當我能接納本然的我自己之後，我才能發生變化。我相信這是我從我的受輔者以及我自己的體驗中學來的──除非我們能完完全全地接納自己本來的樣子，否則我們就不能改變，不能從現在的立足之處移出半步。而人的變化好像總是這樣的狀態下不知不覺地發生。

18

能成為自己之後，好像又能促發另一種結果：關係變得真實了。真實的關係具有一種極能產生活力與意義的方式。假若我能接納我自己正被這個受輔者或這個學生弄得惱火或厭煩，那麼我也更可能去接納他的感覺。然後我也更能去接納當時在我或在他之中可能產生變化的體驗和感覺。真實的關係通常都傾向於產生變化而非滯留在原處。

所以我發現：若要我對人最有助益，那麼我最好能維持著「讓我如我所是」的態度；最好能知道我所能承受和容忍的極限在哪裏，並接納此一事實；最好能知道什麼時候我會有想要塑造別人、操縱別人的慾望，並接納那就是我自己的一部份眞相。我寧願對這些感覺都能接納，正如我能接納自己待人溫暖、有興趣、寬容善良、瞭解等等的感覺，因爲這些也都是我自己非常眞實的部份。只當我能將所有這些態度接納爲事實、爲我的部份之時，我和他人的關係才能變得如其所是，而因此最能促成生長、發生變化。

現在我要談到我學到的一個根本的心得。對我而言，這眞是意義非凡。我可以這樣說：**我發現：能允許自己去瞭解 (understanding) 他人，實在具有無比的價值。**聽我這樣說，諸位也許會覺得奇怪。難道眞有必要**允許**自己去瞭解別人嗎？我想那是眞的。對於別人向我們所作的陳述，我們最常有的反應乃是立刻去評價、判斷而不是去瞭解。當別人表示了他的一些感覺、態度或信仰時，我們通常會脫口而出地說：「對對對」或「眞笨」或「不正常」、「不像話」、「不對」或「那樣眞不好」。我們很難得允許自己去正確地**瞭解**他所說的話對他究竟有什麼意義。我相信那是因爲：瞭解是很冒險的。如果我讓自己確實地瞭解別人，我可能會因那種瞭解而發生改變，而我們都害怕改變。所以我才說，要允許自己去瞭解一個人，要完完全全而且心領神會地走進別人的整個天地，那眞不是一件容易的事。那種事情也眞不尋常。

瞭解能以相互的方式豐富我們的經驗。當我和一位難過的受輔者在一起，或想去瞭解一位精神病患者的怪異世界，或去瞭解、感受一個覺得人生太痛苦、難以忍受的人，或去瞭解一個覺得自己毫無價值、一無是處的人——這些瞭解在在都能豐富我的經

19

驗。我之所以能從這些經驗中學到很多，乃是因為它能改變我，使我變成一個更能反應的人。也許更重要的是：我對於這些人的瞭解允許他們產生改變；允許他們去接納他們自己的恐慌、怪異的思想、悲慟的感覺和畏縮怯懦，同時接納他們自己也有充滿勇氣、善良、愛意和敏感的時候。而且，他們和我同樣地可體驗到：只要有人能充分瞭解那些感覺，就能使他們接納那些原在他們自己裡面的感覺。然後他們會發現：他們自己和感覺都在改變。曾經有個女的受輔者說：她的腦袋裡面有一根鈎子，所以別人才會把她牽來牽去；曾經有位男的受輔者說：這世間沒有人像他那樣寂寞，沒有人像他那樣被人隔離，而不論我所瞭解的是什麼樣的一個人，我發現這些瞭解對我都很有價值。但，更重要的是：對這些人而言，覺得被人瞭解也具有非常積極的價值。

接下來，還有一個對我也很重要的心得。*我發現：若果我能打開一些管道，讓別人可由之而向我傳達他們的感覺和他們個人所體驗的世界，那將會豐富我的體驗。*因為瞭解總能令人感到欣慰，所以我喜歡減少別人和我之間的障礙，這麼一來，如果他們想要的話，才能夠更充分地展露自己。

在治療的關係中，我可以用好些方法使受輔者更容易表達他自己。我可以用自己的態度在關係中創造出安全感，使這種表達變得更可能些。至於用敏感的瞭解，能看待他就像他待自己一樣，而且也能接納他之具有那些知識和感覺，這樣也很有幫助。

在當教師的時候，我也發現：如果我能打開管道，讓學生把他們的體驗和我分享的話，我也會覺得很充實。所以，雖然結果並不見得常常很成功，我仍嘗試在教室裡造出一種氣氛，讓學生覺得感覺是可以表達的，人是可以和別人不一樣的——也可以和老師不一樣的。我也常要求學生們填寫「反應表」——藉此他們

可以表達他們對這一門課的個人意見。他們可以表示課目內容合不合乎他們的需要，可以表示他們對這位老師的感覺，也可以告訴我他們覺得自己對這門課感到有什麼困難。這種反應表和他們成績毫不相干。有些時候，上完同一堂課，各個學生的感受會有一百八十度的不同。有個學生說：「我對於這門課的調調有一種非筆墨所能形容的的厭惡感。」另外卻有一位外國學生對同一堂課是這麼說的：「這門課遵循的是最好、最能有成果而且也最科學的學習法則。但對於像我們這種長久以來只接受過講述式教學、權威式教育的人來說，這種新的教學方式卻是很可以理解的。像我們這種人是早就被制約成只會聽老師講、只會被動地記筆記、然後讀熟指定教材，然後去考試的。可是在這裡，我覺得沒有必要說：人若要改掉過去那些硬板、僵化、死氣的習慣，一定要花很長的時間。」讓我自己開放胸懷接受這麼尖銳對立的感覺，實在令我感到欣慰。

　　我發現，在一個團體中，若我是行政主管，或被視為領導者的話，同樣的事情也仍是真切的。我所希望的是減低恐懼或防衛之心，若果如此，人才能夠自由自在地表達他們的感覺。這種瞭解是很能振奮人心的，而且也讓我開發了行政管理的嶄新視野。不過這方面的問題，我在此暫不多作衍伸了。

　　在我的諮商工作中，我還學到另一個很重要的心得。我可以很簡要地將它表明如下：**我發現：當我能接納他人時，我會感到無比的欣慰。**

　　我發現，要能真正**接納**（acceptance）他人以及他的種種感受，那決不是一件容易的事，決不比瞭解更容易。我真的能允許別人對我心懷敵意嗎？我能接納他的憤怒，並視之為他自己的真

實而又正當的一部分嗎？我能否接納一個對生命和種種問題的看

21 法都和我迥然不同的人？我能否接納這樣的一個人——非常肯定
我，仰慕我，乃至想把自己塑造成像我一樣？所有這些都包含在
「接納」之中，但那是不容易的。我相信，在我們這個文化中，
有一種看法變得日漸普遍，就是說，我們每個人都在相信：「所
有的別人所感覺、思考和信仰的，都必須和我一樣。」我們大都
可發現，要允許自己的孩子、或父母、或自己的配偶對某些特定
的事情或問題有不同的感想，那真是困難得很。我們無法允許我
們的受輔者或學生用他們自己的方法去運用他們的經驗。講到國
家的層次吧，我們也無法允許別的國家和我們用不同的方式去思
想或去感覺。然而，在我看來，這種各個分別的個體，以及每個
人都能以自己的方式去運用自己的經驗，和在經驗中發現自己的
意義——這都是生命之最無價的寶藏。每一個人對他自己而言都
是一座孤島，而且真實不二；而假若他想向其他諸島搭架橋樑，
他必須首先要能願意做他自己、允許成爲自己。所以，我發現：
當我能接納他人，或說得更仔細些，就是接納那些情感、態度、
信仰，並視之爲那個人之中的真實而又有活力的部份，然後我才
能肯定我是在協助他去成爲一個人：而在我看來，能這樣做，其
中深含價值。

以下一個心得可能比較不容易表達。是這樣的：*我愈是能夠
向我自己以及他人內在的真實* (realities) *而展開時，我愈能發
現自己不會急忙地想鑽進「固守的據點」中*。當我試圖聆聽我自
己正在經歷著的體驗時，或當我愈是試圖把這同樣的聆聽態度延
伸到另一個人身上時，我愈是能尊重我所感受到的這種生命之複
雜的過程。所以我變得愈來愈不願意急急忙忙衝進那個固守的據
點——去確定目標，去塑造別人，去操縱或催使別人走上我要他

們走的道路。更容易令我滿足的，毋寧是讓我做我自己，而讓別人去做他自己。我很瞭解這個說法聽來一定很陌生，甚至像是某種東方的觀點。如果我們不對別人做點什麼的話，這生命還能幹什麼？如果我們不以自己的目標去塑造別人的話，活著又是爲了什麼？如果我們不把**我們**認爲別人該學會的都教給他們的話，生命又是所爲何事？如果我們不去使他們和我們思想的、感覺的都一樣的話，生命還會有什麼意義？哪有人持有像我方才說過的那種無爲的觀點？我敢說，你們當中很多人都會有類似這樣的反應。

22

　　不過，我的經驗中會有這麼令人困惑的一面，那是因爲：我愈是心甘情願地做我自己、讓我身在生命的這種複雜情狀之中，而愈是願意去瞭解和接納在我以及在別人之中的實情，那麼我就會引發愈多的變化。這樣講，聽起來是弔詭得很──我是說：當每一個人自己情願做自己的時候，他會發現不只他自己在發生變化，而是連和他相關的別人也在改變了。至少，這一部份在我的經驗中是非常鮮明的，而且我也認爲，這是我在個人及專業工作生涯中所學到的最深刻的一部份。

　　現在，我要轉到比較無關乎關係的部份，而要多談些和我自己的行動及價值觀有關的一些心得。第一個非常簡單。**我能夠信任我自己的體驗。**

　　其中有一個很基本的，而且長久以來我也一再證明、一再學到的乃是：當我覺得一件事好像很有價值或值得去做時，那它就是值得去做的。換句話說，我學到的是：對於一個處境，我的整個有機體的感覺比我的智識更值得信賴。

　　我的整個專業生涯的走向在別人看來有許多是愚不可及的，而我自己難免有許多懷疑。但我對於自己能向「覺得很對」的方

向走去，這一點我是從不後悔的，即使在當時我也確常覺得自己
很傻、很寂寞。

我發現，當我能信任我的一些內在的、非智性的感覺時，我
在那當中就可找到智慧。事實上我也發現，在我執意遵循這條不
同尋常的道路（也就是「因為我覺得它是正當或真實的」）經過五
年、十年之後，許多人加入我的行列成為我的同僚，我也因此而
不再覺得孤單。

在我逐漸能夠更深信自己整個人的反應之後，我發覺我就可
以用此來導引我的思考。我變得更能尊重那些條來條去的種種模
糊不明的想法，種種可以*覺得*似乎具有重要性的想法。我頗願認
為這些不清晰的想法或念頭會帶領我走到重要的地方。我認為這
就是信任我的體驗的整體性，而我學到這些是用來懷疑我的智性
是否真的更有智慧。我肯定：體驗的整體性仍是有可能出錯的，
但我相信它比單獨運用心智意識所出的差錯要少些。像我這種態
度，章伯（Max Weber，他是個藝術家）說得好：「在從事我
這種微不足道的創性工作時，我深深地仰賴那些我還不知的，以
及我還沒做過的。」

由上述的一點衍伸出另一個心得，那就是：**別人對我的評價
（evaluation）並不能引導我。**我可以說，別人的種種判斷，總是
該聽聽，該弄清楚那到底是怎麼一回事的，但那卻永遠不會引導
我。要學會這個教訓是相當困難的。我記得在早年的時候，有位
飽學而好深思的先生（在我看來他是個遠比我更在行而有知識的
心理學家）告訴我說，一個心理學家對心理治療發生興趣簡直是
件錯謬的事情。我聽了之後感到震懾不已。可是，那種話卻無法
引領我到任何地方去，而且如果我只認定自己是個心理學家，我
就根本不會有機會練習做心理治療。

在爾後幾年中，我聽到別人對我的種種批評，也時常使我信心動搖。他們是怎麼說的呢？說我是個騙子、沒有執照卻敢行醫的傢伙、是個專寫些膚淺而有害的治療法的作家、是個追求權力慾的人、是個神秘主義者等等。而同時有些極端的讚譽之辭也使我一樣感到困擾。但我對這些都不太關注，因爲後來我覺得只有一個人（至少在我有生之年，或甚至永遠都是如此）可以曉得我做的種種究竟是誠實、完整、開放、健全，或是虛偽、防衛而不健全的，而那個人就是我。我很高興能獲得各種證據用以說明我所做的事，也很高興聽到批評（友善和敵意的）和讚譽（誠懇的和諂媚的）以及和這些有關的部份證據。但談到斟酌這些證據以及決定它的意義和用處，這樣的任務，我決不能將它交付他人。

從以上我所說過的那些話看來，接下來我要說的，可能比較不再令諸位驚訝了：**對我而言，體驗本身具有至高無上的權威性**。效度（validity）的準繩就在於我自己的體驗。任何別人的觀念，以及我自己的觀念，都比不上我的體驗那麼有權威。爲了發現眞理，我必須一而再、再而三地返回到體驗之中，而這個使我逼近眞理的過程和我之成爲我自己的過程是一樣的。

所以，不論是聖經或是先知——不論是弗洛依德或是實徵研究——不論神的啓示或人的啓示——都不能超過我所直接體驗到的，而取得優先的決定權。

用語義學家的說法，我的體驗之所以更具有權威，乃是因爲它更爲基本（primary）之故。而整個體驗之階層組織中最具權威性者當在它的最基層。如果我閱讀一個心理治療的理論，如果我也根據我和受輔者一起工作的經驗而寫下一個心理治療理論，並且如果我也有和受輔者一起進行心理治療的種種體驗，那麼權威性的程度就會以我所列舉的那些體驗之順序而依序增加。

　　我的體驗並不是因爲不會犯錯而有權威性，相反的，乃是因爲整個權威性組織的最底層可以不斷地用新的、基本的方式去檢查它而然。正因此故，它即使經常有失誤或會犯錯，它卻永遠都開放著，迎接必要的修正。

　　接著又是另一個我所學到的心得：**我很喜歡在體驗之中發現秩序**。我好像總是難免要在一大堆的體驗之中尋出它的意義、秩序或法則。正因爲我有這樣好奇心，我在追尋之中感到十分滿足，而且也因此而使我能逐一地作出我的主要理論。在最早的時候，我由臨牀心理師們對兒童所做的那一整堆的事情中理出個頭緒，而由此誕生了那本《問題兒童的臨牀處置》一書。接著，同樣的追尋之意又導引我去爲心理治療理出一些一般性的原則（在別人看來，那也只不過是一堆實務工作罷了），結果我又因此而寫出本書和許多文章。我也被導引去爲我覺得在經驗中遭逢的種種法則作些研究，以便加以考驗。我還被那種心意催促而將我所體驗的種種秩序、法則都拼湊起來，乃至建構成理論，而且我還把這個理論向前推展到一些未經發覺的新領域，在那裡等候著進一步的考驗。

　　所以，我把科學研究和理論建構兩者都看成是有意義的體驗向一種內在的秩序奔去的過程。研究乃是一種持續而又有訓練的努力，其目的在於爲主觀體驗的現象理出個頭緒，並且把它的意義說出來。這個世界若能看來很有秩序而令人滿意，那麼它存在的理由便自在其中；而且，另一個理由是，當一個人能理解自然之中有秩序的種種關係時，這種理解自會引發出許多令人欣慰的成果。

　　我因此而得以認出：我之所以爲研究和建立理論而殫精竭智，其理由就在於要滿足一種尋求秩序與意義的需求，一種存在

於我之中的主觀需求。偶爾有時候，我做研究是為了別的理由
——為了滿足別人，為了說服反對者和懷疑者，為了在專業領域
中求進展，為了贏取威望，以及為了其他種種枯燥乏味的理由。
這些錯誤的判斷和虛功到最後只會更令我深信，進行科學活動之
健全的理由只有一個，那就是：要滿足我自己之中那個對意義的
需求。

另一個心得花費了我好多心力才認出來。只用短短一句話就
可以說明白：**事實總是友善的。**

有很多心理治療師（尤其是心理分析師）一直在拒絕為他們
自己所實施的心理治療做些科學的評鑑，而且也不讓別人去做。
這實在耐人尋味。我可以瞭解這種反應，因為我曾經體驗過。特
別在我們早期所做的調查，我記得清清楚楚，當時為了等著看結
果，我曾經多麼焦躁不安。想想看，要是我們的假設被推翻的話
呢！要是連我們的觀點都出錯的話呢！要是我們的意見得不到證
據支持呢！回想過去，在那些時候，我會把事實看成潛在的寇讎，
或看成災源禍水。也許我有點遲鈍而不能很早就看出：事實本當
永遠都是友善的。人只要獲得哪怕是一點點證據，不管是屬於哪
方面的，都可以把人向真理推近恰如其分的那麼多。而接近真理
決不會是對人有傷害、有危險或是令人不滿的事情。所以，儘管
我仍然討厭去調整我的思考方式，仍然討厭放棄舊的知覺和概
念，然而在一些較深的層次上，我卻已經相當能夠理解：這些痛
苦的調整和重組過程正是我的學習；同時，雖然痛苦，這些學習
的經驗也總是能引出更能令人滿足的（因它是更為正確的）人生
觀。因此，在目前，最能誘發思辯的地帶之一乃是一些深為我所
眷愛卻又未得證據支持的那些觀念。我覺得如果我能繼續用這樣
的難題來困惑我自己的話，我就更能找到令我滿意的方式去逼近

26

眞理。我很肯定事實就是我的朋友。

　　到這裡，我想要提提一個非常令我感到欣慰的心得，因爲我藉此而覺得和別人如此地貼近。我可以這樣說：**但凡是最屬乎個人的，便也是最爲普遍的。**有好幾次，我和學生或同事交談，或在我的寫作中，我都曾以非常個人的方式來表達我自己，我甚至會覺得這種表達的態度可能沒人能聽懂，因爲我說的都是極其獨特地屬於我個人的體驗。有兩篇表於文字的例子，其中之一是《以受輔者爲中心的治療法》（*Client - Centered Therapy* ）一書的序言（出版者們認爲最不允當的），以及一篇論〈人或科學？〉（Persons or Science?, 1955） 的文章。在這些例子中，我所表達的是最爲私己性的、個人的而且也可能最不易讓他人理解的感覺，結果卻每次都激起最多的迴響。因此我才逐漸相信：每個人之最私己的、獨特的體驗（如果能表達出來、與人分享的話）可能就是最能說進人心深處的因子。我也因此而得以更瞭解藝術家和詩人——這些人正是敢於將他們自己之中最獨特的部份表達出來的人。

　　到此爲止，還有一個深刻的心得我還沒說。我想這一點也是上述各心得的根本信念。二十五年來，我一直嘗試協助那些身陷於困苦之境的人，而就在同時，那個信念不斷逼入我的心中。簡單地說，就是這樣：**我的體驗告訴我說：人都具有一個基本上是積極的方向。**我在作治療時，和我有最深刻接觸的受輔者，包括那些帶來最多困擾的人，那些行爲最反社會的人，那些具有最不正常感覺的等等人在內，結果我發現這樣的信念都很眞確。當我能很敏感地瞭解他們所表達的感覺，當我能以他們的立場去接納他們，承認他們有權利和別人不同，然後，我才發現他們都會願意朝某些方向去改變。那麼，究竟是朝哪些方向呢？我相信最能

描述這些方向的字眼就是像積極性、建設性、或向自我實現而邁進、向成熟、向社會化而成長等等。我覺得一個人愈是能被完全瞭解和接納，那麼他便愈是傾向於拋開虛偽的面貌，不再用之於應付生活，而且他也會愈能向前邁進。

我不希望別人以此而誤解我的意思。我對於人的本性所持的並不是波麗安娜（Pollyanna）式的樂天觀點。我很能看出：人在重重防衛以及潛隱的恐懼之下，會表現而且已經表現過很多令人難以置信的殘暴、恐怖的破壞、不成熟、退化、反社會、傷害等等行為。不過，我的經驗中最能令人振奮的部份也就是和這些人一起作治療，然後發現：在他們之中（就如同在我們每一個人之中一樣）的一些最深的層次裡，也潛伏著極其積極的方向。

讓我把這一長串的心得用最後一個來個總結吧。我也可以把它說得很簡單：*人的生命，在最好的狀況下，乃是個流動、變化的過程，其中沒有什麼是固著不變的。*不論是在我的受輔者或在我自己，我發現：生命在最豐富而又最有價值的時刻，它一定是個流動的過程。但要體會這一點的話，一方面那是很能令人著迷的；一方面也是有點可怕的。在我能讓我的體驗之流載我流向前去，流向我才剛能模模糊糊意識到的目標而去的時候，我通常就是在我的最佳狀態中。我的體驗之流極其錯綜複雜，但當我能在其中載沉載浮，而且還能同時一直嘗試去瞭解它那變動不居的複雜性的話，那麼，其中不會有任何定點讓我停留。當我能在如此的過程之中時，很顯然的，我不會持有一個封閉的信仰體系，也不會有一套永遠不變的原則。能引導生命的乃是對於體驗去不斷瞭解、不斷闡釋的那個過程本身。所以生命就是一直在**形成**（becoming）的過程之中。

我現在很清楚，我就是因此而不鼓勵別人或說服別人去持有

一套哲學、或信仰、或原則的。我對於我的體驗必須作我自己的解釋以求取它對我當前的意義，我只能依此而活。然後，對於他人，我只能試著允許他們擁有同樣的自由去發展他們自己內在的自由，並且也循此而對他們自己的體驗能作有意義的解釋。

如果世間確有真理這回事的話，那麼，每一個人所擁有的自由尋索過程，最後（我相信）必定會在此匯聚。而我也好像曾以一些有限的方式體會到這一點。

第二部

我怎能有助於人？

我發現了一種能用以和人一起工作的方式，
它可能具有高度的建設潛力。

第二章
關於如何輔助個人成長的
一些假設

31

　　構成第二部的這三章是完成於前後六年的期間，也就是從1954到1960。有趣的是：我是分別從全國各地把稿子寄出來的——俄亥俄州的歐伯林（Oberlin）；密蘇里州的聖路易市（St. Louis）；和加州的巴沙迪那（Pasadena）。這段期間，許多研究的結果也逐漸累積起來，因此在第一篇文中用嘗試性的語氣所作的陳述到了第三章就變得相當的確定了。

　　本章是1954年我在歐伯林學院（Oberlin College）的演講稿。在此，我企圖將心理治療的基本原則濃縮在可能的最短時間內全部講出來。我曾以較長的篇幅將這些內容表達在我寫的兩本書中：《諮商與心理治療》（1942）、《以受輔者為中心的治療法》（1951）。我自己覺得很有趣，因為我在此只說明了什麼叫輔助的關係（facilitating relationship），以及它的成果如何，而並沒有對於因何而發生改變的過程作任何描述，或任何評論。

＊　　　　　＊　　　　　＊

　　一個麻煩重重、滿心衝突的人前來尋求協助，並且期望得到幫助。面對這樣的人，每次都會對我構成極大的挑戰。我是不是具備有知識、本錢、心理強度、以及技能——我是不是具有能對人有益（不管它叫什麼）的一切，來幫助這個人呢？

32

　　二十五年多了，我一直嘗試去面臨這樣的挑戰。結果使我把我的專業背景中所有的元素都揪了出來：首先是嚴謹的人格測量法──我最初在哥大教育學院學到的；其次是弗洛依德式的洞識和方法──我在兒童輔導研究所實習時用的是這些；接下來是臨床心理學，這是後來幾年的發展中，我曾經有過密切關聯的專業領域；還有其他一些經驗，諸如接觸過幾次蘭克（Otto Rank）的心理分析法，精神醫療社會工作員們的工作方法，以及其他種種，不勝枚舉。但最重要的是：我持續不斷地和我的同仁們在諮商中心裡兢兢業業地工作和學習，冀望能從經驗中找出最能令自己有效地協助那些苦難者的方法。慢慢地，我確實根據那些經驗發展出一套工作方式，而且這種方式還可以由進一步的經驗和研究去加以考驗、精製、甚或重新造型。

一個總括性的假設

　　要想描述我為什麼發生那些變化，有個簡單的方式。這樣說吧：在我早年的專業生涯中，我一直追問的問題是「我怎樣能處理、治療或改變這個人？」現在，我的問題要改換成這樣：「我怎樣能提供一種關係，使這個人能用之於他自己的成長？」

　　好像直到我把問題換成後者，然後我才搞清楚了：我所學到的種種都可以應用於我的整個與人的關係中，而不只是和有問題的受輔者一起作治療而已。為了這樣的緣故，所以我才覺得，在我的經驗中頗有意義的學習心得，對諸位的經驗也可能是有意義的，因為我們大家都參與著人的關係。

　　我也許該從一個負面的學習來開始談談。在我面臨著一個受困擾的人時，常會被逼回到這樣的想法：我不可能用任何智性手段或訓練方法而幫助得了他。任何一種工作取向，只要是仰賴知

識、訓練或依靠被動接受的教育，都不會有用。在過去，就是因
為那些工作取向都很誘人而且直接可得，所以我曾經試過其中的　33
很多種。我們固然有可能向一個人說明他自己，為他製好來日生
活的處方讓他向前走去，或在知識上訓練他，使他能知道更令人
滿意的生活方式。但，在我的經驗中，這些方法都徒勞無功。充
其量，這些方法所能完成的只是一些暫時性的改變，過不了多久，
效果消失了，留下的是一個更相信自己有所不足的人。

　　這些利用智性的工作取向一再失敗，終於逼得我去尋找、辨
認出：變化之所以發生乃是透過**關係** (relationship) 之中的體
驗。所以現在我要嘗試的是，很簡要而不正式地，把我認為和協
助關係有關的幾個主要假設說一說。這幾個假設目前無論在實徵
上或在研究中都已逐漸獲得肯定。

　　有了總括性的假設，我可以先簡言之如下：*若果我能提供某
種型態的關係，則另一個人就會在他自身中發現一種能力，以運
用此關係來成長，而個人的發展和變化也會繼之發生。*

人的關係

　　但是，這些說辭有什麼意思呢？讓我把剛才說過的那個假設
劃成三段，然後分別指出它們對我有些什麼意義。首先：什麼樣
的「某種型態的關係」是我願意提供的呢？

　　我發現，在我和人的關係中，我愈是**真誠** (genuine) 便愈有
幫助。這就表示：我必須對我自己的感覺有所覺察，並且還要做
到盡其可能的程度，而不光是向人展現一個代表某種態度的外
表，骨子裡又藏著另一種態度，乃至連自己都不曉得自己的態度
是什麼了。真誠之中含有一種意願 (willingness)，想要在我說的
話、做的事當中表達並且成為 (to be) 在我自身中的種種感覺

和態度。〔譯者按──這句話的意思是：「我想要和我自己的種種感覺、態度合而爲一。」〕只有在這種方式的關係之中，才會具有**眞實**（reality），而眞實似乎是最最重要的第一個條件。只當我能向別人提供一個在我之中的眞實，然後，那個人才有可能在他自己之中成功地找到眞實。即使在我所感覺到的態度並不令我愉快，或這種態度似乎無助於形成良好關係時，上述的原則仍是對的。能成爲**眞的**（to be real）乃是至爲重要的。

34　　第二個條件是這樣的：我發現：我若是愈覺得這個人可以接納，或喜歡他，我愈是能創造出一種他可以運用的關係。我所說的接納是指對他的一種溫暖的**關懷**（regard），即視他爲一個無條件而自有價值的個人──這種價值不會因爲他的狀況、他的行爲、或他的感覺而改變。那意思是說：我尊重並且喜歡他之爲與其他人不同的一個人；並且也是說：我具有一種意願，讓他能以他自己的方式去擁有他自己的種種感覺。那意思是說：我接納並且關切他當下的態度，而不管它究竟是正是反，或是否會和他過去所持的態度形成矛盾。對於一個他人而能接納那瞬息萬變的各個面相，就能對他而形成一種溫暖又安全的關係。做爲一個人而能受人喜歡和讚賞，那樣而形成的安全感，在協助的關係中似乎是個極其重要的元素。

我也發現，人的關係之重要性還在於它能令我覺得有一股想去瞭解的欲望── 一種敏感的**同理心**（empathy），也就是想發現每一位受輔者在面談之時的態度和表達，對他自己而言的眞意是什麼。接納本身並沒有多大的意義，除非它也包含了瞭解。只有當我**瞭解**你的感覺和思想──也許對你而言太可怕、太微弱、太情緒性、或太怪異──只有當我能像你一樣地看待這些，接納這些以及你本身，然後你才能無所顧忌地去發掘那些偏僻的角

落、那些駭人的裂縫，也就是那些常被掩埋的內在體驗。這樣的自由是關係的一個重要條件。這個條件意味著：人有自由可以在意識與潛意識兩界中去發掘自我，而且你可以在這場探索的道路上開到你敢開的最快速度。同時，在這裡你還有完全的自由，免於任何一種道德的或診斷的評判，因為，我相信：這類的評判都會令人感到威脅。

所以，我認為對人有益的關係有些特徵，那就是：(1)在我這方面，我有一種透明性，我的真實感覺可以彰彰在目；(2)我接納這個人之為一個與他人不同的人，而他的價值自在其中；(3)我對他有深刻的瞭解，使我能透過他的眼睛而看到他的私己世界。當這些條件都達成之後，我就變成受輔者的一個友件，在那場可怕的自我尋索之路上一直陪著他，他也因此而敢於邁開腳步。

我並非每次都能和人達成這樣的關係，而且有些時候就算我覺得我已經把我這部份做到了，對方也可能因為太害怕而沒能看見我給他的是什麼。不過我卻要說：當我能堅持著我所描繪的這種態度，且當對方可以體驗到這種態度（哪怕不是全部），然後我相信，變化和建設性的個人發展**一定**會發生——我把「一定」這個字眼擺進去，是經過了漫長而仔細的考慮之後才這麼做的。

變化的動機

以上談的是關係。接著要談的是總假設裡的第二小段，也就是說：人會在他自己之內找到能力，來將這種關係運用於個人的成長。我要把這個句子裡對我有意義的部份指出來。我的體驗逐漸推使我獲致這樣的結論：人在他自身之內有一種能力或傾向，即便不明顯也隱藏在那兒，它會催人走向成熟。在一個合宜的心理氛圍中，這種傾向就得以解放，變成實在，而不會一直停留於

潛在狀態。很明顯的，人的這種能力足以瞭解他自身生命中的那些面相，也就是那些一直在造成他的痛苦和不滿的部份，這樣的瞭解會刺進他的意識知識的表層以下，直探入他對自己隱藏起來的體驗，而這些體驗之所以被隱藏乃是因為它們具有能威脅人的本色。這種傾向會自身顯露出能力來重組他的人格以及他跟生命的關係，而其顯露的方式乃是較以前更為成熟的。不論我們怎樣稱呼它：「成長傾向」、「自我實現的驅力」、或「直向前奔的傾向」，反正它就是生命的主要泉源，而且，根據前文的分析，可以說是心理治療得以成功所必仰賴的傾向。這種傾向是一種催促力，我們可以在所有的有機體以及人類的生命中看到──它就是要擴張、伸展、要變得自主自動、要發展、成熟──它是一種要表現、要激發整個有機體所有能力的傾向。這個傾向有可能會被堅殼厚甲的心理防衛作用層層掩捲；它也可能會藏在精心鏤刻的建築正面之後，而被否認了存在的地位；但我仍相信它存在於每一個人，也在等著，一有適當的條件便會解放而表現出來。

36　最後的成果

　　前面我企圖描述的，是有助於重建人格的基本關係。我也試圖把一個人所能帶進此等關係中的能力類型以語言表達出來。現在來談談那個總句中的第三個短句：人的變化和人格發展會繼而發生。我的假設是說：在這種關係中，這個人會在意識層面中開始重組他自己，而他所使用的方式乃是要能使自己更建設性地、更聰明地、更具社會性地、以及更能令自己滿意地因應他的生活。

　　在此，我可以從純粹的思辯中挪開，而向諸位呈現一些堅確的實徵研究知識──這些知識目前仍在不斷累積和穩定增長之中。我們現在透過這些知識而知道：凡是在這種關係中生活過的

人（甚至僅僅很有限的幾小時）也能在人格、態度、行為上表現出顯著而深長的改變，相反的，那些對應的控制組則未曾發生同樣的變化。這種關係中的人會變得更能整合、更為有效。他比較不會表現精神官能症或精神病式的特徵，而表現為較健康、較能發揮功能的人。他改變的是對自己的知覺，而在自我的認識上變得更為真實。他變得更像是個他希望成為的人。他對自己的評價昇高、他會更有自信、更能自我引導。他對自己有更好的瞭解，對自己的體驗更為開放，也更不否決或壓抑他的體驗。他變得在態度上更能接納他人，也更能將別人視為與自己相似。

在他的行為上也會顯出類似的變化。他比較不會被壓力所挫，而且也能更快地從頹喪中康復過來。在他的朋友眼中看來，他的日常言談舉止會變得更為成熟。他會變得較不處處設防，會更能調適於生活環境，也更有能力以創意的方式去面臨自己的處境。

以上所述的種種變化，目前我們已經知道那是由於個人在經歷過一連串的諮商輔導之後而得以發生的。這種諮商的心理氛圍已非常近似於我所描述的那種關係。而我說的這些話都已有客觀的證據。雖然有待進行的研究還有很多，但目前對於這種關係之具有造成人格變化的功效，這一點已是殆無疑義。

對於人的關係之一項廣泛的假設

對我而言，這些研究結果之所以令人興奮，並不單只因為它們提供了證據，支持了一種心理治療之功效（雖然這一點並非不重要）。令人興奮的事情毋寧是：這些研究的發現，給一項和一切人的關係都有關的假設提供了一些理由。而所有的理由似乎都在說：治療的關係只不過是人際關係的一個例子，而所有的人際關

37

係又都由同樣的法則所統御。所以，作如下的假設應是合理的：
若父母親能爲孩子創造出如我所述的那種心理氛圍，則孩子將會
變成更能自導、更社會化、更成熟；若教師能和他班上的學生創
造如此的關係，則學生會變成能自發的學習者，也變得更有創意、
更能自我約束、更不會惶惶終日、聽人牽引；若一位行政主管，
或部隊、或企業機構的領導者也創造了這樣的氛圍，則他的部屬
們也會變得更能自己負責、更有創發力、更能調適自己、面對問
題、更能有基本上合作的態度。在我看來，一種嶄新的人際關係
園地很可能正要萌芽，在其中，我們也許可以明確地發現：若某
某特定的態度條件存在，則可以確認的變化就會發生。

結論

　　我要回到一個比較屬於個人的說法來做個結論：方才我提供
出來和諸位分享的，是在協助那些受困擾者、不快樂者、適應不
良者的過程中所學到的一些心得。我陳述了一個假設，這個假設
在近幾年中逐漸變得對我很有意義——不只是在我和憂戚的受輔
者之間的關係，而是在我和所有人的關係之中。我曾經指出：我
們已有的研究知識支持了這項假設，但我們仍需要做更多進一步
的實徵探討。我現在該把這個總括性的假設中的各個條件匯聚起
來，並且一一指明它的各個效果。用一個條件句來說：
　　若我能在兩人關係的我這一部份中創造出如下的條件——
　　　　具有眞實性和透明性，以此，我得以如實地與我的感覺
　　　　　合而爲一；
　　　　溫暖地接納，並且讚賞這個他人和別人本來就有所不
　　　　　同；
　　　　有敏感的能力足以看待他和他的世界，就像他自己所看

38

　　　　　　的一樣；

則這個關係中的另一個人就會——

　　　　　　體會和瞭解他自己過去一直壓抑著的部份；

　　　　　　發現自己更能整合一貫，更能發揮效力；

　　　　　　變成更像他自己想成爲的那樣一個人；

　　　　　　更能自導，更有自信；

　　　　　　變成更像一個獨特的個人，且更能表達自己；

　　　　　　更能瞭解、更能接受他人；

　　　　　　更有能力去充分地因應生活的難題，而且能更覺舒坦自

　　　　　　　　在。

　　我相信這個假設的述句可適用於各種不同的關係：我和受輔
者，和我的學生，和同事們或和家人、孩子。在我看來，現在我
們有了一個總括性的假設，它所提供的是許多令人振奮的可能
性，用以發展出具有創意、能夠調適而且自主自律的人格。

第三章

39

協助關係的特徵

　　很久以來，我一直秉持著一個強烈的信念——有些人也許會認為那是我的頑念（obsession）——也就是說，我相信：治療的關係僅僅是一般人際關係中的一個特例，而所有這些關係都受同樣的法則所統御。1958年，美國人事與輔導協會（American Personnel and Guidance Association）在聖路易市開年會，也邀我去作一次演講，我當時就是以方才所說的信念為主題而作成這篇講稿的。

　　在本文中可以明顯看出一種客觀與主觀的二分法，而這種區分在最近幾年內乃是我的體驗之中極其重要的部份。我覺得，要在一篇報告裡完全用客體的觀點或用主體的觀點來下筆，真是困難得很。我想在此把這兩個世界向各位同時並陳。如果因我無法將它們完全整合為一，大概也無妨吧。

＊　　　　　＊　　　　　＊

　　由於關切心理治療而引發我對各種協助關係的興趣。我用「協助關係」這種字眼是指：關係的兩方之中，至少有一方具有下述的意圖：想促進另一方的成長、發展、成熟，想改善對方的能力發揮狀況，以及他應付生活的能力。在此所謂的「另一方」可以指一個人，或一群人。用另一種說法，所謂協助關係，也許可作

40

如下的定義：「此關係中有一方意圖使另一方或雙方都變得更能體會、欣賞，更能表達，更能發揮各個人內在的潛能。」

　　人的關係中有一些在本質上就是能促進成長的，顯然，上述的定義已涵蓋了此種關係的大部份。其中當然包含著母子關係或父子關係；也可以包含醫生和病人之間的關係；而師生關係經常落在這個定義範圍中，雖然有些老師們不願以促進學生的成長爲志。上述的關係當然包含了幾乎所有的諮商員與受輔者的關係，不論那是在教育輔導（educational　counseling）、職業輔導（vocational counseling）或在個人輔導（personal counseling）的名義下建立的關係皆然。即在個人輔導的項目中，也可以廣泛包含很多種關係，如心理治療師與住院的精神病患，治療者與精神官能症患者或嚴重心理困擾的人，還有治療者和日漸增多的所謂「正常」人——這些人之所以來接受心理治療乃是爲了改善他們的功能發揮（functioning）情形，或促進他們的個人成長。

　　這些都是一對一的關係。但我們也可以想想很多種個人對團體的互動關係，其本質中也含有協助之意。譬如有些行政主管會有意和他的部屬們建立一種可促進成長的關係，雖然也有些主管們剛好相反。團體治療的領導者和他的團體之間的關係就屬於這一種。同樣的，社區顧問（community consultant）和該社區居民間的關係亦可作如是觀。現在日漸增多的企業顧問和經營管理人員之間的互動也可形成協助的關係。這個清單也許已指出一個事實：我們和其他人之間的關係中，有一大部份可以落入這種互動的範疇，而其目的就是在促進發展，使人變得更爲成熟，更充分地發揮個人的功能。

問題

41

　　但是，在那些關係中實際對人有益、確實能助人成長的部份，究竟有哪些特徵呢？同時，在相反的一邊，我們能否找出，使一個關係（本意是誠心要助人成長，但却）變得無益的，又有哪些特徵呢？對這些問題，尤其是前者，我願帶領各位到我開闢的一些路上去，並且告訴各位，在我思考這些問題的路上，我現在所在的位置是哪裡。

由研究中得到的答案

　　很自然的，首先要問的是，有沒有什麼實徵研究（empirical research）可以對我們的這些問題提供客觀的答案呢？到目前為止，這方面的研究還不算太多，但已有的研究卻頗具刺激性和啓發性。我無法將它們一一報告，但我想作個比較周延的抽樣，同時將這些研究的發現很扼要地說明一下。這麼做，難免會有過簡之嫌，而且我也曉得，我這樣說，對於那些研究本身也有失允當，但我的目的只在於讓各位感覺到：事實發現的腳步已經邁開了，也希望能惹起各位的好奇心──假若你還沒仔細研讀過這些研究報告，你就真會想去讀讀看。

對態度的研究

　　大多數的研究者首先開頭的是關於協助者這一方的**態度**（attitudes），看看它對於關係究竟具有促進成長或是抑制成長的作用。我們來看些例子。

幾年以前，由鮑德文（Baldwin）等人(1)在費爾斯研究所（Fels Institute）進行了一項周密的研究，主題是親子關係，其中發現了有趣的證據。在各群的親輩對子輩態度中，最有助於成長的一群態度乃是「接納——民主」。這種雙親的孩子們在溫暖而平權的 （equalitarian）態度之下表現了智能方面的增長 （I. Q.提高），也顯得較具有創意、有較高的安全感和情緒控制力，較不容易激動，這是相對於其他類型的家庭而言的。這些孩子們雖然在社會發展 （social development）方面起步稍晚，但到了就學年齡後，他們會變成有人緣、待人友善、不帶攻擊性的領導者。

有些父母親的態度被歸類為「主動地拒斥」，他們的孩子在智能發展方面就表現得稍為遲緩，對自己原本具有的能力也不擅使用，同時還比較缺乏創意。這些孩子們情緒較不穩定，有反叛性、攻擊性、而且喜好爭吵。其他各組態度之下的子女們在各項分數中大多落在上述的兩極之間。

我很肯定這些發現和我們對於兒童發展的觀念不會相去太遠。我想建議的是：這種研究也許可以應用到其他類型的關係上，譬如諮商員、醫生或行政主管，只要他們表現出溫暖的感情、善於表達，對自己和他人的個性都夠尊重，且能展現他對人能不佔有地關心 （non-possessive caring），只要他們能有這樣的態度，也許他們就能像父母對子女一樣地助長人的自我實現（self-realization）。

其次，我們來看看另一個周密的研究，它的研究範圍很不相同。懷拓恩與貝茲（Whitehorn and Betz)(2)(18) 調查了一些年輕的住院醫師，他們的工作是在精神科的病房裡和精神分裂症患者一起工作。這個研究是要看他們工作成功的程度若何。他們又作了一項特別的研究，就是從其中抽出七名表現得對病患最有益

的，另外也選了七名被認爲對病患最無益的（他們的病患之病情
顯得最沒有改善）。這兩組（前者爲A 組，後者爲B 組——譯者）
的成員各別都處理過約五十名病患。研究者仔細檢視過所有可得
的證據以便找出AB兩組的差別何在。結果發現了好幾個顯著的
差異(significant differences)。A 組的醫生們較傾向於視精神
分裂病患爲人，他們以很多種不同的行爲顯現出這個特徵，他們
不會把病患看成「病歷」或「診斷報告」。同時他們也都傾向於以
病患的人格爲本，而引導他們朝目標逐漸改善，而不急於減輕症
狀或治癒疾病。研究者發現：這些有益於病患的醫師日日夜夜和
病患們接觸，他們基本上用的是積極參與的互動——也就是人對
人的關係。他們很少用所謂「被動寬容」(passive permissive)的
程序來處理病患，而更少用的是解釋(interpretation)、敎導
(instruction) 或勸誡（advice) 等方式，也不很強調對病患的
各種實質照料。最後要說的是：他們比B 組更能與病患發展出一
種關係，藉此，病患們感到對醫師能信任、很可靠。

　　雖然這個研究報告的作者們小心翼翼地強調：這些發現只和
精神分裂病患的處理有關，我卻總覺得不同意這個說法。我懷疑
相似的事實可能會在各種類的協助關係中出現，如果我們也對它
進行研究的話。

　　另外一個有趣的研究則是針對「被協助者如何看待關係」而
進行的。海訥 （Heine)⑾ 研究了三種向心理治療者求助的人。這
三種人求助的對象分別是心理分析的 (psychoanalytic)、以受輔
者爲中心的 (client－centered)、以及阿德勒式的 (Adlerian)
心理治療者。先不論治療類型的不同，這些受輔者都說他們有些
改變。但我們特別感興趣的是他們對這些治療關係的看法。當他
們被問道：變化之所以發生是起因於什麼？他們各有不同的說

43

法，而且這些說法和不同的治療取向有關。但他們對於「有幫助」的東西卻也都表示了某種一致的看法，這一點才是更有意義的。他們指出：在他們所體驗到的關係中，有些態度因素可以說明他們自身裡所發生的變化，這些因素包括：他們覺得可以信任治療者；他們覺得治療者瞭解他們；在作決定或選擇時，有獨立自主的感覺。他發現，治療者對他們最爲有益之處乃是幫助他們把一些模模糊糊的感覺澄清，把一些猶豫不前之處明白地指出來。

至於他們覺得最爲無益的因素（不論用的是哪種治療取向），也有高度的一致性。那就是：治療者在態度上顯得缺乏興趣、遙不可及和過度的同情。另外關於治療的程序上最爲無益的因素則是：治療者對他們該做的決定表示了確然的指示，或對他們作些勸誡；治療者強調了個人過去的歷史而不是目前遭逢的難題。至於引導性的建議，其有益的程度則被評爲在中間──既非有益也非無益。

費德勒 (Fiedler)(7) 的研究常常被人引用，他也發現：有經驗的心理治療專家儘管採用的是不同的治療取向，但他們和受輔者之間所建立的關係卻是相似的。在這個研究中還指出一些較少爲人所知的因素，就是有經驗和無經驗的治療者相比，他們和受輔者間所形成的關係有些不同的特徵，這些特徵包括：瞭解受輔者之意思和感覺的能力；對受輔者之態度的敏感性；一種溫暖的興趣但又不含有過度的情緒涉入。

檜音 (Quinn)(14) 的研究像一道曙光，照出的是關於對受輔者的意義和感覺之瞭解，其中究竟包含了些什麼元素。他的研究指出一項令人驚訝的事實：所謂「瞭解」受輔者的意義，其主要的元素竟是一種可稱爲「瞭解慾」(desiring to understand) 的態度，檜音所作的判斷是根據治療者們在諮商時的錄音。評分者們

所錄音時，對於治療者們在回答什麼問題，或受輔者有什麼反應，都毫無所知。但研究中發現，即使如此，對評分者而言，其評判的分數和加上受輔者反應之後的評分也相差無幾。他們得到的結論性證據是說：治療者們所表達的乃是一種亟欲瞭解的態度。

　　談到對於關係的情緒性質的研究，西曼 (Seeman)(16) 的發現是這樣的：心理治療的成功與否，和受輔者——治療者之間能否產生很強而且不斷成長的相互喜愛、相互尊重，有密切的關聯。

　　另外，迪茲 (Dittes)(4) 做了個有趣的研究，他指明了這種關係的一些精微之處。他使用一種生理測量——心理電流反射 (psychogalvanic reflex)——而測得受輔者的一些焦慮、受威脅、或警覺的反應。迪茲把這些測量而得的數據和評分者對治療者在表現溫暖接納和寬容態度上的程度求得一些相關 (correlation)，結果發現：每當治療者的態度哪怕只是稍稍變得較不接納，受輔者的膚電反應 (GSR；即上文所謂的心理電流反射之一種——譯者) 指數就會立刻表現出明顯的差別。顯然當兩者的關係被體驗成「較不接納」時，整個有機體就會產生對威脅的抗拒，而在生理層次上表現出變化。

　　我不想把這些研究的結果完全整合起來，但就以上的部份而言，至少已經露出了些端倪。其一是：重要的是治療者的態度和感覺，而不是他所持的理論取向。他的處理程序和技術不如他的態度那麼重要。還值得一提的是：造成受輔者改變的乃是治療者的態度和程序被受輔者所感受 (perceived) 的方式，所以，重要的乃是這樣的感受。

「偽造」的關係

45

　　現在，我要轉個方向，看看一些很不同於上文所述的研究。

其中有些可能會使各位聽來覺得很不舒服，但無論如何仍和協助關係的本質有關。這些研究的主題也許可稱之為「**偽造的關係**」(manufactured relationships)。

沃普蘭克 (Verplanck)(17)，葛林斯本 (Greenspoon)(8) 還有其他人做的研究所顯示的是：用語言行為達成**操作性的制約** (operant conditioning) 是有可能的。假若實驗者在受試者 (subjects；即實驗的對象——譯者) 說出某類的語詞或語句之後，便立即反應道「唔哼」或「很好」，或點頭，則那一類的語詞或語句便會因為被增強 (reinforced) 而增加出現的次數。研究顯示：用這種實驗手法可以造成語言範疇的增加，包括複數的名詞、帶有敵意的字眼乃至意見性的語句。受試者完全不曉得他已經被這些增強物 (reinforcers；在此是指實驗者用的「唔哼」「很好」或點頭等行為——譯者) 所影響。這些研究的涵義是：利用這些選擇性的增強作用 (reinforcement) 亦即事先由實驗者決定要增強什麼，我們便可以在這種關係中造成另一個人之不斷使用某些字眼或說出某些話。

這個操作性的制約法則是由史金納 (Skinner) 和他的研究羣所發展而成的。如果根據這個法則再進一步去做，我們可以看看會有什麼結果。林茲里 (Lindsley)(12) 的研究顯示：實驗者可以使一個慢性的 (長期性的) 精神分裂病人和一架機器建立起「協助關係」。這架機器有點像自動販賣機，它的設計使它可以獎賞好幾種行為。最初它所獎賞的——所謂獎賞就是給你一塊糖、一根菸、或現出一幅圖畫——只是病人作簡單的按鍵行為。但設計更精緻一點的話，也可以讓病人按比較複雜的鍵，然後可以讓餓肚子的小貓喝到一滴奶。以此例而言，使病人得到獎賞或令他得到的滿足乃是一個利他性的 (altruistic) 行為。這個研究還計劃要

繼續發展，以便能獎賞類似的社會性或利他性的行為，而受試者所表現的行為乃是要以隔室的其他病友為對象。這個實驗所獎賞的行為的唯一缺陷乃在於，實驗者這一方表現出太多機械性和不真實性。

　·林茲里報告說：某些病人表現出很顯著的治療效果。我個人對於這種效果禁不住感到印象良深——雖然他的改變顯然多半肇因於他和機器之間的一些密切的互動，但那個病人確從惡化的慢性病態轉變到具有自由的基本行為能力。接著實驗者決定繼續研究實驗消弱作用（extinction，增強效果或制約學習逐漸消失的現象——譯者），用普通話來說，就是指：無論受試者按鍵幾千次，也再不會出現任何的獎賞。經此過程，病人又逐漸退化、變得邋遢不潔、失去溝通，他的基本行為能力又等於不見了。這個病例（對我而言）好像指出了：即使是和機器的關係也罷，要使關係變得有益，則其中的可信賴性（trustworthiness）仍然非常重要。

　　另外，關於偽造的關係，還有個引人注意的研究。研究主持人是哈婁（Harlow）(10)，這次的受試者是猴子。小嬰猴在剛出生之後，立從母體移開，然後，先給牠們兩個物體。其中一個就叫做「硬媽媽」吧——用鐵絲做成圓筒狀的東西，稍稍傾斜，上面裝了個奶頭，小猴子可以從這裡吮吸奶水。另外一個叫做「軟媽媽」，是個同形的圓筒，但材料則是人造海綿，外覆一層絨毛布。這隻小猴子即使在「硬媽媽」那兒吸足了奶水之後，牠會很明顯地表現出喜歡親近「軟媽媽」。在影片中可以看到，牠和那物體之間絕對是有「關係」的：牠會和它玩耍、欣賞它，而且當陌生的物體靠近時，會爬到它身上去尋求安全，然後牠也會以這種安全當做本壘，去向外頭可怕的世界進行冒險性的探索。這個研究有許多有趣的涵義，其中一個看來既合理又清楚：直接的餵食再怎

46

麼充分，也無法取代某些可感受的性質，而這些性質正是小猴所
需要、所渴求的。

兩個最近的研究

我徵引的研究範圍太廣，而且也可能令人目不暇給，現在我
用兩個最近的研究，外加一些說明，來結束這個部份吧。首先是
由恩茲和佩吉（Ends and Page）(5) 所主持的實驗。他們的工作
對象是些長期性酗酒過度的人，進入州立醫院已有六十天之久。
他們試過三種不同的團體心理治療，並且相信最有效的方法可能
是根據兩因素學習理論（two－factor theory of learning）而做
的治療；其次則是以受輔者為中心的取向；而心理分析取向則被
預測為最無效的治療法。但研究結果卻顯示：學習理論的取向不
但對病人無益，反而略顯有害。這一組的結果比沒有接受治療的
控制組顯得更差些。心理分析組得到了些許正面的結果，而以受
輔者為中心組則顯出最大的正面變化。經過一年和一年半後做的
追蹤調查也再度肯定了住院時期的發現，也就是說情況改善最多
的是以受輔者為中心那組，其次是心理分析組，再次是控制組，
最後則是用學習理論處理的那組。

我對這個研究結果困思良久，覺得最不可解的是：研究者們
花費了最多心血的治療取向竟顯得最為無效。但在思考之中，我
發現了一個線索，使我再去檢視根據學習理論而作的治療究竟是
如何進行的。在他們的描述中(13)包含了三個要點：(a)病患覺得最
為不滿的行為指出來，並冠以名號（labeling），(b)客觀地和受輔
者一起發掘這些行為背後的原因，(c)透過再教育的方式建立更能
有效解決問題的習慣。我發現，像那些研究者所陳述的，他們在
和受輔者的互動關係中所要達成的目標都是與個人無關的（im-

personal）。在此過程中，治療者要「在人之常情的範圍內儘可能不讓他自己的人格侵入」。「治療者強調自身在治療活動中的匿名性，也就是說，他必須刻意避免以他自己的個性特徵去影響病人。」在我看來，要和其他研究擺在一起來解釋的話，這些很可能就是此一治療取向失敗的線索。壓制了自己之爲一個人的特徵，也把別人視爲一個物體來對待，這樣做而要想對人有益，其可能性眞是微乎其微。

最後要報告的一個研究是剛由郝凱茨（Halkides）(9)完成的。她以我對治療變化所列的必要條件與充分條件爲理論的起點。她的研究假設是：受輔者若能產生建設性的人格變化，則其程度必與諮商者的四個變項有關：(a)諮商者顯出對於受輔者之同理瞭解的程度；(b)諮商者對受輔者顯出正面的關愛態度〔**無條件的正面關懷**（unconditional positive regard）〕之程度；(c)諮商者本身眞實的程度，即他的語言和他的內在感覺互相符合的程度；及(d)就情感表達的強度而言，諮商者的反應與受輔者的表現相符的程度。

爲了考驗這四個假設，她首先用多重的客觀標準選出十個可稱爲「最成功」的個案，和十個「最不成功」的個案。然後她再取得各個案在早期和後期面談的錄音。她又從每一份面談錄音中以隨機抽樣的方式取出九個互動單元──每個單元是指受輔者的一個語句加上諮商者的一個反應而成──這樣，對每一名個案，她就有了九個早期的互動單元和九個後期的互動單元。總加起來一共有幾百個單元。她把這些安排成隨機的序列，所以，一個不成功個案早期面談單元的後面可能跟著一個成功個案後期面談單元，如此等等。

有三位評分者被請來聽這堆錄音材料。他們各要聽四回，每

回的次序都不同；而且，評分者對於各個案本身、或他們的成功
程度、或各單元的出處等都毫無所知。他們用一個七點量表
（seven point scale） 來爲每一單元作評分。首先評的是同理心
的程度，其次是諮商員對受輔者的正面態度，第三是諮商者本身
的合一性（congruence），或眞實性，第四則是諮商者的反應與受
輔者表現的情緒強度兩者之間有多高的符合程度。

我想，在座各位對研究若有點知識的話，都會曉得這樣的研
究是個很大膽的冒險。評分者在聽各個互動單元時眞有可能依我
所提到的那些標準，爲那些微妙的談話分出品質高下嗎？他們的
評分可信嗎？而且，就算能獲得適當的信度（reliability） 係數，
難道每一名個案的十八個交談單元──實際上每名個案身上都發
生了數百至數千個這樣的交談單元，而研究者的抽樣僅僅佔其中
的一小部份──可能和治療的成果間有任何關聯嗎？看起來，機
會眞小。

但研究的發現卻令人驚異。可以證明的是：得到的信度很
高，大部份評分者間的相關都在.80到.90之間，只有最後一個變項
例外。研究發現：高度的同理瞭解和比較成功的個案間有極顯著
的相關（統計推論犯錯的機率小於千分之一；下文均作「P＜.001」
──譯者）。同樣的，高度的無條件正面關懷和較成功的個案間也
有顯著的關聯 （P＜.001）。即使在關於諮商者的合一性或眞實性
──就是他說的話和他的感覺是否一致──這方面的評分，和一
個個案成功的程度間也有同樣的關聯 （P＜.001）。只有在情感表
達強度的符合性這項上，研究的結果顯得曖昧不明。

有趣的是，這些評分較高的變項和各單元之出於早期或後期
的面談，並沒有顯著的關聯。這意思是說：諮商者的態度在整個
諮商過程中大致上是一貫的。如果他具有高度的同理心，則他傾

向於從頭到尾都能如此。如果他缺乏真實性，則他也差不多始終
皆然。

　　正如任何研究一樣，這個研究也有它的限制。它所關切的只
是一種特殊的協助關係──心理治療。它只探討了四個（研究者
認為）重要的變項。也許還有很多別的。然而這個研究卻使得有
關協助關係的研究向前邁了一大步。讓我來把研究的發現用最簡
單的方式做個綜合的說明。我想，它告訴了我們：諮商者與受輔
者之間的互動品質，可由諮商者的行為中抽取一小樣本，便可據
以作成很好的判斷。同時它也意指：如果諮商者是表裡合一，或
具有透明性，使他說的話和他的感覺能相符而不是分離的；如果
諮商者能夠無條件地喜愛他的受輔者；又如果諮商者能夠以受輔
者的觀點去瞭解他的根本感覺──那麼，我們便可以很有把握地
說，這樣的協助關係是「有效的」。

幾點評論

　　以上報告的一些研究至少已經為「協助關係的本質為何」的
問題射出了一道曙光。研究者們探討了這個問題的各個不同面
相。他們用了很不相同的理論路數去接近問題，他們用的方法也
不一樣，各研究無法直接比較。但是這些研究似乎可以幫我肯定
地指認出一些事實。譬如說，很顯然的，有益的關係所具的特徵
和無益的關係便迥然有異。而這些差異的根本乃在於關係的兩方
面，其一為協助者本身的態度，另一則為受協助者對於關係的感
受。同時我也同樣清楚地瞭解到，上述的研究還沒有指出最終的
答案，也就是說：它還沒有一個結論來告訴我們「協助關係究竟
是什麼」，以及「協助關係究竟是如何形成的」。

我如何能創造出協助的關係？

　　我相信我們這些在人類關係的領域中工作的人，都會有同樣的問題，就是不太知道要怎樣利用這些研究而得的知識。我們不能用機械性的方式將研究發現依樣畫葫蘆，也不能在模仿學習之中把一些屬乎個人的品質都抹殺了──而這些品質實際上正是這些研究之所以顯現出價值的憑據。依我看來，我們應該利用這些研究，用它來考驗我們自己的經驗，也據以形成個人的一些新假設，更進一步用來幫助或考驗我們自己和他人的關係。

　　所以，與其告訴諸位說，你們應該如何應用我所報告的那些研究發現，還不如和各位談談：這些研究加上我的臨床經驗，對我引發了些什麼疑問，還有，我是用哪些試驗性的及一直改變的假設來引導我的行爲，使我能進入我所希望的那種協助關係中──而在此，我的對象包括了學生、同事、以及受輔者。我現在就把這些疑問和我的考慮一一陳述如下。

　　1.我能不能以某種方式讓另一個人感受到我是值得信任的、可靠的、而且在某種深刻的層次上，我仍是前後一致的？研究和經驗兩者都指出，這是非常重要的。多年以來，我發覺：我的信仰對於這種疑問可以提供良好而深刻的答覆。我一直覺得：關於人是否值得信任，它有些外在的條件──如守約赴會，尊重面談的保密性等等──如果我能滿足這些條件，而且如果我能在前前後後的面談中一直維持著我的一貫性，那麼，我就會受人信任。但是，人的體驗很快就會把人逼回到本來面目。舉個例來說：如果我一直維持著、表現著接納的態度，但事實上我卻感到厭煩、懷疑或有些不接納對方的感覺，那麼，時日稍久，對方一定可以感受到我的不一致，以及不值得信任。我的認識是：所謂「值得

信任」，那倒不是要人嚴格地遵守前後一致的法則，而是人是否能很可靠地顯出自己的眞相。我用「合一」這個字眼來描述我所說 51 的這種樣子。我的意思是說：無論我所體驗著的感覺或態度是什麼，我所覺察到的也能和那態度符合。若我能做到那樣，在那當兒我就是個統一的或整合的人，也因此我就能是（做到）我深處之*所是*（I can *be* whatever I deeply *am*）。這樣實在的情形使我發現：當它在別人身上出現時，也令我覺得很可靠。

2.另一個和上項深切關聯的問題是：我是否具有足夠的表達能力，使我能將自己不含混地傳達給對方？我相信，在我想建立協助關係而不能成功時，多半可以溯源於以上兩個問題上的失敗。當我對他人正體驗著一種厭煩的態度，但我卻無法意識及此，則我的表達中必會包含一些相互矛盾的訊息。我說的話傳達著一種訊息，但我也會以很微妙的方式表現出我所感覺到的厭煩，於是這兩種訊息就讓另一個人感到淆亂，也因此使他對我不信任了（雖然他也很可能無法察覺困難何在）。我在當個父（母）親、或治療者、或老師、行政主管時，若無法聆聽我自己內在的體驗——因爲我在防止我去感覺的緣故——那麼，這種失敗就很可能會發生。所以，在我看來，任何一個想要與人建立協助關係的人，他最需要學到的乃是：能讓自己變得具有透明的眞實性，那樣做才是保險的。如果在一個既有的關係中，我能夠很合理地表裡合一，且如果和這關係有關的一些感覺都不必對自己或對他方隱瞞，那麼，我幾乎敢肯定地說：這樣的關係是會有益的。

我可以用一種讓各位聽來也許會覺得奇怪的方式，把以上所說的再說一遍：如果我可以和我自己建立協助關係——如果我對我自己的感覺能敏感地察覺，而且也能接納——那麼，我和別人建立協助關係的可能性就很高了。

　　好，用這種說法──要很接納地做我自己，而且也要讓我所做的都能向他人顯現──這樣的事情非常困難，我自己到今天也無法完全做到。但若能弄清楚，這才是我該做的，這樣的認識實在非常有價值，因爲它幫我找出人際關係中哪一部份出了差錯，哪一部份在糾纏不清，然後我才可以重新將它擺上有建設性的正軌。這其中的意義在於：如果我要讓別人和我建立關係而使我能幫助他的成長，那麼，我自己也一定要成長。雖然這樣的過程常常會令人覺得痛苦，但它也同時能令人覺得充實。

52　　　3.第三個問題是：我能讓自己體驗到這種對別人的**正面態度**(positive attitudes) 嗎──亦即溫暖、關懷、喜愛、興趣、和尊重等的態度？這實在不容易。在我自己心中，以及在別人身上發現，對於這些感覺，我們都存有相當程度的恐懼。我們所害怕的是：如果我們讓自己無拘無束地體驗這些對別人的正面感覺，我們也許會因此而掉入陷阱，也許會惹來過多的要求，也許會導致對別人過多的失望等等，而這些後果正是我們所害怕的。所以我們的反應很可能是在自身與他人之間拉出一段距離──變得孤高冷傲，表現出「專家的」態度，建立一種沒人味的關係。

　　我有個很強烈的感覺，覺得每一行專業領域之所以如此「專業化」總有這麼個重要理由，那就是：它可以使人維持這樣的安全距離。在臨床的領域中，我們發展出精細的診斷原則和分類法，並以此而視人爲一個物體。在教學和行政上，我們也發展出各類的考核評分法，又把人看成一個物體。我相信，我們就是以這些方法而防止自己去體驗到關懷的關係──這種關係本來是可以存在於兩個人之間的。如果我們確實可以學到關懷，而且還知道在某些關係，或在關係的某些時刻裡，關懷別人並不是一件危險的事；或學到：和別人建立人與人的關係並在關係中帶有正面的感

覺，也是挺安全的，能學到這些，乃是人的真正成就。

4.另一個問題，這是我在自己的經驗中體會出其重要性的。這問題是：我是否有足夠的力量，使自己可以和他人分得開來？我是否能堅定地尊重我自己的感覺和需求，同時尊重別人的？在必要時，我是否能擁有而且表達我自己的感覺，認定這種感覺獨屬自己而和他人的感覺有別？我是否能夠屹立於我的獨特性上，不致被他人的沮喪所扳倒，被他人的恐懼所驚嚇，或被他人的依賴所吞沒？我的內在的自我是否夠堅強而能確信：我不會被他人的憤怒所破壞，被他人的依賴所襲奪，被他人的愛所奴役，相反的，我有獨自存在的權利，而能和他人的感覺有所**區分** (separateness)？等到我能夠自由地感覺到成為一個有別於他人的人是多麼有力量的，然後，我才會發現我可以讓自己更深入地瞭解他人、更寬宏地接納他人，因為我不再害怕因此而失去我自己。

5.下一個問題和上面很有關。我是否能安全地讓他人擁有他的獨特性？我能否讓他做他自己——誠實或善騙、幼稚或成熟、絕望或過度自信皆然？我能否給予他存在的自由？或者我覺得他應該聽從我的勸誡，或繼續讓他依賴著我，或教他把自己塑造成我的樣子？說到這裡，我想起法生 (Farson)(6) 的一個有趣的小研究。他發現：愈是適應不良和不能勝任其職的諮商者，愈是傾向於誘使受輔者附和他，或學他的模樣。相反的，適應良好而且勝任其職的諮商者也愈能以多種不同的方式與他的受輔者形成互動，而不致干擾受輔者的自由，讓他得以發展不同於治療者的人格。我比較偏愛後面這一種，不論是在為人父母，或擔任督導者、諮商者時都一樣。

6.我要自問的另一個問題是：我是否能夠讓自己進入他人的感覺和個人意義 (personal meanings) 之世界中，而且也能像

53

他一樣地看待這些感覺和意義？我是否能完完全全地走進他的私己世界以致把評價和裁判的慾望都拋到腦後？我是否能在他的世界中敏感且自在地走動，而不致踩破了他自己非常珍惜的意義？我是否不止能準確地感覺到他的體驗中非常外顯的意義？甚且能透入隱含的意義中，也就是他自己只能模模糊糊地看到，或視之為一團混亂的部份？我是否還能無所限制地延伸這種瞭解？我想起一位受輔者，他曾說：「每次我發現有人瞭解了我的**一部份**，然後，我簡直可以保證，他從此就不能再多瞭解一點了……我這麼拚命地尋找就是為了要找到一個能瞭解的人。」

對我自己來說，我覺得在面對單獨一位受輔者時，比較容易感覺到這種瞭解，而且能傳達給對方；但面對一班的學生，或在一群同事之間，我就比較不能如此。和學生在一起時，總會禁不住想「糾正」他們；和同事一起工作，也常會想指出他們所犯的錯誤。但若我能允許我自己在這些處境下也一樣地去瞭解他們，則雙方必能感到獲益。當我和受輔者在進行心理治療時，最令我感觸深刻的事實乃是：哪怕只有一點點同理心的瞭解——一點跟跟蹌蹌、抓不太準的嘗試，想為受輔者一堆混亂的念頭理出個意義的頭緒——也會對他有益的。當然，無疑的是：如果我能看懂而且清清楚楚地說出他自己覺得糾纏不清的意義，那樣必是最有助益的。

7.接下來的問題是：我是否能接納這個人所能向我呈現的每一面相？我所能接受的他是否正如其人？我能否將這種態度向他傳達？或者我只能有條件地接受他，或只接納他的一部份感覺，而悄悄地（或公開地）否認他的其他部份？我的經驗告訴我：當我的態度帶有條件時，那麼他在我所不能完全接受的那些部份，就不能成長或改變。然後，當我開始檢討原因時——總是在事後，

而且有點太遲了──我通常都會發現：我之所以不能接受他的某些部份，正是因爲那些部份的感覺使我害怕或令我受到威脅。如果我要對人更爲有益，那麼我自己必須先成長、先接納我自己的這些令我害怕的部份。

8.還有另一個非常實際的問題：我在這種關係之中是否能有足夠的敏感而使我的舉止行爲不致令對方感受到威脅？我們開始做的一項研究（關於心理治療過程中同時伴隨發生的生理現象）證實了迪茲的研究，也就是說，它指出了：若從生理的層面來觀察，可看出：對於威脅，每個人實在是很容易感受到的。當治療者以稍許強過受輔者本身感覺的字眼作反應時，受輔者的心理電流反射（一種對皮膚上的導電度所作的測量）立刻會呈現出大幅度的起落訊號。譬如，當治療者反應道：「哎，你看起來眞是很不對勁。」指針便幾乎要跳到印表紙的外面去了。我之所以一直想要避免這種(即使只是很輕微的)威脅，並不是因爲我對受輔者的反應過敏。我的理由毋寧是說：根據我的經驗，我相信：如果我可以儘可能使他免於外在的威脅，那麼他才能開始去體驗、去處理那些在他的裡面威脅著他的種種感覺和衝突。

9.由上述的問題中引申出另一個重要的疑問，那就是：我是否能使他免於外在評價的威脅？在我們的生活史中的每一個時期──不論是在家裡、在學校、或在工作上──我們幾乎不斷使自己受制於外在評判的賞罰之下。「很好」、「眞調皮」、「這是甲等」、「這是不及格」、「那是很棒的諮商」、「那是很糟的諮商」等等。這些評判是我們自幼至老生活的一部份。我相信這樣的評判對於某些社會體制或組織（譬如：專業領域、學校）有其一定的效用。我發現我自己和別人一樣，總是難免一直在評價自己、評價別人。但是，我的體驗卻告訴我說：那樣做，對個人的成長絲

毫無益。因此，我不相信它可以成爲協助關係的一部份。說來奇
怪，一句正面的評價，就長遠的意義而言，其威脅性和負面的評
價幾乎不分軒輊，因爲，你告訴一個人說他很好，其中就必含蘊
著：你也有權利說他很不好。所以我才會覺得：我若是愈能與人
維持一種免於判斷、免於評價的關係，則我將愈能使人認識：評
價的基準和責任的核心都在他自己身內。在上述分析中，我說的
是：他的體驗之意義與價值乃是由他決定的，而再多的外在評判
也不能更動分毫。所以，我寧願和他建立一種非評價性的關係，
即在我的感覺中亦然。我相信這樣才能使他自在地成爲一個能自
負其責的人。

　　10.最後一個疑問：我能否視這個人爲一個正在**形成**
(becoming) 的過程，或者我寧被束縛於他的過去和我的過去？
如果在我與他交會之時，我待他如一個不成熟的孩子、如無知的
學生、如一組精神官能症的人格，或如一個精神病人，那麼，我
的這些概念就已經限制了我可能和他建立的關係。耶路撒冷大學
(University of Jerusalem) 的存在主義哲學家馬丁‧布伯
(Martin Buber)，他有句名言說：要「確認他人」(confirming
the other)，這句話對我而言極有意義。他說：「確認的意思是
……接納他人的整個潛能 (potentiality) ……我可以辨認他身
內、曉得他身內是這樣一個人，他之所以受造乃是爲了要變成……
我在我自己之中確認他，然後在他之中確認他，而與此關聯的乃
是，他的潛能……終於可以開展、可以演進了。」(3) 如果我所接受
的他人乃是個固定之物，已經被診斷、分類的，已經被他的過去
造就形式的，那麼我就是在確認這個有限的假設。如果我接納他
爲一個形成的過程，那麼我就盡己所能地確認了、或實現了他的
潛能。

　　只有到了這個節骨眼，我才曉得：沃普蘭克、林茲里以及史金納 (Skinner) 等人所做的操作性制約是可以和哲學家 (或神秘論者) 布伯的說法攜手並進的。至少他們在原則上是可以攜手的，至於其方式，說來就有點奇怪了。如果我把關係視爲只是用來增強他人的某些字句或意見的機會，那麼我就在確認他爲一個物體—— 一個基本上是個可以操弄的機械。且如杲我將此視爲他的潛能，他也會傾向於依此而行動，並且也支持了這樣的假設。但如果，相反的，我將關係視爲一種機會，用以「增強」他的**全部**存在，增強他這個人和他的全部潛能，那麼他就會傾向於依此而行動，並且也支持了**這個假設**。以此，我就——用布伯的話說——確認了他是個活著的人，具有創造的內在發展能力。我個人偏好的是這第二種假設。

結論

　　在這篇報告的前面部份，我評述了一些研究。這些研究對於我們有關人的關係之知識有相當的貢獻。我很認眞地把那些知識放在心裡，然後我開始發出一連串的疑問，這些問題都是當我進入關係之中，以個人內在、主觀的觀點而發的。如果我自己對於那些問題都能作肯定的答覆，那麼，我相信我所涉入的任何關係都會成爲協助的關係，而其中也都能含有助人成長的成份。但是，事實上，對於那些問題的大多數，我都無法正面地回答。我所能做的，只是不斷朝著肯定的答案那方向繼續努力。

　　在我心中，這種情形引發了一個強烈的臆測，換句話說，我在想：適切的協助關係也許就是由心理成熟的人所創造的那種關係。說得更明白一點的話，應是：我之能夠創造一種關係用以促進另一個人的成長，其程度正可用來衡量我自己究竟達到了什麼

程度的成長。從某方面來說，這個想法相當擾人，但它同時也很有啓發性和挑戰性。它所指示的是：如果我對於創造協助關係很有興趣，那麼，我所面臨的一個誘人的終生工作便是將我自己的潛能朝向成長去伸張、去發展。

　　現在我還留有一個讓我思之不安的問題——在這篇報告中我所努力呈現的，也許和諸位的興趣或工作不怎麼相干。若果如此，我感到抱歉。不過，至少有一點令我感到欣慰的，就是事實上，我們大家都從事於人類關係的工作，並且一直嘗試要瞭解這個領域的基本法則，而從事這個工作乃是今日世界中最重要的一項事業。如果我們都能認眞地嘗試瞭解我們在行政管理、教學、諮商、心理治療等等方面的工作，那麼我們所企圖要解決的問題便會決定這個星球未來。因爲我們的未來並不仰仗著物理科學，而是仰仗著我們這些從事於瞭解和處理人與人之間的互動關係的人——也就是說，仰仗著創造協助關係的人。所以我希望我對自己的疑問也會有助於諸位之獲取瞭解和展望，且在諸位以自己的方式努力之時，能幫助諸位在種種關係之中成長。

參考書目

1. Baldwin, A. L., J. Kalhorn, and F.H. Breese

   1945 Patterns of parent behavior. *Psychol. Monogr.*, 58, No. 268, 1−75.

2. Betz, B. J., and J. C. Whitehorn

   1956 The relationship of the therapist to the outcome of therapy in schizophrenia. *Psychiat. Research Reports* ♯5. *Research techniques in schizophrenia.* Washington, D. C., American Psychiatric Association, 89−117.

3. Buber, M., and C. Rogers

   1957 Transcription of dilalogue held April 18, Ann Arbor, Mich. Unpublished manuscript.〔譯註：已收入M. Buber (1965) *The Knowledge of Man,* New York： Harper & Row, PP. 166-184〕

4. Dittes, J. E.

   1957 Galvanic skin response as a measure of patient's reaction to therapist's permissiveness. *J. Abnorm. Soc. Psychol.,* 55, 295−303.

5. Ends, E. J., and C. W. Page

   1957 A study of three types of group psychotherapy with hospitalized male inebriates. *Quar. J. Stud. Alcohol,* 18, 263−277.

6. Farson, R. E.

1955   Introjection in the psychotherapeutic relation-
       ship. Unpublished doctoral dissertation, Univer-
       sity of Chicago.

7. Fiedler, F. E.

1953   Quantitative studies on the role of therapist's
       feelings toward their patients. In Mowrer, O. H.
       (Ed.), *Psychotherapy: Theory and Research.* New
       York: Ronald Press, Chap. 12.

8. Greenspoon, J.

1955   The reinforcing effect of two spoken sounds on
       the frequency of two responses. *Amer. J.
       Psychol.,* 68, 409—416.

9. Halkides, G.

1958   An experimental study of four conditions nece-
       ssary for therapeutic change. Unpublished doc-
       toral dissertation, University of Chicago.

10. Harlow, H. F.

1958   The nature of love. *Amer. Psychol.,* 13, 673—685.

11. Heine, R. W.

1950   A comparison of patients' reports on psychoth-
       erapeutic experience with psychoanalytic, non-
       directive, and Adlerian therapists. Unpublished
       doctoral dissertation, University of Chicago.

12. Lindsley, O. R.

1956   Operant conditioning methods applied to
       research in chronic schizophrenia. *Psychiat.*

Research Reports ♯ *5. Research techniques in schizophernia.* Washington, D. C.: American Psychiatric Association, 118—153.

13. Page, C. W., and E. J. Ends

   A review and synthesis of the literature suggesting a psychotherapeutic technique based on two—factor learning theory. Unpublished manuscript, loaned to the writer.

14. Quinn, R. D.

   1950 Psychotherapists' expressions as an index to the quality of early therapeutic relationships. Unpublished doctoral dissertation, University of Chicago.

15. Rogers, C. R.

   1957 The necessary and sufficient conditions of psychotherapeutic personality change. *J. Consult. Psychol.,* 21, 95—103.

16. Seeman, J.

   1954 Counselor judgments of therapeutic process and outcome. In Rogers, C. R., and R. F. Dymond , (Eds.) *Psychotherapy and personality change.* University of Chicago Press, Chap. 7.

17. Verplanck, W. S.

   1955 The control of the content of conversation: reinforcement of statements of opinion. *J. Abnorm. Soc. Psychol.,* 51, 668—676.

18. Whitehorn, J. C., and B. J. Betz

1954　A study of psychotherapeutic relationships between physicians and schizophrenic patients. *Amer. J. Psychiat.*, 111, 321—331.

第四章
我們對心理治療的
客觀知識與主觀知識

59

　　在1960年的春季，我受聘到加州理工學院 (California Institute of Technology) 訪問，參加由加州理工的基督教青年會 (Cal Tech YMCA) 所主辦的「美國領導者」訓練計畫。這個機構幾乎爲該學院安排了所有的文化訓練課目。這次四天的訪問中，他們要求我對一群師生組成的議事會作個演講。我很熱切的希望談談關於心理治療的種種，而我希望我所談的東西能使物理科學的學者和學生們都感到有意思；我覺得，若將它當做是個關於心理治療之各種研究發現的彙整、摘要報告，也許可以說得通。另一方面，我也想要清清楚楚地表明：個體所能主觀感受的關係在導致治療改變的作用上，也一樣具有重要而基本的地位。所以我就盡力地讓兩面俱陳。這份手稿在事後曾稍作修改，但大體上和我向加州理工的聽衆們所陳述的，沒有什麼出入。

　　我很高興聽衆似乎相當接受我的演講，但更令我高興的是：自從那次演講之後，有些曾有過心理治療經驗的人讀過這篇手稿，而且對於受輔者在治療過程中的內在體驗（在本文的後半部中有所描述）特別感到熱烈的興致。對我而言，這是非常可喜的，因爲我最希望捕捉的正是受輔者對心理治療的感覺和看法。

　　　　＊　　　　　　＊　　　　　　＊

60　　　心理治療的園地在過去十年之中表現了相當可觀的進展，尤其在測量受輔者經過心理治療之後，其人格和行爲所表現的成果。最近兩三年來，更有額外的進展，標定了治療關係中發生療效、以及助人邁向心理成熟的一些基本條件。用另一種說法吧，就是：我們所表現的進展乃在於測定了治療關係中一些促進個人成長的要素。

　　心理治療並未對這樣的發展或成長提供動機。動機似乎是有機體之中與生俱來的，正如像人類這樣的動物在體格方面也有類似的傾向，會發展以臻成熟——當然，某些條件至少應先滿足才行。當這種天生的傾向受阻時，心理治療的確能擔任一個重要的角色，來協助這個有機體釋放出邁向心理發展與成熟的傾向。

客觀的知識

　　在這次講話的第一部份，我想概述一下我們所知道的一些催化心理成長的條件，以及心理成長的歷程和特徵。我要先說明一下，我說我要概述我們所「知道」的，那究竟是什麼意思。我的意思是指：我所說的將只限於我們已經握有客觀、實徵證據的東西。

61　比如說，我要談談心理成長的條件。我的每一個述句都可以徵引一個以上的研究，這些研究發現：當這種種條件齊備時，個人就會發生變化，而當條件闕如，或較不齊備時，變化就不會發生。有位研究者曾說過，我們已經有了些進步，足以指認造成變化的基要因子群，經由它們的輔助，使人格和行爲朝著個人發展的方向而改變。當然，我要附帶提提：這樣的知識，和所有的科學知識一樣，是暫時性的，而且必然是不完整的，將來一定會經

過修正，有些部份甚至與後來的知識相互矛盾，然後在未來辛苦的工作之後才獲得補充、訂正。然而，我們卻也沒有理由爲目前僅擁有這一點得來不易的知識而心懷愧疚。

我要用最簡要的方式，用家常的語言，來談談我們所獲得的這些知識。

第一個發現的就是：要輔助個人的改變，則心理治療者必須是他之**所是**（他就是他自己——譯者），也就是說，在他和受輔者的關係中，他是眞實不假的，他沒有特意修飾的「臉色」或表面，他能坦然地讓他當時**身內**的感覺和態度流露出來。我們特別用了個術語即「**合一**」（congruence），來指稱這種狀態。以此，我想表達的是：治療者所正在體驗的感覺，對他自己而言是可及的，他的意識可以觸及這些感覺，他可以活在這些感覺中，與感覺合而爲一，而且，若情況適宜的話，他也可以將感覺傳達出來。沒有一個人能完全做到這一點，不過，治療者若是愈能接納地傾聽他自己內在的一切，愈能置身於感覺的複雜性之中而不害怕，則他的合一性的程度就愈高了。

舉個很普通的例子吧——每個人都能感覺到這種特色，而且表現在各種人之中，方式不一。收音機和電視上的商業廣告，有一種特色令我們每一個人都會氣惱的，那就是：廣告員講話的聲調明明就是「裝出來的」，他們在扮演一種角色，在說一種他們沒有感覺的語言。這是個不合一的例子。另一方面，我們每個人都知道：我們之所以對某些人比較能信任，那是因爲我們感覺到他們就是他自己，因此我們可以面對面地和那些人的本身相處，而不只是在應付他們的禮貌或職業的臉色。我們所感覺到的這種合一的品質正是研究上發現與成功的治療有關的第一個因子。在治療關係中，治療者本身愈是眞實而合一，則受輔者在人格上發生

變化的可能性就愈高。

　　現在，談談第二個條件吧。當治療者能在面對受輔者*實際的感受*（what *is* in the client）時，能體會到自己的態度確是溫暖、積極、接納的，這樣便能催化受輔者的改變。這其中包括治療者肯以眞實的意願去接納受輔者在那當兒所體驗的任何感覺——恐懼、混亂、痛苦、驕傲、憤怒、怨恨、愛意、勇氣、乃至敬畏等等。這意思是：治療者能用不佔有的方式關心他的受輔者；他珍愛受輔者的整個人而不只是有條件的一部份。我的意思是說：他之所以接納一個受輔者，並不只是因爲受輔者表現了某些行爲；他也不會因爲受輔者表現了另外一些行爲，而就拒絕他。這是一種沒有保留、不作評價的積極情感。我們給它取了一個術語叫「**無條件的積極關懷**」（unconditional positive regard）。各個研究結果也再度顯示：治療者愈是能體驗這種態度，則他所實施的心理治療便愈有成功的可能性。

　　第三個條件，我們可以稱之爲「**同理心的瞭解**」（empathic understanding）。當治療者能在每一時刻都感覺到受輔者所體驗的每一種感覺，或體會到他所持有的個人意義；當治療能鞭辟入裡地對他的受輔者感同身受；而且當他也能成功地把這種瞭解傳達給他的受輔者時，那麼，這第三個條件便算滿足了。

　　我猜想我們每一個人都曾發現：這種瞭解在人間非常稀罕。我們難得接受、也難得施予這種瞭解。相反的，我們能施予別人的瞭解是很不相同的另一類——「我瞭解你是哪裡出錯了」、「我曉得你爲什麼會有這種表現」、「我也有過你這種經驗，但我的反應和你不一樣」等等——這一類的瞭解是我們經常接受和施予的，也就是以局外人的立場所作的評價性瞭解。但如果有人能瞭解*我*到底有什麼感覺，而不是想來分析我或評判我，那麼，我定

能在那樣的氣候中開花茁長。實徵的研究證實了這種很平常的看
法。假如治療者能以受輔者的觀點和感覺去抓住受輔者在當時所
體驗著的內在世界，而同時他又能在這種同理心的過程中保持自
身的獨立性（而不迷失於受輔者的世界中。這是同理心和同情心
最主要的區別——譯者），那麼，變化就會發生了。

　　以很多種不同的受輔者進行的許多研究顯示了：當這三大條
件齊備於治療者一身，而且受輔者對此也能有所感受時，治療便
會自然運行起來。受輔者在其中會發覺自己正在痛苦但卻也十分
堅定地學習和成長，而他和他的治療者雙方都會感到這樣的過程
是成功的。從研究的結果來看，使治療過程中的受輔者產生變化
的根本因素，與其說是治療者的技術和知識，不如說是他的這三
種態度。

人格變化的動力

　　諸位也許會問道：「但是為什麼一個前來求助的人會變好
呢？為什麼在他和一位心理治療者建立關係、經過一段時間之後
就會改變呢？含有這些條件的關係一定會使人改變嗎？究竟為什
麼會發生這樣的變化呢？」讓我對這樣的問題作個簡短的答覆
吧。

　　一位受輔者如果能有一段治療關係的經驗（如我在上文中描
述的），那麼他就會對治療者的態度發生互動的反應。首先，我們
來看看吧：他發現有個人正在耐心地傾聽他的種種感覺，慢慢
的，他也會變得能夠聽他自己的感覺。他會開始和他自己內在的
世界溝通，接受從其中傳出來的訊息——然後明白他自己是在生
氣，或認清自己正在害怕，乃至明白自己也會有勇氣十足的時候。
到他變得對自己的內在世界更開放的時候，他也會變得更能聆聽

他自己經常加以否決或壓抑的感覺。他敢去聽那些可怕的感覺、亂無頭緒的感覺、以及看來像是不正常的、可恥的感覺，也就是以前從未獲得他的承認但卻一直存在於他自己之中的種種感覺。

就在他學習傾聽自己的感覺時，他也變得更能接納自己了；在他再三嘗試表達自己一向隱藏、一向畏懼的部份時，卻發現治療者能不斷對他的感覺表現無條件的積極關懷並接受他的眞相，於是他才能安然地向前邁步，展開成長的形變過程。

最後，當他已經能夠準確地聽取自己內在的感覺，也變得較能不以評價的眼光來看待自己、較能接受自己時，他也更能朝自我的合一而邁進。他會發現：從自己經常展現的表面之下走出來，並非不可能；而撤除防衛的行爲，乃至更公開地做個像自己的樣子，也並非不可能。當這些變化發生時，他變得對自己知覺更深，也變得更能接納自己、更不需要防衛、更能坦然開放，這時候他也會終於發現：他可以自由自在的朝向自然人的樣子去變化和成長。

變化的過程

現在，我就用事實述句來描寫一下這個變化的過程。我所用的每一個述句都來自實徵的研究。我們知道：受輔者會在很多個不同的向度上表現變化運動。每一個向度都是一個**連續體**（continuum），而受輔者不論起點何在，他最後總是朝此連續體的上方而發展。

在個人的感覺和意義方面，他的運動方向是：離開感覺模糊難辨的狀態，離開不由自己、不能表達的感覺狀態。他要進入的是：時時刻刻都能體驗到變化的感覺之流，自己能知道、自己能接納，而且也可以準確地表達出來。

　　這個過程包含了他的體驗方式的變化。起先，他和自己的體驗遙遙相對。譬如一個好以智化（intellectualizing）的方式對自己的感覺作抽象談論的人，總使人摸不清他實際上的感覺究竟是什麼。從這種和自己相隔遙遠的狀態開始，他會移向另一種狀態：對自己的感覺可以立即體驗，也就是可以開放地活在自己的體驗之內，而且他曉得他可以在其中找到當下的意義。

　　這個過程也使人鬆開一些經驗的認知地圖（cognitive maps）（亦即：放鬆對於經驗的某些成見——譯者）。受輔者原先對於經驗和感覺持有一套僵硬的看法，把許多事情看成外在制定的事實，但在改變的過程中，他會看出來：許多事情都只是一種意識的**構設**（constructs），而每一個構設都可依新的體驗去加以校正。

　　總而言之，研究的證據顯示，人格變化有一定的過程，而此一過程乃在促使人離開以下的種種狀態：固著凝滯、對感覺和體驗的疏遠、僵硬的自我概念、對人的疏遠、不人道的生活狀態等等。同時，此一過程也催人進入以下的種種狀態：流動變化、對感覺和體驗的立即握捉、接納感覺和體驗、意識構作的試驗性、在變化的體驗中發現變化的自我、情感關係的真實性與密切性、功能發揮的統一性與整合性。

65

　　對於這個能造成變化的過程，我們一直嘗試要對它獲取更多知識。而我不敢肯定這麼短的摘要是否已經把各個研究發現的豐富內容都傳達了出來。

治療的結果

　　現在該談的是治療的成果，也就是治療之後所發生的持續變化。如同方才一樣，我所談的將限於由研究證據所產生的說法。

受輔者在變化之後才能辨認關於自己的概念。他變得不再視自己
爲不可接納的人，不再認爲自己不値得尊重，或必須依別人的標
準而生活。他變得能將自我概念界定爲有價値的人、能自我導引
的人、有能力以自己的體驗爲基礎而形成自己的標準和價値觀。
他會發展出更多積極的態度來對待自己。有一個研究顯示：在開
始治療的初期，當時的自我態度顯出負面傾向的人佔五分之四，
但到了最後五次，正面與負面態度之比卻成了二比一。他變得比
較不帶防衛性，因此也能對自己的體驗以及對他人更爲開放；他
對事物的看法更接近實在，而且也更能區分辨別；他的心理適應
會改善〔不論是以羅夏克（Rorschach） 墨漬測驗、主題統覺測
驗（Theme Apperception Test）、諮商者的評分結果或其他指
標皆然〕；他的目標和理想也會變得比較可及；在初接受治療時
他的眞實自我和理想自我之間有很大的差距，但後來這差距就消
失了；各類型的緊張都會減低──包括生理上的緊張、心理上的
不舒適、和焦慮等。他會以更實在、更接納的眼光看待別人；他
描述自己的行爲時，會認爲自己更成熟，而更重要的是：凡是較
熟悉他的人都會覺得他的行爲方式變得更成熟了。

　　這許多研究所顯示的變化不僅發生在治療期間。有些很週詳
的追蹤研究在治療期之後六到十八個月再作測量，也證明這些變
化確實能維持下去。

　　也許，我所提供的事可以說明，爲什麼我覺得我們已經到了
一個地步，可以寫出個正確的方程式，用以表明人際關係的這些
精微之處了。把我們所有的研究發現彙集起來之後，我就可以把
這個方程式的雛型寫一寫，我相信其中所含的各部份都是事實：

　　凡一個受輔者愈能將治療者看成眞實、具同理心、對他有無
條件的關懷，則他愈能摒棄靜止、固著、沒感覺、不像人的生活

66

方式；同時他也愈能邁向流動、變化、對各種不同的個人感覺能
悉心接納和體驗的生活方式。這種變化運動的後果乃是促使人格
和行為都朝向心理健康和成熟而發展，並且對自己、對他人與對
環境的關係也變得更為真實。

主觀的圖像

　　講到這裡，我所說的都是以客觀的角度陳述諮商與心理治療
的過程。我強調的是我們所獲得的知識，而且也設法將各個條件
彙集為一，寫成了一個初步的、嘗試性的方程式。現在，我要換
用內在體驗的角度來重新理解上述的方程式。在不忽略事實知識
的情況下，我試試看能否將此方程式在治療者和受輔者之主體內
所發生的情形呈現出來。我之所以要這麼做，是因為：心理治療
在實際進行時，是一種極其個人性、主觀性的體驗。這種體驗具
有一些迥然不同於客觀特徵（也就是自外部觀察而得的知識）的
品質。

治療者的體驗

　　對於治療者來說，和他人建立關係乃是一項大膽而新奇的嘗
試。他會覺得：「這裡有一個別人，就是我的受輔者。我有點怕
他，怕的是他內心深處的東西，正如同我也怕我自己內心深處的
東西一樣。可是他一開口說話，我就開始覺得尊重他，覺得我和
他之間有一種親屬感（kinship）。我感覺到他的世界對他造成多
大的威脅，而他又是如何惶恐地想找個地方立足。我很希望能感
受他的感覺，我也希望他知道我瞭解他的感覺。我很想讓他知道

我會和他一起站立在他那個又窄又緊的小世界裡，而同時我看待他的世界是比較不那麼驚恐的。也許我可以幫他把這個世界弄得比較安全些。我很希望我在兩人關係中的感覺，對他而言，儘可能清晰可見，因此這樣的感覺能令他覺得真實而可及，而且他可以一而再、再而三地靠近來、走回來。我願意和他結伴去走那趟驚險的自我探索之旅：走進久被埋藏的恐懼和怨恨中，也走進那從未有機會流露的愛意之中。我知道這段旅程非常合乎人性，但也幽深難測——對我、對他皆然。很可能我自己會不自知地在恐懼中退縮，因為他發現了一些令我驚嚇的感覺。到這樣的地步，我才會曉得：我對他的幫助還是會有能力上的限度。我也曉得：有些時候，由於他自己的畏懼，他會把我看成不關心、對他有所拒斥、侵入他的私人領域、或不瞭解他。我想要完全接納他的這些內在感覺，但同時我也希望我自己的真實感覺可以清清楚楚地對他顯示，由此他在一定時間之內總能把我對他的感覺看清楚。我最希望的乃是：當他與我交會(encounter)時，可以把我看成個真實的人。我不必太在意我的感覺對他是否具有『治療性』。如果我能夠在我和他的關係中，透明地顯示本然的自己以及我的感覺，那麼，我本然的自己和我的感覺便已構成良好的基礎，來達成心理治療。因此，或許他也可以開放而無懼地變成本然的他自己。」

受輔者的體驗

從受輔者的角度來看，他所經歷的過程要更為複雜，而且也只能間接臆測。大略勾劃一下，他的感覺變化大概可以這麼說：「我對他有點戒心。我想找人幫忙，但不知道能不能信任他。他可能會在我心中看出一些連我自己也不曉得的東西——當然是恐

怖又惡劣的東西。他好像不是來評判我的，但我敢說他暗地裡仍是在評判。我不能把自己最關切的事情告訴他，但我可以說一些過去我所關切的事情給他聽。他好像蠻能瞭解那些的，所以我可以再向他多透露一點。」

「但既然我已經把自己的陰暗面都向他顯露了，他一定會瞧不起我。我肯定他是這樣的，但很奇怪我就是不太能找出證據來證明這一點。你想會不會是因為我告訴他的那些還都不算太糟呢？是不是說，我不必為了我的那些部份而覺得可恥呢？我不再覺得他瞧不起我了。他讓我覺得我可以再進一步，挖掘*我自己*，或是表達我自己。我發現他在聽我說這些的時候還真像個朋友呢 68 ——他好像真能懂得我的心。」

「可是，我還是有點害怕，而且，這一次怕得更厲害。我不曉得，把未知的自我挖掘出來，竟然會有一種以前從來沒有的體驗。真奇怪，我也不能說這些感覺是新的，因為它好像一直就在那兒。但是，這種感覺真糟、真惱人，我從來也不敢讓它在我身內蠢動。現在，這一個鐘頭裡他又要和我一起把這種感覺挑撥起來，我怕得要發抖了，我的世界好像要瓦解了。我平常總是很堅強、很肯定的，現在卻變得鬆垮垮、軟趴趴。一向害怕的感覺，現在撩起來，真教人難受。都是他的錯。可是，奇怪得很，我還是巴望去看他，因為和他在一起時，我會覺得有安全感。」

「我已經不知道我自己是誰了，只是偶爾我會對一些事情很有感覺，那時候我覺得很紮實、很真。我被這些矛盾弄得心裡很煩 —— 我的行為是一個樣子，感覺又是另一個樣子 —— 我的想法和感覺也在各行其道。整個人亂七八糟。有些時候，去找找看自己究竟是誰，也會覺得新奇、冒險和興奮。有些時候，我確能抓住一種感覺，覺得我這個人還蠻值得的，不管是值得什麼。」

「我開始發現，把自己真正的感覺說給一個人聽，雖然覺得難堪，但也常令人滿足。你知道嗎？我能傾聽自己內在的聲音，這對我來說實在很有幫助。我對於自己心裡發生的種種，現在已經不再那麼害怕了。我覺得自己本身還是蠻可信的。我花了幾個小時和他一起把我內心深處的東西挖出來，好讓我自己知道我當下的感覺究竟是什麼。這種事情總教人心驚膽戰，但我還是要知道。而且，說實在的，我多半都蠻信任他的；我的態度對這件事情也很有幫助。暴露在他面前，我會覺得很脆弱、赤裸裸的，但我知道他不會傷害我，而且我還相信他是關心我的呢。反正我發現：只要我讓自己沈潛到自己的深處，也許我就能感覺到我自己是怎麼回事，也能搞清楚它的意義何在，這樣的話，我會知道我是誰，也會知道該怎麼辦。至少，和他在一起時，我可以體會到這種理解。」

「我甚至不管什麼時候都可以把我對他的感覺告訴他。以前我總害怕說出這種話就會毀掉我和別人的關係，但在我和他之間卻相反的可以加深我們的關係。你想我是不是可以在別人面前也把真情表露呢？也許那樣做也不會太危險吧？」

「你曉得嗎？現在我覺得就好像沿著生命之流順水而下，很冒險地，做我自己。偶爾我會被擊敗，偶爾我會受傷，但我也漸漸學到：這些體驗都不會要命的。我不知道我到底是誰，但我在任何時刻都可以感覺到自己的反應；以這些反應作為我自己行為舉止的基礎，我覺得還挺合適的。也許這就是做我自己的意思吧。不過，當然，我之所以能夠這樣，是因為我和治療者間的關係讓我有安全感。或許，在離開這個關係之後，我也可以做我自己吧？我不知道，我懷疑。也許我辦得到。」

剛才我所報告的體驗並不是一朝一夕之間發生的。也許得花

好幾年。何況，還可能因為一些至今未解的理由，這樣的過程根本不發生。不過，我說的這些至少勾劃了一幅主觀事實的圖像，而這就是我企圖向各位報告的心理治療過程 —— 發生在治療者和受輔者體驗之中的眞相。

第三部

成為一個人的過程

長久以來我一直觀察著人
在治療關係中成長和變化過程。

第五章
心理治療中可見的
一些變化方向

　　在第二部中，雖然我作了些有關受輔者變化過程的一些扼要描述，但描述的焦點是擺在造成變化的治療關係上。本章和下一章的內容將要更詳盡地處理受輔者內在體驗中的變化及變化的本質。

　　我自己對本章頗為偏愛。這是在1951～52年間寫成的，那段時間裡，我真正努力在讓自己感受、然後表達心理治療中核心的現象。那時，我的著作《以受輔者為中心的治療法》剛剛出版，但我已經對其中有關治療過程那章感到不滿了——當然，那是更早兩年以前寫的。後來我就想要找出更具有動力性的溝通方式，用以表明：在一個人身上究竟發生了什麼。

　　因此我選用了一個受輔者為個案，因為這段治療對我而言饒富意義，而且我也確是同時採用了研究的觀點去著手的。以此為基礎，我嘗試把我所倡議的那種治療法過程做個初步的說明。我覺得我很大膽，而且也不敢很肯定，但我仍要指出：但凡成功的心理治療都會使受輔者產生對自己真心的情感。我更不敢肯定的乃是聲明一項關於人類本性的假設——我認為人性的根本核心是積極的。我當時還無法預料，往後的經驗竟會不斷支持這兩個基本的論點。

　　　　　　　＊　　　　　　　＊　　　　　　　＊

　　心理治療的過程，假若以受輔者為中心的觀點去看的話，是
一段相當獨特也且富含動力性的經驗；它在每個人身上發生時都
不一樣，但卻展現出一些法則和秩序。令人驚異的是：這些法則
具有高度的普遍性。對於這樣一種過程，我益發認識它各方面的
必然性之後，便對一些質疑者常問的問題感到十分煩擾。他們問
的是：「這可以治療強迫性的精神官能症嗎？」「你的意思不會是
說它可以消除基本的精神病症吧？」「你的方法用來處理婚姻問
題，合適嗎？」「可不可以應用在口吃或同性戀上啊？」「治療的
效果能耐久嗎？」這些，和其他類似的問題當然是正當而且可以
理喻的，正如問道：「伽瑪射線可不可以用來治療凍瘡？」一樣
的合理。可是，對我而言，這些問題都問錯了，因為我關心的是：
心理治療究竟可以再深入到什麼地步，以及，它到底可以達成什
麼目的。在本章中，我想我該回答的是更健全的問題，也就是：
關於這個號稱為心理治療的東西，它的整個過程既然如此迷人而
又充滿了秩序和法則，那麼，它究竟是什麼？我們可不可以給它
找出部份的答案？

　　說得更仔細點吧，我的問題可以作如下所述：如果要著手引
發一段可以明白敘述的過程，而這過程又要具有一個核心的前後
關聯、有秩序的實施方式、以及不因不同的受輔者而產生太大的
差異，那麼，我們究竟是要全憑機遇去尋找它呢？或是憑有見識
的理解？憑科學的知識？憑處理人際關係的藝術手腕？或是要結
合以上各因子才找得著？對於這些問題，目前我們至少已經知道
哪些態度的條件可以發動此一過程。我們知道的是：如果治療者
對於受輔者的本來面目能秉持深切**尊重**（respect）以及完全接納
的態度，同時又能用同樣的態度來看待受輔者處理自身事務的潛

力；如果這些態度以足夠的溫暖而流露，且能轉變成一種深刻的
關愛，直指向受輔者那個人的核心；如果兩人間能達成某程度的
溝通（communication），致使受輔者會開始感受到治療者對於他
所體驗的感覺確然瞭解，並且也在瞭解之中接納他的感覺，如果
這些情況都能成立，那麼，我們可以肯定：我們所謂的治療過程
就已經發生了。接下來，我們與其堅認這個過程可以達到我們期
望的目標（不論那些目標有多動人），不如先行自問個問題，好讓
科學可以有眞正的進展。這個問題乃是：「這個治療過程的本質
是什麼？它的本然特徵是什麼？它有（些）什麼方向？還有，它
是不是有個自然的終點？」當年富蘭克林觀察到他的風箏線上繫
著的鑰匙冒出火花，很幸運的是：他並沒有立刻想到這會有什麼
實際的用途。相反的他卻開始去探索這種現象之所以發生的基本
過程究竟是什麼。雖然其中出現的答案有許多細節上的錯誤，但
這場探索卻有很好的結果，因爲他問對了問題。正因如此，我才
在此呼籲，我們也應對心理治療問同樣的問題，而且要用開放的
胸懷來問 —— 我們可以盡心地描述它、研究它、瞭解它背後潛藏
的基本過程，而不是想去扭曲該過程以適應臨床之所需，或附會
我們所服膺的教條，或臣服於其他領域的證據。我們該做的是：
耐心地審視**它本身**的面貌和本質。

　　近來，我嘗試開始描述我所說的「以受輔者爲中心的治療法」
(3)。我不在此贅述它的細節，但我要說的是：從臨床和研究的證
據看來，心理治療的過程確有某些相當穩定不變的特徵，譬如：
受輔者在治療過程中會增加有洞識的語言，在自述的行爲中增加
成熟度，另外也增加了積極的態度；對於**自我**（self）的看法和接
納程度有所改變；在自我的結構中涵攝了以往所排拒的體驗；對
自我的**評價樞紐**（locus of evaluation）從外在轉變爲內在；和治

療者的關係有所變化。以上的描述中，有些部份可能並不正確，但這都是爲瞭解以受輔者爲中心的治療法本身的過程而作的種種努力；各種描述也都曾顯示在臨床觀察中、在個案談話錄音中、以及在有關此一題旨的四十多個研究結果之中。

76

我這篇報告的目的在於把這些材料向前推進一步，而且希望能形成某種趨勢 —— 這在心裡治療界，一向沒受到足夠的重視。我願在此描述一些方向和終點。在我看來，這些方向和終點都是本然內含於治療過程之中的，只是我們到最近才開始較清晰地辨認出來。我們從其中也許可以曉得很多東西，但到目前，實徵的研究還沒有出現。爲了更詳細地傳達我的意思，我打算用一個個案的談話錄音做材料。當然，我的討論將只限於以受輔者爲中心的治療法過程。我實在不情願這麼說，但不得不承認：在不同的心理治療取向之間，其過程、方向和終點可能是不盡相同的。

體驗到潛在的自我

治療的過程中，有一個面相在所有的個案中都很顯著，我也許可以稱之爲「對體驗的知覺」，或甚至叫「對體驗的體察」。但在本文中，我要把它稱爲「對自我的體驗」，當然，這也不算是最正確的術語。受輔者和治療者建立充滿安全感的關係之後，由於不再有實質的或隱含的威脅逼臨自我，因此受輔者可以讓自己檢視他的體驗之各方面的眞相 —— 透過他的整套感官系統所獲取的體驗 —— 而不必扭曲體驗以附會既存的自我概念。人的許多眞實體驗是和他的自我概念大相逕庭的，也因此不容易被充分地體會，但在安全的關係中，眞實的體驗仍可以不經扭曲地滲透到人的知覺中。於是，表現於認知的形式就常會變成這樣：「我就是如此這般的人,但我體驗到的這種感覺卻實在不像我」；「我愛

我的爸媽，但有些時候我就是會對他們感覺到一些令人難以置信的怨恨」；「我實在不是個好東西，但偶爾我也會覺得我比任何人都好」。歸納起來，這個表達形式就好像是說：「我就是自我，但這個自我和我的體驗有些許不同。」過一段時間後，這個形式會轉變為較具試驗性的模樣：「也許我是好幾個不同的自我組成的，或說：也許自我裡頭包含著的矛盾比我所想過、夢過還要多。」再過一段時間，表達的形式更會變成這樣：「我敢肯定說：從前我不可能和我的體驗合一 —— 那樣實在太矛盾了——但我現在卻開始相信我可以等於我自己*所有*的體驗。」　77

　　關於心理治療的這一方面，也許可從歐克女士（Mrs. Oak）的個案中摘出兩段談話以獲知其本質。歐克女士開始來尋求治療時，是在她接近四十歲時。她是個家庭主婦，而她的難題是在婚姻和家庭關係方面。她和其他受輔者不同之處在於她對治療過程有極敏銳而自發的興趣。她的談話錄音中含有許多材料，可說明她如何以自己的參照架構來理解治療的過程。也就是說，很多受輔者說不出來的東西，她卻好像頗能夠用言語將隱含的部份表達出來。緣此之故，本章所摘錄的談話大部份都來自此一個案。

　　在第五次面談的前面部份中包含的材料，正可以描述我們所要討論的自覺經驗。

受輔者（以下簡稱「受」）：都顯得很模糊。但你知道我一直，一直有個想法，就是說：這整個過程對我來說，很像在檢查拼圖遊戲中的每一塊拼板。我覺得我，我就在這個檢查的過程裡頭，看見每一塊板子，而且覺得這些東西對我實在沒有太大的意義。我也許滿手都是這些東西，但還想不出該把它們拼成什麼模樣。這個想法一直在我腦子裡打轉。這實在很有

意思，因為我，我本來根本不喜歡玩拼圖的。我看見那東西
就要生氣。但，那是我的感覺啊。我是說，我把它一片一片
揀起來（她在說這段話時不斷用手勢表達她的意思）但心裡
完全沒有主意，除了我在想，有個感覺是說：抓了滿手又不
知道該擺出什麼樣子，可是有抓著的感覺呀，好吧，也許這
一塊該擺在這裡或什麼的。

治療者（以下簡稱「治」）：也就是說，在那時刻，那就是個過程，
　　　只是為了想在一堆板子裡得到個感覺，形狀，和整體的圖形，
　　　還有點背景的感覺：對，這些板子總得要擺在什麼地方才
　　　對，不過大部份的注意還得集中在想：「它到底是什麼感覺？
　　　摸起來覺得質料怎麼樣？」

78　受：對呀。簡直就像摸到什麼似的。一種，一種……

治：你不用手就沒法描繪它。那是一種很真的，幾乎像是感官可
　　以感覺到的……

受：對呀。我又，又感覺好像是一種很客觀的感覺，可是又覺得：
　　我從來沒像這樣接近過我自己。

治：幾乎同時又是站在一邊旁觀，卻又好像這樣才會更接近自己
　　……

受：唔哼〔M－hm。這是慣用美語者在點頭稱是時，常伴隨著發
　　出的聲音 —— 譯者〕。可是這幾個月來，我第一次沒去想我
　　的問題。我沒在實際的，反正我沒去設法解決那些問題。

治：聽起來你的意思好像是：你並不是坐在那兒想解決「我的問
　　題」。你的感覺根本不是這樣的。

受：對，對。我在想我，我真正的意思是：我並不是坐在這裡想
　　把圖拼起來，或說，我一定要再看看那幅圖是怎樣。那個，
　　那個，也許是，也許是說：我實際上是在享受這個感覺的過

程。或是我敢肯定我正在學習著什麼東西。

治：起碼你是有個近程目標的意思，就是要獲得那種很對勁的感
　　覺，覺得你不是只爲了要看見那幅圖所以才做這些，而是，
　　覺得有一種滿足，覺得你眞正透徹瞭解每一塊。是不是……

受：是的。是的。而且它就會變成那種具體的感覺，那種觸覺。
　　那實在很有意思。有些時候，我很知道，那並不完全令人愉
　　快，不過……

治：那是很不一樣的經驗。

受：是的，很對。

　　這段摘錄很清楚地指出受輔者如何讓感覺的材料轉成知覺，
而不企圖將它擁爲自我的一部份，或拚命想把它和意識中的其他
材料銜接起來。說得儘可能更準確一點的話，那就是：對於一大
範圍內各種各樣的體驗，在體驗發生的當時就能使之被覺察，而
不必去想它到底和自我有什麼對應關係。到後來，很可能，所體
驗到的一切都會變成自我的一部份。正因如此，所以這一段的標
題才會叫做「體驗到潛在的自我」。

　　這種體驗對很多人來說確實很新穎而且不尋常。我的個案在
第六次面談時把這種體驗表達了出來。她的語言雖顯得淆亂，但
情感卻十分清楚。

受：唔，我對自己的想法抓到個意思。我在這幾次談話裡想到的
　　是，唔，我好像在唱著一首歌。聽來模模糊糊的，而且哦 ——
　　不怎麼是在唱啦 —— 像是一首歌但是沒有音樂。也許出來
　　的是一首詩吧。我蠻喜歡這個想法的，我是說，那就像是從
　　我自己裡邊冒出來的，而沒有靠別的，別的東西。還有在

79

── 接下來，有個，有個別的感覺出來。我發現自己好像
在問我自己：事情真是那個模樣嗎？我很可能只是在講話，
而且有時很可能只是沈醉在講的話裡吧？然後呢，接下來，
又想：我只是在這裡花你的時間吧？然後就懷疑，懷疑起
來。然後我又想到別的。哦，到底是怎麼想到的，我也不知
道，沒有實際的邏輯思考順序。這個想法把我自己都給嚇了
一跳：我們人都只是在各盡各的本份，我們既不會坐立不
安，也不懷疑，或表現一點關心，或對人對事有任何興趣，
而有些瞎了眼的人還都得靠手指才能讀些東西，點字的。我
不曉得 ── 這也許只是一種，亂糟糟。也許這就是我現在
體會到的。

治：我看我是不是能這樣說，說說你那一串的感覺。首先，好像
　　你是有點，我認為這第一步是一種相當積極的感覺，就是你
　　說你好像在創作一首詩 ── 或說一首沒有音樂的歌，但這
　　確是很有創意的。然後你說你，對這感覺產生一大堆的懷疑。
　　「也許我只是在張嘴講話，只是被話帶著跑，也許我講的全
　　是廢話，真的。」然後是一種也許你才剛學到的新經驗 ──
　　太新了，就像瞎眼的人用手指的感覺去摸出一點意義來。

受：唔哼。唔哼。（停頓）……而且我有時會對自己想，好吧，也
　　許我們可以談談這件事情或那件事情。然後，每次我來到這
　　裡，就會覺得，不知怎麼的，覺得那種想法不能保持，像是
　　假的。所以接下來我就會覺得我只是要讓話流出來，不是被
　　人硬逼的，但偶爾就會有懷疑爬出來。啊，那樣子就像你在
　　作一首曲子一樣……。也許我今天就是因此而懷疑，這整個
　　感覺，因為都沒有人逼我。我真感覺也許我該做的是把它弄
　　得更有系統一點。應該更努力點而且──

治：有點像是在對自己發出深切的疑問：這樣的自我又不會，不
　　會催著把事情辦完，那它是在幹麼？（停頓）

受：可是我真的很喜歡這種不一樣的東西，這種，我不知道，是
　　不是可以叫做刺激感，我的意思是 —— 我感覺到以前從來
　　沒有的感覺。我也很喜歡這樣。也許這就是我該採取的方式。
　　我今天真的不太清楚。

　　以上這段摘錄顯示的是：在心理治療中 —— 只要它含有足
夠的深度 —— 幾乎可以斷定會有這樣的轉機發生。用一個述句
來表示的話，就可以說：受輔者的感覺是「我本是想來這裡解決
問題的，然而現在我卻發現我自己只是在體驗著自己」。這種轉機
發生時，正如同這位受輔者所表現的，通常會伴隨著一套智性的
否定（認為這是不對的），以及一套情感的肯定及享受，也就是會
「覺得很好」。

　　為這個段落作個結語，我們可以說：心理治療過程有一個基
本的方向，乃是讓有機體自身的實際感官反應都可以自由自在地
體驗，而不必太急於將這些體驗和自我建立關聯。這樣說，是因
為我相信：這些感官材料並不屬於自我，也無法容攝於自我的組
織之中。這段過程的終點乃是：受輔者發現他可以和他的體驗合
一，不論體驗本身是多麼複雜或甚至充滿著表面上的矛盾；同時
他也發現他經常在體驗之外塑造出一個自我，經常把那個自我的
造型強加於體驗之上，並由茲而否決一些不合適的成份，不肯去
意識那些體驗材料。

對情感關係的完整體驗

　　心理治療含有另一個重要的因素，我們最近對這部份明瞭得

81 　稍微多些。這個因素應該這樣說：心理治療乃是受輔者的一種學習 —— 學習接納另一個人的積極感覺，完整且自由地接納，而不帶恐懼。這種現象並不盡然會清清楚楚地發生於每一個個案上。在我們的個案中，受輔期較長的似乎較容易看見這種現象，但並不盡如此。然而正因為它是這麼深切的體驗，使我們不得不開始猜想：這會不會也是心理治療過程的一個要緊的方向？也許在所有成功的個案中，它總會以某程度、在非語文的層次上發生？在討論此一現象之前，我們要再引用歐克女士的經驗來作為討論的具體材料。這段體驗是在第二十九、三十兩次面談之間突然撞擊到她的，而在往後幾次面談中，她幾乎把所有的時間都用來討論這段體驗。她的第三十次面談是這樣開始的。

受：哦，我有個非常不得了的發現。我知道那 —— （笑）我發現你真的很在乎這種事情是怎麼發生的。（兩人皆笑）它給了我這樣的感覺，有點像 —— 「也許我會讓你採取個行動」那樣。有點 —— 你看吧，要是在考卷上，我就得滿分了，我是說——但那好像突然對我亮出一線曙光，在這 —— 受輔者和諮商者之間的某種東西。你真的很在乎這裡所發生的事情。那是一場啓示，一個 —— 不是那個。那樣說不太對。那是 —— 哦，我可以直接走過去打開來的衣櫃，像是一種放鬆，一種 —— 不是放棄不管，而是 —— （停頓）更像是解除緊張但擺正了方向，如果我可以這樣說的話。我不知道。

治：聽來倒還不算是個新觀念，但卻是個新的感覺，就是你真的感受到我的關心，還有，還有什麼？有點像是你有這樣的意

　　願，讓我關心？

受：是的。

　　受輔者讓治療者帶著溫暖的興趣一起進入她的生活之中，這
一點無疑的是本個案治療過程中最深刻的特色之一。在治療結束
之後的一次面談中，她自動提起這一段體驗並表示：這是最不尋
常的一段。那是什麼意思？

　　這個現象當然不是什麼**情感移換**(transference) 和**反情感移
換** (countertransference)。有些經驗老到的心理學家，在探討心
理分析時，曾經觀察過另一種個案的關係發展過程。他們率先反　　82
對使用像「情感移換」、「反情感移換」一類的字眼來描繪上述的
現象。他們的意見中有這樣的意思：有些關係具有相互性，而且
極爲得體、合宜，但情感移換或反情感移換的關係則都是單向的，
並且不適合於當時的處境。

　　至於爲什麼這種現象在以受輔者爲中心的治療法裡較常出
現，我的解釋是：我們這種治療者，久經練習之後會變得比較不
害怕自己對受輔者的積極（或消極）情感。事實上，在治療進行
時，治療者目睹著受輔者奮力掙扎、勇往直前，以使自己能成爲
一個像自己的人，這種經驗會使得他對受輔者的情感由接納、尊
重轉變而爲由衷的敬佩。我想，在此，治療者一定體會了某種潛
藏於人性之中的共通性 —— 也許是兄弟姊妹般的友愛之情吧。
結果，他由此而對受輔者發出一種溫暖、積極、關愛的反應。這
種反應會在受輔者這邊引發一個問題 —— 受輔者的情形常和上
例中的個案一樣，他們很不容易接受他人主動投來的情感。不過，
一旦他們終於弄清楚：他們最需要的反應只是放寬心、讓他人的
喜愛和溫暖透進來，而後他們自然就會減輕緊張和恐懼，也更敢

去面對生活。

　　不過，我們已經跑到受輔者的前面去了。讓我們來看看她身上還有什麼其他方面的體驗。在早期的面談中，她曾說過：她根本不喜歡人性，而且就算她自己不清楚爲什麼吧，她仍會頑固地認爲她是對的，而不管別人怎麼認爲她不對。她提到這點時是在討論這種體驗如何廓清她對別人的態度。

受：接下來我想到的是：我覺得自己在想，一直到現在還在想，怎麼樣 —— 我不知道是爲什麼 —— 我在說「我不喜歡人性」時怎麼會有同樣的關心的感覺。這一直都是一種 —— 我是說，我一直都相信這點。所以我是說：我不是 —— 我知道這還是一件好事，對不對？我想我是把我自己的想法弄清楚了 —— 只是，我還不知道這和目前的處境有什麼關係。可是我發現，不，我不喜歡，可是我卻關心得要命。

83　治：唔哼。唔哼。我懂……。

受：……這樣說也許更好一點：我對於種種事情都關心得要命。但這種關心 —— 只有形式 —— 它的結構是以理解爲主而不想被捲入，或不想對我看成虛假的東西有所貢獻，而且 —— 在我看來，在 —— 在愛情中才有一種終極的因素：如果你眞的做了，你就已經夠了。那是一種——

治：就是那樣的，對不對？

受：對。在我看來，另一種東西，就是那種關心，那實在不是個好名詞 —— 我是說，也許我們該用別的來描述這種事情。說它沒有人味嘛，也不太對，因爲那不是沒有人味。我是說，我仍覺得那是一個整體裡的一部份。可是那種事情好像怎麼也停不了……。對我來說，你當然可以有這樣的感覺：去愛

人性，去愛人，但同時 ── 也會助長那些使人發瘋、使人生病的因素 ── 而我，我覺得我就是要抵制那些東西。

治：你最關心的是想理解，但也要避免助長那些製造瘋狂的東西，或助長人生中屬於瘋狂的方面。

受：對，而且──（停頓）。對，就像那樣。……還有，我必須回到剛才談的那件事，我想談談我的感覺。我是說，我不太能夠被叫去出賣自己 ── 就像在拍賣場上一樣。在那裏沒有一件事是徹底重要的……我有時會很懊惱，因為 ── 我必須說「我不喜歡人性」，可是，我一直都知道其中含有一些積極的東西。也許我那樣說仍是對的。而且 ── 我也許已經整個偏離航道了，但我覺得，那些想法總是有個關聯 ── 我現在真正感覺到，好像跟心理治療的價值可以連在一起，可以說得通。可是現在，我自己沒辦法說出它的關聯在哪裡，但它們互相之間確是在一起的，好像我自己也可以解釋，我的 ── 喔，我可不可以說是學習過程，我會遵循我的實現的路線去 ── 對，是你很關心這個處境。就是那麼簡單。而我以前從來不曉得。我也許可以打開門就走出去，跟人家討論心理治療，說，真的，那諮商者的感覺一定是這樣那樣，但，我是說，從前我根本也沒有什麼會感動或有意願的體驗。

在這部份中，她一直努力在描繪她自己的感覺，但她所說的正好也是治療者對受輔者的態度特徵。治療者的態度，在最好的狀態下，會完全不帶有我們平常稱之為情愛的那種感覺，但卻會表現為更自然的人對人的感情，這種感情，在我看來，甚至比性愛或父母之愛更為基本。它是一種對人充份的關心，以至於你會不願意去干擾他的發展，也不會想利用他來為你完成你的彪炳功

業。你的滿足毋寧是來自於能放他自由，讓他能以他自己的方式去成長。

我們這位受輔者還繼續討論他自己過去如何不容易接受他人的任何援助或積極的情感，以及這種態度如何在轉變。

受：我有一種感覺……你必須自己去扛，但有些情形你也得能夠和別人一起來才行。（她提起她有「無數次」的機會，本來可以接受別人的一些溫暖和善意的。）我有種感覺，覺得我只是怕被別人踩破了。（她又折回來談諮商本身以及她對諮商的感覺。）我是說，在我心中，這種事情就是有這種拉扯。簡直就 —— 我是說，我覺得 —— 我是說，在某些場合，我真想把它說出來 —— 一種 —— 但有些時候簡直不想叫人再去說，不想再去想，這種事情是我一個人的。好吧，我可以說那是心裡在抗拒。不過，現在我不管它三七二十一了……那個——我想是在——在這個特別的關係中，我是說，那個 —— 也許有時最強烈的感覺是：那是我自己的，我自己的。我必須要自己做個了斷，對不對？

治：這樣的體驗，要說出來而且說得準確，那實在太難了，不過我似乎覺得，你在我們這個關係中感到有點不一樣的，就是說，你一再覺得「這是我自己的」、「我必須去做」、「我自己要去做」等等，這些感覺和你在說「我可以讓你到我的世界裡來」是有點不一樣吧？

受：對。這樣吧，我是說：那個 —— 就是 —— 好吧，那是有點，可不可以說是，第二集。那是 —— 那是個 —— 好吧，有點，嗐。我還是自己一個人在那裡，但我不再是 —— 你看 —— 我已經 ——

治：唔哼。對的，那種又像這、又像那的說法，其實已經把整個
　　情形都表達了，不是嗎？

受：是啊。

治：你說的這些話當中，有個感覺，就是說 —— 我的體驗中每一
　　方面都是我自己的，而且那是必然不可免的，等等。不過，
　　光這樣說還不算完整。這種體驗是還可以讓人來分擔的，或
　　說，別人的興趣還是可以進來的，而且，這種事情還似乎沒
　　發生過。

受：對。而且好像 —— 好像說：那才是應該的。我是說，一定要
　　這樣才行。而且還有 —— 還感到「這樣才好。」我是說，那
　　樣才表達了，替我弄清楚了。有個感覺 —— 在這種關心中，
　　好像 —— 你會退在一旁 —— 站在一邊，而如果我想要把這
　　種事情劈開，像 —— 斬開 —— 哦，長長的草，我會辦得到，
　　而你會 —— 我是說，就算叫你也走進去，你也不會感到困
　　擾。我不曉得。聽起來好像沒啥道理。我是說 ——

治：可是這其中有個很真實的道理，就是，這些感覺都正是你真
　　正的感覺吧？

受：唔哼。

　　我們可不可以說：這段摘錄正好描繪了**社會化** (socializa-
tion) 過程的核心？人若能發現：接受別人的積極情感，並不會使
自己被踩破；它的結局未必是傷害；或相反的，當你在面臨生活
的挑戰而奮力掙扎時，有別人前來襄助，那實際上會令人「覺得
很好」 —— 這種學習，不論是不是在心理治療中學到的，對人而
言都饒富深義。

　　關於這段體驗，屬於難以言傳的、新穎的層次，歐克女士也

在這第三十次面談接近尾聲的部份，嘗試作了些描述。

受：我現在正體驗到一種新的，一種 —— 也許是唯一值得我學
習的，一種 —— 我知道我有 —— 我常說，我知道的東西
在這裡並沒有幫上我的忙。我的意思是，我學到的知識對我
沒有幫助。但是在這裡的學習過程卻好像 —— 動力充沛，我
是說，變成和 —— 每一件事情都有關係，我是說，和我整個
人都有關，只要我能從那裡出來，那種事情，我是說 —— 我
在想，不知道能不能把我在這裡的體驗直接了當地說出來，
讓它變成一種像平常所學的知識那樣子。

治：換句話說，你在這裡所學的和以往所學的知識是屬於相當不
同的種類和不同的深度；覺得很有活力，很真實。而且它本
身對你也很有價值。不過，你所問的問題是：我能不能對我
所學到的這些深層次的東西，有個比較清晰的、智性的概念
呢？

受：唔哼。就像這樣。

　　有些心理學家曾經用無意義音節來研究人的記憶力，又認為
可以把這種研究所衍伸而得的所謂「學習律」應用到治療上來；
我倒建議他們先仔細研究這些摘錄，或許也可以得到好結果。在
治療過程中所發生的學習是一種整體性、有機性、而且經常是以
非語文的方式進行的；相形之下，用瑣碎且與自我遙不相干的材
料來做的研究，兩者所得到的學習法則自是不會相同。在我看來，
後者只算是一種枝微末節的研究。

　　讓我把這一節文字摘出些扼要的部份，當做結論吧。很可能，
一個深刻而有意義的心理治療乃是使受輔者發現：在他自己的體

驗中，完全接納另一個人（也就是輔導者）對他的積極情感，其
結果決不會造成困窘難堪。不過，這種事情之所以如此困難，其
可能的原因是：根本上，受輔者還得先承認「我是值得被人喜歡
的」。這方面的問題，留待下節再討論。目前，我要指出的是：心
理治療的這一方面乃是要對於情感關係能夠自在而完整地去體
驗。我可以用更概括的方式把受輔者的體驗總結於下：「我可以
讓別人來關心我，也可以完全接納我自己內在的同樣關懷。這使
得我能認清我的關心，而且是深深地關心著別人。」

對自己的喜歡

87

　　關於以受輔者為中心的治療法，在已經發表、出版的各種研
究和著作中都曾強調：心理治療的方向和成果之一乃是要人能接
納自己。我們在心理治療中已建立這樣的事實，即：成功的心理
治療會使人對自我的積極態度增加，而消極態度減少。我們也曾
測量過：自我接納的程度有逐漸增高的趨勢，至於接納別人的程
度增高，也和心理治療有關。但在我細審這些研究發現之後，再
拿我最近的個案來做個比較，我覺得那些研究似乎說漏了一些真
相。我要說的是：受輔者不僅僅是接納了自己 —— 這樣說，好像
有點心不甘情不願，或不得不接納自己似的 —— 實際上，受輔者
是變得更**喜歡**他自己了。這並不是一種自誇自讚或自我肯定式的
喜歡，而毋寧說是一種對「成為自己」的寧靜喜悅。

　　歐克女士對於這種轉變提供了很好的說明。這個例子摘自她
的第三十三次面談。想想看：如果在面談之後十天，她終於首度
承認治療者是關心她的，這樣的事實是不是很有意義？關於這一
點，不管我們會怎麼想，至少以下的片斷可以說明什麼叫做「成
為自己的寧靜喜悅」，不過，其中也含有一點點歉意的感覺——這

是我們的文化使人覺得，好像非如此不可似的。在面談的最後幾
分鐘裡，她知道時間快到了，便說：

受：我一直擔心一件事 —— 我會講快點，反正以後我還會再談
　　這一點 —— 我有個感覺，自己偶爾會擺脫不了。我覺得我
　　對自己還蠻高興的。我得再提提你那Q技術❶。有一次我走
　　出這裡之後，在你的助手那邊，很衝動地把「我有很吸引人
　　的性格」那張卡片放在最上面。我看著卡片，一邊覺得有點
　　噁心，但就讓它放在那兒，我是說，很坦白說，因為這就是
　　我真正的感覺 —— 一種 —— 好吧，我當時覺得有點不
　　安，現在我卻逮到意思了。我老是偶爾會有那麼點很高興、
　　滿意的感覺；不是什麼很了不起的，只是 —— 我不知道，
　　有點滿意就是了。明明是個轉變。可是，我卻為此覺得不安。
　　不過 —— 我在想 —— 我很少記得自己講過的話，我是說
　　我在想為什麼我會被你說服，為什麼從前我覺得老像是會受
　　傷害的那種 —— 我覺得好像有人會對一個小孩說：「不准
　　哭」。我是說，從前我老覺得會這樣，但在這裡卻不是的。我
　　是說：如果有人覺得受傷害，那就該讓他哭。所以，這就是
　　我覺得高興的感覺。我最近才覺得，在別的地方也一樣。那
　　個 —— 我們不必反對孩子們對自己感到高興。那個，我是
　　說，那樣實在沒什麼不好的。也許人都該有這樣的感覺。
治：你好像對自己的這種感覺還有點懷疑呢；可是你愈去想它，
　　也許你愈能看清這幅畫的兩面：一個孩子想哭，為什麼不讓
　　他哭？而如果你想要對自己感到高興，難道他不是也有十足
　　的權利為自己而高興嗎？這些想法集在一起，我認為就是你
　　偶爾會體驗到的一種自我的悅納和欣賞。

受：對的，對。

治：「我確是很充實而有趣的人。」

受：可以這麼說。然後我就會說：「我們的整個社會把人趕來趕
　　去，害我們都迷失了。」而我也會一直回到有關孩子的那種
　　感覺去。也許，他們比我們更充實，也許我們 —— 好像我
　　們在成長的過程中都走得迷路了。

治：你是說，孩子們有一種智慧，而我們卻喪失了那些？

受：是啊。我的時間到了。

　　在這裡，她和其他許多受輔者一樣，一面摸索，還帶點歉意
的，但終於達到了這樣的瞭解：她變得能喜歡、欣賞而接納了自
己。一個人終於達到一種自然而輕鬆的欣悅，一種原始的joie de
vivre（生之喜悅），也許正好比擬爲在草原上四處歡躍的小綿羊，
或是在浪花上悠然翻騰的大海龜。歐克女士覺得人的生機理當自
然活現，宛如嬰兒一般，但我們卻在成長的過程中讓這種生機給
折彎了。

　　在此一個案的早期，其實已經露出一點苗頭，也許更容易顯
出它的根本性質。那是第九次的面談，歐克女士有點不好意思地
露出她自己一直暗藏的東西。她費了很大的勁才把這東西推出
來，因爲她在說這話之前停了好半晌，有好幾分鐘之久。然後她
才說：

受：這是有點很傻的，我沒告訴過別人（不安地笑）不過，說說
　　也許有好處。好多年來，哎，從很年輕的時候開始，也許從
　　十七歲開始吧，我，我就對自己說，我是「健康的火花」。我
　　沒和別人說過，（又尷尬地笑）我是覺得我眞的很健康。而且，

89

而且對生命還蠻在意的。而且常常覺得我們人都已經跑得太遠、迷了太多路了。我是關心又悲哀得很哪。這種感覺只是一閃而過，我只覺得當時我整個人都完完整整的，而週遭的世界卻是一片混亂。

治：那種感覺稍縱即逝，而且也不常有，但就有那麼些時候，你會覺得整個你都在完整運作，而覺得，世界雖然很混亂，但你肯定——

受：對對對。我的意思是：我也知道我們實際上已經不是整個都很健康的人種了。不過，當然，平常人不會這樣說的。

治：你是覺得，如果你向人談起你怎樣唱起來❷，會很不安全？

受：那種人去哪裡找！

治：這個世界簡直沒地方可讓那種人存在。

受：當然沒有，你看，那才使我 —— 等一下 —— 也許那可以解釋爲什麼我會在這兒，會這麼關心感覺。也許正是因爲那樣。

90　治：因爲你的整個人和你全部的感覺一起存在。是不是這樣，你才說你對感覺更注意？

受：對。那不是，不是要排斥感覺而 —— 就是那樣子。

治：你整個人可以和感覺一起活，而不必把感覺推到一邊。

受：對。（停頓）我在想，講得實際一點的話，我該做的事情是解決一些問題，日常生活的問題。不過，我，我 —— 我想做的是解決，解決別的一些大事，一些比日常生活更大的問題。也許這才是我想說的全部。

治：我在想，你這樣說，是不是把你的意思扭曲了。你說，硬著腦袋、實際點想，你應該花時間去思考一些特定的問題。但是你也懷疑：這樣也許你就不是在追尋「整個的你」了 ——

而這也許比解決日常生活問題還更重要。

受：我想是吧，這樣才對。也許這才是我的意思。

如果我們可以把這兩種經驗併在一起來看，而且也有理由將此等經驗視為典型，那麼，我們可以說：不止在治療中，還應包括某些逸出日常生活的經驗在內，她確曾有過這麼健康的體驗——覺得自己值得欣賞和喜歡，也覺得自己整個人是一氣呵成、運作自如的。我們也可以說：這樣的體驗之所以能獲得，是因為她有時可以不排拒自己的感覺，乃至可以和感覺共處共生。

這裡，有一個關於心理治療過程的重點，我認為過去常被人忽略了。心理治療要能有效，必須遵循的方向是：允許這個人去充份地體驗，並且覺察自己所有的反應——包括感覺和情緒在內。如果情形是如此，使人能感受到對自己有積極的喜歡，能真切地欣賞自己之成為一個運作自如的個體，那麼，治療便可算是達到一個終點了。

我的發現：人格的核心是積極的

我們的臨床經驗中產生一個相當具有革命性的觀念，也就是說，我們逐漸認識了：人的本性中、最內在的核心，或說，人格 91 的最裡層、人之為物的根本，在本質上是積極、正面的 —— 它本來就帶有社會性、前進的傾向，有理性、而且很實在。

這樣的觀點和目前我們這個文化的實際看法相去甚遠，所以我並不期望它會立即被接受。事實上，這個觀點的涵義也確實太具革命性，因此，除非我們能對它作一番徹底的探究，否則沒有人會接受它。不過，話說回來，就算它能通過這番考驗，也很難令人接受。我們的宗教，尤其是新教的傳統，浸透了我們的文化，

而它的人性觀是認為：人在根本上是有罪的；要去除這種罪惡的本質就必須仰仗一些接近神蹟的事物才能辦到。在心理學中，弗洛依德（Freud）和他的信徒們早已發表了許多有力的論證，主張人的潛意識本質［叫做『原我』（id）］乃是由本能所構成，它一旦獲得機會，便會表現為亂倫、謀殺等種種罪行。這群人認為：心理治療的整個問題就在於如何使這種不馴之力得以在健全而有建設性的監視之下維持其存在，而不必動用昂貴費力的精神官能症狀來釋放那些能量。但他們的基本觀點是這樣的：人在對待自己和對待他人時，根本並不理性、不社會性、且有破壞性 —— 這樣的觀點幾乎被認為無可置疑而且被照單全收了。不過我要提醒諸位，這世界上還是偶爾可聽到抗議的聲音。馬思婁（Maslow）(1)提出一個有力的論證來說明人的動物性本質。他指出：人的反社會情緒 —— 諸如敵意、嫉妒等 —— 乃起於挫折；也就是說，更基本、更為人所欲的需求如愛、安全、歸屬感等得不到滿足，才會引發反社會情緒。其次，孟塔鳩（Montagu）(2)也曾倡說：人類生活的基本法則為合作，而非鬥爭。可是這些零星的聲浪很少人聽到。整體來說，不論是專業人員或一般人多半持有這樣的觀點：人的本性中本來就需要受控制，或需要利用偽裝，或兩者均需。

　　我回顧自己過去在臨床和研究方面的經驗才發現自己實在很遲鈍，竟然花了那麼多年才能判斷這種人性觀是多麼錯誤。我相信，那是因為在治療中，一直不斷有很多充滿壓抑的敵意或反社會之情的人，所以很容易斷定那就是人類的內在、基本天性。慢慢地，我才曉得，這些不馴良的、反社會的情感既非最深切內在，也非最強而有力；相反的，人的性格之內在核心乃是有機體本身，它既有自我維護的傾向，也有社會性的本質。

　　爲了給這段論證更詳細的說明，我要再回到歐克女士的個案。由於這一點很重要，因此我摘錄的談話比較長些，這樣才能描繪我先前所說的那種體驗。也許這段摘錄中可以看到受輔者的人格一層層地展開，直到最深一層也展現出來爲止。

　　這是歐克女士的第八次面談，她把第一層的自我防衛倒捲出來，然後發現在防衛心底下藏著怨毒與報復之欲。

受：你知道，在這些性關係的困擾裡頭，我覺得我開始發現很糟、很糟的事情。我發現我是，我是在怨恨，眞的。恨得眞兇。我 —— 我沒把箭頭轉回我自己……我想我的感覺也許像是「我受騙了。」（她的聲音很緊，喉頭像被梗住一樣。）但是我裝著沒事，裝得很好，連我的意識都好像不去管它了。可是我，我有點驚訝，我發現我在拚命演練這種，叫什麼，一種昇華吧，就在那底下 —— 老是要用這些名詞 —— 有一種消極的力量，那是消 —— 非常消極的，但同時也剛好就是一種想宰掉他的力量。

治：所以，你的感覺就是：「我受騙了。我裝著不去管它，但那底下卻有一種，一種暗藏著、但卻顯然存在的**怨恨之意**，而且是非常、非常厲害。」

受：非常厲害。我 —— 我自己曉得。強得可怕。

治：幾乎主宰了你整個人。

受：可是我自己幾乎沒意識到。幾乎從來沒有……哎，我只能說，那是想把人宰了的心腸，但並沒有暴烈的成份……比較像是想討回公道的感覺……不過，當然我是不會再付還給他，但，要也可以。我眞的願意這樣。

93　　　講到這裡，有個常用的解釋在這裡倒蠻適用的。歐克女士已經能夠看見，自己用了社會控制所表現的行爲底下，還有一股想殺人的恨意，以及想討回公道的欲望。這個感覺一直延續，但她要到治療的末期才能夠回到這裡來挖掘其中的意義。這個主題，她到第三十一次面談時又再提起。一談起來，她幾乎講不下去，覺得情緒受阻，無法摸到那個感覺的邊，但卻又知道她的體腔裡脹滿了那種感覺。

受：我感覺那不是罪過。（停頓。她哭起來。）當然我是說，我還沒辦法形容它。（然後一陣情緒衝了出來）我覺得我受傷得太厲害了！

治：唔哼。那不是罪過但覺得比較像是被嚴重地傷害了。

受：（哭著）那個 —— 你知道，我自己常爲這些念頭而覺得罪過，但在最近幾年我有時聽到做父母的叫小孩「不要哭」，我就有種感覺，也像是傷害吧，爲什麼他們要叫小孩不要哭？小孩會爲自己感到難過又罪過，誰會比那些小孩感受得更多呢？我是說——我是說好像，我想他們應該讓他哭。而且 —— 也該爲他感到難過，也許吧。可以用比較客觀的方式。哎，這就是我體驗到的一種東西。我是說現在 —— 就是現在。而在 —— 在 ——

治：你好像又多掌握到一點那種感覺的味道，覺得你幾乎像是在爲你自己哭。

受：是啊。你看吧，又不對勁了。我們的文化就是這麼 —— 我是說，我覺得這個說法並不是很有那種內涵。只是大概有吧。

治：你是認爲整個文化都反對人對自己怨歎？可是你覺得你感受

到的感覺，好像文化也不怎麼反對嘛。

受：然後當然，我變成 —— 看到，和感覺到，在這上面 ——
　　你看，我還得把它掩蓋掉。（哭）要裝我可以裝得出來，但底 　94
　　下還是有這麼多怨恨，而我又要想辦法去掩蓋它。（繼續哭
　　著）我不要這樣！我管不了會造成什麼傷害了！

治：（溫和地，對著她所感受的傷害，以十足的同理心和體貼之
　　情）你覺得，這底下，你感受到的感覺是你真的很想哭。但
　　是你卻沒辦法哭出來，不准哭，所以你用怨恨來掩蓋它，但
　　你並不喜歡這樣，真想把它踢掉。你簡直寧願承擔傷害也不
　　要 —— 也不要覺得怨恨。（停頓）而你表達得很強烈的是：
　　我是會傷人的，但我卻老想掩飾。

受：我根本不曉得是這樣。

治：唔哼。像是個新發現，真的。

受：（同時說出來）以前我真的從來不曉得。不過，那個 —— 那
　　簡直就像在身體裡一樣。那是 —— 那是像我在看我自己身
　　體裡面所有的東西一樣 —— 神經末梢和各種各樣的東西，
　　都被搗爛了、攪在一起。（又哭了）

治：好像你的身體裡一些最敏感最精緻的部份被打得幾乎粉碎
　　了，被打傷了。

受：對。你知道嗎，我確實有這樣的感覺：「哎呀，你這個可憐
　　的東西。」（停頓）

治：就是不得已，覺得你自己居然就是這樣一個人，真是難過死
　　了。

受：我倒不覺得我在為整個自己難過；只是某方面，有些部份。

治：但看見那些部份被打傷，很難過。

受：是啊。

治：唔哼。唔哼。

受：可是接著就是這種可惡的怨恨，我就是想把它踢掉。那種感覺 —— 把我弄得好亂。因為那東西是非常詭詐的。我就被它捉弄了一頓。（停頓）

95 治：覺得你想除掉那些怨恨，因為怨恨並不像是真正的你。

受：（哭。很長的停頓）我不知道。我覺得我有那種感覺並沒有錯，這個世界如果連這種感覺都要叫做罪惡，那還要這個世界幹麼？只是要把我的每件事都好好說一說，用來編成個有趣的個案史嗎？是不是？那樣到底有什麼好的？我看哪——最主要的，真實的東西是我現在有的這種感覺呀。

治：你確實可以把事情一件一件地追溯出來，但你覺得好像這整件事的核心是那種，你現在、在這裡感受到的體驗。

受：對呀。我是說如果 —— 我不知道這種感覺會發生什麼結果。也許什麼都不會。我不知道，但我看，我該瞭解的就是這種傷害的感覺 —— 不管它叫做什麼。（停頓）然後我 —— 人沒辦法在 —— 傷害這麼公開暴露的時候還活得像樣的。我是說，我看下一步你大概，應該是開始要療傷了吧？

治：你好像覺得，既然你自己有一部份受傷得這麼嚴重，所以你大概沒辦法把自己整個打開來；也所以你也懷疑這種傷害是不是可以先治療。（停頓）

受：還有，你知道嗎，真可笑（停頓）。聽起來好像我說的都是一堆亂七八糟，還是像個老頑固，看來像個神經兮兮的傢伙卻又死抓著症狀不肯放掉。但其實不是那樣。我是說，那樣講是不對的，可是 —— 我只希望能把我的感覺傳達出來。我大概不在乎自己受傷害吧。我是說，事情只是發生到我頭上了，我並不非常在乎這件事情。只是 —— 我更在乎那個 —— 那

個怨恨的感覺，而 ── 造成我的挫折的，我知道是這個，我是說 ── 我大概比較在乎這個。

治：這樣說吧，看看對不對：就是，雖然你不喜歡那種傷害，但你覺得你還受得了。你可以忍得住。可是，蓋在那傷害上面的，還有像怨恨那種東西，而你就是 ── 現在就是，忍受不了。

受：是啊。就是那樣。那就好像是，首先，我是說，好像，唔 96 ── 像是我希望的樣子。現在，我的感覺是說，好啊，我還是可以有很多樂得要命的東西，對不對？可是，另外一面，我是說，這種挫折感 ── 我是說，它的來源這麼多，我到現在才曉得，你看看！我的意思就是，就是這些，這種事情。

治：還有，你可以接受的傷害。那是你的生命當中的一部份，就和其他部份一樣。你可以有很多快樂。但是，把整個生命都讓挫折和怨恨給瓦解了，那才是你不喜歡、不要做的，而你現在更清楚了。

受：是啊。而且現在也不必再躲躲藏藏了。你看吧，我現在是更清楚了。（停頓）我不曉得。就現在，我不知道下一步該幹什麼了。我真的不知道。（停頓）還好，這還算是一種成長，所以那 ── 還不會太急著變成 ── 我是說，我 ── 我想說的是，我想是，我還活得好好的。我還蠻能讓自己快樂的，而且 ──

治：你是想告訴我，你在很多方面都蠻能自己處理的，就跟往常一樣。

受：沒錯。（停頓），喔，我想我該停下來，要走了。

這段長長的摘錄給我們描出一幅清晰的圖像，就是說：受輔

者雖然滿心怨恨，但她也一直希望再回到那個曾經欺騙了她的世界。這樣的感覺與其說是有反社會性，不如說是一種深切的受傷體驗。在這幅圖像裡還有一點也很清楚，就是：在這深層次的體驗中，她並沒有強烈的慾望想把殺人報復的感覺付諸行動。她很不喜歡這種感覺，反而希望將它去除乾淨。

以下一段摘錄取自第三十四次面談。內容顯得很不一貫，不過，每個人在企圖表達一些深層次的情緒時，講起話來都會像這個樣子的。她拚命地想摸索自己裡面又深又遠的部份。她說，這些話會是不容易說的。

受：我不知道我現在有沒有辦法談這些。試試看吧。大概是 —— 我是說，是一種感覺 —— 好像一直蠢蠢欲動。我知道那是講不通的。我想如果我可以講出一點，哦，一點具體事實的話，大概會比較有用吧。可是我不曉得要怎麼 —— 我是說，好像我想說的是，我想談談我自己。當然我自己也知道，這幾個鐘頭裡我一直想談的就是這個。不過，不，這是 —— 是我自己。我最近常發現我在否定我講的一些話，因為我自己聽起來覺得 —— 我是說，不太像我的意思，有點太理想化了。而我是說，我記得我比我說的還要更自私一點，比那更自私一點。後來我 —— 我突然想到，亮起曙光，對，就是那個意思，但是我說的自私，那整個涵義都不一樣。我一直在說「自私」。然後我才有這樣的感覺 —— 我 —— 我從來沒有用過這樣的字，自私， —— 但那不表示什麼。我還是要談這個。就像是脈博一樣。我始終都曉得的。仍然就在那裡。我真希望也能夠用一用 —— 就像潛到那裡面去一樣。你知道，那就像 —— 我不知道，該死！我好像已經摸

到邊了，摸到一些我熟悉的結構了。簡直就像摸到一塊又一塊的磚和瓦了。大概是一種知覺吧。我是說那 —— 覺得不再受騙了，不再被捲到事情裡頭，還有一種了然於心的感覺，覺得自己知道了。但是，另一方面 —— 有個理由，看不見的，而且 —— 這種感覺沒法變成日常生活的一部份。而且還有些 —— 有時會覺得在這種事情裡頭簡直有點可怕，但又是這樣，因為不這麼可怕才可怕。為什麼？我想我知道的。這樣可以對我解釋很多。那是——那完全不是恨。我是說，完完全全的。不是有什麼愛，但完全沒有恨。這樣講，也有點令人興奮⋯⋯我猜我就是那種人，我是說，也許是喜歡折磨自己的，喜歡打破沙鍋問到底的，或是想把事情整個弄清楚的。還有，我也告訴我自己說，看吧，這是你有過的感覺中，很強的一種。不常有。但你有時就是可以感覺到，你要是讓自己去感覺，你自己就能感覺。你知道，那種事情在變態心理學裡是可以找到名稱的。我是指那種事情當中的某些元素 —— 像這種心跳啦，這種興奮啦，這種自知之明。我說過我曾經一路追下去，我是說，我那時非常、非常勇敢，我們怎麼說呢 —— 說是一種昇華的性驅力 (sublimated sex drive) 吧。而我是想：那就是我找到的吧。我真的已經解決了這檔事吧，沒什麼別的了。有一陣子，我還感覺自己蠻高興的。就是那樣。可是，後來我得承認，不對，不是那樣。因為那是我早在性方面感到挫敗之前就存在的。我是說，那不是 —— 而且，但是，在這種事情裡，後來我在那裡頭看清了一點，在那裡頭的核心是：接納性關係，我是說，我認為可能的唯一的一種關係。就是在這種事情裡頭，不是什麼 —— 我是說，性並沒有昇華或被別的事情取代。沒有。就

在這裡頭，我知道在這裡頭 —— 我是說，我敢肯定那是另一種性的感覺。我是說，那是把性裡頭的每一件事都脫掉的感覺，但願你懂我的意思。那裡也沒有追逐，沒有尋找，沒有打鬥 —— 哎，就是沒有什麼恨啦，我想，就是沒有恨爬進來就是了。可是，我是說，這種感覺眞是，哎，有點困擾吔。

治：我想試試看能不能把握到你的意思。你是說，你已經對自己認識得很深，因爲你瞭解自己的體驗中的每一個片斷細節，也因此你覺得自己變得比較自我一點、比較自私，而且也眞的有這樣的觀念 —— 就是你發現你自己的核心和其他各方面可以分開，你有了一種領悟，一種很深刻而且動人心弦的領悟，就是說：自我的核心不只是沒有恨意，反而更像是一種崇高而且純淨的東西，我比較喜歡用這種字眼來說明。不過你心底裡還想反對這個說法。你會說，也許那只是一種昇華，也許是一種不正常的表現，一種飄忽的變化球等等。但在你自己裡面，你知道你不是這個意思。這種感覺裡頭可以包含很多性的表現，但它還要更廣大得多，深刻得多。它可以把性的部份全都包含在裡頭。

受：也許很像是這樣……好像是，我是說，那是一種下降。那種下降可能會被當成是上昇，但是，不對 —— 我很肯定，那是一種下降。

治：是一種下降，而且幾乎是沈潛到你自己之中。

受：是啊，而且我 —— 我也不能就把它甩在一邊。我是說，看來就像，不，就是那樣。我是說，好像是我不得不說的一種，非常重要的事情。

治：這一點，讓我也說說看，看我的瞭解對不對。我覺得你剛才

所說的想法，好像你要向上面去抓才抓得到，好像還不怎麼
像是眞實存在的。可是，實際上，你的感覺又好像是往下撈
到了一些比較深處的東西。

受：是這樣。事實上 —— 那東西有點是——我是說，這樣——我
有一種做法，有些時候我們總是會採取那種辦法，來狠狠地
拒絕那些什麼正直、什麼理想，這 —— 像 —— 這樣說沒
錯；我是說，那差不多就是我的意思。其中有一個是往上昇
到，我不知道。我是說，我只是有種感覺，我的腦筋跟不上。
我是說，你如果想把它敲下來，會發現那只是薄薄的一層。
但這一個做法卻是 —— 我不知道爲什麼 —— 我是說，卻有
這種很糟的、明明是往下掉的感覺。

治：也就是說，這並不是上昇到理想去的。這是下降到令人吃驚
的、頑固的現實裡，而且……

受：是啊。

治：……更令人吃驚的是……

受：是啊。我是說，這是你不會去敲下來的東西。就在那兒 ——
我不知道 —— 你把整個事情抽象的說了一遍以後，我覺得
你說中了，那是經得起考驗的。

這段話說得相當雜亂無章。我想我可以從她的意思中抽出幾
個連續發展的主題，表之如下：

1. 我要說我自己是自一私的，但用這個字，我有些不尋常的
   內容要說。

2. **我認識我自己的結構組織，更深刻地瞭解了我自己。**

3. 當我潛入我自己裡頭，我發現一些令人興奮的東西，亦即

發現一個核心，而其中完全不帶有恨意。

4.那種核心不可能成爲日常生活的一部份 —— 或毋寧說，
它是不正常的。

5.起先，我以爲那只是一種昇華了的性驅力。

6.但，不對，它有更大的包容性，比「性」要深厚得多。

7.人們多半期望上昇到薄薄的一層「理想之所在」去尋找它。

8.但事實上，我卻在下降、深潛到我自己裡頭之後，才找到
它。

9.我所找到的東西似乎正是人的本質，也就是能經得起考
驗，不會輕易變更的。

她所描述的算是神秘體驗嗎？這位諮商者的反應中似乎流露
出一點肯定的感覺。對這種神秘主義者式的，或近乎靈異之學的
說法，我們可能賦予它任何意義嗎？作者在此必須指出：除了本
例的個案以外，還有許多受輔者曾經對他們自己作成類此的結
論，當然，他們的表達方式倒不一定像這樣充滿感性。事實上，
歐克女士到了後來的面談時（第三十五次），也把她自己的感覺用
更清晰扼要、具體實在的方式重說了一遍。她同時也說明了爲什
麼這種體驗會令人難以面對。

受：我想我眞高興能發現自己，或提出自己，或想要談談我自己。
我是說，這種事情太個人、太隱秘，平常人都不會去談它的。
我是說，我可以瞭解我自己的感覺，譬如，咦，現在也許就
有點惶恐不安。那是，咦，一種好像我在拒絕，我是說，拒
絕所有的西方文化所代表的東西，是不是？而且我在懷疑我
到底對不對，我是說，我是不是走對了路，還有當然，是覺

得這件事情到底對在哪裡。就是這樣，所以那裡頭一定會有衝突。接下來，我是說，現在我覺得，當然我會有這種感覺。我是說，就會有 —— 這種我把它叫做沒有恨意的事情，而且，還蠻真的。這種事情表現在我的行為上，我的信仰上……我覺得這都蠻好的。我好像在對自己說，好哇，你已經一棒打在我頭上，我是說，好像打從開始的時候，就打在我腦子裡一堆迷信、禁忌、胡說八道的教條和什麼法律、什麼科學、還有你那電冰箱、原子彈的。可是我再也不信這一套了。你看吧，我就是，你就是不怎麼成功。我想我說的只是，哎，我就是不再聽從了，而且，就是這樣吧。

治：你目前的感覺是，你已經相當明白那一大堆的文化壓力—— 101
倒不是一天到晚都很能意識到，但你在想「我這一生已經有太多那種東西了——現在我要深入我自己裡頭去找找我真正的感覺」，所以現在你好像有點和你自己的文化遠遠的分了開來。那是蠻令人害怕的，但你基本上覺得這是好的，是不是 ——

受：是啊。我現在覺得那樣很好，真的……。但接著又有別的事情 —— 有另一點感覺開始冒出來；真的，差不多已經成形了，就像我說的。這種結論，就是說我不再去鑽牛角尖、找碴。我現在也不知道為什麼。不過，只是 —— 就是這種事情。我現在好像在對自己說，以我所知啊，我所發現的呢 —— 我敢說我已經除掉了恐懼感，我肯定我不怕打擊了 —— 我是說，我有點願意看它來了。不過 —— 以我現在的處境來說，我在那裡學到的，還有，把我不知道的也一併考慮在內的話，也許這才是我該好好去面對的事，但是，我又會說，我就是，就是沒辦法確定。你看吧。只是現在，我心裡一點也不後悔，

不想掩飾，只想簡單的說：我現在不覺得有什麼不好的。

治：這樣說，看對不對？就是說，你越是深入到自己裡面，同時
　　也一直在想你最近發現的、學到的種種，你的心裡有個信念
　　就變得越來越強。你相信：不論你跑得多遠，你要走的路都
　　不會崎嶇、可怕。現在看來，那些事情的意義都不一樣了。

受：是的，差不多就是這樣。

　　到此，縱然她已經明白辨認了她自己的感覺，知道那是和她
的文化本質不相稱的，但她幾乎敢說：她自己的核心並不差，也
沒什麼大錯，反而還是好的、積極的。在那層被控制的行為之下，
在那惡毒的怨恨之下，在苦痛傷害之下，她發現有個積極向善的
自我，其中竟不含恨意。我相信，這就是我們的受輔者在面對我
們時，給我們上的一大門課，而我們通常都拙於學習。

　　假如說：「無恨」聽起來像是個相當中性，甚至帶有負性的
102　概念，那麼，也許讓歐克女士再來解釋一下。在第三十九次面談
時，她覺得她所需要的治療也許該告終了，這時，她又回到這個
話題上來。

受：我在想，我是不是該把話說清楚 —— 我自己心裡相當清楚，
　　而且，也許這才是真正的關鍵，這個，沒有恨的感覺，很強。
　　既然我們已經用這麼理智的方式談它了，我知道 —— 聽起
　　來不太好。但在我思考的時候 —— 其實不是思考，是感覺，
　　那是 —— 哎，還有思考，是有思考的 —— 那是遠比這種東
　　西還要更積極的，譬如比愛情 —— 而且我覺得做起來更輕
　　鬆 —— 更沒有束縛。但是，我曉得，這樣說一定會讓人覺得
　　我在排斥很多事情，排斥很多規範，也許真是這樣。我不知

道。但是，我還是覺得，就算那樣，仍然是比較積極的。

治：你是覺得，對別人來說，好像不太好，但你關切的是那意義，你覺得它既是不束縛人，不佔有人，我在想，不像你說的愛情那樣。實際上，那樣反而更像是比較 —— 比較能讓人有伸展的餘地，讓人有用些 ——

受：對。

治： —— 而比這些狹隘的想法好多了。

受：對我來說眞是這樣吧。眞的比較容易。可是，不管怎麼說，這種感覺對我來說是要容易得多。我不知道。我看來好像眞的可以站在一個立場 —— 而不必 —— 不必強迫去讚賞，或強迫去懲罰。那樣——那意義可就多了。我好像覺得這才是一種自由。

治：唔哼。唔哼。人要是能免除，不管是讚賞或懲罰，那樣，在你看來，對你所關切的種種事情，你才有更多的自由去做。

受：對呀。（停頓）我已經有準備，在這過程中摔幾個跤也無所謂。

治：你並不期望會一帆風順。

受：沒有。

以上這一節就是一位受輔者自我發現的故事——當然是相當濃縮的 —— 她發現，愈是深挖進自己裡面，她愈能對事情無所畏懼；與其一直在挑自己的大大小小毛病，不如在自我的核心之中慢慢發掘到這樣的本性 —— 既不想酬賞也不必懲罰別人，在自我裡頭沒有恨意，而這個自我乃是深深地和別人息息相關的。由這樣的體驗，我們敢不敢逕作結論道：假如我們能深深切入我們人類的有機本質之中，則我們將會發現，人乃是一種積極而性善的社會動物？我想，我們的臨床經驗似乎暗示了肯定的答案。

與有機體自身合而爲一

以上的材料是沿著一條主題線而逐次呈現的。那條主題線就是：心理治療（至少以受輔者爲中心的治療法是如此）乃是使人成爲有機體自身的一種過程 —— 這個過程使人放棄自我欺騙（self－deception），也避免扭曲。我這樣說，究竟是什麼意思呢？

我想，我們在此所談的，乃是立基於「體驗」的層次上的 —— 這個現象極不容易用語文來加以表示；同時，如果讀者只想在字面上理解它，那麼，事實上他已經在扭曲眞相了。但如果我們能細心運用好幾種不同的描述和表達方式的話，也許可以敲響讀者體驗中的鐘聲（不論這鐘聲是多幽邈），讓他能夠感覺到：「喔，現在我曉得了。以我的體會，我至少可以知道一點你說的東西了。」

所以，心理治療就好像是在幫助人回去最基本的五臟六腑和視聽觸嗅之體驗裡。在接受治療之前，人老是不知不覺地愛對自己問道：「在這個場合，人家會認爲我應該怎麼做？」「我的爸媽或我的文化要我怎麼做？」「我自己認爲應該做什麼？」因此，這個人的行爲就會一直套用一定的形式。但這麼做並不必然意謂著他的行爲和別人的意見和諧一致。事實上他可能會很賣命地表現一些行爲，以便和別人的期待有所不同。他實在不能只根據別人的期望〔通常是內射的（introjected）期望〕而行動的。在治療過程中，由於這個人的生活空間（life－space）不斷在擴張，因此他總免不了會自問道：「我對此事的體驗究竟是什麼？」「它對我究竟有什麼意思？」「如果我眞的這樣做去，我又該怎樣表達它會對我造成的意義呢？」他的舉止行爲變得像是以實在論（real-

ism）爲基礎 —— 也就是說，能將每一個行動所造成的滿足和　104
不滿足做個很實在（realistic）的平衡。

　　有些人，就像我自己這樣，習慣用具體的、臨床的方式思維，因此，如果我能用比較抽象的程式語言把受輔者的某些體驗過程表述一下，也許會很有幫助。從某一位受輔者的角度來看，事情可能是這樣的：「我一向認爲我對父母一定只能感受到愛，但我發現我所體驗到的卻兼有愛和怨的兩種情感。也許我可以做一個人而能自由自在地感受愛和恨。」對另一位受輔者來說，他學到的可能是：「以往我覺得我只是很壞又沒出息。現在我偶爾會體驗到自己還蠻有價值的；偶爾則覺得自己還是很沒用。也許作爲一個人，我可以在不同的時候感受到自己不同程度的價值。」對另外一位則是：「我一直認爲世間沒有人會眞正爲我好而愛我。現在我卻體驗到另一個人對我的溫暖關愛。也許我可以做個值得別人喜愛的人 —— 也許我*就是*這樣的一個人。」再有另一位：「從小以來我就被養成不能欣賞、接納自己的人 —— 但事實上我卻想要。我可以爲自己而哭，但也可以看得起自己，可以對自己感到遺憾。」還有，再拿歐克女士的例子來說：「我一向認爲，在根底深處，我是很壞的，所以我的本質一定非常糟。但現在我卻不再體驗到那些壞處，反而有一種積極的渴望，想要生活，也讓別人生活。也許我可以做那樣的一個人，也就是打從心底裡積極向善的人。」

　　以上所列的幾個表述中，頭一句話都是怎麼說的呢？怎麼會是那個樣子？［即「一向（一直）認爲……但現在的體驗卻是……」—— 譯者］我想，最重要的是當事人增加了對自己的知覺。在心理治療中的人乃是在日常生活經驗之外增加了充分的自我知覺，

而能不扭曲地使自身的體驗呈現於意識之中 —— 而所謂自身的體驗乃是來自人的感官和身體的反應。他能使扭曲體驗知覺的因素中止，或起碼使之減低。他能曉得他實際上體驗著的，而不只是那些得到允許（透過觀念的篩檢）而留下的體驗。由此，這個人才得以首度展現他之作爲一個人的全部有機潛能，並且在基本的身體官能反應中，得以自由地增加一些充實的知覺因子。這個人乃因此而成爲他之所是（他與他自己合而爲一 —— 譯者）

105 —— 受輔者在治療中經常是這麼說的。把這句話的意思說得更明白一點就是：這個人在知覺中成爲他在體驗中之所是。換句話說，他乃成爲一個功能完全發揮的、像個人的有機體。

　　談到這裡，我已經嗅到一些讀者的反應了。「你的意思是說：心理治療的效果就是讓人變成個有機體而已嗎？變成只不過是個人類動物而已嗎？誰來控制他呢？誰來讓他社會化呢？他會不會把所有的約束一股腦全拋光呢？其實你只是在釋放人的獸性、釋放自我的本能而已，對不對？」對於這樣的疑問，我想，最完整的答覆是這樣的：「在心理治療中，人確是變成了個有機體，但我說的是『有機體』這個字所富含的全部涵義。他會能夠很合理地控制自己，而且他也會自本自根地渴望要社會化。人性當中沒有獸性。人性之中只有人性，而這就是我們所能釋放的。」

　　所以，依我看來，如果我們的觀察具有一定效度的話，那麼，在心理治療中最基本的發現乃是：我們實在不需要害怕我們「只是」人類。如果我們能把人類獨有的意識知覺，以不扭不曲、自由自在的方式，加諸於人和動物所共有的身體官能體驗之上，這樣形成的一個有機體不是很漂亮、很有建設性、而且很實在、合理嗎？這樣的有機體之能夠體察文化的要求，正如他能體察自身對食色的生理需求一樣 —— 他能知覺自身對友誼關係的欲望，

正如他能知覺他有自我擴充的欲望一樣 —— 他能感受到他對別人的細心和敏感，正如他能感受到他對別人的厭惡和敵意。當這種人類所獨具的自覺性能夠如此充分而自由地發揮時，我們就不必害怕人是動物，也不必視人爲獸而加以控制，相反的，我們會發現：人這種有機體，由於其中樞神經系統具有非常了不起的整合能力，因此它可以成功地表現出一種平衡、合理、利己、利人的行爲，而這種行爲正是知覺的諸因子合作的結果。換個方式來說吧：當人在比較不那麼能像人一樣地運作時 —— 當他否定了來自體驗的諸般知覺時 —— 那麼，我們確實常常有很多理由來害怕人以及人的行爲。目前人在世界中的處境在在證明了這一點。可是，一旦他能充分地像個人樣時，一旦他能運用他的整個有機體時，一旦他對自身的體驗能有充分的知覺時，那麼，他會值得信賴的，他的行爲會有建設性的。這種事情不見得都會變成社會的習俗。因此，要像個人樣並不表示要順從於大衆，人性是要個體化的。但它也同時能夠社會化。

結　語

　　在上一節中，我使用了最強的口氣表達了我的意思，因爲那是在多年的工作經驗中逐漸生長成形，並且令我深信不疑的信念。當然，我自己也相當明白：信念和眞理並不是同一回事。我並不要求任何人來贊同我的體驗，但要籲請大家想想：我在本文中所表述的種種是否和你自己的體驗相符。

　　其次，本章的文體帶有濃厚的玄想氣息，然而對於這一點，我也不覺得有必要向任何人致歉。有些時候，人需要作點玄想；

另些時候，人需要採集證據。我很希望本文的一些玄想、一些意見以及一些臨床的直覺 (clinical hunches) 會逐漸有人願意用實徵操作和明確定義的方式來加以考驗。

注　解

❶這裡需要一點說明。在研究進行中，我的一位助手要這位受輔者把一疊卡片做個分類（前後做過好幾次）。每張卡片上印著一個用以自我描述的短句、片語。她就用這種分類法來描繪自己。分類的方式是把最像她自己的卡片擺在最上端，而最不像自己的則擺在最下端。譬如說，如果她把印有「我有很吸引人的性格」的卡片放在第一張，那就表示她認為這個短句是她最突出的特徵。

❷治療者是提起她在前面說過的話。她說：在心理治療中，她像是在唱歌。

參考書目

1. Maslow, A. H.

   1949   Our maligned animal nature. *Jour. of Psychol.*
   28, 273-278.

2. Montagu, A.

   1950   *On Being Human.* New York: Henry Schuman,
   Inc .

3. Rogers, C. R.

   1951   *Client — Centered Therapy.* Boston: Houghton Mi-
   fflin Co., Chapter IV, "The Process of Therapy."

第六章
「成為一個人」是什麼意思

107

　　本文首次提出是作為1954年在歐伯林學院的一個會議上作演講用的。當時我嘗試用比以往更具完整體系的形式，把心理治療的一些概念組合起來，這些概念都是我日積月累下來的成績。這篇講稿後來經過些微的修改。

　　以我的習慣，我常要讓我的思想和實際治療面談之中真實而原初的體驗儘可能接近，因此我會相當倚重面談的錄音材料，並以此為本而作成較為概括性的敘述。

　　　　＊　　　　　　＊　　　　　　＊

　　我在芝加哥大學的諮商中心（Counseling Center）工作時，有機會為許多人作心理治療。他們對我呈現的個人問題真是五花八門。有學生關切的是課業的失敗；有家庭主婦為婚姻生活所困擾；有人覺得他已經在精神崩潰的邊緣上搖搖欲墜；有位居要職的專業人員，因整日浸淫於性的幻想以致無法有效地執行工作；有功課頂尖的學生，因深覺焦慮與無助而致癱瘓不前；有被孩子 108 的行為折磨而受困的父母；有人緣頗佳的女孩，突然莫名其然地陷入憂鬱的深淵中；有惶惶不安的婦女，深恐生命和愛情正逐漸消逝，而覺得她在研究所甲等的成績只是個蹩腳的補償；也有疑心重重的男人，深信世間有強大而陰狠的勢力正在設計陷害他

──我還可以繼續列下去，說明人們會帶來諮商中心的問題到底有多大的差異、是多麼奇特。這些問題幾乎涵蓋了人生經驗的整個範圍。但是，一位諮商員決不會因為能列出這種目錄而沾沾自喜，這道理是：一個人在第一次面談時所說的問題，到第二次、第三次來談時就不會是一樣的，違論到了第十次，那更會變成多麼不同的一個（或一串）問題。

儘管如此，儘管從水平的向度上來看，問題具有如此繽紛滿目的多樣性；從垂直的向度來看，也可以看出層層相疊的複雜性，但是，真正的問題也許只有一個。我在心理治療的工作中和許多受輔者建立過許多關係；循著這種經驗去努力追索，我發現他們似乎都在提相同的問題。他們的訴苦總是有些問題情況和內容──他們的難題出在功課、夫妻關係、和上司的關係，或出在自己不能控制的怪異行為，或出在莫名恐懼感等等──但在這個表層之下卻都有一個核心的追索。依我看，在他們的問題背後，每個人都在追問：「*說真的*，我到底是什麼？我到底要怎樣才能衝破行為的表面，而接觸到那深藏在底下的真我？我到底怎樣才能成為我自己？」

形成的過程

穿透假面具

我常說：人最想要達成的目標，以及人自覺地或不自覺地追求的終點，乃是要變成他自己。對於這個說法，我要作個解釋。

當一個人來找我時，他帶來的難題常是一堆奇特的組合，而

我發現，此時最好先嘗試和他建立一種關係，讓他覺得安全而自
在。我的職責是要瞭解他在自身內在世界中的感覺，接受本然的 109
他，創造出一個自由的氣氛，使他的思考、感覺和存在情態得以
有所改變，而改變的方向也必是他本人所欲求的。那麼，他會如
何運用這種自由呢？

　　我的經驗之所見是：這個人通常會運用自由來變得更像自
己。他會開始撤除空虛的前線，摘掉假面具，拋開角色——而這
些都是他一向用以對付生活的技倆。他會嘗試尋找一些更基本、
更真實的自己。首先，他會先知覺到他戴著假面具，於是他會先
把這面具擺在一邊。有位年輕的女生在一次諮商時描述了她自己
所常用的一張面具，同時她也表示：雖然這種表面都是為姑息和
逢迎而用的，但對於人在這種表面之下究竟有什麼真正的自己，
這點她覺得完全沒有把握。

　　「我在想這檔子關於標準的事。我多少發展出一種竅門，一種習慣，用
　　來——用來讓我身邊的人覺得自在，或讓事情進行得順利一點。在人裡
　　頭總要有一兩個比較圓滑的人，像一層油蓋在水面上。在一些小聚會、
　　小派對或什麼的——我可以幫忙讓事情進行得很好，顯得大家都很愉
　　快。有些時候我也會自問說：如果我不這樣做，那負責人會多不高興。
　　換句話說，我就是從來也不——我是說，我自己對事情好像從來也沒有
　　確信或肯定過。可是，我會那樣做總是有道理的。也許就因為我在家裡
　　幹那種事幹得太多了。我不太相信我自己做的事情，可是我也不知道我
　　還能相信什麼。我從來沒有誠實地做我自己，或實實在在地知道真正的
　　自己是什麼，而且我好像一直在演個假角色。」

　　從這段摘錄裡，你可以看見她在檢視她自己常用的假面

具，也認出她在其中的不滿，但她也在懷疑是不是還有眞正的自我存在，和怎樣能走到那裡去。

一位受輔者在諸如此類發現自我的企圖中，他的典型做法是：利用兩人的關係把他自己的各面經驗展開來進行探索和檢視，以辨認且面對他所經常察覺的各種深切矛盾。他會曉得他的行爲，乃至他的感覺中有多少是不眞實的，有多少不是直接從他的有機體中流露出來的眞實反應，而只不過是一種令他得以隱遁於其後的表面和建築正面（facade）罷了。他會發現，他的生活有多少是由他認爲*應該是*的所指引，而不是由他*眞正是*的所指引。還有，他也常會發現，他好像總是應別人的要求而存在，好像只能依別人認爲*應該*的方式去想、去感覺、去行動，好像沒有個自己似的。

關於這點，我很吃驚地發現，早在一百多年之前，丹麥哲學家梭倫·齊克果（Søren Kierkegaard）以他敏銳的心理學見識已經把個人的這種兩難困境清清楚楚地描繪出來。他指出：最普遍的絕望乃是人陷入這樣的絕境：不能選擇、沒有成爲自己的意願；而最深切的絕望乃是選擇「做不是自己的人」。另一方面，「決意成爲眞正的自己，確是絕望的相反」，而這種抉擇乃是人的最終極的責任。我在讀他的作品時，簡直覺得：齊克果這個人一定曾經聽過像我們的受輔者那樣的人所說的話──他們都在挖掘和追索自我的眞相，而且這種追索通常都充滿痛苦和煩憂。

更麻煩的是，當這些追索者發覺，他們還不知道他們所要除掉的假面爲何是假面。在這種矛盾的心情中，他們會開始轉而挖掘他們自己內在的驚恐，乃至暴烈的感覺。把你一向自認爲是自己之一部份的東西視爲面具，並且著手去摘除它，那眞是一場駭人至深的經驗，但如果人有充分的自由，可用以思考、感覺，並

把這些都付諸實現，那麼，人還是能朝此目標邁進的。用一位曾經做過一系列心理治療的個案所說的話為例，很可以說明此義。她拚命掙扎以抓取她自己的核心，當其時，她所說的話中充滿了各種隱喻。

「現在回過頭去看哪，我是一直把自己的擋箭牌一層一層地剝下來。我把那些習慣建立起來的，常常用一用，然後又把它們拋棄，而後發現自己還是老樣子。我不知道底下到底還有什麼，我也不敢去掀開來看，不過我不能不試試看。起先，我覺得自己裡面什麼也沒有——我需要的是堅實的核心，但我找到的卻只是一大堆的空虛。後來，我覺得我是在面對著一面硬硬的磚牆，太高了，翻不過去，也太厚了，穿不透。有一天，牆變成半透明，而不再是厚厚實實的。在那之後，牆好像不見了，但我卻看見一道水壩，後面是一片猛烈激盪的大水。我覺得是我在攔著這一大片水。而如果我哪怕只是打開一個小洞，我和我身邊的全部就會被水所代表的情感決堤沖垮。最後我會擋不住壓力就放手讓它去了。而我實際上就任它掉進徹頭徹尾的自憐，然後是恨，然後是愛。在這次的經驗之後，我覺得我好像跳過了岸，到了安全的一邊，雖然在岸邊還有點搖搖晃晃的。我不曉得我從前到底一直在找什麼，或是要往哪兒去，但後來我就覺得，只要我能真正活著，我就能一直往前走。」

111

我相信這段話很能代表許多人真正的感覺，也就是說：當人能夠不必死撐著虛偽的表面，或硬牆，或大壩時，人的感覺就會洶湧而起，掃光一切；而這種感覺早在他的內心中蓄勢待發。同時，這個現象也可以說明：人的內心中有一種逼人的需求，使人非去尋找而變成自己不可。更有甚者，它也向人開啟了一條道路，讓人得以決定什麼是人自身內的真實——也就是說，當他能充分

體驗到他的有機體內恰如其是的感覺時（如同上例中的受輔者能
體驗她自己的自憐、愛恨），然後他才能感覺到確然肯定：他現在
所做的就是他的真實自我的一部份。

對感覺的體驗

　　關於上述的體驗，我還願再多說些。那種體驗實際上是在找
尋自我的未知因子。我所試圖描述的現象，用任何方式都不太能
輕易碰到。在我們的日常生活中，我們會有成千個理由不讓我們
充分體認我們自己的態度，我們的理由有來自過去的，有來自眼
前的，也有內在於我們社會處境之中的。在當事人自己看來，要
自在而充分去體認自己的感覺似乎是件太危險、太不利於自己的
事情。但若在安全而自由的治療關係中，各種感覺卻可以被完整
地體驗，其清楚的程度幾乎可到人的知覺之極限。人之能體驗到
感覺的那種處境，我常稱之爲一種「純淨的文化」（pure culture），
也就是說：當其時也，人就是他的恐懼，就是他的憤怒，就是他
的溫柔，等等。

　　我得再一次用一個案例來把這個觀點說清楚。從受輔者的角
度來看，也許可以指明或傳達我的部份意思。我要提的是一位年
輕的男研究生，他在心理治療中已經到了頗深的階段。他對於自
身之內某種模糊的感覺一直覺得很困惑，但後來逐漸能指認，這
是某種恐懼感，某種害怕失敗的感覺，怕的是無法完成博士學位。
說到這裡，他停頓了好一陣子。從這裡開始，我要讓談話的錄音
來自己說話了。

受輔者（以下簡稱「受」）：我以前好像只是讓它自己滲進來。但
　　　　我也一直把它和你，和你我的關係，都串在一起。那是我

感覺到的一件事，是一種害怕它會走掉的東西；或說，那是另一種東西——實在很難捉摸——好像對它有兩種互相拉扯的感覺。或是有兩個「我」，大概吧。第一個是擔驚受怕的，想要抱住什麼東西的樣子。這一個，我想我現在可以清清楚楚地感覺到。你知道，我有點需要有個東西讓我抱住——我也覺得很害怕。

治療者（以下簡稱「治」）：唔哼。那是你在此時此刻可以感覺到的，你一直都感覺到的，而且也許正是和你我的關係有關的感覺吧？

受：不讓我得到這個嗎？因為，你知道，我好像是需要它的呀。沒有它，我會有多寂寞、多害怕呀！

治：唔哼，唔哼。讓我就鉤在這裡，因為如果不是這樣的話，我會很怕的。讓我緊緊抱著它吧。（停頓）

受：那好像是同一回事——你不讓我作完論文、拿到學位嗎？那所以……因為我好像是需要那個小世界的。我是說……

治：這兩個例子裡，你所指的都是一種懇求吧，是不是？讓我得到吧，因為我需要得要命。沒有它的話，我會怕得要死。（很長的停頓）

受：我有個感覺，覺得……我沒法再進一步去理解了……好像我就是這種在祈求的小孩，有點，甚至於……這種祈求的姿勢是什麼？（交握兩手作祈禱狀）不是很可笑嗎？因為……

治：你的手好像在表示苦苦哀求。

受：是，對呀！你不肯為我做這個嗎？簡直……喔，真可怕！誰呀，我啊，哀求？

也許這段摘錄可以透露出一點點我想談的東西，也就是在一

113

定的限制之下，對感覺作最深的體驗。在這裡的他，有一個時刻
突然體驗：他只不過是個苦苦哀求、乞憐的小孩。在那時刻中，
他完完全全融入那哀求的情緒中。但他也幾乎立刻從這個情緒中
出來──他說：「誰呀？我啊，哀求？」這句話算是個轉捩點。
他過了一會兒之後又說：「這種事情真奇妙，能讓一些新東西跑
出來。我最驚訝的是，每次每次，我都會有同樣的感覺，就是那
種像害怕的感覺。這種感覺太多了，害我一直都是畏畏縮縮的。」
他終於弄清楚：這種感覺果然冒了出來，而在那當兒，他就是他
的依賴感，縱然這種「是」的方式會讓他自己也吃驚。

　　人能以如此徹底的方式去體驗的感覺，並非只有依賴感。其
他如傷害、悲愁、嫉妒、或破壞性的忿怒、或焦灼的慾望、或自
信、驕傲、或敏感的柔情、或積極的愛等等也都能如此。人所能
有的情緒幾乎都能如此。

　　由這些經驗中，我漸漸學會相信：人在這種時刻乃是正在**變
化成為**他真正的自己。當一個人通過整個治療過程之後，以這種
方式而體驗到他的有機體對他呈現的種種情緒，並且體驗的方式
也是自知而開放的，那麼，他就已經體驗到了**他自己**，體驗到存
在於他自身中的一切豐實內容。他就已經變成真正的他了。

在體驗中發現自我

　　一個人「變成自己」是什麼意思呢？讓我們針對這個問題再
進一步探究吧。這個問題非常令人困惑，因此我要再用一位受輔
者在面談時所說的話來說明。治療者請求她將這段話（以回答問
題的方式）寫下來。她說明了她經常套用的角色和配戴的面具如
何瓦解崩潰，因而造成一陣混亂的感覺，但同時也是一種鬆弛感。
她還這樣說：

「你知道，我看哪，花很多精力把那一堆亂拼亂湊的東西攬在一起，那實在沒必要——浪費。人要想的是怎樣自己弄出一個造型；但是零組件太多了，很不容易看出那一塊該放什麼位置。有時你會放錯，然後，放錯的愈多，你要調整它就得花更多的力氣，搞到後來，實在太累了，就覺得，管它去亂七八糟也比拼命在那裡抓著要好得多。然後你會發現，留在那裡的一大塊，掉下去就自自然然的各就各位了，而你自己的生活造型就不費吹灰之力地向你展現開來。你的工作只是去發現它，在那當中，你會找到你自己和你自己的位置。你甚至必須聽你自己的體驗告訴你，它本身的意義何在；一旦你去告訴它，它的意義是什麼，那你就是跟自己宣戰了。」

讓我把這段詩意的語言翻譯成我能理解的意思。我相信她是說：要做她自己，就是要找出那個造型，那個基本的秩序，而這些東西又都存在於永無休止的體驗之流裡。與其一把抓著那些體驗而要它們呈現為一張面具的形式，或將它架構成不像自己的樣子，不如去發現存在於她自身內的實際感覺與反應，求出其中的和諧性與統一性，以此來界定「成為自己」。這意思是說：真正的自我乃是可在自身的體驗中找到的，而不必以外物強加於其上。

以摘錄呈現的方式，我試著要表達的乃是：受輔者在治療者溫暖而充滿瞭解的襄助之下，可能會發生什麼反應。在我看來，這位受輔者會慢慢地、掙扎著去探索面具後面，他如何向世界呈現東西，甚至在面具後面，他如何對自己行騙。他經常會深深感受或鮮明地看見一些潛藏在內的各色因子。由此，他會逐漸變成他自己——而不是一張和大家一樣的臉，不是苛薄寡情地排斥所有的感覺；也不必擺出一副聰慧理智的模樣。最好是讓活著、呼

吸著、感覺著、上下波動著的過程持續──簡而言之，最好是他
成爲一個人。

115
個人的展現

　　我猜想，你們當中也許有人會問：「但他到底會變成哪種人
呢？光說人把表面撤除掉，那是不夠的。撤掉以後露出來的到底
是什麼樣的人呢？」要回答這個問題實在不容易，因爲衆所週知
的是，每個人都有傾向於成爲一個單一、獨特、無可仿造的人。
不過，我倒想要以己之見指出某些特徵。沒有哪個人可以完整地
集合這些特徵於一體。沒有一個人可以照我的描述而做個完美的
模範。但我仍可以抽出某些一般性的特徵。我的根據乃是多年來
和許多受輔者所共渡的治療關係。

向體驗開放

　　這個過程的第一件事乃是要人變得對自己的體驗更爲開放。
這句話對我眞是意義非凡。這是和**防衛性**（defensiveness）相反
的情狀。心理學研究告訴了我們：如果人由感官而得的證據和人
對自我的影像構圖不符，則這些證據會被扭曲。換句話說，我們
不太能看到感官對我們報告的一切，而只能看見那些符合於心像
的東西。

　　現在，由於有個安全的關係（如我在上文所描述的），這種僵
硬死板的防衛性通常會被漸增的開放性所取代。人會變得更開放
地知覺到他自身的感覺和態度，且能讓感覺和態度在有機官能的
層次上表現（我在前文中已描述過）。他也會對目前實際存在於週

遭的事物更能知覺，而不只是以人家的看法或自己從前的看法去
看待事物。他會看見：樹不見得都是綠的，男人不見得都得當嚴
厲的父親，女人不見得都冷峻不可親，人的失敗不見得都可歸咎
為他本身的不好，等等等等。他現在有辦法根據新的處境來看待
證據，看出如其所是，而不是把事物先行扭曲，以便符合自己一
向秉持的觀念造型。以此，我們可以料到的是：當一個人對自身
體驗開放的能力漸增之後，他在面對新的人和處境及處理新的問
題時，會變得更為實在而合理。也就是說：他的信仰不會再僵硬
死板，他更能涵容事物的曖昧不明之處。他能夠接納相互衝突的
證據而不必硬要把處境逼出一個結局。對於**此刻**的**自己所置身之
境**能有開放的知覺，這樣的能力，我相信正是我所描述的那種人 116
所必具的重要條件之一 ——這個人通過了治療的過程而終得以
萌發展現。

　　對於這個說法，如果我能舉出一段談話的摘錄為例，定能顯
出更鮮明的意思。這是一位年輕的專業人員在第四十八次晤談時
所說的話。他談的是他對自己的身體官能及其他種種感覺如何逐
漸變得更為開放。

受：我的看法是，要每個人把自己感覺的所有變化都關聯起來，
　　那是很不可能的。但我最近確實覺得我對自己的體格比較尊
　　重、比較能客觀。我是說，我對自己不會再有過高的期望。
　　我是這樣想的：我覺得，從前我常在晚餐後感到很疲倦，但
　　我總會和這種疲倦打鬥不休。現在，好啦，我覺得我很肯定，
　　我是**真的疲倦**了——不是我把它弄疲倦的——我只是生理上
　　比較低潮一點罷了。從前我好像老是在批判我自己的疲倦。
治：所以，你是能夠讓你自己**就去**疲倦了也罷，而不會再靠批評

自己來過活了。

受：對呀，老覺得我自己不該疲倦或什麼的。我認爲，能夠不必
　　和這種疲倦打鬥，反而是一種比較深刻的體驗，而且我還能
　　同時有種很眞實的感覺，覺得我實在也該慢下步調來了。所
　　以，感到疲倦也不這麼糟嘛！我想，我好像還可以在這裡找
　　到一條線索，把我現在的樣子和我父親的樣子串在一起，還
　　有他處理事情的樣子。譬如說吧，要是我生病了，我會向他
　　報告，那他就會顯得很想幫我處理一下的樣子，但他也會表
　　現出：「哎呀，見鬼了，又有麻煩」的意思。你知道，就是
　　那個意思。

治：好像是說：身體不舒服還眞讓人煩呢！

受：是啊，我敢說，我老爸對他自己的身體也一樣不太看重，就
　　像他對待我一樣。我說吧，去年夏天我的背扭傷了，我扭到
　　骨頭，聽到裡面劈啪的一聲，還有很多啦。反正起先哪，眞
　　痛，痛得要死。我去給醫生看過。後來他就說，也不怎麼嚴
　　重嘛，自己會好的，誰叫你扭得那麼兇。這是幾個月前的事
　　了——我最近還注意到——死傢伙，那是眞的很痛吶，到現
　　在還在那兒——而且那也不是我的錯啊！

治：受傷並不證明你有什麼不對的——

受：當然不——而且我會覺得那麼疲倦，比正常的還厲害那麼
　　多，有個理由也許是因爲這樣經常的緊張，所以——我已經
　　和醫院裡的一位醫生約好，他會幫我看看，照張Ｘ光什麼的。
　　我猜你會說我也許對自己的這些事更能準確地敏感——或客
　　觀地敏感了……。而這實在是很深刻的轉變，像我剛剛講的，
　　而且當然我和我太太和兩個孩子的關係就會——哎，你不在
　　我裡面看看，就沒法認得這樣的——你是已經這麼做了

117

──我是說──任何事都沒這麼美妙──我是眞正覺得我愛
自己的孩子而且也接受這種愛。我不曉得該怎麼說。我們互
相增進了尊重──我們倆都這樣──朱蒂和我都注意到
──這是從我們參加了這個以後，我們都注意到她發生了很
大的變化──看起來好像是很深刻的變化。

治：我覺得你是說，你現在能更準確地傾聽自己了。要是你的身
　　體說累了，你會聽它的，而且相信它，而不是批評這個訊息；
　　要是你痛了，你也可以聽它的；要是你的感覺是眞的愛你太
　　太和小孩，你會感覺到，而且這種感覺也會表現出很不一樣
　　的情形。

　　以上這段稍微短些但更具有代表性的摘錄，可以看到更多關
於對體驗開放的實情。起先他沒辦法自在地感覺到自己的病痛，
因爲生了病就表示不能被接受了。他也無法對孩子感到愛和體
貼，因爲這種感覺表示他的脆弱，而他得撐著一張堅強的表面。
但現在他可以對自己的機體官能之體驗而眞誠地開放了──他累
的時候可以累，他的身體疼痛時可以感覺到疼痛，他可以自在地
體驗到他對女兒的愛，他也可以對那小女孩感覺和表達他的惱怒　118
（這是他在後面的晤談中說的）。他可以完全和整個有機體的體
驗一塊兒過生活，而不必把體驗關在知覺之外。

信任自身的官能

　　透過治療而展現的第二種特徵，更難以筆墨形容。也許可以
這麼說：這樣的人會逐漸發現自身的機體官能是值得信賴的，也
就是說，人的有機體本身便是個很管用、很便利的工具，可在任
何情境中，當下用以找出最合宜的行爲。

　　這個說法聽來有點奇怪。容我再作更詳盡的說明吧。要瞭解我的描述，也許先得想想：人有時會面臨一些存在的抉擇，譬如：「放假了，我究竟該回家去呢，還是自己出去跑跑？」「我該不該喝這第三回合的雞尾酒？」「這個人是不是我願意和他（她）結爲愛侶進而廝守終生的？」想想這些情況，再回過頭來想想：一個人若經過了治療而發展出他的自我，那麼，他在作抉擇時的實情是什麼？假若這個人能充分地對他的體驗而開放，而且也對當前的處境握有可得的種種資料，並據此以表現行爲。旣然如此，他對自己的感覺和衝動都有所知覺，也明白它們之間常會有錯綜複雜乃至矛盾齟齬的關係。他能夠自然地感覺到社會的要求——從比較死板的社會「慣例」到朋友家人的期望。他的意識可以觸及他對類似處境的種種記憶，同時也記得不同的行爲會肇致什麼後果。他比較能對外在的的處境有準確的知覺，能捕捉其中的複雜性。他比較能允許全副官能、意識和思想投入於處境中，對每一個刺激、需欲、要求都能予以考慮、拿捏、衡量它的緩急輕重。經過這麼複雜的斟酌和權衡之後，他就能發現一條行動的路線，最能令他滿足在該處境中所有的需求——不論是立即的，或長遠的需求。

　　面臨抉擇之時，要權衡這麼多的因子，他的官能很難不出差錯的。他可能會作了錯誤的抉擇。但正因爲他對自己的體驗較爲開放，因此他會有更多的立即知覺來發現令人不滿的後果，而且也能對錯誤的抉擇作更快的矯正。

　　這樣說來，我們該可曉得：大多數人在權衡拿捏時之所以會犯錯，乃是因爲我們把一些不屬於自身體驗範圍內的東西包含進來，而卻排除掉了一些體驗內本有的因素。好比說，一個人堅認「我很可以喝酒，」但若他能把過去的體驗都攤開來，也許恰好

指明了，這種想法很少正確過。再比如說，一個年輕的女性也許只看到她的未婚夫最好的一面，但若開放地省視自己的體驗，也許會發現，他也有缺點累累的一面。

所以，這樣說大概是正確的：當受輔者能對自己的體驗開放時，他會發現他自身的官能還蠻值得信賴的。他對於自己所有的情緒反應就比較不會害怕。他會漸漸生出信任感，甚至喜愛這麼錯綜複雜、繽紛多彩的感覺，以及它們在機體官能的層次上分類排比、進出展現的模樣。人的意識，與其視之爲一群險不可測的衝動之監督者，教衝動都不見天日，不如讓它變成一塊舒適的園地，允許衝動、感覺和思想都在茁長，而最後，我們會發現：當意識不再戰戰兢兢地執行看管任務的時候，人的所有官能都會善爲自律，毋需令人操心的。

評價的內在樞紐

在成爲一個人的過程中，還有另一道潮流顯然和人在作選擇、決定、或評價性的裁判之根源或樞紐有關。這個人會漸漸覺得：此一評價的樞紐乃是內在於自身之中的。他會愈來愈不必仰賴別人的贊同或反對；不必靠別人來制定生活的標準；不必依別人的眼色而作選擇與決定。他能分辨：選擇端賴自己；對自己而言，該問的問題只是：「我的生活方式是否能深令自己滿意？是否能眞正表現我自己？」而我認爲這也許才是富有創性的人最爲重要的問題。

讓我對此稍作說明，也許有助於瞭解。我想摘錄一小段諮商的談話，對象是位年輕的女研究生。起初，她對許多問題都很困惑，而且曾經有尋死的念頭。在面談過程中，她發現了一個感覺，就是她有強烈的慾望，想要依賴，想讓別人爲她的生命帶路。她

120

對於那些不能給她充分指引的人，都會表現很強的批判性。她把她的教授一個一個點出來，說他們教的東西沒有一點是有深義的。後來，慢慢地，她才曉得，她的困難是她打從開頭就沒有參與這些課程。接下來就是我要摘引的部份。

　　我想，你會發現，這段摘錄可以告訴你：以體驗來接納「評價的樞紐乃內在於人自身之中」是什麼意思。這段面談是諮商的後期。這位女士開始明白：也許她的教育中有所短缺的地方，她自己也該負責任。

受：好啦，我在懷疑我是不是老在那裡打轉，東搞西搞，拼拼湊湊，一樣也沒抓牢，沒有真的進到裡面去。

治：也許你所得到的就是這裡一瓢、那裡一瓢，而沒有在一個地方深入地挖下去。

受：唔哼。所以我才說——（慢慢地，非常深思地）好，就憑這種基礎啊，那真是全看我的了。我是說，在我看來，那是再明顯不過的：我不能仰賴別人來給我教育。（很輕地）我真的該自己去做才行。

治：你真的開始走回家了——世間只有一個人可以教你——你體認到：也許不會有別人來給你教育。

受：唔哼。（長長的停頓——她坐在那裡思考）我有怯場的各種毛病。（輕輕地笑笑）

治：怯場？覺得這是讓人害怕的事情，你是這個意思嗎？

受：唔哼。（很長的停頓——顯然是在和她自身的感覺拚鬥）。

121　治：還想不想再多談談你剛才的意思？你說你真的有怯場的毛病？

受：（笑）我，唔——我不知道我是不是真的很知道。我是說——我

好像真是斷了線了（停頓），好像我很——不知道——站在劣
勢的一點上，很脆弱，可是我，唔，是我提起這點的，唔，
簡直就像我沒說，是它自己跑出來的。好像是——反正是我
放出來的。

治：幾乎不屬於你。

受：哈，我覺得很吃驚呢。

治：好像是：「老天哪，是我說的嗎？」（兩人都爆出兩聲輕笑）。

受：真的，我沒想到從前我有那樣的感覺。我有——唔，我真覺
得好像我說的，唔，是真的屬於我的。（停頓）或是，唔，（十
分困惑）覺得好像我有點有，唔，不知道。我感覺到我有力
量，不過，我又覺得——我知道那是真有點可怕的，怯場。

治：也就是說，你是不是說：講出那種話來會同時讓你覺得感覺
到，講出來，感覺到有力量，但同時又對你所說的，感到害
怕，是不是這樣？

受：唔哼。我在感覺。舉個例子，我現在裡邊正在感覺那種東西
——像是一種衝高的浪頭，一種動力，一種冒出來的東西。
好像什麼又大又強的東西。不過，唔，剛開頭時幾乎像是一
種生理的感覺，像自己一個人跑出來，像是被切斷——有種
到處都在支持我的東西被切斷了。

治：你覺得那是一種很深、很強的東西，往前衝，但同時你覺得
好像你在講的時候，就把支持你的東西都斬斷了。

受：唔哼。也許那是——我不知道 —— 一種型式的困擾，我想我
一直都在套這種模式。

治：而這個相當重要的模式，被抖鬆了。

受：唔哼。（停頓，然後謹慎而自信地）我，我想——我不知道，
但我覺得接下來我就該開始做更多我知道我該做的事情……

122

我必需做的事情眞多。在我的生活中好多條路我都得弄出新
的走法,但——也許啦——我可以看著我自己在一些事情上
做得比以前好些。

我希望這段摘錄可以令讀者感受到:作爲一個獨特且可以自
負其責的人所體驗到的力量究竟是什麼;同時也可以感受到:當
一個人挑起這種責任時,常會有一股不安之情伴隨而生。承認「我
就是選擇者」和「我就是爲自己的體驗而決定其價值的人」是既
能令人生機活現,也令人惶惶不安的。

成爲一段過程的意願

我要爲這些摸索掙扎以成爲自己的人,指出最後一個特徵。
那就是:這些人好像寧可成爲一段**過程**而不願只是個**成品**。當他
開始進入治療關係之時,他會希望達到某一個固定的狀態:他希
望到達的是「問題已獲解決」,或「工作甚有效率」,或「婚姻十
分美滿」等等確定的終點。但在自由無礙的治療過程中,他會傾
向於放棄這麼固定的目標,而逐漸接受一種更能令自己滿足的認
知,那就是:他本身並不是一個固定的東西,而是一段形成的過
程。

有位受輔者在治療要結束的時候,用一種相當困惑的口氣
說:「我還沒有把自己整個的整合好、組織好,還沒弄完,不過
我只是覺得亂亂的,而不是不敢去做,因爲我已經相信這應該是
一段連續不斷的過程……我覺得很興奮,有些時候也會心情不
好,但能覺得自己正在行動中,這實在很能鼓舞我;我很清楚自
己已經上路了,雖然有些時候也不怎麼完全明白要去的到底是什
麼地方。」在這裡很可以看出這個人表現了對有機官能的信任,

以及他對「自我乃是一個過程」的體驗。這一段描述說明了這個人接受他自身之為一種「形成之流」而非一種已經完成的產品。那意思是說：一個人乃是一流動的過程，而不是定著或停滯的物體；是滾滾不休的變化，而不是一堆固體材料；是各種潛能之不斷變化的排列組合，而不是一組定量定性的人格特質。

我還可再舉出一段話來說明這種流變不止的存在生活之特性：「這整列不斷發生的體驗，還有我在其中所發現的各種意義，好像把我推向一段航程，我覺得又高興又有點害怕。走這段路好像是讓我的體驗來載我，而它的方向顯然總是向前走的——這目標呢，我現在只是努力要瞭解目前所體驗的意義，所以對於長遠的目標還只能模模糊糊地指認。我的感覺好像是在體驗的亂流中漂浮，但最令人著迷的是，我有可能可以理解這種變動不居的複雜體驗會有什麼意義。」

結　語

我方才試著要告訴諸位的是：過去和我有過治療關係的人，在他們奮力掙扎著成為自己的過程中，他們的生命究竟發生了什麼變化。我盡可能詳實地描述了這個成為一個人的過程中所包含的種種意義。我肯定：這種過程並非只在心裡治療中才會發生。我也要說：我所看到的並不夠清晰和完整，因為我對於那些體驗的認識和瞭解也是不斷變化的。我希望諸位能將這些描繪視為目前暫有的一幅草圖，而不是最後完成的作品。

我之所以要強調它的暫時性，至少有一個理由是因為我希望我能清清楚楚地表達，我不是在說：「這就是你們該變成的樣子；

這就是你的目標。」我所說的毋寧是：這些乃是我和我的受輔者
們在共同體驗之中所共享的一些意義。也許這一幅關於他人之體
驗的圖畫會給你們一些啓示，甚至爲你們的體驗顯現出更多可能
的意義。

　　我在前文曾指出：每一個人所問的問題總是雙重的；一方面
他在問：「我是誰？」另方面他又問：「我怎樣才能變成我自己？」
我也說過：人在有利的心理氛圍中，會發生一種形成的過程；人
可以把自己一向用以面對生活的假面具一張一張地拋棄；他可以
完全體驗到他自己之中的一些隱而未現的層面；他會發現，在這
些體驗背後躲著一個陌生人，他躲在層層的面具之後，而他竟然
是自己。我已經試過把這樣一幅畫拿出來，讓諸位看到：一個展
現自身的人會有哪些特別值得注意的屬性；這樣一個人如何對於
他的有機官能的所有因子都能更爲開放；這樣一個人如何發展出
對自身之有機官能的信任，並用它來過感覺敏銳的生活；這樣一
個人如何接納他自身之內即具有評價樞紐的事實，而不必仰賴別
人告訴他好壞；這樣的人會學習以參與的方式過生活，他參與在
一個流變不止的過程中，而他可以在這種體驗之流中不斷發現自
己的新面目。我所看到的，成爲一個人的形變過程中，所含有的
一些因子，就是這些。

第七章

125

心理治療的過程觀

　　在1956年的秋天，我非常榮幸地接受了美國心理協會首度頒贈的三個「傑出科學貢獻獎」之一。不過這個獎裡還附帶著一項懲罰，就是要受獎者在一年之後各別向協會提交一份報告。要我回顧過去所做的東西，我實在提不起勁來。所以我寧願用這一年的光陰來認眞探討一個新鮮的問題：人格變化的過程。我眞的這樣做了，但當隔年秋天的脚步逼近時，我才明白，我所建構的觀念仍然不十分清晰，仍然只是嘗試性的，還不夠格提出去報告。不過，我畢竟試著把那堆膨脹過大的觀念壓縮到適當的尺寸。這個觀念對我而言非常重要，因此我才能從其中掏出一個比較具體的過程觀念，而這是以前從未被我清楚看到過的。等我寫完時，我發現我的報告太長，不適於提交給心理協會，因此我又把它剪裁了一番，才以節縮的形式，在1957年九月二日，紐約舉行的年會上作了報告。本章是根據講稿而作成的，但既不像初稿那麼長，也不像講稿那麼簡略。

　　讀者會發現：前兩章幾乎完全以現象學的(phenomenological)觀點來敍述治療過程，也就是以受輔者的內在參照架構爲本而進行的論述，但本章所努力敷陳的則是以一個局外人的觀察所作的報告，換句話說，本章根據的乃是外在的參照架構。 126

以本文所記錄的觀察為根據，曾發展出一個「心理治療過程量表」(Scale of Process in Psychotherapy)，可以具體地應用於評量面談的抽樣錄音。這個量表仍在修訂和改良之中。但就以目前的形式來說，這個量表也具有合理的評量者間信度 (inter-judge reliability)，因此其評量結果是有意義的。一些用其他已知的標準評定為較成功的個案，在這個「過程量表」上也顯示出較大的進步。還有，令人驚異的發現是：較成功的個案，以「過程量表」的標準來說，在起點上就高於不成功的個案。很顯然的，對於那些具有第一、第二階段典型行為的求助者，我們究竟該如何施行治療才能有效地幫助他們，對於這點，我們實在還無法知曉。所以，本文所呈現的觀念，就當時對我而言，形式既不完整，內容又不週延，但本文卻已打開了一個嶄新的領域，對思考和研究都是一大挑戰。

＊　　　　＊　　　　＊

過程之謎

我願帶領各位和我一起去作一遭探險之旅。這個旅程的終點，或這場搜尋的目標，乃在於嘗試弄清楚心理治療之過程，或人格變化的過程，究竟是如何發生。我要先警告諸位的是：目標至今尚未達成，而且我們的探險隊似乎只往叢林裡推進了不到兩哩路。但如果我是心甘情願地帶路，你們也許會被引出興趣來，甚至想要找出些新路，或更順利的走法，以便能往前再進一步。

我之所以動身去進行這場搜尋，理由很單純。正如其他的心理學家對於人格的某些方面秉持著鍥而不捨的興趣——譬如對於

穩定不變的智能、氣質（temperament）、人格結構等——而我 　127
所不肯放棄的興趣則在於人格之持續不斷的**變化**。人的人格和行
為會變化嗎？在這些變化中是否有什麼共通性存在？在變化發生
之前，又有什麼共通的條件存在？而最重要的是：這等變化之發
生究竟是經過了什麼過程？

　　直到最近，我們大多數的研究都在嘗試從後果來推知過程。
我們蒐集了很多有關變化的事實，譬如在自我知覺，或對他人的
知覺方面所發生的事情。我們不僅把整條治療路線作了測量，也
檢定了從其中抽取的片段。但儘管如此，我們還是難以獲得關於
過程的線索。對各個片段之成果所作的研究仍只是一些關於成果
的測量數據，而這些東西對於我們所要的「變化如何發生」的知
識，實在增益不多。

　　為了捉摸過程的問題，在困思良久之後，終於使我體認到：
客觀的研究在任何領域中似乎總是難得處理過程的問題。客觀研
究好像都是把時間凍結，然後切下一片拿來給我們瞧瞧，其中各
個因子相互間有什麼關係。但我們對於正在進行中的運動究竟要
的是什麼瞭解呢？——我們談的可以是發酵的過程、血液循環或
核子分裂——通常都是先以一個理論來陳示，然後，可能的話再
加個臨床（現場）觀察過程本身的報告。我由此才得以體認：也
許我對於「研究」抱持了過高的期望，總認為它可以直接顯示人
格變化過程。也許只有借助於理論才有辦法描繪過程的形貌吧。

一種久被摒斥的方法

　　一年多以前，我決定要對這些變化發生的過程以新的嘗試去
瞭解，於是我首先考慮：心理治療的經驗，也許可以用某些其他
的理論架構來描述其中的種種動向。在**傳播理論**（communica-

tion theory) 的領域中，有些概念諸如：回饋、信號的輸入和輸出等等，都蠻管用的。同時，還有可能用**學習理論** (learning theory)，或用**總體系理論** (general systems theory) 來描述心理治療的過程。在鑽研這些理解之途的時候，我才漸漸相信：其實，心理治療的過程幾乎可以被翻譯作任何一種理論架構。我相信，這樣翻譯是會有些好處的，但我更確信，在這麼新的領域中，理論架構並不是最迫切必需的東西。

　　我得到的結論是（別人也曾經這麼說過）：在新開闢的領域中，首要之務是把自己丟進**事情**裡頭，儘可能少帶預先設定的觀念，去逼近現象，用自然觀察和描述的方法去逼近事情，然後只要抽引出一些低層次的推論就好，還記得要貼近素材本身。

逼近的模式

　　所以，在去年一年裡，我用了一種方法——我們當中有許多人都用過這種方法來創造各種假設，然而國內的心理學家們卻好像對這種方法都不太願意公開，或加以評論。坦白說，我是用我自己來當作工具的。

　　作為一個工具，我兼具有好的和壞的兩種品質。我以治療者的身份經歷心理治療，已經有多年的歷史。我對治療曾經反覆思索，曾在這個領域內做過研究，也曾對別人做過的研究仔細地加以理解。但我也形成了一些偏見，對心理治療持有某些特別的觀點，也曾試圖針對心理治療而發展出一套抽象的理論。這些觀點和理論總會使我對事情本身比較不敏感。我能否讓自己對治療的現象以新意或以天真而開放呢？我能否以自身體驗的全部來作為最有效的工具？或者，我的偏見是否會阻礙我看見現象的本身？要回答這些問題，我除了逕自走入其中去親身體驗之外，別無他

途。

所以，在過去的一年裡，我花了許多鐘點聆聽治療面談的錄音──我儘可能以最質樸的（naively）方式去聆聽。我費盡心力，沉浸於所有和過程有關的線索，及所有對變化而言有意義的因子之中。然後，我才試著從那些感覺中抽引出幾條最簡單的抽象陳述來作爲描寫。在這段時期中，我的許多工作伙伴對於我的思考有不少的激盪和幫助，但我特別感激尤金‧甘德林（Eugene Gendlin），威廉‧柯特納（William Kirtner），和弗列德‧晉陵（Fred Zimring）三位。他們表現出以嶄新方式對這些材料思考的能力，因此顯得助益最多，而我也從他們那裡借用了相當多的東西。

129

接下來的一步則是把這些觀察和低層次抽象的結果收攏來寫好，準備讓人從其中抽引出一些現成而可驗證的假設。我所要做的，就到這裡爲止。我不作進一步的實證研究報告，而對於此一事實，我想我是不必向各位致歉吧。如果人的過去經驗眞的可以指引人，那麼我就可以安心地在此歇脚了。因爲我在以下所將報告的那些說法，如果會和其他心理治療者的主觀體驗有若合符節之處，那麼很快的，許多研究的興趣將會被引發，而且，只消短短幾年工夫，就會有充分的證據，可以驗證我以下所說的話中究竟有多少眞實或多少虛妄。

尋索的甘苦談

我爲了尋找一些既單純又不充分的說法而經歷了許多艱難的歷程，並且，各位一定會奇怪我爲什麼把這些都說出來吧？因爲，我覺得，所謂研究，十之八九都沉潛到人的視野之外，而露出來的總是冰山一角──並且是非常誤導的的片段。像穆尼

(Mooney)(6)(7)那種可以描述個人存在之全貌的研究只是鳳毛麟角而已。所以，我自覺得：我也應該把一場研究在主體身上所發生的全貌都顯現出來，而不只是揭示那最沒人味的一小部份。

爲了瞭解過程之爲物，我作了極多的努力，其中經歷有興奮也有懊惱。我實在眞希望能將這些經驗拿出更多來與各位分享。我很希望告訴各位，我如何意興盎然地發現我的受輔者被感覺所「擊中」的樣子——這是他們自己常用的字眼。有時一位受輔者在談著一些重要的事情，突然，嘩！他被感覺擊中了——不是被什麼可稱道、可命名的東西擊中，而是有種不知名的體驗，我們在給它取名之前還得仔仔細細地去探索它才行。有位受輔者說過：「我被一種感覺抓住。我根本不知道那是和什麼有關聯的。」這種事情出現的次數之多，著實讓我吃驚不已。

另一樣令人感興趣的是，受輔者們會各以不同的方式去挨近他們的感覺。他們說：感覺會一個一個地「冒上來」，而他們則會「浸透到裡頭去」。他們也會讓自己「沉入」感覺裡去，只是常伴隨著戰戰兢兢的心情。「我想要沉到這種感覺裡去的。你或許可以看到，要擠近裡頭去實在眞不容易。」

在這種自然的觀察中，還有件值得一提的事，這是關於受輔者如何用語言、符號、象徵來*確切*表達自己的問題。他一心想要找到正確的字眼來描述他所體驗的感覺。用「差不多」是行不通的。而且，這顯然是因爲他自己要向自己作個清晰溝通之故——對旁人來說，有些相似詞所傳達的意思不是都一樣嗎？用哪個字眼並不是重要的問題嘛。

我還非常欣賞另一件事，那就是我所謂的「起動的時刻」——這個時刻中，可以顯然觀察到變化的發生。這種時刻總會伴隨有明顯的生理現象。我在稍後會加以描述。

　　我還願意提提我在某些時候所感受到的無底的絕望感，在那些時候，我會毫無頭緒地在一堆複雜的治療關係中繞圈子。還有些時候我也發現：我們老喜歡用很多偏執的成見去進行治療。我們老覺得我們必須把秩序**帶進**治療裡去，而難得敢從治療過程中**找出**秩序。

　　以上所說的就是我個人在親身經歷這個問題時所發現、迷惑、以及喪氣的地方。經過這些之後，才出現了一些比較有確定形式的觀念。以下要報告的就是這些觀念。

一個基本條件

　　假若我們想研究植物的生長過程，就必須先設定一些溫度、溼度和陽光的恆定條件，然後才能將此過程具現成可以理解的概念。同樣的，若想將心理治療中的人格變化過程以概念顯現，則我們必須先設定一組最適於催生變化的恆定條件。我最近曾試過把這些條件的細節描繪出來(8)。以現在這場演講的目的來說，我相信我可以把這個設定的條件一語而道破。在以下的討論中，我要設定的是：受輔者可以體驗到他自己正被人完全地**接收**(received)。我用「接收」這個字眼的意思是：不論他的感覺是什麼——恐懼、絕望、不安全、憤怒；不論他的表達方式是什麼——沉默、手勢、眼淚、或語言；不論在此刻發現他自己是什麼，他都可以感覺到：治療者在心理上正在**接收**著他的實情。「接收」這個字眼涵蘊著的觀念乃是有同理心的瞭解，以及接納。我也要指出：受輔者本身對於此一條件的體驗才使我們有信心說它是「合適」的，而不只因為治療者感受到它的存在。

　　總之，我要說的是：關於變化的過程，我要設定的一個恆定、合適而具有最大可能的條件是：受輔者被接收。

131

連續體的初度展現

在剛開始試圖捕捉變化過程，予以概念化之時，我尋找的是一些因子，用以標示變化本身。當時我認爲變化乃是一個實質的存在物，因此我可以尋找它的一些特定屬性。但當我再三置身於變化的原始材料中之後，在我的理解中才漸漸露出一個**連續體** (continuum) 的觀念，而這和我最初的想法迴然有異。

我開始看到，人的運動不是從一個固定情況或恆定狀態 (homeostasis) 經過變化而達到另一個固定情況，雖然這種過程也確實有可能存在。更有意義的連續體毋寧是指：從固定情況到變動不居，從僵硬結構到流動狀態，從靜止到過程。我造了一個嘗試性的假設：也許受輔者在任何一點上所作的表達都可以指出他在這個連續體中所居的地方，可以指出他在這變化過程中站立的位置。

我逐漸發展出這個過程的概念，而且將過程區分爲七個階段，但我仍要強調：過程是個連續體，不管你把它分成三個階段或是五十個，這些階段都只是些中間點而已。

我在多年經驗之後才覺得：讓一位受輔者的整個人放在這個連續體上來看，通常都只會表現出一群範圍有限的行爲。也就是說，他不太可能在某些方面的生活中表現完全的固著性，而在另一方面又表現完全的變化性。以個人整體爲準，他多半會顯出他是在這個過程的某階段上。毋寧唯是，我期望要描繪的這個過程，還能準確地應用於某些既定的個人意義觀 (personal meanings) 的範圍內。我的假設是：一個人在此一意義觀的範圍中會表現出他確然是在某一階段，而不會表現出同時佔著好幾個階段。

過程的七個階段

現在就讓我把我所看到的這七個連續的階段描繪一下。一個人是從這個連續體的「固著」那一端逐漸移向「流動」那一端的，也就是從僵硬不變那端移向「運動中」那端。假若我的觀察沒錯的話，那麼我們便可用真實的個人為例，給他一個氣氛，讓他覺得他已被完全接收，然後，沉潛到他的體驗和表達之中，汲取一些樣本。以這些樣本，我們就可以斷定，在這個人格變化的連續體上，他究竟位於何處。

第一階段

這個階段的人不但固著，而且和自身的體驗遙遙相違，因此他不會自動來尋求心理治療。不過，我還是可以試試描述一下這個階段的心理特徵。

——*不情願表達自己。溝通只限於談表面的、身外的事物。*
例如：「哎，我跟你說，談什麼自己，實在有點無聊，除非在緊急必要的時候啊。」❶
——*各種感覺和個人的意義都未被辨識或擁為己有。**個人構設**〔personal construct——這是從凱利（George A. Kelly）借用的術語(3)，很有益於這段說明〕十分狹隘、刻板。*
——*把親近而有溝通意味的關係視為危險的。*
——*在這階段還無法辨認或感受到問題的存在。*
——*沒有改變自己的慾望。*

　　例如：「我想我實際上很健康。」

——**對自己的內在溝通有許多障礙。**

　　也許這幾個簡略的句子和附帶的一些例子可以傳達我所謂

「心理固著狀態」這一端的意思。這樣的人很少想到，或幾乎不

認得什麼叫「有感覺的生活」，不知道這種體驗在他的身內有何漲

落流動。他對於自己的體驗只能以過去的經驗來設想，而不受目

前當下實情的影響。他的體驗方式（用甘德林和晉陵的說法）都

是些刻板的套件，被固定不變的結構釘死在那兒。也就是說：他

的反應是「對此刻的處境，他會從過去的經驗中尋找出相似的部

份，然後向那個過去而反應，他感覺到的是『它』」(2)。對於體驗，

他無法區分出屬於自己的意義，而如果有的話，也只能作粗糙而

籠統的區分，不是黑的就是白的。他在交談時不是在表達他自己，

而只在表達些身外之事（物）。他多半認為自己沒有問題，或即便

有問題吧，也是外面的世界出了問題。在他的自我和他的體驗之

間有重重的障礙，使兩者間的溝通無從發生。這個階段的人可以

用諸如「停滯」、「固著」等字眼（就是「流動」、「變化」的相反

詞）來代表。

第二階段

　　當一個屬於第一階段的人能感受到自己被完全接收之後，他

就開始邁入第二階段。我們似乎不太有辦法呈現：一個在第一階

段的人如何體驗到「被接收」。我們偶爾會在遊戲或團體治療中觀

察到，一個人如果在「能接收」的氛圍中置身得夠久的話，他自

己不必去發動什麼，也會有某些運動產生，也就是：他會體驗到

他已經被接收了。在任何情況下，只要他確然有此體驗，則一些

象徵的表達（語言、手勢或其他）就會開始一點一滴地釋放、流

露出來。以下就是這些表現可能的特徵。

——開始流露的表現常藉助於非自我的話題。

例如：「我猜，我懷疑我父親常在他的生意交往關係中，覺得很不安全。」

——覺得有問題，但問題不在自己身上。

例如：「瓦解和散漫就在我的身邊一天一天地愈堆愈高。」

——對於問題並未感到個人自身有責任。

——常將感覺描述為不屬於自己的，有時則是過去的事物。

例如：

治療者：「如果你可以告訴我你是怎麼來這裡的……」

受輔者：「我的毛病是——就只有沮喪啦。」——她不是說「我覺得沮喪」或「前幾天覺得沮喪」。這個好例子顯示：人的內在問題可以用完全外在的方式去認知或表達。她把自己的感覺像個遙不及身的、不屬於自己的東西那般去加以處置。

——感覺可以向他人展現，但無法認出感覺本身，或認為感覺是屬於自己的。

——體驗的方式受過去經驗的套件所限。

例如：「我在想，我常常作的補償是，我沒想要和人溝通或和人建立正確的關係，反而是，我可不可以這樣說——是用很智性的層面，去補償。———這裡可以看到：受輔者開始認識自己的體驗被過去的經驗所限。但她的表達方式同時也可以說明她和自己的體驗有段遙遠的距離。她對於自己的體驗好像伸手難及。

——個人構設很是僵硬，且未被認之為構設而被視為事實。

例如：「我永遠沒法把任何事情做對——甚至都做不完呢！」

——個人意義以及個人感覺的分化都很有限，而且籠統。

134

例如：前一例也正好可以說明此特徵。「永遠沒法」就是一種非黑即白的二分法，同時用「做對」也說明了受輔者對事物的看法是絕對的。

——矛盾可能會被表露，但難得意識到它的矛盾性。

例如：「我希望看懂一些東西，但看了一個鐘頭，還在同一頁。」

對於這第二階段的變化過程，我有一些補充的說明。不少自願前來尋求協助的受輔者是從這一階段開始的，但我們（也許還可擴及所有的心理治療者）和這種人一起進行治療的結果卻鮮有成功之例。柯特納的研究(5)至少得到近似於此的結論（儘管他的概念架構有點不同）。對於此一階段的人怎樣才能開始體驗到「被接收」，我們似乎還知道得太少。

第三階段

假若受輔者在第二階段中的一點點釋放和流露能不受妨礙，反而還能覺得自己在這些方面可以恰如其是地被人接收的話，那麼他就會更進一步釋放和流露出其他的象徵表達。以下的一些特徵似乎可以歸併在一起，在整個連續體中約略定位於第三個階段。

——將自我作爲表達的對象；可以談到自己而不彆扭。

例如：「我和她在一起時，非常努力地表現爲很完美的樣子——快樂、友善、聰明、會說話——因爲我希望她愛我。」

——還可以將與己有關的體驗呈現出來。

例如：「但，還有這樣的事情，哎，就是說，你自己到底可

以對婚姻多開放，而且如果你的專業工作很重要的話，而那是在目前最像是你自己的東西，那就真會限制你的接觸了。」這段摘錄中，受輔者把自我當成個對象來談，但仍和自己遙遙相違，所以也許最好將它分類在介於第二、第三階段之間。

——也可以將自己表達為一種映照的對象——這對象基本上是寄託於他人身上。

例如：「我可以感到我自己笑得甜甜的，就像我媽媽那模樣；或像我爸爸那樣粗聲粗氣，很有威嚴的樣子——我在別人的性格之間溜來溜去，就是不能有自己的性格。」

——出現很多關於感覺和個人意義觀的表達和描述，但所談的都不存於現在。

通常，當然，所談的這些話都是關於過去的感覺。

例如：「有很多事情，我不能跟人家說——我做的一些骯髒事。我覺得我又賤、又壞。」

例如：「這種感覺出來時，就像我記得從前小時候一樣。」

——對感覺很不能夠接納。大部份的感覺都顯得很可恥、很壞、不正常、或連自己都受不了。

——感覺可以展現，在此之後，有時也會被認得是感覺。當時的體驗會被描述為過去發生的，或有點遙不及身的樣子。

前一段例子可以說明這點。

——個人構設仍然僵硬、刻板，但有可能被視為構設，而不是外在的事實。

例如：「我年輕時候的生活，很多地方都讓我覺得罪過；反正哪，我常常覺得我是活該要受懲罰的。如果不是為了這件事該罰，那就為另一件事吧。」顯然可見的是：他把這種事情看成他自己對生活經驗的理解，而不是把它當做固定不變的事實。

例如：「我實在眞害怕，要是我把感情投入了，那就表示我投降了。我眞討厭這樣想，但我好像老是把那兩件事看成一檔子事，我是說，如果我想得到感情，那麼我就必須聽從另一個人的想法。」

——感覺的分化和意識的分化都稍微清楚了些，不再像上兩個階段那麼含混籠統。

例如：「我是說，從前我是在講，但這次我眞的感覺到了。這樣是不是很怪——我感覺到事情就是這樣，眞他媽的糟透了……還花掉我一大堆時間。可是，反過來說，我的表現也不像個天使；我自己曉得。」

——對於體驗中的矛盾之處能有所認識。

例如：受輔者會解釋道：一方面他期望做些大事，另一方面他又覺得他會偷個懶、得過且過。

——常認爲個人所作的抉擇是無效的。

這樣的人總是「選擇」做某某事情，然後發現他的行爲和他的抉擇卻不在同一條線上。

我相信將來一定可以證明：許多前來尋求心理協助的人約略是屬於這第三階段的。他們可能會在這階段附近逗留相當長的時間，描述的都不是當下的感覺，也一直把自我視爲一個客體來探索。這是他們往下一個階段發展之前的情形。

第四階段

受輔者若能感覺到被人瞭解、受人歡迎，且在各方面的體驗都能被人如實地接收，那麼，第三階段的一些構想便會逐漸地更爲開放，感覺也會更爲流暢，而這乃是人在變化的連續體中更上

層樓的徵兆。我們可以試圖捕捉這種開放過程的一些特徵，並且就名之爲「第四階段」。

——受輔者描述了許多更強的感覺，但花樣雖多，卻仍屬「非現時存在的」。

例如：「哎，我實在是——我都被挖到心坎裡了。」

——現在的感覺被視爲一些（與自身有別的）客體。

例如：「我覺得我很依賴，這種感覺讓我感到很氣餒，因爲那表示我對自己沒希望。」

——偶爾會有些感覺以現時存在的方式表露；這些感覺冒出來時竟好像和受輔者本身的想法相反似的。

例如：一位受輔者報告了他的夢，說其中有個旁觀的人，很危險，因爲那個人看到了他所犯的「罪行」，接著，他竟對治療者說：「哎呀，好吧，我不信任你。」（也就是說，這個受輔者竟把治療者「當作」夢中的那個危險的旁觀者，因而冒出了這樣的一句話——譯者）

——有一種傾向，就是要在當下的時刻中體驗自己的感覺，但同時又對這種可能性感到畏懼、不信任。

例如：「我覺得我被綁著——被不知道什麼東西綁著。一定是被我自己！因爲除了我以外，沒有別的東西可以做這種事情。我實在不能責怪任何別的東西呀！就是這個結——在我自己裡面的不知道什麼地方……弄得我眞想發頓脾氣——大哭一場——然後跑得遠遠去！」

——對於感覺還不太能開放地接納，然而還是會露出一點接納的徵兆。

前兩例中可看出：受輔者表現他正在接近一些令自己害怕的

感覺，以此而言，他是正要全面接納自身的體驗的。但他這麼做時，自己卻沒意識到。

——體驗較不會受限於過去經驗的套件，較不再遙不可及，但偶爾會發生一些感覺延宕的情形。

138　　前面的兩個例子也可以說明「較不受限」的體驗是什麼樣子。

——對體驗的構設方式顯得較爲放鬆。對一些自己所作的構設有所發現，而且也能清楚地辨認：這些乃是構設；然後開始對構設的效度產生疑問。

例如：「我覺得好樂，爲什麼？啊，因爲我那個樣子，好蠢——而且我也覺得有點緊張，有點難堪——還有點可憐兮兮的。（他的音調軟下來，表情變得憂愁起來。）幽默是我這一生最主要的擋箭牌；也許要我認眞地看看自己，我會覺得無所適從。總要有張簾子可以放下來……我現在就覺得有點迷失了。我到底在哪裡呀？我剛剛到底在說什麼？我對一些事情失去掌握了——我以前一直都是靠它來支持我自己的。」這段例子說明的是：當這位受輔者開始對一個基本的構設（在本個案中，這是指幽默——被他用做一種防衛物）產生疑問時，會出現什麼令他自己震驚的後果。

——感覺、構設和個人意義觀的分化逐漸增加，其中也產生一種傾向：要尋求準確的表達方式。

這種性質在本階段的各例中都可看到充分的說明。

——對於體驗和自我之間的矛盾和不合一有所關切，而且也意識到這種關切。

例如：「我沒活得夠像我自己。我可以做的實在該比現在還多。我用這種姿勢坐在馬桶上多久了？而我老媽總是說：『你什麼也拉不出來，那你就別起來！』拉出來！……這種事情發生太

多次了。」

　　這個例子一方面說明了對矛盾的關切，另方面也說明了，他對自己的體驗之被構作的方式正在發出疑問。

――對於問題會有自我責任感，但這種感覺常會動搖。

――對於密切的人際關係仍會視爲危險，但也願意冒點險，想和人建立一點以感覺爲基礎的關係。

　　上面有好些例子可以說明這點，最值得注意的是：有位受輔者說道：「哎呀，好吧，我不信任你。」

　　我們可以確知的是：這個階段，和以下要談的階段，構成了　139 心理治療的一大部份。這些行爲在任何型態的心理治療中都很常見。

　　也許我們該再度提醒自己的是：一個人永不會整個地落在這一階段或那一階段上。仔細聽聽面談的錄音，或閱讀面談的明細紀錄稿，使得我相信，一位受輔者所有的表達和行爲會顯出（譬如說）大部份類似第三階段的特徵，而其間夾雜著許多屬於第二階段的、僵硬刻板的特徵，也會帶有些比較開放、鬆弛的第四階段特徵。但在這個例子裡，好像不太可能出現第六階段的特徵。

　　上文所描述的是一位受輔者在變化過程的第四個階段中，所展現的種種可能。假若我們把所談的限定在受輔者個人意義觀中某幾個確定的範圍，那麼，我一定可以把我的假設弄得更爲井然有序，好比說：第三階段不太可能在第二階段之前出現；第二階段難得躐過第三階段而逕自跳向第四階段。如果我能作成像這樣的假設，那麼我就可以將它付諸實證考驗了。

第五階段

　　沿著這個連續體往上走，我們又可標出一個歇腳點，把它叫做「第五階段」。如果受輔者覺得他（在第四階段）的表達、行為和體驗都被接收了，那麼這就會發動更進一步的放鬆，而有機體本身的自由流動也會增加。我相信我可以再度為這個階段的諸性質作個粗略的描繪。❷

——感覺會以其現在存在的方式，自在地表現。

　　例如：「我料想會被嚴厲地拒絕——我老是這樣想……我猜，連在你面前我也會有這種感覺……很難說那是什麼意思，因為跟你在一起時，我就想儘可能表現出最好的樣子。」在此，對於治療者的感覺，以及受輔者和治療者的關係——最不容易披露的情緒——都能公開地表達。

140　*——幾乎能夠完全體驗到自己的感覺。那些感覺會「冒出來」、「滲透過來」，而不顧慮同時伴隨相生的恐懼和不信任感。*

　　例如：「就像這樣跑出來，而我還沒搞清楚那究竟是什麼。（長長的停頓）我試試看能不能抓住那種恐怖感。」

　　例如：受輔者正在談一件外在的事情。突然她的表情變得很痛苦，好像被什麼打中了一般。

治療者：「怎麼——是什麼東西在你心裡打了一下？」

受輔者：「我不知道。（她哭了起來）……我一定是跑到什麼地方，挨得太近，太靠近那些我不想談的事情，或什麼的。」在此，感覺本身幾乎不理她的抑制，逕自滲入知覺裡去了。

　　例如：「我覺得我被卡在這兒，不能動了。為什麼我現在心裏一片空白呢？我覺得好像我一直在死抓著一些東西，我也在放棄一些別的東西；然後我心裡就有個聲音告訴我說：『我到底還

要放棄多少才行？』」

——逐漸開始明瞭：體驗到一種感覺便難免要包含一個直接的指涉 (referent)。（也就是說：若以感覺的體驗作爲一種記號或徵兆的話，則它定會代表某種對象或內容；這被代表的對象或感覺內容可作爲體驗的參照物——譯者）

　　上引的三例正可以說明這點。各例中的當事人都知道他自己正在體驗到一些東西，也知道他不太清楚體驗的內容是什麼。但就在同時，也誕生了這樣的體悟——這些模糊的認知所指涉之物乃在自身之內，而不在身外；他可用一身的有機官能來查對自己所作的認知表示或象徵表達究竟是否符合原旨。通常，受輔者會說，他覺得自己和這種象徵的參照物之間的距離很近或很遠。

　　例如：「我實在沒挿手干預它什麼。我只是在描述它的模樣。」

——對於那些「冒出來」的感覺，通常會感到驚惶，而不太會覺得高興。

　　例如：受輔者正在談過去家中的關係：「反正那些都已經不重要了。唔（停頓）其實這一定是很有意義的——但我連一點概念也沒有，怎麼說是……對了，沒錯！我現在可以把那些全拋到腦後——什麼嘛，那些事情**本來就**不重要。哇！所有倒楣的玩意兒和一大堆囉嗦！」

　　例如：受輔者所談的是他的無望感。「我對這些感覺的力量還是感到很驚訝。用這種方式可以感覺到的東西真多。」

——對自己的感覺漸生出「擁有感」，也益發渴望要這樣，要成爲「真正的自己」

　　例如：「事情的真相是這樣：我不是唯唯諾諾的好好先生，可是我經常就在扮演這種角色。我開始對很多事情都生氣了。我現在覺得想找人來臭罵一頓，還有，有些時候我也想要自私一點；

141

我不曉得爲什麼我必須裝成我不是的樣子。」

此例所表示的是：這個人對自身所有的感覺能有更多的接納。

——體驗被鬆綁了，也不再遙不可及，但經常在意識到體驗之前會有點遲疑。

在機體官能和主觀意識之間還有一點點延宕的現象。有位受輔者的表現正好對此作了個漂亮的說明。

例如：「我還不太能夠弄清楚這種悲傷——這種哭泣——到底有什麼意義。我只知道，在我很接近某種感覺時，我就感覺到了——通常在我覺得想哭時，這種感覺好像可以幫助我打破一道我自己築起來的牆，我的牆是因爲以前發生的事情才築起來的。我被一些事情傷害了，然後就自動把自己擋在牆後面，然後又覺得我什麼也摸不到、什麼也感覺不到⋯⋯如果我要能感覺的話，我可以讓自己感覺到當時切身的感覺，那在我被傷害時，我就應該馬上開始想哭才對，可是我就是不能。」

在此，我們看見的是：他將自己的感覺視爲內在的參照物，他可憑此而分辨體驗的清濁。在他感覺到自己想哭的時候，他才明白：那就是自己受到傷害的一部份體驗，只因被阻隔而延宕了。他也可以認出：這種阻隔乃是起於他自己的防衛態度，且因此而令他無法在受傷害的當時，體驗到傷害。

——對於自身體驗的理解能更加開放。對於個人構設之所以會如此構設，能有很多新鮮的發現，同時也會以批判的眼光重審和質問這些構設。

例如：有個人說：「我有個觀念，覺得需要去取悅人家——我是說，我必須這麼做——這簡直變成我的基本生活哲學了（他靜靜地流下淚來）。那就像，你知道嗎，就像是個不證自明的道理，

說我就是非得去取悅人家不可。我根本無從選擇。我就是必須這樣。」在此，他已經很明白，這個基本哲學只是個構設，而且更顯而易見的是：所謂「非得如此不可」的想法是不攻自破的。

——會產生一個強烈而明顯的傾向，就是對感覺和意義要作準確的表達和清晰的區分。

例如：「……有些內在的壓力長出來了，或說，是些絕望的感覺，或有什麼沒完成的感覺——我覺得我的生命到現在眞是有很多沒完成的東西……我就是不太清楚。好像是，最接近的說法是，*絕望感*。」很明顯的，這個人是在企圖捕捉個準確的字眼，用以象徵他的體驗。

——對於自身體驗中的矛盾和不合一之處，漸能夠清清楚楚地面對，而不迴避。

例如：「我的意識告訴我說：我有價值；但在我裡頭卻還有些地方說：我不相信。我認爲我是個鼠輩——是個渾球。我對自己到底有多少能力做事情，根本沒半點信心。」

——對於目前所面對的難題能漸接納其中的自我責任，也更加關切他自己究竟如何造成這樣的難題。自我的內在對話變得更爲自由；內在溝通的障礙能逐漸撤除。

有些時候，這種對話會表現於口語中。

例如：「我心裡在說：『我到底還要再讓幾步？你已經從我這裡拿去太多東西了。』這是我在對我自己說的話——在後面、裡面的我對那站在前台演出的我說話。它呀，現在是在抱怨了，說：『你挨得太近了！滾遠一點！』」

例如：這種對話經常是以自我聆聽的方式呈現的，也就是以體驗作爲直接的參照物，來檢驗認知的表述是否與此參照物相符。所以，一位受輔者才會這樣說：「那不是很可笑嗎？我從來

沒有眞的像那樣看待我自己。我只是想查對一下。我一直都認爲我的緊張多半是因爲外在的原因造成的，而不像這樣——像這樣的方式，我實在很不習慣。可是，這樣才是眞的——這才是眞的。」

對於這個變化過程的第五階段，我舉出了些例子。我相信我給的例子可以使其中幾個特點變得比較清楚。但我得強調的是：此一階段和我所描述的第一階段，其間的心理距離不知有幾百哩之隔。在此，受輔者在許多方面上都已在流動狀態中，和第一階段那種僵硬、刻板的狀態迥然不同。現在，他和自身的有機存在之間更是貼近了，而這有機存在其實是恆常地在運轉之中的。他現在也更貼近他自身的流動不已的感覺。他對體驗的種種構設是絕對地放鬆開來了，而且會反覆不斷地以身內身外的種種參照物和證據來相互考驗和查對。他的體驗更能高度地分化，因此，內在的溝通在交流不已之下，可以更爲準確了。

以一個特定範圍爲例說明「過程」的意義

上文中，我似乎一再地說：一位受輔者的整個人格會屬於某某階段云云。但在描述下一個階段之前，我得再強調一次：就過程而言，人在某一個範圍（譬如個人的意義觀）之內，仍可能會降到他的一般階段水平以下，因爲他的體驗可能和他的自我觀念有一段陡然的差距。拿一位受輔者在某一特定範圍內的感覺爲例，也許我可以說明，我所描述的過程究竟是以什麼方式運作。

有一個由史林(5)作了詳細報告的個案，其面談中的自我表達品質大約落在第三、第四階段之間（以我們的過程連續體爲標準的話）。但後來，當這位受輔者轉到有關性的問題上時，整個過程的層次卻降低了一些。

在第六次面談時，她覺得有些事情是不可能告訴受輔者的

——接著「在一陣長長的停頓之後，她囁嚅地提起，在直腸的部位有種癢的感覺，而醫生卻找不出什麼原因。」在此，她把某一個問題看成完全在自身之外，她的體驗方式似乎非常遙遠。這種體驗方式的特徵很像上文所描繪過的第二階段。

　　到了第十次面談時，癢的感覺移到她的手指上來。她這才發著窘，說出童年時玩過的脫衣服遊戲，以及其他和性有關的活動。她在此所說的，也仍是和自己無關的一些活動，把感覺描述為過去發生的事情，然而就過程的連續體來說，這倒顯然是前進了一些。她的結論是：「因為我就是壞、就是髒，如此而已。」這段話表現的是一個僵硬而未分化的個人構設。以我們的過程體系來說，這是屬於第三階段，同樣的，底下一段關於自我的描述也差不多是屬於同一階段的，只是她的個人意義觀顯得更為分化了些。「我想，在裡頭，我對性的要求太多，但在外表上卻不夠性感，沒法吸引到我要的反應……我真的希望我的裡裡外外都能夠一樣。」這最後一句，有第四階段的性質，因為她已經在模模糊糊地質問起她的個人構設了。

　　到了第十二次面談時，她把這種質問更向前帶一步，因而斷定她並不是天生喜歡和別人亂搞性關係的。這種質問可以斷然無誤地認定是第四階段的表現，因為她是在對她一向根深柢固的思想和感覺挑戰。在這次面談中，她還學到了一種勇氣，敢對治療者說：「你是個男人，很好看的男人。而我所有的麻煩都是和像你一樣的男人發生的。如果你年紀再大一點，那就要容易得多了——容易些，但不見得會更好，我是說，如果看遠一點的話。」她說出這些話，自己也覺得不舒服和難為情，她說她覺得「好像裸著身子，因為我對你表露得太多了。」就在這裡，她把當下的感覺也表達了出來，當然，她既恐懼又不情願，但她卻表達了，

144

而不只是描述。體驗本身不再那麼遙遠，不再是緊籠在一起的套件，而且也出現得不算遲疑，只是她自己還不太能接納罷了。在意義觀上的分化，表現得最爲明顯的莫過於說「容易些，但不見得會更好。」以上這些都充分描繪了我們的過程中的第四階段。

在第十五次面談時，她談了很多和性有關的過去經驗和感覺，這些表達很接近我們所描述過的第三和第四階段。她在其中說道：「我想要傷害我自己，所以我才開始和會傷害我的男人一起出去——他們可以用陰莖來刺傷我。我一方面覺得很爽，但也覺得受傷害，所以我是同時爲了我得到的快感而受到懲罰，而我對這樣感到很滿意。」她用以構設體驗的方式，她自己曉得，而不會只把它當成一種外在的事實。她也很清楚地對這種想法發出疑問，雖然質疑的方式還很含蓄。她對於其中呈現的矛盾有所認識，並且也表示了些關切。她的矛盾是指既想要享受，又覺得該受懲罰。這種認知的性質其實不但完全符合第四階段的特徵，甚至還要比第四階段更超前一點哩。

稍後她描述了自己過去對於性享樂的許多強烈的羞恥感。她的兩位姊妹，也就是爸媽心目中「又乖、又端莊的女兒」從未有過性高潮，「所以，這麼說，我是最壞的一個。」到此爲止，這都是第四階段的例子。接下來，她突然問道：「或者，其實我是比較幸運？」——她表達的是當下的迷惑感，讓體驗直接「冒出來」，而親身感受到一種驚奇，並且對過去的構設表現出坦然而率直的疑問，這些都顯然是屬於上一節所描述的第五階段的品質。在這個具有接納氣氛的過程中，她從第二階段一路發展到相當遙遠的第五階段。

我希望藉這個例子來指明：一個人在某一特定的個人意義觀範圍內，當她被整個地接收之後，可以變得愈來愈放鬆，愈來愈

活動起來，而進入流動的過程。也許這還可以順便說明我所相信
的一件事：我所謂的逐漸增加流動性的過程，並不是發生在幾分
鐘幾小時內，或一朝一夕之間，而是需要好幾週，乃至好幾個月
的。這個過程的進度因人而異，而且也不一定順利無阻。有些時
候它會倒退一點，有些時候好像沒有前進，但會擴張到很多不同
的領域，只是最後，它終究會向前流去。

第六階段

　　以上我所嘗試表達的是關於人的感覺體驗、和意義構設如何
逐步釋放出來，以及其性質如何在各階段發生變化。如果我所說
的還算清楚的話，那麼我們就可以再看看下一階段。這第六階段，
就我的觀察而言，是非常要緊的。我再試試把我所見到的主要性
質作一番表述。

　　首先要假設的是：受輔者仍繼續在治療關係中，感受到完全
被接收的狀態。若果如此，則第五階段的特徵就會逐漸轉變，進
入一個截然不同而經常令人動心的階段。以下要說就是這個階段
的特徵。

——一種在過去被「卡住」的感覺、一種受禁制而不能流動的感
　　覺，現在可以立即體驗到了。
——感覺可以自行流向其最後的終點。
——目前的感覺可以當下就被體驗，而且毫無遺漏。
——這種當下的體驗，以及構成此一體驗之內容的種種感覺，自　146
　　己都能予以接納。能自覺：這就是事情的真相，而不必否認、
　　恐懼、或掙扎抗拒。
　　上列的幾個句子所企圖描述的是一種和前面的階段顯然有別

而且十分清楚的現象。如果我有錄音的例子可用，定可將它的性質完全傳達給各位，但我現在要給各位參考的例子是一段手記的摘錄。這是個年輕的男子，在第十八次面談時所說的話，說明了一位受輔者進入第六階段會是什麼樣子。

例如：「我甚至可以認為那是一個機會，讓我能對自身有一種體貼的關懷……不過，我在想，我怎麼能對自己體貼、關懷呢？那不就根本是同一個人嗎？但，我就是能清清楚楚感覺到……你知道嗎？那就像在照顧一個小孩子一樣。你會想給他這個、給他那個……我好像總是可以看到別人做些事情的目的是什麼……可是，為我自己的話……我就是永遠看不清有什麼目的，把這種事當成生活的主要目的嗎？那意思是說，我就必須要對全世界擺出這樣的姿態，好像我是管理員，正在看守著最貴重、最搶手的財物，於是乎這個我就要站在那個寶貴的我自己前面，我要去照顧它，而這整個世界……這簡直就像是我在愛我自己嘛！——你看吧——真奇怪——但這是真的。」

治療者：「這個觀念好像真的很難相信。為什麼要這樣說：我要面對全世界，表示我自己有這麼一個基本的責任，就是要照顧這個寶貴的人——我自己——而我是愛這個人的。」

受輔者：「我關心這個人——我覺得和他好接近。哇！這是另一件怪事。」

治療者：「看起來真是怪怪的。」

受輔者：「是啊。偶爾也會打動我心坎。想到我會愛自己、照顧自己。（他的眼眶溼了）這個想法還真不錯——真不錯。」

如果有錄音，放出來會更傳神。各位可以聽到，他在那時當下體驗到一種從未在他身內流動過的感覺。那種感覺一直流露，完全顯現它的原貌而沒受到任何阻撓。而且，他本身也接納這樣

的體驗，無意排拒它或否認它。

——也有一種自身活在體驗裡的性質，而不只是間接地感受到體 147
**　驗。**

受輔者有可能會以說話來抽離體驗，所以他所說的就只是關於體驗的感受。但在上例中，在紀錄上顯然可以看出：這位受輔者講的話只是他的體驗的一些邊緣的活動，而他整個人主要的還在那體驗之中。最能表現這點的一句話是「哇！這是另一件怪事。」

——將自我當做對象物體的態度逐漸消失。

在此刻，自我即是感覺。在這個時刻，自我的存在不太是被意識所知覺的，但它本身卻是個能反身自省的知覺（沙特是這麼說的）。自我即是*存在*，存在於此刻的主體。自我並不是人所感受到的某種東西。

——這一階段中，體驗展現真正的過程性。

例如：有位男的受輔者，在挨近這個階段時，說道：他對於自身中許多隱秘想法的來源，感到害怕。他這麼說：「一群蝴蝶就是那些最接近表面的想法。在底下有更深的水流。我覺得我被遠遠地拉開。那深深的水流裡好像有一大群魚，在水面下游動。我可以看見幾隻躍到水面上——我坐在那裡，一手抓著釣魚線，線的一端有個鉤子——我想找支好一點的釣竿——或是好一點的方法，來把鉤子甩進水裡去。那就是讓我害怕的事情。我的腦子裡有這樣的影像：*我自己竟然想變成其中的一隻魚。*」

治療者：「你也想要到那底下去，跟著一起游動。」

雖然這位受輔者尚未完全以過程的方式來體驗自身，也因此不能完全例示這第六階段，但他已經清清楚楚的看見那種景象，所以他的描述才能如此傳神地表達這種意思。

——這個具有過程性質的階段還伴隨有另一個特徵，就是生理上

的鬆弛現象。

眼眶溼潤、眼淚、歎息、肌肉放鬆等都很常見。其他生理上的附隨現象也常可見到。我的假設是：如果在此刻我們能施以測量，可能會發現血液循環的狀況有所改進，神經衝動的傳導性能也會變得更好些。這些感覺的「原初」本質，也許可從以下的摘錄中看出些端倪。

148

例如：一位年輕的男性受輔者，才表達了他的一個願望，就是期望他的父母親死掉或消失不見。「就好像希望他們走開，希望他們從來沒有……而我覺得很可恥，因爲他們就打了電話叫我去，我就去了——咻！他們還是很強大。我眞不知道。我和他們中間好像還有根臍帶——我簡直覺得就連在我身體裡——咻！

（他做了這樣的姿勢：抓了一把肚臍，把自己往外甩去。）」

治療者：「他們眞的還有辦法掐著你的臍帶嗄。」

受輔者：「眞可笑，我覺得眞是那樣……像是一種燒起來的感覺，像是，他們嘮叨我，弄得我很煩時，我會感覺到就在這裡*（用手指一指）*。我以前不覺得眞是這個樣子。」

治療者：「就像是如果在你們的關係中有什麼困擾的話，你就會感覺到好像肚臍那裡有一陣緊。」

受輔者：「是啊，就像在我的腸子裡面。很難講清楚我裡面感覺到的是什麼。」

在此，這位受輔者是以主體活在對父母的依賴感之中。但若說成：「他感受到依賴」，這是最不正確的說法。事實上，他是身在其中，所以他會體驗到在他的肚臍部位有抽緊的感覺。*在這個階段，人可以相當暢然無阻地作內在的溝通。*

我相信以上的例子很少可以說明這個意思。不過，用「內在溝通」這樣的說法卻也不甚正確，因爲，以上的那些例子裡，最

緊要的部份是說明人在某一時刻會有整合爲一的經驗，當其時也，不同的注意焦點之間是否有溝通，那似乎並不必要，因爲它們已然變成一體了。

——當體驗與知覺之間的不一致消失而轉變爲合一之時，人會清晰地體會到這種轉變。

——相關的一些個人構設會在這種體驗中融溶起來，因此這個人也會覺得從過去的僵固架構中解放出來。

　　我相信以下的例子可以使上述兩個特徵的意思更鮮明。例中的年輕人正爲了想接近一種莫名的感覺而倉皇失措。「那差不多也就是那種感覺了——就是那樣：我這輩子一直是那樣過活，那樣看待我的生活——認爲我一直在害怕什麼。」他告訴治療者說：他的專業工作只是要給他一點安全感，以及「一個小小的世界，把我自己保住，你知道嗎？理由也是一樣的。（停頓）我只是在讓它滲出來。但我也拼命把它和你綁在一起，和你我的關係綁在一起，同時，我的一個感覺就是：害怕它會不見。（他的音調有點不一樣：變得像要把他的感覺更精確地演出來。）你不肯讓我有這感覺嗎？我是很需要的。沒有它，我會非常寂寞，非常害怕的。」

治療者：「唔哼，唔哼。『讓我就逗留在那裡吧，因爲，要是不那樣，我會怕得要死啊！』……你好像是在祈求什麼的，是不是？」

受輔者：「我懂你的意思——就是這種一直在祈求東西的小男孩。就是這種乞討的姿態。」（把兩手合起，作祈禱狀。）

治療者：「你的兩隻手，好像真是在哀求什麼的樣子。」

受輔者：「是啊，沒錯。『你不肯幫我做這個嗎？』有點像。噢，真糟糕！誰，我呀？哀求？……那種情感，我從來沒有清清楚楚地感覺過——我從來沒有的東西……（停頓）……我感覺很亂。其中有個是，讓這種新玩意兒從我自己裡面跑出來，實在很令我

149

覺得驚奇。每一次我都很訝異，每次都是這種同樣的感覺，很害怕我居然有這麼多種東西。（流淚）……我實在不瞭解我自己。怎麼突然會有這些東西，而我自己都不曉得，沒有一點兆頭——到底那是不是我想要的方式或東西。」

　　此例所顯示的是：受輔者完全體驗到自己的哀求之情，同時也清晰地辨認出：此種體驗與他一向的自我概念之間頗有不符之處。但是，這種兩不相符的體驗卻存在於不符消失的時刻，也就是說：從此以後，他可以一方面成為一個人而同時又能夠感覺到哀求，以及其他的種種情感。當此時刻，他過去對自我所作的種種構設都開始融解而得以從過去的世界中解放出來——這種感覺令他感到又驚異又害怕。

　　——這完全能體驗的時刻會變成一個明確而清晰的參照物。

　　上例中的受輔者常常不太能知覺，在某一時刻到底是什麼東西使他感到「擊中了他」。但這似乎並不要緊，因為這件事已然變成了一個明確而堅實的參照物，在必要時，可以一再回到其中，去發現更多內涵。以上幾個例子中所出現的哀求，或「愛自己」的感覺在真實的情況中可能與描述有些出入。不過，那些體驗卻是非常堅實的參考點，讓受輔者自身可以經常折返觀照，直到他自己也能滿足於自己的認定為止。也許，就生理方面而言，那些體驗已經構成了一幅輪廓分明的圖像，墊在人的意識生活之某一層中，而受輔者可以回到這上面來再作仔細檢閱。甘德林曾經教我注意：人的有意義體驗可以作為一個參照物。他花了很多心思，想在這個基礎上營建出一支心理學的理論。(1)

　　——這時候，體驗之分化是鮮明而基本的。

　　由於這種體驗的時刻都會變成一個參照物，或自成一體，因此，它不會和別的事物混在一起。鮮明的分化作用過程乃在其中

及其四週建立起來。

——在此一階段，受輔者不再有內在或外在的「問題」，而毋寧
　　是：他能以主體自身活在問題的某一部份中，或某一時期
　　中。問題不再是個身外之物。

我相信，在這個階段的幾個例子中，如果我們說：受輔者將
問題視爲內在的，或說：他正在處理內在的問題云云，這些說法
顯然都極不正確。我們必須有個法子來指明，他已經比這些說法
更進了一步，當然，就整個過程而言，他比起那些把問題視爲外
在的人，更是距離迢遙了。最好的描述似乎是：旣不說他視問題
爲何，或說他如何處理問題。他只是滿含知覺和接納而生活在其
中罷了。

我花了很長的篇幅來談論第六階段的一些可以具現的部份，
因爲我認爲這是整個過程連續體當中，相當緊要的一環。根據我
的觀察，這些時刻中所出現的體驗——如此自然而扣緊現在當下
的存在，如此充實，如此能令自己接納——就某種觀點來看，幾
乎都是不可逆反的（也就是說，出現這些體驗的人就不會再回到
前面那些僵硬、刻板、不流動的階段去了——譯者）。以前面所擧
的實例來說，我的觀察和假設是這樣的：一旦類似的體驗在未來
還得以再發生，這些受輔者必然可以如實地體察和知覺，譬如那
種對自身親切的關愛，或那種牽絆著他、使他一直依附於父母的
臍帶關聯，或那種像小孩子般哀求著、不敢離開的依賴性等等。　151
可以順便一提的是：一旦人的體驗可以完全被自己體察，完全被
自己接納，接下來，他就能夠有效地因應這個體驗，就像能夠因
應任何其他的現實一樣。

第七階段

在到達第六階段的那些部份，受輔者對於自己是否還被治療者完全接收，就不再覺得那麼必要了，不過，被接收仍然還有幫助。正因為進入第六階段後會趨向於不可逆反的發展，所以受輔者好像常常不太需要治療者的協助，就能自動進入第七和最後階段。這個階段的體驗發生在治療關係內和治療關係外的份量幾乎一樣多，而且常是在治療面談時由受輔者向治療者報告的，而不是在當時體驗到的。我這就把我所聽得的和觀察到的特點描述一下：

——在治療關係內外，都能當下體驗到一些新的感覺，同時也能獲得此一體驗之豐富細緻的內容。

——對此等感覺的體驗可用之為清晰的參照物。

受輔者十分努力於運用這些參照物，以便能更清晰而不含混地知道自己是誰，自己要的是什麼，以及自己的態度為何。即使當這些參照的感覺本身是為不悅感或恐懼感時，他仍會這麼做。

——對於這些經常變化的感覺，能逐漸地更接納為自己之所有，對感覺自身的過程漸生出基本的信賴感。

這種信賴基本上並非在有意識的過程中，而是運行於整個有機體的過程上。有位受輔者曾將這麼一種屬於第六階段的體驗，以第七階段的方式描繪了出來。

「在這裡的治療中，可以算的大概是坐下來說：『就是這些東西在煩我』，然後在這四週打轉一陣，等到情緒的調子彈到漸強的時候，擠出點特別的東西，而原來那煩人的東西就不見了——看起來就是不一樣了。可是在當時，我也說不上來，到底發生了什麼事。我只是把一些東西拿出來，抖一抖、翻一翻；可是等我把

它放回去時，就覺得好多了。我覺得很有點不太滿意，因爲我很想知道這情形究竟是怎麼發生的……。這種事兒實在很絕，因爲我覺得好像我什麼也沒做 —— 我眞正演得最入戲的角色只是 152 ——只是變得比較警覺一點，腦子動起來時，抓住其中的一兩個想法……還有，在那時好像有這樣的感覺：『好啦，既然我已經能看見它的眞相，看我能做些什麼吧？』那裡可沒有什麼把手或開關之類的東西能讓你去調它。只能拿出來談一談，然後放手讓它走。顯然我能做的全部就只是這樣。而且還讓我在那裡覺得很不滿足——我感覺我還沒把任何事做好。可是就在不知不覺間，我也做好了些事情……問題是，我不太能確定這種調整的品質究竟是如何，因爲我沒上前去看、去檢查一遍……我所能做的，只是在那裡觀察事實——我對事情的看法變得有點不同，比較不會心焦慮亂，用長鏡頭去看，而且也比較主動一點。看事情要看整體才會明白。我很高興這件事情以這種方式過去了。但我覺得我好像是個旁觀者。」這是一段有點勉強的自我接納過程，但在過了一會兒之後，他又補上了幾句：「其實如果我的意識只用來關心事實，讓那些分析自己去發生，不要把注意力擺在那上頭，那樣我反而會做得更好。」

——體驗本身的套件結構面幾乎完全消失，而轉變成過程性的體驗——也就是說，人可以用新鮮性來體驗或理解目前的情境，而不必視同過去的經驗。

我在第六階段那節中所舉的例子隱含了這個意思。在此我要另舉一個屬於比較特殊領域的例子：有位受輔者在一次事後追蹤的面談中解釋，最近在他的創作中出現了什麼樣不同的性質。從前他一向要求工整和秩序。「你必須從起點的地方開始，然後逐步作嚴整的發展，一直到結尾。」然而現在他所體認的是：內在於

自身中的創作過程並非如此。「我在開始處理一個觀念時，整個觀念也展現了，就像底片顯像的過程一樣，並不是從一端開始出現影像，而後逐漸擴散到另一端去。事實上，它是整個浮現的。起先你所看到的只是模糊的輪廓，你很納悶一直想：這到底會是什麼？後來漸漸地有些部份適合擺這裡，有些適合擺那裡，很快的，整個都清楚了——一下子，整個都來了。」他顯然不只變得能夠信賴這個過程，且還能如其所是地體驗到過程本身，而不必仰賴過去的經驗。

153　——自我變成更純粹是主體性、反省性的知覺體驗。自我很難得再變爲被觀照的客體，而較常自信地感覺到自身在運作中。

　　從上例的事後追蹤面談中，還可再舉出一段來說明。在面談之時，由於他在敘述自己從接受治療以來的體驗，他又意識到自己好像是個客體，不過，他很清楚，這種情形已經和他平日裡的體驗大不相同。他講過很多發生在自身上的變化之後，說道：「我在今晚之前，還一直都沒想到那些變化究竟和心理治療有什麼相干……（開玩笑似地）哎呀！也許真的發生了些不一樣的事情。因爲自從那段時間以後，我的生活就不一樣了。我的創作量又增加了，我的自信心也提高了。有些場合，從前我老想要避開的，現在我變得風頭很健；還有，在一些很容易讓我惹人嫌的場合，我就變得比較不在那兒出風頭了。」很明顯的，他在事後才明白他自己究竟是什麼。

——個人構設都作嘗試性的改造，好讓進一步的體驗來加以驗證；但即在當時，那些構設也未被緊抓在手裡。

　　有位受輔者對於這種構設改變的方式作了一番描述。這段改變發生的時間在接近治療終結的某兩次面談之間。

　　「我不知道是什麼（改變了），但我確實覺得：我在回顧童年

經驗的時候，感覺很不一樣，而且，對我爸媽的一些恨意也蒸發
掉了。我把怨恨他們的感覺換成一種接納事實的感覺，我承認我
不喜歡他們對我所做的一些事情。但是，我換來的是一種興奮的
感覺——嘻——既然我已經找出什麼地方不對了，我就可以做點
事情——我可以把他們犯的錯誤改正過來。」他和他的父母之間
的關係經驗和意義，在此作了個大幅度的改變。

　　再舉個例子：這是從另一位受輔者的面談錄音中取出來的。
他常覺得不得不到處去迎合別人。「我看得出來……狀況會變得
怎樣——我是說，如果我不迎合你，好像也沒關係——迎合你或
不迎合你，對我來說就不是重要的事兒了。如果我可以這樣對人
家說的話——你想想？……要是我可以自自然然地說話——而不
必管別人到底高不高興聽——我的天！你簡直可以說任何一種話
了：但那是真的，對不對？」過了一會兒，他又狐疑地自問道：
「你的意思是說，如果我能真的做我覺得想做的，那一切就會很
好了？」他所努力掙扎的，就是要重新理解一些非常基本的體驗。
——*內在的溝通非常清晰，感覺和表達的符號間頗能相符，同時*
　也產生一些新鮮的說法用以解釋新的感覺。
——*能體驗到自身對新的存在方式所作的有效抉擇（effective*
　choice）。

　　正因為所有體驗的因子都能呈現於知覺意識中，因此抉擇會
變得真實而有效。這裡有個例子可以說明：這位受輔者正要達到
這樣的瞭解。「我現在正在嘗試捕捉一種講出來的方式，就是要把
不敢講的講出來。也許只要把念頭想法都轉成語言就對了。可是
我的想法實在太多，我能做到的也就只有一點點而已。但也許我
可以讓我講出來的都能表達我實在的想法，而不是為了配合場
合，每次都只能發出些得體的聲音而已。」他所感覺到的乃是作

154

有效抉擇的可能性。

　　另一位受輔者報告了一段他和他的妻子之間的辯論。「我並不是對自己那麼生氣的。我沒有那麼恨自己的。我知道『我是在耍孩子脾氣』，而且，我簡直是故意要那樣做的。」

　　要找到例子來說明這個階段實在不容易，因爲能完全進入這一點的受輔者，相對於到達其他階段的人來說，本就很少。我想試試用很簡明的方式，把這個發展過程終點的特徵作個摘要：

　　當一個人在變化的過程中到達第七階段時，我們會發現他整個人涉入一個嶄新的世界層次。這位受輔者現在已經可以把運動、流轉、變化等等特質都涵攝到他的心理生活之各面相中，而這就形成了他不尋常的特徵。他活在情感之中，頗能自知，也能打從根底裡信賴且接納這些感覺經驗。他對於自身所體驗的種種，能以不斷變化的方式去理解，也就是說，他的個人構設會因各個新的生活事件而有所修改。他的體驗在本質上即是過程，在每一個處境中的感覺都是新的，也能以新的方式去詮釋這些感覺。若果他會取用過去來詮釋現在，那也定是因爲過去和現在之間有完全相等之處。他是以當下身處其境的方式而體驗，但在同時，他也很明瞭他正在體驗著。他很珍視各種情愫之間準確的分化，也力求明晰地區分體驗之中的各種意義。他自身內在的諸面相之間有自由自在、暢然無阻的溝通。他也能自在地以關係爲本而和他人達成溝通，但這些關係並非僵化的形式，而是個人對個人的。他能知覺自己，但不是把自己當成認知的對象。那毋寧是一種反省的知，是一種以主體而動態地存活於己身之中。他能視自己爲對自己所處的困境有責任。說眞的，他能完全感覺到：在生命的各個流變的面相中，面面都和他自己息息相關、他完全活在自身之中，而這自身乃是個變動不居的過程之流。

關於這個「過程連續體」的一些疑問

現在，我設想有些人會對我所嘗試描述的過程提出一些質疑。

譬如說：這個過程就是人格變化的唯一過程呢，還是諸多種類的過程之一？這個，我只能說，我不曉得。也許人格發生變化的方式有若干類型。我所能確定的只是：當一個人在體驗到他已被人充分接收之後，他會發動起來而產生變化，而我所描述的變化過程似乎正是這一種。

這種過程在所有的心理治療中都成立嗎？或者只發生在一種治療取向中？除非從其他幾種治療取向中能獲得夠多的紀錄資料，否則我們便無法回答這個問題。話雖這麼說，但我仍想大膽地推測：也許強調認知方面而忽略情感經驗的治療取向，會促動另一種全然不同的變化過程。

像這種變化，它所進行的方向，是否在價值上可以被每個人接受？我相信這個問題的答案並不是肯定的。我相信有些人不會以爲人格的流暢性有什麼價值。這種價值判斷是各別的人，或各別的文化所必當自行決定的。要想避免這種人格的變化過程，其實並不困難——只要設法讓人不要和他人之間發生「如其所是地、被人完全接收」的關係，或壓低這種可能性，就自然可以辦到。

沿著這個連續體所發生的變化是很快速的嗎？以我的觀察而言，剛好相反。我對於柯特納(4)的研究所作的解釋也許和他本人所作的稍許不同，但我想說的是：一位受輔者在開始接受治療輔導之時，可能在第二階段，而在到達第四階段時，受輔者和治療者雙方也許都已相當滿意於這種實質的進展了。至於一位受輔者

從第一階段開始而竟能進展到第七階段的例子，目前還不太可能
發現。假若眞有這種情形，那也必得花上好幾年的工夫。

　　對於各階段的各項描述是否都被正確地歸類了？我想，我所
作的各項觀察，在歸類上一定有不少的錯誤。我也常思索：是否
有什麼重要的元素逃過了我的眼睛？我還常想：在這個連續體
上，各個不同的元素是否還可以用更簡潔的方式描述？以上這些
問題，其實都可找出實徵的答案，但願我所提出的這些假設能引
來各路研究工作者的青睞。

綜論

　　我嘗試用比較原初、半生不熟的方法對人格變化的流動樣式
作了一幅大略的速寫。我所說的變化是發生在一個人體驗到自己
的本然面目被人接受、歡迎和瞭解之時。整個變化過程在開頭時
有很多不同的端緒，但在過程繼續發展時，會逐漸統整爲一。

　　這個過程首先的要項是釋放各種情感。在連續體下端的階
段，人會把感覺描述爲遙不及身、不屬自己，而且也不存在於當
下的時刻。接下來，如果他發展到下一階段，他會把感覺視爲現
存的一些東西但也是略屬於自身之物。然後他才會以較切近自身
當下體驗的方式而表達出自己的種種情感。再往上昇一個階段，
感覺更能以現時存在的方式而被體驗和表達，同時對這種變化的
恐懼也降低了。在這階段上，連過去被拒斥的知覺也會冒入意識
的領域，自己可以體認，也更可使之與自身相聯。昇上連續體的
上端之後，人之活在體驗的過程中，就是讓感覺能進入持續不斷
的變化之流，而這也構成了這個人的特色。

　　這個過程中眞正改變的乃是體驗的方式。在連續體的開端之
處，人和自己的體驗遙遙相隔，無法使用任何達意的符號來表示

體驗中的內涵意義。體驗被圍限在過去的意義中，而且也唯有如此才能令他覺得安全：現在都得用過去的意義來解釋。從這種圍限的關係中進展到下一步，人才開始能辨認體驗，認出它是在自身之內的一種麻煩重重的過程。體驗漸漸轉變至可被自身接納的程度，而且也成為意義的參照物，使意義得以更為準確。最後，他終於變得能夠自由自在地接納體驗、生活在流暢的過程中，並且能安然地用這體驗過程來當作行為的主要參照物。

157

這個過程還使人從不合一轉變為合一。這個連續體是從最高度的不合一狀態開始的。一個人在這階段，對於合一之為物定是毫無所知——只有在發展的過程中，他才漸能清晰辨認自己的體驗中有許多矛盾、齟齬、相互牴撞之處，他逐漸變得能在當下的體驗裡發現這種不合一的現象，也因這種體認而得以使之化解。到了連續體的上端，體驗和知覺之間的不合一現象只會偶爾出現，因為到了那個階段，人變得不太需要防禁自己去體認經驗中各種令人驚駭的部份。

這個過程也包含了這樣的變化：個人只要是處於接納的氣氛中，他都會比較願意、而且能夠表達自己、與他人溝通。換句話說，這個連續體的起頭之處是完全不願意表露自己的，但發展到末期，自我會具有豐富多變的內在體驗，所以只要他願意，就能憑此而作出各種必要的表達。

這個過程也使人鬆開對體驗的認知地圖。在最初之時，人總是以僵固的方式來理解體驗，把體驗視為外在的事實。但在發展的過程中，人才逐漸學會如何將體驗賦予變化的色彩，如何不必緊緊抓著固定的解決，如何以新的體驗來改變對整個經驗世界的構設。

人和自己的難題之間的關係也改變了。在連續體的一端，這

個人不但不能辨認自己的難題，而且也無意改變。後來，他才逐漸認識問題的存在。到了下一階段，他更進一步認識：這些問題之所以造成，自己其實也佔了不少的份量，也就是說，問題並不完全是從天上掉下來，剛好落到自己頭上而已。自己對問題形成的責任感加強了。再往上發展，則更加能體驗問題，並活在問題之中。這個人變得頗能自主地和問題一起過活，也覺得他自己對問題的發展和形成應負有相當的責任。

　　在發展過程中，個人和他人的關係方式也會發生改變。在開
158　頭之時，這個人總是避免和他人之間的密切關係，因為他把這種關係視為危險可怕的。但到了過程的末端，他可以和治療者或其他人維持開放而自在的關係；在關係中生活時，引導行為的乃是他自己在當時的感覺體驗。

　　總而言之，這個過程在開始的一端，有個固著、散亂的特徵，其中的各個因子、各個頭緒，據受輔者自己的描述，看來都是錯雜而不相聯繫，紊亂而意義分離的；但到了過程的巔峰，這些錯雜紊亂的線都會交織起來，成為一個關聯緊密、互不可分的網狀結構。當此時刻，新的體驗中都帶有臨即性（immediacy），而行動意願（volition）則僅是整個機體在和諧平衡所自然流露的方向罷了。所以，當過程到達這一點，人就會變成一個流動而統一的整體。他變了，但更有意義的是：他變成了一個整合而又變化自如的過程。

注 解

❶本文中所用的許多例子都取自個案面談時的錄音（除非另註其出處）。錄音的材料大多未曾出版，其中有一部份出於劉易士，羅哲斯和史林 (Lewis, Rogers and Shlien(5)) 的兩個個案報告。

❷在這個量尺上，我們愈往上走，愈不容易找到載諸文字的例子。理由是：到了這些較高的階段，體驗本身的品質變得益發重要，而在紀錄中只能看到一些暗示，而難以找出完全表達的材料。也許過一段時間，會有較多的錄音實例子可以讓我們引用。

參考書目

1.Gendlin, E.

　1962　*Experiencing and the Creation of Meaning.* Glencoe, Ill.: Free Press, (Especially Chap. 7)

2.Gendlin, E., and F. Zimring

　1955　The qualities or demensions of experiencing and their change. *Counseling Center Discussion Papers 1,* ♯3, Oct. University of Chicago Counseling Center.

3.Kelly, G. A.

　1955　*The psychology of personal constructs.* Vol. 1. New York: Norton.

4.Kirtner, W. L., and D. S. Cartwright.

　1958　Success and failure in client-centered therapy as a function of initial in−therapy behavior. *J. Consult. Psychol.,* 22, 329−333.

5.Lewis, M. K., C. R. Rogers, and John M. Shlien.

　1959　Two cases of timelimited client−centered psychotherapy. In Burton, A. (Ed.), *Case Studies of Counseling and Psychotherapy.* New York: Prentice−Hall, 309−352.

6.Mooney, R. L.

　1957　The researcher himself. In *Research for curriculum improvement.* Nat'l Educ. Ass'n., Chap. 7.

7. Mooney, R. L.

　　1951　Problems in the development of research men. *Educ. Research Bull.*, 30, 141－150.

8. Rogers, C. R.

　　1957　The necessary and sufficient conditions of therapeutic personality change. *J. Consult. Psychol.*, 21, 95－103.

第四部

人格的哲學

我寫下了一些哲學的想法，而我所關切的是：
當一個人得以自由時，他會朝向什麼樣的生命和目標
而奔上前去。

第八章
「成爲一個如其所是的自我」：
一個心理治療者對個人目標的觀點

163

在今天，如果有人說某位心理學家所思考的是哲學問題，則那位心理學家多半會認爲那是對他的一種侮辱。不過，我卻是個例外。我常覺得忍不住要對我所觀察到的現象追問它的意義。這些意義中，有一些對我們當今的世界具有相當大的啓示。

1957年，我的朋友，也是我從前的學生和同事，貝克 (Russell Becker) 博士邀請我到俄亥俄州的伍斯特學院 (Wooster College)，爲全美大學生評議會作一次特別的演講。爲此之故，我決定整理出一篇東西來，把我的一些關於「個人所追求的意義」這方面的想法作個清楚的說明。我想說的是：在心理治療的關係中，讓每一位受輔者獲得自由自在的空間時，他究竟會朝什麼方向去發展？這篇文章寫出來之後，我竟開始大感懷疑——我到底在這裡表達了什麼重要的，或新鮮的意思？但在演講之後，聽衆們給了我一段長得有點驚人的掌聲，使我至少消除了幾分疑慮。

經過一段時間，我得以更客觀地看看我所說過的那些話之後，我才感到，這篇文章中有兩點算得上是令我滿意的。我相信我確已把我的觀察凝聚成兩個重要的主題：㈠人類的有機體本身若能自由地發揮功能的話，我對它是完全信任的；㈡令人滿意的生活中必具有「存在」的性質——這個主題，我們當代的哲學家

164　們曾經作過一些表達，但我個人覺得兩千五百年前的老子説得更
漂亮，他説：要去做，就是要去「成爲」（The way to do is to
be. ——此句不知語出《老子》的何處，似爲意譯——譯者）。

*　　　　　*　　　　　*

問題

　　「我的生命有什麼目的？」「我到底該追求什麼？」「我的目
標何在？」———像這樣的問題，大概每一個人都曾經問過自己，
有些時候在平靜的沉思中，有些時候則在痛苦不安或絕望之中。
這些問題實在是非常、非常古老，在歷史上的每一個世代都有人
質問和回答。但這些問題也正是每一個人都應該自己發問，也以
自己的方式尋出答案才對。作爲一個輔導者，我也聽過許多男男
女女在遭逢困頓時，以各種方式表達過——他們都想要學習、或
瞭解、或選擇他們的生命所該走的方向。

　　用平常心想想，這些問題實在也沒什麼好説的。事實上，在
這篇文章的標題中，我引用了一句別人的話。這個人大約在一百
多年前曾經花了不少心血和這些問題搏鬥。如果我對這整個關於
目的、意義的問題，只在轉述一個人的意見，那就未免太一廂情
願了。但是，多年以來，我和一些痛苦煩惱、調適不良的人在一
起工作，我相信我已經能析出一套堪稱爲生命發展的組型、趨向、
共通性、或規律之類的東西，而這都是從我的受輔者們爲他們自
己所尋出的某種解答中，歸納而得。我願提供這些東西與各位分
享——在我看來，這就是人在獲得自由的機會時，都會想要追求
的。

幾個答案

在帶領各位到我和受輔者所體驗過的世界之前，我想先提醒各位一下：我所提的問題並不只是一些無解的虛擬問題 (pseudo－questions)，但也不是已經從古人到今人一致獲得標準答案的那種。過去有些人，但凡提出「生命目的何在」之類的問題時，總會有人拿教義問答手冊上的話來回答說：「人類的終極目標乃是榮耀　神。」也有些人認為生命的目的在於為自身的不朽而做準備。還有些人定的目標比較接近塵世 —— 無非是享受、發洩、滿足每一種感官的慾望。更有些人——這在今天可以發現很多——以為生命的目標就是要成功，要賺取財產、地位、知識、權勢。有些人則把一些他所聽到的說法視為目的，而全心投入於斯，譬如基督教、共產主義等等。一個希特勒型的人所認定的生命目的就是變成一個優越種族的領袖，且運用權勢統治其他民族。另外有些東方人則恰恰相反——他們所努力的乃是戒除所有的私慾，以期能完全控制自己。我提到的種種選擇涵蓋了很大一片範圍。藉此我想指出的是：人所賴以生存的目標確實有這麼多種可能，而且它們各不相同。

模里斯 (Charles Morris)(5) 最近做了一個研究，他對印度、中國、日本、美國、加拿大和挪威六國的學生作了客觀的調查，主題是各人所偏好的生活方式。可以預料的是：六國學生所偏好的生命目標必會有所不同；而他的研究結果正是如此。他同時還費力地將全部數據作了因素分析，找出這幾千名受試者實際的價值觀中包含哪些根本的向度 (dimensions)。我們且不涉及這個研究的細節，先來看看資料中產生的五個向度。各個向度都同時結合了正面和負面的方式，但可以看出確實顯示了各人選擇的實

情。

第一個價值向度所包含的偏好是：以負責的、道德的、自我節制的方式參與生命，欣賞並保存人類所獲致的成就。

第二種價值則強調喜歡以充沛的活力去克服種種障礙。其中包含了以自信來促成周遭環境的改變——或是設法解決個人及社會的問題，或是克服自然世界中的障礙。

第三個向度強調的價值是：自足的內在生活，帶有充分而高漲的自我意識。至於對人或對物的控制則頗為排拒，因為這種價值要的是對自己和他人有深切的洞識和同情。

第四個價值向度的重點是對人、對自然的接納。促使人活起來的力量乃根源於自身之外，而人之所以生活、所以發展乃是為了能真切地回應這種力量的根源。

第五個也是最後一個向度所強調的是感官的喜樂和自我的享受感。生命之所以值得是因為它含有種種單純的樂趣，而人也可以縱身於此刻，享有輕鬆而開懷的生活。

這個研究相當有意義，它是最早嘗試在這方面使用客觀測量的研究之一。研究者想透過測量而找出幾個不同的文化對「生命目的何在」的問題所提出的不同答案。它使我們對「既存的答案」拓寬了點眼界，也有助於界定人所作的價值選擇中含有哪些基本向度。模里斯曾經說：要理解這五個向度的意思，可以說「就像各不同文化中的人會在音階中共用五個相同的音，而卻由此唱出不同的旋律。」(5,p.185)

另一種觀點

看過以上那種結論之後，我卻隱約地覺得這個研究好像不怎麼能令我滿意。模里斯讓學生們作選擇的幾種生活方式，以及幾

個價值向度中，沒有一個可以充分代表我在受輔者身上找到的體
驗。我在治療的時段中看過一個又一個人掙扎著想爲自己找出一
條生命的道路，而其中似乎漸漸能產生一個基本的組型出來，但
是模里斯的描述卻不怎麼能抓到這一點。

　　這種生命的目標，以我和受輔者的關係中所發現的種種經驗
來說，還是用齊克果的話最爲貼切——「成爲一個如其所是的自
我。」(3,p.29) 我很清楚，這個說法已單純得近乎荒謬。人要做
一個自己所是的人，這難道不是很明顯的事實嗎？怎麼說是目的
呢？這句話究竟是什麼意思？它又有什麼涵義？我願意用剩餘的
篇幅來全力探討這些課題。在剛開始的時候，我只會說：在我看
來，那種說法的意思和涵義都令人覺得陌生。在十年或十五年前，
我確實從來沒聽過此說。要不是我和受輔者一起體驗，還有我自
己不斷尋索，到今天我也不會持著這樣的觀點。所以，我相信你
們也會以批判和懷疑的態度來看這個觀點，而在你們沒有親身體
驗過它的眞實之前，你們也不會接納它。

受輔者們所選擇的方向

167

　　首先讓我試試看，能不能先把我所看到的受輔者們所採行的
發展趨向描繪下來。在我和這些人的關係中，我的目標是要對他
們提供一個適當的氣氛，在其中，我儘可能將我實實在在能給予
的安全、溫暖、和同理心的瞭解都包含在裡面。正因爲我覺得用
診斷、解釋、暗示、指導等方式來介預受輔者的體驗，其結果都
不會有太大的幫助，所以我在受輔者身上所看到的這些發展趨
向，就比較像是在他們自身中發出芽來的，而不是由我揠苗助長

的**❶**。

抛開表面形象

　　我所觀察到的第一個特徵是：受輔者會表現出一種傾向，躊躇著、恐懼著，但仍要離開不是他的那個自己。換句話說，即使他還不清楚他要走向什麼目標，他仍會先離開某種東西。而當然，就在他這麼做時，他會開始給他是什麼下個定義，不論是多麼負面的。

　　起初，他的這種移動會表現爲不敢透露他自己是什麼。所以，一個十八歲的男孩在面談的早期中才會這麼說：「我知道我沒有那麼熱心，而且我怕他們會發現。所以我才會做些事情……有一天他們會發現我沒有那麼熱心的。我只是想把到那一天的時間拖得越久越好……如果你和我一樣知道我自己就好了——。（停頓）我不想告訴你，我認爲我自己真正的樣子是什麼。我只有一點不願意合作，就是這一點……反正我把我知道的自己告訴你，也不會改變你對我的看法。」

　　很顯然的，這種表達中的恐懼正是他要變成他自己的一個步驟。他不再只是把形象當成自己，而開始逐步挨近真正的自己，也就是挨近一直躲在面子後面，怕得要命的那個人，因爲他認爲自己很糟、見不得人。

離開「應該」

　　這一種傾向還有另一個明顯的移動方向，那就是離開一種帶有強迫性，而且是他「應該是」的自我影像。有些人從自己的父母那兒把「我應該要乖」、「我必須要做得好」等概念深深地吸收到骨髓裡，所以只有經過一番艱辛的內在折騰之後，他才會猛然

168

發現自己已經離開了那些「應該」的目標。有位年輕的女性，談到她和父親之間令她不滿的關係，但她先談的是本來她多麼希望獲得父親的愛。「我想，在我對我爸的這些感覺裡頭，我實在非常非常希望和他有很好的關係……我非常希望他愛護我，但我卻好像沒得到我想要的。」她一直覺得她必須迎合她父親對她的要求和期望，但那些期望「實在太多了。因爲，只要我滿足了一個期望，接下來又會有另一個，又另一個，又另一個，而我實際上就像一個也做不到。這些要求眞是沒完沒了。」她覺得她就像她的母親，很順服但常抱怨，老是在忙著滿足父親的要求。「我實在不想做那樣的人。我發現那根本不是個做人的樣子，可是我在想我好像也相信，如果你要得到愛，被人好好地照顧，那你就必須像那個樣子。只是，誰會想要愛一個那樣唯唯諾諾的人呢？」輔導者回道：「誰會眞的愛一塊擦鞋墊呢？」她接著說：「至少我不會希望讓一個會愛擦鞋墊的人來愛我！」

由此，雖然聽不出這些話表達了她想要做的自己是什麼，但在她的談話和語調中顯出的厭煩和不屑之情，很明顯地告訴了我們：她要離開那個「必須要乖」「必須順服」的自己。

說來奇怪，有不少人覺得他們被迫認爲自己不好，而後來他們想要離開的乃是這種想法。有個年輕人很明顯地表現了這種離開的傾向。他說：「我不曉得爲什麼會有這種觀念，認爲感到自己可恥，是一種很適當的感覺……我不得不覺得自己很可恥……我生活的世界裡，對自己感到可恥，就是最好的感覺……如果你處處都被人反對，這個不准、那個不准，那我猜想，你唯一能維持的自尊心就是對那些不准做的部份感到可恥吧……」

「可是現在我斬釘截鐵地拒絕再照以前的觀點做下去……我就好像聽到人告訴我說：『你該做的就是要認爲你自己很可恥

169

——就這麼做』我已經接受這個說法很久、很久了。我只會回答說：『是是是，那就是我！』可是現在我已經站起來，衝著那個人說：『我才不管你說什麼。我不要再覺得自己可恥了！』」顯然，他正在棄絕那自認爲見不得人的想法。

不再迎合期待

別的受輔者在這種傾向中所發現的則是：自己正在離開社會文化對他的期待。在當今的工業文化中，例如懷特（Whyte）在他的近作中有力地指出(7)，人都被一股強大的壓力逼著去表現「組織人」的特徵。也就是說，一個人必須完全變成某個團體的成員，必須捨棄他的個性去順從團體的需求，必須要能「八面玲瓏以便能與八面玲瓏的別人應對自如。」

傑可卜（Jacob）最近完成一個關於本國學生的價值觀之研究，他獲得的結論是：「高等教育在學生價值觀上的通盤效果乃是讓學生普遍接受一套標準和態度，而這是在美國的社會中，由大學出身的男男女女們所共具的特徵……可以說，大學生涯對大學生們的衝擊就是……將這些個體都予以社會化，把他們磨細、打光，『塑造出』他們的價值，好讓他們能和美國大學校友們的世界舒適而自在地打成一片。」(1,p.6)

我發現我的受輔者們一旦獲得自由選擇生活方式的機會時，他們對於這種逼人從衆的壓力都傾向於表示厭惡或懷疑，懷疑一個組織，或大學，或社會文化何以能將他們模塑成什麼預定的樣子。有一位受輔者滿腹憤恨地說：「很久以來，我老是根據別人認爲有意義的方式在過生活。可是實際上對我自己卻根本沒半點意思。我時常會覺得我在某些方面總要比那還多些才對。」所以

他就和別人一樣，露出了離棄他人期待的端倪。

不再取悅別人

　　我看到很多人是靠取悅別人而過生活的，但是，同樣的道理，在他們得以自由時，他們就不會再想做這樣的人。有位專業人員在心理治療的末期中，回顧自己過去的經歷，而如是寫道：「我終於覺得，我得開始做的，只是我自己真想做的，而不是我以為我應該做的，更不必管別人認為我該做的是什麼。這真是把我的一生整個倒過來了。從前我總是認為我該做一些事情，因為別人希望我這樣做，更重要的是，因為我希望別人喜歡我。真是見鬼了！我想，從現在開始，我要做的就只是我自己了──有錢也好、沒錢也好，善良也好、惡劣也好，講理也好、不講理也好，合邏輯也好、不合邏輯也好，有名也好、沒名也好。所以，謝謝你幫我重新發現莎士比亞那句話的意思──『對你自己要真實』。

　　由以上數例，我們也許可以說：受輔者首先用負面的方式界定他的目標為（以瞭解的關係中所具有的自由與安全為本）：發現一些他們所不願去的方向。他們寧願不對自己隱藏他們的感覺。他們不願做他們「應該」做的人，不論這種指令是由父母或文化所設定的，也不論它的界定方式是正面或負面的。他們不希望為了讓別人高興而一直在修飾自己的行為。換句話說：他們不要選擇那些造作的、強加的、或任何外在界定的東西。他們弄清楚了：像那樣的一些生活目標，即便是過去一生所信守不渝的也罷，自今而後他們不再認為有價值了。

邁向自我導引

從正面的角度來看，這些受輔者們的體驗中又包含了什麼呢？我試試把他們的走向中被我看到的部份描繪出來。

171　　　首先，他們走向自主。這意思是說：他會選取一些他想要的目標而漸漸走過去。他變得對自己負責。他自行決定什麼行爲、什麼活動對他才是有意義的，而什麼則否。這種邁向自我導引的傾向，在以上的例子中已經在在顯示過。

我不想造成一種印象，讓各位覺得我的受輔者們都快活而自信地往這方向邁進。這絕非實情。做自己的自由即是要自負其責的自由，這在開始時總是嚇人的，任一個人若想走過去，他必須小心翼翼、戰戰兢兢，而且實在說不上有任何自信心。

我也不希望造成這樣的印象，好像每一個人都可以做出健全的選擇。要想負責地自我導引就是要選擇——然後從後果來得知對錯。因此，受輔者們會覺得做選擇的體驗旣嚴肅又令人興奮。有位受輔者這樣說：「我覺得害怕而且脆弱，我的支架都被拆光，但我仍覺得在我裏面有一種往上衝的力量。」當一個人開始接下他自己的生命和行爲之時，這便是一種常見的反應。

邁向「過程」

第二個觀察，很難形諸筆墨，因爲我們的語言裡找不到好字眼來描繪。受輔者在此似乎更開放地邁向一種過程、流動、變化的狀態。當他們發現自己每一天都不太一樣時，他們也不會驚慌；他們對同一種體驗或同一個人的感覺不會永遠一樣，他們的態度不會永遠一致，但對於這些，他們都不害怕。他們是在變化之中，而且也滿足於繼續在這種流變過程中。那種拚命尋找結論、尋找

答案的情態似乎都消失了。

　　有位受輔者說：「乖乖，事情當然都在變，連我都沒法預料我自己的行為了。有些事情，從前我都會做的，現在我就是不知道待會兒該說什麼。好傢伙，這種感覺真是……講出這些話，連我自己都很驚訝……我每次都看到一些新的東西。這就是啊，一場探入不名之地的冒險吧……現在我蠻欣賞這個樣子，我喜歡這樣，連以前看來很不好的這些全部，我都喜歡。」他開始能欣賞自己變成個流動不居的過程。在治療的時間中是如此，後來，回到真實生活中也將如此。我禁不住想起齊克果對一位真正存在的個人所作的描述。「一個存在的個人必定恆在變化的過程之中……且將他所有的思維轉譯為過程的語言。對他而言……就像一個作者和他的文體風格一般；因為他除了那文體風格之外，永不會完成什麼，而每次當他開始寫作時，他只是在『攪動語言的水波』，因此他才可以在一些最普遍的語言表達中賦予新生般的鮮活生機。」(2,p.79) 我覺得這段話把受輔者們所發展的方向刻劃得好極了──是邁向一種讓潛能誕生的過程，而不是朝向另外一些固著不變的目標。

邁向複雜的情態

　　這其中也包含了過程的複雜性。舉個例來說明吧。我認得一位輔導者，他自己也曾經頗受惠於心理治療，最近他來找我討論他和一個麻煩而困難的受輔者之間的關係。讓我感興趣的是，他並不想討論那位受輔者，只是偶爾很簡要地提一提而已。他談的多半是他想確定他在這場關係中，自己是否一直清楚地意識到自己有複雜的感覺──對受輔者的溫暖，偶爾會感到的挫折和惱怒，對受輔者本身利益的同情和關切，某種程度的恐懼感：害怕

受輔者可能轉變成精神病，還有，他也關心如果這個案沒弄好，別人會怎麼想。我聽出來，他的整個態度乃是希望自己能夠坦然、開放地與這些複雜、多變乃至相互矛盾的感覺合爲一體，倘若能夠如此，一切就都會順利進行。但如果他只能部份地感受到這些，而其餘的就只以表面或防衛的態度來回應，那他也確信，這場關係不可能很好。我發現，他希望在每時每刻中都能與整個的自己合一——包括所有豐饒、複雜的體驗，而無所遺漏、無所畏懼——像這種願望，在那些因心理治療而表現長足進步的人中，是頗爲普遍的。我毋需再說這種目標是難以達成，或甚至完全不可能的。在人的身上明明已顯示了這種發展的趨向：在每一度關鍵時刻中，他會奮力往前，邁向一個複雜而多變的自我。

173 邁向開放的體驗

「成爲一個如其所是的自我」之中還包含了其他的成份。這也許已經隱含在前文中：人要變得能夠和自己的體驗開放、友善而親切地相處。這種情態並不容易產生。一個人開始察覺自己的一些新面相時，他總是會先加以排斥。只當他能在接納的氣氛中對這些一向被拒絕的面相作嘗試的體會，然後他才會慢慢將它接納爲自己的一部份。正如一位受輔者在驚懼之中談到他體驗了自己那種依賴、有如小孩子的一面之後的感覺：「我從來沒有清清楚楚地感受過那種情緒——我從來不曉得自己是這樣的人！」他不能忍受自己居然有那麼孩子氣的感覺。但後來他漸漸地接受了這一點，將它收納爲自己的一部份，親近它，而當它出現時，也能活在其中。

另一位年輕人，他有嚴重的口吃，在治療行將結束的時候，把自己一向埋藏的感覺坦露出來。他說：「乖乖，這個仗打得好

慘。我以前都不曉得。我猜是因爲，如果要到達那麼高，一定會很痛苦。我是說，我現在才開始感覺到一點點。哎，**可怕的痛苦**……連講出來都很可怕。我是說：我想要講，然後我又不想講……我覺得——我想我知道——那只是緊張——很可怕的緊張——**壓力**，就是這個字，我感到的**壓力**有這麼多。這麼多年來，到現在我才開始感覺到……眞可怕。我現在簡直也沒辦法呼吸了，我裡面整個都嗆住了，整個裡面都緊緊的……我就覺得我被**壓碎**了。（**他開始哭。**）我從來都不曉得，我不知道是這樣。」(6)在此，他對自己所開放的內在感覺，顯然對他而言並不新奇，但一直到此刻之前，他從來沒能充分地體驗。既然現在他已允許自己去體驗了，他會覺得不那麼可怕，因此他會能夠和自己的體驗更爲親近地活在一起。

慢慢地，受輔者會曉得，體驗是一種友善的資源，而不是可怕的敵人。由此，我想起一位受輔者，他在治療接近終結之前，碰到一個困惑的問題。他用手抱著頭說：「我現在的感覺到底是什麼呀？我想挨近去看看。我要知道那到底是什麼？」然後，他　174　會停一下，安安靜靜、耐心十足地等，到後來，他會分辨出那些感覺確實的滋味。我常能體察到，受輔者總是在嘗試傾聽自己，嘗試聽到身體內部反應所傳來的訊息和意義。他對於新發現的體驗不再惴惴不安。他終於明白，自己的內在反應和身體感覺所傳來的訊息是友善的。他終於想要更接近這內在訊息的根源，而不再將它封閉。

馬思婁曾經研究一些他稱爲「自我實現者」(self-actualizing people）的人，他指出這些人的特徵時說：「他們可以輕易穿透實相，他們（對於自然實相）有一種如動物、如小孩般親近的接納和自發的表現，而這就意謂著他們對自身的種種衝動、

慾望、意見和整個主觀反應都有極優越的知覺。」(4,p.210)

　　對於內在體驗的開放也會和開放外在實相的體驗有關。馬思婁所談到的，和我所瞭解的一些受輔者簡直是一樣的。他說：「自我實現者具有一種奇妙的能力，能夠一次又一次以敬畏、愉悅、驚奇乃至狂喜的心境反覆欣賞生命中基本的美好事物，每次都鮮活如初、天眞如初，而這在別人看來也許根本都是些枯燥乏味的東西。」(4,p.214)

邁向接納他人

　　和上一節所談的「對內在、外在體驗開放」十分接近的乃是對他人的開放和接納。一個人開始邁向接納自己的體驗時，他也會邁向接納他人的體驗。他珍視並且欣賞自己以及他人體驗的本然實相。再引一段馬思婁談到自我實現者的話：「人不會埋怨水溼，也不會埋怨石頭硬……正如小孩子張開無邪且又無批判性的大眼睛，看著這個世界時，他只注意到、觀察到世界的本來面貌，而根本不去和它爭辯，或命令它變成別的東西，同樣的，自我實現者也是這樣看待他自己以及別人的本性。」(4,p.207) 像這種接納存在的態度，我在心理治療中看過受輔者朝這方向發展。

175　邁向信任自己

　　再換個方式來描述每位受輔者的改變型態，我可以說，對於這種變爲自己的過程他會漸增加信任和珍視。看看我的受輔者，我對於那些有創造性的人就更爲瞭解了。舉例來說，十六世紀的畫家葛雷科（El Greco）在看著自己的早期作品時，他心中一定早就曉得：「好藝術家決不會這樣畫的。」可是他卻相當信任自己對生命的體驗，他對於自己的內在過程有足夠的瞭解，因此他

才能繼續表現他那些獨特的感受。我們儼然可以聽到他說：「好藝術家決不會這樣畫，但我就是要畫成這樣。」再轉到另一個領域吧，海明威（Ernest Hemingway）一定也曾意識到「好作家不會寫成這個樣子。」但所幸他繼續邁向海明威，就是他自己，而不是朝著別人認定的「好作家」之途發展。愛因斯坦似乎對於「好物理學家該怎麼想」特別的不在意。他從不因爲自己的物理學背景不太夠而倒頭過去充實那些知識，他只是逕自走向愛因斯坦，去作他自己的思考，去把他自己眞實而深刻地展現出來。這不是只發生在藝術或科學家天才身上的現象。我一次又一次的在我的受輔者之中看見一些原本很單純的人，後來在自己的工作範圍內變爲有創性的重要人物，因爲他們發展出對自己內在過程的信任，因爲他們敢去感受自己的感覺，憑著他們從自身之內發現的價值而生活，並且敢於以他們自己獨特的方式把自己表達出來。

總方向

讓我看看我能否扼要地把這個變化運動的基本組型說出來，看我能否把我在受輔者身上看到的各個變化因子描述一下。要而言之，他是自知而自我接納地邁向*當下存有*（being），也就是邁向內在而實在的*如其所是*的過程，他要離開他所不是的存在情態，離開表面形象。他不必再聚精會神、惴惴不安地去護衛那個比本然的自己還多的樣子。他也不必再滿懷愧疚、自怨自艾地把自己貶損到比本然的自己還少的樣子。他會更能傾聽來自生理和情緒之實際存在的聲音，而且，以更精確、更深刻的自我瞭解爲本，他發現自己更願意做個最能如其所是的自己。有位受輔者，他剛開始體察他所採行的方向，在面談時一邊滿腹疑慮地自問 176

道：「你是說，如果我眞能做到像我希望是的樣子，那，一切就
都會好了嗎？」他自己和許多其他受輔者在繼續發展下去的體驗
中，都傾向於肯定的答案。當他可以自由地採行任何方向時，做
個眞正是自己所是的人，這便是他可能認爲最有價值的方向。這
並不單單是對價值作智性的抉擇，而是在摸索、嘗試和不確定的
行爲中，作出最好的描繪，並可由茲而開發出一條道路，通往自
己所欲前往的目標。

幾點誤解

　　對很多人來說，我所盡力描繪的生命之路，似乎根本不能令
他們滿意。事實上，我所說的價值會被理解成許多極不相同的價
值。我很願意尊重這種差異性，不過，我卻發現其來由有些是起
於誤解。所以，我先得盡我的可能，澄淸這些誤解。

另一種固著狀態？

　　對某些人來說，做個自己所是的人，好像就是指保持靜止的
狀態。他們把這種目標或價值視爲「固著不變」的同義語。沒有
什麼想法比這更離譜了。成爲自己所是的人，乃是要完全進入過
程之中。只要這個人是情願來做如其所是的自己的話，則自我的
變化非但受到助長，甚而會被推向極致。說眞的那個一直在否認
自己的感覺和反應的人，常常就正是那個會來找治療者的人。這
個人雖然曾經嘗試要改變，但在試過幾年之後卻發現自己仍在他
自己所不喜歡的行爲上繞圈子。所以唯有當他更能變成自己，也
就是更能讓被否認的部份也回復到自身中，他才有希望達成改

變。

變得邪惡嗎？

177

對於我所描述的生命之道，有些更常見的反應是說：做個如其所是的自己，乃是變成邪惡的壞人、變成難以控制、變得滿懷破壞性。好像把一頭惡獸從牢籠裡放了出來。我對於這種觀點非常熟悉，因為幾乎每一位受輔者都會有這種疑問。「如果我膽敢讓積壓在裡面的感覺都流出來，如果我竟要以那些感覺來過活的話，那一定會惹出災禍。」幾乎每一位受輔者（不管他是說了或沒說）在行將躍入自己的未知之境時，都會有這樣的態度。但是整個心理治療進程中的體驗卻在在與這些恐懼相牴觸。他會漸漸發現，當他的憤怒就是他的真實反應時，他可以恰如其是地表現憤怒，而這種自己可以接納的憤怒，或可以透明展現的憤怒，是不會具有破壞性的。同樣的，他也發現他可以恰如其是地表現恐懼，而這種自知的恐懼並不會使自己瓦解。他可以自憐，而這也沒什麼不好；他可以有性的慾望、有「偷懶」的感覺、可以滿心敵意，而天不會因此就塌下來。這道理是說：人要是愈能允許種種感覺在他身內流動，則各種感覺會愈能就全體感覺的和諧關係而各就其位。他會發現他並不是單單具有一種感覺，而是有多種感覺交織在一起，並且還能互相平衡。他會感覺到愛、溫情、體貼和合作，也會感覺到敵對、多慾或憤怒。他感覺到興趣、熱忱和好奇，也會感覺到懶散或冷漠。他感覺到無懼和勇氣，也感覺到畏縮害怕。他的種種感覺若能在他之中以如此複雜的情態而都被接納，則它們會帶著建設性和諧地運轉，而不會把他逼上無法控制的邪惡之途。

有些人很關切這個問題，而他們的說法是：讓一個人做得像

眞正的自己，那不就等於把自身中的獸性也釋放出來嗎？這個說法讓我覺得很有趣，因爲我想我們也許可以來仔細瞧瞧這些獸類。獅子常被當做「獵食獸」的代表。但牠又怎麼樣呢？除非牠和人類多番接觸而被弄得很乖戾，否則牠仍具有我所描述的那些特性。說得明白些，牠之所以獵殺是因爲飢餓，但牠卻不會去進行狂暴的殺戮，也不會貪吃過量。牠比我們當中的很多人更善於保持健美的身材。當牠還在吃奶期間，牠是弱小而依賴的，但牠從那裡慢慢長成獨立的巨獸。牠不會抓著依賴不放。在幼年期裡，牠又自私又自我中心，但在成年之後，牠會表現適度的合作，也會養育、照顧和保護幼小。牠會滿足牠的性慾，但牠卻不會去作酒池肉林的性狂歡。牠的種種傾向和需求自會在自身之內達成和諧。以某種基本的意義來說，牠實在是自然界中帶有建設性而又相當可靠的一個物種。說了這麼多，我的意思也只不過是說當一個人而得以眞實又完整地成爲人類之中的一員時，這實在不應該引起什麼恐慌才對。相反的，這樣的人可以開放地進入一個複雜的過程之中，使地球上最敏感、最有反應、最有創意的物種之種種屬性得以充分地在他身上展現。以我的經驗來說，以個人獨特的方式去成爲一個完完全全的人類，是怎麼也不該被貼上「邪惡」標籤的。用更中肯些的語言，我們該說：成爲一個人的過程是積極、有建設性、合理而可靠的。

社會性的涵義

關於以上所描述的生命發展的途徑，其中有些社會性的涵義，我這就來說說看。我把這種發展途徑說成對個人具有無比意

義。然而，對於群體、對於組織，這是否也能有某些意義呢？這
樣的發展方向可不可以應用於工會、教會、企業團體、大學或國
家呢？依我看來，這都是可能的。我們可以舉國家外交事務為例
來看看。大抵而言，聽聽我們的國家領袖們在過去幾年中所作的
演講、發表的文告等等，我們會發現：我們的外交政策幾乎都建
立在很高的道德目的之上；而且也和我們過去所遵循的政策前後
一貫；其中不含有自私的意圖；而在每次的決斷中，也從不曾違
背過這些標準。可是，如果你聽到一個人講出來的話是像那個樣
子，你也許很快地會同意我的判斷──這只是一個表面形象，這　179
些話實在不可能代表一個人內在的真實過程。

　　我們可以來試想一下，假若我們是一個國家，而我們能夠開
放、自知、而又自我接納我們的本然實相，然後，在外交的程序
上，我們要把這樣的自我呈現出來。我不敢說我對一切都很清楚，
但我猜，如果我們要如實呈現我們自己的話，那麼在我們和外國
的溝通之中，就會包含這些因子：

　　我們這個國家是慢慢才曉得自己的強大實力的，而與此同
時，我們也清楚我們的責任何在。

　　我們是以某種無知而笨拙的方式而慢慢接受了世界領導者的
責任。

　　我們犯過很多錯誤。我們常會前後不一致。

　　我們距離完美還十分遙遠。

　　對於共產主義這種迥異於我們的世界觀，由於他的力量，使
我們深感威脅。

　　我們和共產主義之間有激烈的競爭，而每當蘇聯在任一方面
的發展超越我們之時，我們會感到忿怒、可恥。

　　我們對於外國的資源會有些很自私的打算，譬如對中東的石

油。

　　換個角度來說，我們並沒有統治人民的慾望。

　　對於個人和對於國家的自由、獨立和自決，我們有許多複雜
矛盾的感覺：我們不但要保持這樣，也以過去爲此所作的奮鬥爲
榮，但是，我們也常爲它本身的意義而感到惶恐。

　　我們比較傾向於尊重每一個人的價值與尊嚴，但當我們受到
威脅時，我們會偏離這個方向。

　　想想看，假若我們能如此開放而透明地在外交關係上展現我
們自己，我們所做的將是嘗試做我們這個國家的本然實相，而不
避諱我們自己的複雜和矛盾。結果會是什麼呢？依我看，其結果
將會相似於一個更能如其所是的個人所體驗的種種。現在我們就
來看看一些可能的後果：

　　我們會覺得更舒適，因爲我們不必隱藏什麼。

　　我們可以專注於眼前的問題，而不必花大量的精力去證明我
們的道德和前後一貫性。

　　我們可以把所有的創造力和想像力用來解決問題，而不是用
來爲自己辯護。

　　我們可以同時公開地爭取私利，也表現對他人的同情關懷，
然後讓這些衝突的欲望自行尋出個我們都能接受的平衡點。

　　我們可以在這個領導地位上自由地改變或成長，因爲我們不
要讓一些「曾經是」「必須是」「應該是」等僵固的概念所羈絆。

　　我們會發現別人對我們更不疑懼，因爲他們不必再揣測我們
的表面形象後面又藏著些什麼詭計。

　　我們有開放的態度，會更容易引致他國對我們的開放和實
在。

　　我們會更能針對世界的問題，找出眞正的關鍵而尋求解決之

道，不必在談判桌上爲形象的問題而繞圈子。

簡言之，在以上想像的例子中，我所要提示的不外乎：國家和組織也許可以像個人一樣，若能先做如其所是的自己，則其中飽藏著有正面價值的經驗。我的意思是：這個觀點包含了有關一切生命的哲學根苗，而遠比單從一個接受輔導的人身上所觀察到的發展傾向，要廣大得多。

綜　論

這次演講是由每個人都會自問的問題而開端的——我的生命究竟有什麼目的？我試圖用我從許多受輔者那兒學到的東西來回答這個問題。他們由於在治療關係中獲得免於威脅的自由，和自行抉擇的自由，因而能以自身爲例，表現出人人都可能走出的人生方向和目的。

我指出的是：他們會傾向於撤除自我掩藏（self－concealment），離棄別人對他的期待。我也說過：受輔者所表現的變化運動中，最具特色的乃是他允許自己自由地進入他他自己本然所是的流變過程之中。他也會奔向那對他友善開放的內在體驗，學習敏感地傾聽自己。這就意味著：他益發能在複雜的感覺和反應中求得和諧，而不必用刻板僵硬的方式來把自己作個清清楚楚的界定。這也意味著：當他更能接納自己之「所是」時，他也愈能以同樣的方式去聆聽、瞭解並因之而接納別人。他會讓自身的內在過程表露出來，因爲他能珍惜且信賴這些體驗。他既能創意地合理，又能合理地創造。他不斷地尋索並發現：成爲這樣一個流變不居的自己並不等於發揚自己的惡性，或變得冶蕩不羈。相反的，

181

這只是讓自己很驕傲地成爲敏感、開放、合理、有內在導向的人類之一員，能以勇氣和想像力而時時在複雜萬變的處境中調適。他也會使意識和表達能一步步地與有機體的整個反應更爲合一。用齊克果的美學語言來說，這就是「成爲一個如其所是的自我」。我相信我已經說得很清楚：這條路並不容易走，更甭說它是否有個確然的終點。這是生命所當持續不斷去走的道路。

　　爲了拓展這個概念，我也提議道：上述的生命發展方向不必僅限於心理治療中的受輔者，或限於尋索生命目標的個人。這個概念施之於團體、組織或國家上，似乎也會同樣有意義，也可能得到同樣有價值的成果。

　　我當然也曉得，我所勾勒的這條生命之道乃是個價值的抉擇，它和平常人在行爲上所採行的目標是斷然有別的。但因爲它是誕生於一些眞實的人身上──這些人有幸而獲得不尋常的機會，得以作自由的抉擇──又因爲這些人似乎都會表現出這種一致的傾向，因此，我才把它提供出來，讓諸位能夠憑此而細細思量。

注　解

❶當然，我也不可能把自己的心眼都閉上，以至於觀察者們可以輕易看出，我所要描述的體驗中，沒有任何跡象顯示受輔者們受到我的一些微妙的影響。我要描述的部份只是說：在這種安全的關係中，受輔者自身就會發生一些事情。因為這是最可能的解釋。

參考書目

1. Jacob. P. E.

　1956　*Changing Values in College.* New Haven: Hazen Foundation.

2. Kierkegaard, S.

　1941　*Concluding Unscientific Postscript.* Princeton University Press.

3. Kierkegaard, S.

　1941　*The Sickness Unto Death.* Princeton University Press.

4. Maslow, A. H.

　1954　*Motivation and Personality.* Harper and Bros.

5. Morris, C. W.

　1956　*Varieties of Human Value.* University of Chicago Press. （譯註：Morris的研究有中文的後續研究，參見楊國樞(1972)〈中國大學生的人生觀〉，載於李亦園、楊國樞主編《中國人的性格》。台北：中央研究院民族學研究所，pp.257-312; 以及楊國樞、黃囇莉(1986)〈大學生人生觀的變遷：二十年後〉，中央研究院民族學研究所專刊乙種之16, pp. 443-477。

6. Seeman, Julius

　1957　*The Case of Jim.* Nashville, Tennessee: Educational Testing Bureau.

7. Whyte, W. H., Jr.

　1956　*The Organization Man.* Simon & Schuster.

第九章
治療者心目中的美好人生：
做個功能完全發揮的人

183

　　約在1952或1953年，有一次我到氣候溫暖的地方避寒時，寫了一篇文章，題名爲〈功能完全發揮者的概念〉（The Concept of the Fully Functioning Person）。在此文中，我企圖繪出一幅畫像，用以代表完全成功的心理治療所培育出來的人。但對於這樣一個變動不居的、相對論的、個人主義的人，如果我把他當成心理治療過程的邏輯結果，我心中就不免冒出兩個疑問：我的邏輯對不對？如果對的話，我眞的認爲這樣的人有價值嗎？爲了給我自己一些機會反覆思索這樣的問題，我把文章複印起來，在往後幾年內，寄送給好幾百位索閱的人。後來，我對於文章中所論及的幾點變得更爲肯定，才把稿子投給一個主要的心理學期刊。編輯回信道：他願意刊登本文，但覺得文章必須剪裁成心理學一般常見的格式。他提出許多很基本的修改意見。我因此而覺得：也許，我的文體是心理學家不太能接受的。我就打消了出版的念頭。自是而後，這篇文章一直是不同領域的人的興趣焦點，早川博士也在語義學的專業期刊 *ETC* 上撰文評論這個概念。所以，當我開始計劃出版目前這本書時，我想到的第一篇文章就是那一篇。

　　不過，當我將它重讀一次時，發現在那幾年之間，我寫過好幾篇文章，將其中的核心觀念和主題吸收過去，而且也表達得更

184

清楚些。所以，雖然有點不甘心，我還是再度把它擱到一邊去了。用以取代該篇地位的，乃是另一篇論述美好人生的文章，只是，主要的觀點仍以「功能完全發揮者的概念」為本。我相信我把它弄得更精簡也因此更可讀了些。我對過去那段努力所作的唯一讓步，只是本章的標題之後留下了個副標題。

＊　　　＊　　　＊

對於什麼叫做美好人生，我的觀點多半是根據我和一些人，以一種稱為「心理治療」的方式，建立極密切的關係，而能以體驗得之。所以我的觀點同時具有經驗的（empirical）以及體驗的（experiential）基礎，而不只建立在學院的和哲學的基礎之上。有許多人受盡痛苦與折磨，但仍掙扎以企求另一種生活方式，我由於親身參與了他們的掙扎過程，親眼看著他們的追求，而後終於領悟什麼樣的生活才可能叫做「美好人生」。

我在一開始就得先聲明，我的這些體驗來自於一種特殊取向的心理治療法，這種治療法是近年中才發展起來的。若非得利於此，我的種種觀察就很不可能。也許我們可以說：各種心理治療法基本上都大同小異。但我不敢說這就是事實，至少我自己比較確定的，只是我所採用的一種。說得明白些，這是我認為最有效的心理治療法，我就稱它為「以受輔者為中心」的也罷。

我對於美好人生的知識既多來自心理治療的經驗，因此，如果這種治療法確定是適於創造美好人生的方法，那麼我就應該先扼要描述一下它到底是什麼，以及在治療過程中的人會發生些什麼變化。如果這種治療法在內涵和外延意義上都確然合宜，那麼就治療者而言，它所意指的乃是以下幾個條件：

1.治療者有能力和受輔者建立極密切、主觀的個人關係──不只像個科學家和研究對象的那種關係，也不只像醫生等在

那兒準備診斷和醫治病人的那種關係，而是一個人和另一個人的 185
關係。

　　2.治療者視受輔者爲不待估價而自然値得的人：他的價値沒
有條件，不受制於他的處境、行爲或情感。

　　3.治療者本身是眞實的，不用表面形象來防身，而能直接與
受輔者所體驗的感覺交會。

　　4.治療者能夠讓自己走入瞭解之中；沒有什麼內在的障礙阻
撓他去感應受輔者可能有的感覺；而他也能把他對受輔者的一些
同理心的瞭解傳達出來。

　　5.治療者可以無懼而徹底地進入這種關係之中，即使不能在
認知上掌握它的動向，也仍可以安然於爲受輔者提供極度自由的
氣氛，使他能夠讓自己變成眞正的自己。

　　就受輔者來說，這個合宜的治療法所意味的乃是：他要在自
身中逐漸探索出許多陌生、未知甚至危險的感覺，而他之所以可
能進行這種探索，乃是因爲他漸漸曉得，他正被另一個人無條件
地接納。在從前的經驗裡，有很多部份因爲太可怕、太會傷害自
我概念而都被拒斥於知覺之外，現在，他有機會逐漸熟悉這些部
份了。他發現自己能藉助於治療關係而完全體驗這些感覺，也就
是說，他可以和自身的恐懼、忿怒、或溫柔、堅強等情感完全合
一。正當他能和這難以數計的種種感覺合爲一體，體驗到種種不
同強度、不同色調的感覺時，他所體驗到的乃是**他自己**，而他就
是這全部感覺的總和。他會發現自己的行爲正與這新近體驗到的
自己併肩齊步邁向建設性的變化之途。他漸漸明白：他不必再擔
心什麼樣的體驗才能持久，相反的，他可以自在地迎接各種體驗，
並視之爲變化發展中的自我之一部份。

　　這是我對「以受輔者爲中心」的治療法所能作的最簡要說明

——我所說的，是這種治療法之最合宜、最得當的狀態。而這同時也就是我對「美好人生」所描出的一張速寫。

負面的觀察

長久以來，我一直試圖以瞭解而活在受輔者們的體驗之中，慢慢的，我對於所謂美好人生乃以負面的方式作了個結論，依我看來，美好人生絕不是一種固著的狀態。我的理解否認它是一種德行的境界、或充分滿足的狀態、或幸福、或涅槃。美好人生不是一種已經調適、已經填飽、已經實現的情狀。用心理學的術語來說，它不是一種消除了驅力、消除了緊張的狀態，也不是一種生理上的恆定狀態。

我相信以上所提到的各種狀態，很多人都以爲：一個人只要能達成其中之一（或其中之若干），那就表示他已經臻至美好人生。顯然很多人確實以爲「適應」「幸福」就是「美好人生」的同義語。許多社會科學家也經常說：人若能消除緊張，或達成恆定狀態、平衡狀態，這就構成了生活過程的目標。

所以，聽到我說：我的經驗不能支持以上任一項定義，我想讀者們一定會相當驚訝，而且關切這種說法。我專注於人的眞實經驗。在心理治療的關係之中，許多人證實了他們可以在自己的生命中作最大的改變，而在這種關係結束後的長長歲月中，也確實有長足的進展，邁向美好的人生。我看著這些人的追求、改變和發展，而斷定他們的生活不是任何固著狀態的語詞所能夠形容的。我相信，如果有人說他們的生活已經很「適應」，那他們定會覺得那是一種侮辱；而如果有人形容他們的生活爲「快樂」「滿足」或甚至「（自我）實現」，他們也都會認爲這種說法虛假不實。據我的瞭解，把他們說成「驅力的緊張已經消除」或說他們「已在

186

恆定狀態中」，那才是最風馬牛不相及的。因此，我被逼著來質問自己：到底有什麼方法可以用來總括他們的處境，或怎樣給美好人生下個定義，而最能符合我所看到的、發生在他們身上的事實？我發現這些問題實在很不容易回答。以下，我只作些嘗試性的描述。

正面的觀察

如果我企圖以簡要的語言來捕捉這些人身上所發生的事實，我相信大概就會像這樣：

美好人生乃是個過程，而不是一個存在的境界。

它是個方向，而不是個終點。

構成美好人生的方向，是由人的整個有機體所作的選擇；而他之所以能作此選擇，也只當他獲有心理上的自由，得以奔往任何一個方向的時刻中。

由整個有機體所選擇的方向似乎帶有某些可辨識的共通性，在許多不同的個體身上，相當一致地表現出來。

綜合以上所述，我可以寫出一個定義，好讓我們能據此而多作考慮和討論。從我的經驗觀點看來，美好人生乃是一個運動變化的過程，它所奔往的方向是當人的有機體獲有內在自由、得以往任何方向發展時，定會選擇的那一個方向，而這個被選擇的方向似乎具有些普世的共通性。

這個過程的特徵

我現在就要指出這個美好人生過程的一些特徵──這都是心

理治療的經驗——累積而得的知識。

對體驗益發的開放

首先，這個過程似乎包含著對體驗漸增的開放性。這句話對
我的意義真是與日俱增。開放性乃是防衛性的相反一極。而所謂
防衛性，以前我曾經撰文將它描述成這樣：有機體對於某些體驗
的反應，這些體驗共同的特徵是被視為會威脅到自己，或和現存
的自我圖像不相符，或不符於自己和世界的關係。這些威脅性的
體驗可以在意識中予以扭曲或否認，使得它們暫時減除傷害。我
自己對於和既有的自我圖像顯然有異的種種體驗、感覺、反應實
在無法看得很準確。心理治療過程的大部份就是讓受輔者不斷發
現他正在體驗著先前所無法意識到——也就是他無法「擁有」之
為己身的一部份——的種種感覺和態度。

一個人如果能夠完全對體驗而開放，則每一個刺激——不論
是源自有機體之內，或起於環境——都能輕易地透過神經系統而
轉播，不必再受防衛機制（defense mechanism）的扭曲。同時
有機體本身也不再需要**潛念**(subception)的機制來向自我傳遞預
警，以防範任何可能帶有威脅性的體驗。相反的，無論刺激是以
什麼方式構成（造型、色彩、聲音）；不論它是從環境透過感覺神
經而來，或從過去沿著記憶的軌跡而來，或直接從五臟六腑直接
傳來；不論它是恐懼、歡愉或厭惡，這個既已開放的人將會活在
其中，使它們都能為知覺所觸及。

由此可知，我所謂的「美好人生」的過程中有一個面相就是
從體驗的防衛性那一極轉向開放性的一極。這個轉變中的人將會
更能傾訴自己，更能體驗他身內究竟發生著什麼事情。他對於恐
懼、畏縮、痛苦之類的感覺更為開放。他可以自由而主觀地活在

實際存在的感覺之中，也能自在地意識到這些感覺。他會更能夠
完全地活在有機體的體驗之中，而不是把體驗關在意識的大門之
外。

更爲實存的生活

美好人生過程的第二個特徵包含著在每一時刻都能更完整生
活的傾向。這個想法很容易遭到誤解，而且在我自己的思想中也
有點模糊。讓我嘗試解釋一下我的意思。

我相信，一個人若能完全不帶防禁之心對體驗開放，則每一
時刻對他而言都會變得很新鮮。內在外在刺激在此刻所構成的複
雜圖像，好似在以往從未以如此方式存在過。結果這個人將會明
白：「下一片刻的我將會是什麼、做什麼，要看那時刻中的發展；
而不論是我或別人都不可能預知。」我的受輔者們中就有不少人
經常表達這樣的感覺。

這種實存的（existential）生活中所表現的流變性，還可換用
另一種方式來解釋：自我和人格是從體驗中萌發出來的，而不能
把體驗歪曲、轉譯以便符合原先所設定的自我結構。也就是說：
人是在參與著、或觀照著有機體經驗的持續過程；人並不是在控
制著它。

而「活在每一片刻中」就意指著：沒有僵固性、沒有嚴謹的
組織結構強加於體驗之上。相反的，它的意思是：使調適的可能
性增至最大程度，在體驗之中找出結構，讓自我和人格成爲一個
流變不已的組織。

這種實存生活的傾向顯然出現於每一個身在美好人生過程中
的人。這甚至可說是美好人生的最主要特性。活在體驗的過程中，
去發現體驗的結構。我們大多數人並不是這樣。我們習慣於拿預

189

先形成的結構和評斷來套在體驗之上，死不放手；我們只會削足
適履地讓體驗來符合預設；我們都討厭那些流變的性質，因爲它
最不容易剛好塞進我們事先費力挖好的蘿蔔坑。把自己的心向著
正在進行的現在而開放，或在此刻的過程中找出結構──不管它
會是什麼結構──這在我看來，就是美好人生，或成熟生活的一
種特性。因爲我看過許多受輔者奔往那個方向。

益發信賴自身的有機體

信賴自身的有機體以便在每一實存的處境中表現最令自己滿
意的行爲。這是活在美好人生過程中的另一個特徵。我再來解釋
一下它的意思。

在每一個處境中，究竟該選擇什麼行動才好？對這個問題，
許多人都會問一些群體、機構、或從別人的判斷（太太的、朋友
的、家庭版信箱的等等）去乞求些指導原則或行動綱領來作答案，
或者根據自己過去在類似處境中的做法來依樣畫葫蘆一番。可是
我觀察過很多受輔者，從他們的體驗中學習到很多，我的發現是：
這些人由於漸能信賴整個有機體的反應，向體驗開放，下手做他
們「覺得對」的事情，而後證明這就是最可靠的行爲準則，也是
最能令自己滿意的選擇。

190　　　　一個能完全對體驗開放的人等於將當時處境中所有可得的與
料（data）都觸及了，而他的行爲就奠基於此：社會的規範、自
身中複雜而衝突的需求、對過去相似處境的回憶、對當前處境之
獨特的感受等等。所有的與料合在一起當然是相當錯綜複雜的。
但他若能讓整個有機體和意識都能參與其中，用以斟酌、拿捏每
一個刺激、需求、規範以及它們相互間的強度和重要性，由此找
出一條行動的途徑，這樣的話，他就最可能滿足當時處境中所有

的需求。用一個大型電子計算機來做個比方吧：他所有的感覺印象、記憶、過去的學習、內臟裡的消息等等都化爲數據（data），全部輸入計算機。這個計算機在霎時間把這些多次多元的數據攪拌在一起，計算出在當下實存處境中既能滿足所有需求，但又最經濟的一個向量。這就是我們假設的人所可能採取的行爲。

　　這樣一個過程之所以會出現瑕疵而令人疑慮，是因爲我們大多數人總會把一些不屬於當前處境的訊息輸入，卻又捨棄了一些應該和當前處境息息相關的東西。假若一個人把過去的學習和記憶當成眼前的實在，而不當成過去的東西，這樣輸入計算的結果，當然會得出錯誤的行爲答案。還有，當一些帶有威脅性的體驗受抑制而不能進入意識中，因此無法輸入，或只得以扭曲的形式輸入，這也會產生誤差。但是，我們所假設的人會能夠完全信賴有機體本身的，因爲他會利用所有可得的與料，而且各項與料也都會以正確的形式（而非扭曲的形式）呈現。因此他的行爲就會儘其可能地接近於滿足所有的需求——爲了自我提昇，爲了與他人結合等等，都包含於其中。

　　在這些斟酌、拿捏、盤算的過程中，人的有機體並不是決不出錯的。它雖然總是就可得的與料儘可能作出最好的答案，但偶爾也會有數據失漏的時候。就因爲能對體驗開放之故，任何誤差，或任何行爲結果不能令自身滿意者，都會迅速地被改正過來。這個有機體的大運算會一直維持著改正的過程，因爲它會不斷在行爲中查對。

　　也許諸位不挺喜歡我用計算機來做比方。我這就回到我所知道的人身上吧。當他們變得益發能對所有的體驗而開發時，他們也會發現：信賴自己的反應是蠻可能的。假若他們「覺得想要」表達忿怒時，他們就會把它做出來，而且也會發現，結果頗能令

自己滿意，因為就這樣才使他們能讓其他的各種慾望（對情感、對親和、對關係）都有同樣鮮活的方式存在。他們會很驚訝地發現自己具有一些直覺的技能，可以在複雜煩擾的人生問題中找到實際的作為來解決那些難題。只有在事後，他們才會明白：自己的內在反應可以衍生滿意的行為，而這一點是多麼值得自己信賴！

增加功能發揮的過程

以上抽繹的三個頭緒，現在我就要把它們搓成互相連貫的一條線，說明它們如何合成美好人生的過程。

在我看來，一個心理上自由的人會自然上路，變成功能完全發揮者。他會更能夠和他的每一個（或全部）感覺、反應一起過生活。他會儘可能準確而充分地運用自己的有機體感官，去感覺內在和外在的實存處境。他會運用他的神經系統所能提供的全部資訊，運用之於知覺中，但同時也曉得：他的整個有機體也許還比知覺更為聰慧些。他會更能夠允許他的整個有機體去自由自在地發揮全部複雜的功能，用以在多重交錯的可能性之中，選擇出當下情況裡最真實能令自己滿意的行為。而他也可以把更多的信任放在這種功能發揮的過程中──不是因為它決不犯錯，而是因為它可以完全對後果開放，也因而可以在每次行動之後，衡量後果之是否真能令自己滿意，而不斷作必要的修正。

他會更能體驗全部的感覺，而較不害怕任何一種感覺；他是自己的篩子，可以篩檢各種來源的證據；他徹徹底底進入成為自己、與自己合一的過程，且因此發現他具有健全而合理的社會性；他能更完全投入於此刻的生活，而他會知道，這才是在任何時刻中最健全的生活方式。他變成個更充分發揮功能的有機體，而同

192

時又由於他對自身的知覺能自在地流動、穿透於他的體驗，他也就變成了更充分發揮功能的人。

一些涵義

任何一個觀點若涉及「什麼因素構成美好人生」的問題，則此觀點中必帶有許多隱涵之義，而我所陳示的觀點也不例外。我希望這些涵義可以成為思考的食糧。我在這裡想提出討論的有兩三點。

對「自由 vs. 決定論」的新看法

第一個涵義也許不是直接可見的，但我要指出，它和古老的「自由意志」這個論題有關。我想試試針對這個論題，把我現在的看法說出來。

好長一段時間，我在心理治療的領域中一直被自由與決定論之間那個活生生的弔詭問題所惑。在治療的關係裡，有些最動人的主觀體驗，就是受輔者在自身內感到他具有純粹抉擇的力量。他可以自由地變成他自己，或躲在表面形象之後；他可以自由地向前邁進，或倒退回去；他可以自由地表現損人損己的行為，或表現利人利己的行為；也可以相當自由地（以生理或心理上的意義而言）選擇活著，或選擇死亡。可是，當我們和其他科學家一樣，用客觀研究方法進入心理治療的領域時，我們立刻就成為徹底的決定論者了。因為這個觀點會把受輔者的每一個想法、感覺、行動視為先前事件所決定的後果。因此也就沒有所謂的「自由」存在。我想要描述的這種兩難問題和其他科學領域中所發現者毫

無二致——只是讓它更尖銳凸顯，而且看來更是無解而已。

193　　　不過，這種兩難，在考慮過我所定義的「功能完全發揮者」之後，倒也可以用新的觀點來再看一次。我們可以說：在合宜的心理治療中，受輔者確實體驗到最完全、絕對的自由。他根據自身內外所有的刺激而憑意志選擇一個最經濟又最能令自己滿意的行動方向。但從另一個角度來看，這個行動方向也正是被當時存在處境中的諸因素所決定。我們可以拿這個情形和一個防衛性很強的人格圖像來做個對比。一個防衛性很強的人也有意志、也會在既有的行動方向中作一選擇，但他卻發現他*沒辦法*以他所選擇的方式表現行爲。他受到實存處境中的諸因素所決定，但這些因素中包含了他自己的防衛性，以及他對一些相關與料的否決和扭曲。因此，他的行爲當然更難達到完全令自己滿意的程度。他的行爲是受決定的，而他並不能自由地作個有效的選擇。相反的，功能完全發揮的人即使在絕對受決定的條件下，也仍能體驗並運用絕對的自由，而從其中作出自發、自由和自願的選擇。

　　　我倒不是天眞得以爲我已經把客體與主體之間，以及自由與必然之間的難題完全解決了。不過，我所得到的領悟是這樣的：一個人越是能活在美好人生中，他就越能體驗到選擇的自由，而他的選擇也越能有效地施之於他的行爲上。

創造性之爲美好人生的一個因子

　　　我相信，很顯然的，一個涉身於我所謂「美好人生」過程中的人必是個有創意的人。他對世界敏感地開放，他信任自己有能力和環境建立新關係，以此，他就會是那種能製造有創意的產品，以及能過有創意生活的人。他未必能「適應」他的文化，而且他幾乎一定不是個附從者（conformist）。但不論他在何時、生活於

什麼文化中，他仍會建設性地過生活，而以文化作爲個人需求與
既定條件之間的平衡點。在某些文化環境中，他也許有某些方面
過得很不愉快，但他會不斷向「變成他自己」而邁進，也會以相
對應於自己的方式來行動，而能爲自身最深處的需求提供最大的
滿足。

　　我相信，修習過演化論的學生一定可以認出：這種人最可能
在環境變化的條件下調適而生存。他能夠有創意地在新環境或在
舊環境中達成健全的適應。他會成爲人類演化大軍中最能適應的
先鋒部隊。

人類本性之基本的可信性

　　我的觀點中，另一個明顯的涵義是：人若得以自在地發揮功
能，則其基本天性是有建設性，而且可信賴的。對我來說，這是
二十五年心理治療經驗中不可避免的結論。在我們讓人從防衛性
中解放開來之後，他能同時接觸自身的一整片需求以及環境與社
會的種種規則，則我們可以相信他的反應會是積極、前進而有建
設性的。我們不必問，誰會來使他社會化，因爲在他自身中就深
深地需要與人親近、和人溝通。當他更能成爲自己之後，他就會
變得更合理地社會化。我們不必問，誰會控制他的攻擊衝動，因
爲他若能對自身所有的衝動開放，則他的內在需求中就同時含有
讓人喜愛、喜愛別人，以及攻擊和掠奪別人的傾向。他在需要攻
擊的場合中會具有合理的攻擊性，而不會有暗地裡流竄的內在**攻
擊**（aggression）需求。在他能對他的體驗開放時，他的整體行爲
在各種場合中都會更平衡而合理，也就是說，他的行爲將會像高
度社會性的動物那樣，既能適於生存，又能適於提昇自身。

　　時下流行的觀念認爲人基本上是非理性的，或說，人的衝動

195　若未受控制，則必會變成害人害己的力量。我對這些說法實在無法苟同。人類的行為毋寧說是具有精緻的理性，它總是配以微妙而有秩序的複雜性，來邁向有機體所努力企求的目的。我們大多數人的悲劇乃由於我們的防衛性使我們無法體悟到這種理性，因此才弄得我們的意識朝一個方向發展，而有機體卻朝另一個方向走去。但一個在美好人生過程中的人就不是這樣，他的這種障礙會減到最低，而他也會益發能參與有機體的理性。唯一存在也且證明為需要的控制，乃是各種自然衝動及內在需求之間的相互平衡，在平衡之中會產生一個最近於能滿足所有需求的向量，這就是行為所當遵循的方向。為了強烈地滿足某一些需求（如攻擊的需求，或性需求等等）以致嚴重地妨害其他需求的滿足（如友誼的需求，或溫馨關係的需求等等）——像這樣的體驗，最常見於防衛性濃厚的人——但在美好人生過程中的人則會將此種傾向減至最低的程度。他會參與有機體所具有的、廣泛且複雜的自律活動——也就是心理與生理兩方面的自動溫度調節——而此等參與方式就使他更能與自己、與他人和諧相處。

生命更增其豐實

我要提的最後一個涵義是這樣的：活在美好人生當中就包含了更廣闊、更豐實的生活內容，而不像我們大多數人所過的生活那麼狹隘。進入美好人生的過程就是投入更敏感的體驗中，時時感受驚恐，也時時感受滿足，使體驗的內容更廣闊、更多樣、更豐實。我所看到的受輔者們，當他們的治療過程有進展時，通常是指他能更親近自身的傷痛愁苦，也更能鮮活地感到心醉神迷的喜悅；他更能感覺到忿怒，但也更能感覺到愛；對於恐懼，他能更深邃地瞭解，而對於勇氣亦然。他之所以能活在更廣闊的體驗

中，是因爲他自信自身即是能用以和生活交會的可靠工具。

　　我深信一般常用的字眼，如快樂、滿足、幸福、爽快等，都
不太能形容整個的美好人生。當然，在美好人生過程中的人，也
會在各種場合中體驗到這些感覺，但對他們而言，有些字眼更能
形容他們的生活，譬如：豐實、欣喜、充滿回報、充滿挑戰、充
滿意義（這些字眼，原文爲：enriching, exciting, rewarding，
challenging, meaningful 。所有的－ing字尾都表示正在經歷中
的動態，中譯文無法顯出這個特點，因此可能與上文中所謂「一
般常用的字眼」難以區別，特此註明——譯者）。我深信這種美好
人生的過程不是那些神智疲弱、漫不經心的人所能過的生活。因
爲其中包含的是伸展和成長，使自己漸漸變得和自己的潛能合
一。其中包含的是存在的勇氣。過美好人生乃意指讓自己下水，
航入生命之流。而關於人性，最令人欣喜的莫過於一個人在獲得
內在的自由時，他總是會選擇這種變化的過程爲他的美好人生。

196

第五部
逼近事實：研究在
心理治療學中的地位

我曾經努力地用事實真相

來檢驗我的臨床體驗，

但卻難免生出這樣的哲學困惑——

哪一個「事實真相」才是最切題的？

第十章
人，或是科學？
一個哲學的疑問

199

　　動筆寫這篇文章使我感到很滿意，而且文中所表達的觀點也一直很令我滿意。我相信我會這麼喜歡它的原因之一是：我完全只爲自己而寫下這篇文章。從前我根本沒想要將它出版，或用之於任何其他目的，而只在於要廓清我心中一些愈來愈嚴重的困惑和衝突。

　　回首過去，我可以辨認這場衝突交戰的起源。我所受的教育是邏輯實證論，我一直對它尊崇不已；但後來我接觸了主觀取向的存在思想，很快的，它就在我裡面生根發芽，因爲這種思想和我的治療經驗是如此貼切！我的衝突就是產生於這兩者之間。

　　我從來沒有修習過存在哲學。最初接觸梭倫·齊克果和馬丁·布伯的著作是在芝加哥的時候，幾位請我指導實習工作的神學院學生，他們很堅持地建議我看看。他們肯定我會覺得和這些人意氣相投，而他們大部份說對了。譬如說，對齊克果的東西，雖有很多地方我完全沒有反應，但也有些地方，不論何時閱讀，我看見的都是一些深邃的洞識和信念，表達得那麼漂亮，把我有過的好些觀點說了出來，而在以前我似乎一直無法將那些東西形諸文字。雖然齊克果活在百年之前，但我卻不禁把他當成一位敏感善覺的朋友。事實上，在閱讀他的作品時，我常覺得我獲得解放，

200

使我更情願信任和表達我的體驗，所以，這篇文章便反映了我從他那兒領受過多少恩澤。

　　關於本文的寫成，另有個對我很有幫助的一點：我在德克斯科（Taxco）城避寒時遠離所有的工作同仁，才能把本文的主要部份寫出來。一年之後，在加勒比海的萬倫納達（Grenada）島上，我加了最後一節把全文完成。

　　就像本書中其他幾篇文章一樣，我也把初稿複印給同事和學生們看。過了幾年，我聽了別人的建議，把文稿投給 *American Psychologist* 刊登。令我感到驚訝的是，文稿居然被接受了。我把這篇文章收入本書，是因為它比我寫過的任何其他文章更清楚地表達了我對心理學研究的整個看法，也解釋了為什麼我會過著主觀性與客觀性的「雙生涯」。

＊　　　　　＊　　　　　＊

引　言

　　這份文件具有高度的個人性，基本上是為我自己而寫的，用意在廓清一個困惑日增的問題。別人若會對本文感興趣的話，那一定是因為同樣的問題也存在於他的身上，所以在這節引言裡我應該對撰寫此文的背景有個交代。

　　我擔任心理治療師多年，獲得很多經驗，也一直在這令人興奮、充滿回報感的經驗中過生活。後來為了將心理治療之中的事實真相抽出些頭緒，我也投身於科學研究的工作。此後我就益發意識到這兩種角色之間的裂縫。我的心理治療工作做得愈好（我相信我是這樣的），在我完全投入之時，我對於自己的主觀性就變

得益發不去清晰地意識。同時，我的研究工作做得愈好，變成愈是「硬頭腦」、愈是科學（我相信我是的）之後，科學的嚴謹客觀性和心理治療中帶有神秘意味的主觀性，這兩者間的距離就益發使我感到不安。其結果是產生了這篇文章。

　　首先我只是做個治療者，同時利用有限的篇幅來描述我和許多受輔者合作渡過的心理治療過程之本質爲何。我要強調的是：我由此而寫下來的東西，無論體裁或形式都相當自由。同樣的東西如果由別人來寫，或由兩年前的我、兩年後的我來寫，在很多方面定會有所不同。接下來，我要做的是科學家——在心理學的領域中，極盡可能地硬著心腸、實事求是，而且拚命地描繪科學可以給心理治療確定些什麼意義。在扮演過兩種角色之後，我才開始在內心展開辯論，把各方可能向對方質問的疑點一一提出。

　　當這兩種努力推進到這個地步之後，我才發現，我只是把衝突磨得更尖銳而已。兩種觀點似乎變得比以前更加不能調和。於是我在一個研討會上把這些材料提出來，和師生們一起討論，而他們的評論對我非常有幫助。接下來的一年，我不斷反覆思索這個問題，後來才覺得兩種觀點有個整合的方式正慢慢浮現。本文的第一節寫成之後一年有餘，我才開始把這種嘗試性的、或說是暫時性的整合方式筆之於書。

　　所以，讀者要是有意思循著我的掙扎軌跡走下去，會發現我的行文相當無意識地襲用了一種戲劇的形式——所有的劇中角色都包含在我自身之內：第一主角、第二主角、衝突、和最後的解決。現在，言歸正傳，我先讓第一主角——擔任心理治療者的我——登台亮相。我會儘可能把我所知道的治療體驗描繪出來。

201

以體驗的角度看心理治療的要義

　　我把自己投入關係之中，所持的假設（或信心）乃是：我對於另一個人的內在世界之喜愛、信心和瞭解將會引導他走上自我變化的過程。我投入這個關係時，並不以為自己是科學家，或是善作精確診斷及醫療的醫師，我只以個人自身投入這場個人之間的關係。假若我把人看成個物體的話，那麼那位受輔者也很容易變成一個物體。

202　　把自己投入關係中之所以是一場冒險，是因為當關係加深之後，如果其中所發展的盡是些失敗和退化，乃至使受輔者唾棄我以及這場關係，那麼，我會覺得我輸掉了自己，或至少喪失了自己的一部份。有些時候，這種冒險性會變得很真實，而且那感受會強烈得直如刺入骨髓。

　　我所投入的是關係的當下體驗，也就是說，進入關係中的不止是我的意識，而是我的整個有機體，以所有敏銳的感官全副參與其中。我對受輔者的反應並不是出於有計畫的分析方法，而只是以非深思熟慮的方式，直接對另一個人而反應。我的反應奠基於我面對這另一個人，自然會以整個有機體去敏銳地感覺，而不會有意地設計反應。我活在關係中就是仰仗著這種基礎。

　　心理治療之某些最深刻的部份，其本質乃是體驗的一體性。受輔者可以放足馬力去自由地感覺，有如置身於一個「純淨文化」中，而免於理智或戒心的禁制，免於矛盾知識的束縛；至於我呢，也可以有等量的自由去體驗我對這種感覺的瞭解，而免於意識思考的影響，免於掛慮其方向和結果，免於使用任何一種診斷或分

析的想法，免於因認知或情緒的障蔽，而致無法放心地去瞭解。
在這關係中，一旦能在體驗中具備這種全然的一體性、單純性、
和飽滿性，則這個關係便獲得了「超凡絕塵」（out－of－this－
world） 的品質──許多心理治療者曾經對此有過專心的觀察
──這是一種近似恍惚忘我的感覺，而受輔者和我的關係會像穿
過隧道或爬出深井，柳暗花明地從面談時段的彼端冒出生機來。
在這種時刻，我們的關係（用布伯的話來說）就是真正的「我─你」
關係，是一種存在於受輔者與我之間的、無關乎時間的活體驗。
拿這種關係和把受輔者或把我自己當成個物體的關係來比較，剛
好在相反的兩極。這種關係正是個人**主觀性**（subjectivity） 發揮
的極致。

我常能知覺這樣的事實：我在認知上並不曉得這種活生生的
關係會往何處發展。我和受輔者好像常在惴惴不安中讓我們自己
滑入變化之流中，讓過程的水流載著我們一路下去。事實上由於
治療者本人曾有過這種體驗，而且也發現其結果很有收穫，因此，
使得他每次在縱身於此變化之流中時，會比前次更不那麼畏懼。
由於我的信心，也許使受輔者每次都更敢多投入一點。這條體
驗之流常好像是有目的似的。也許用個更真確的句子，該說它的
收穫就在於過程本身之中，而且，最主要的收穫即在於，它使得
受輔者和我在往後能各自讓我們自己走進這變化的過程。

至於受輔者，從前他一直認為，要是讓自己變成自己的話，
定會有些可怕的後果掉到頭上，然而當治療進行時，他卻發現他
也敢做自己了。那麼，這「變成自己」是什麼意思呢？在我看來，
它的意思是：對於個人所具有的非思考性的、有機體性的反應較
不害怕，同時也對這感官的或有機層面之多樣、豐盛、複雜的感
覺和傾向漸生出信賴，或甚至喜愛之情。從前，意識總是在監督

著一堆危險難測的衝動,使其中大多數都不見天日,現在,意識卻搖身一變而能安居於整個衝動、感覺、思想等所組成的社會中,而且也證實了:不用權威和恐怖統治,而讓各部份去自行管理,其結果反倒相當令人滿意。

投身於這個「變成自己的過程」乃是極深邃的個人選擇。因爲他曉得他旣可以選擇繼續躱在表面形象後面,也可以冒險投身去變成自己;他曉得他可以自由支配他的力量去破壞他人或自己,也可用同樣的力量來提昇自己和他人。面對這場赤裸而實在的決定時,他卻選擇了朝向「變成自己」而努力。

但變成自己並不意味已經「解決了問題」。那只是打通一條新的生活之路,使其中能容下更深更高的感覺體驗;生活得更寬、更廣。他會感覺自己變得更爲獨特,因此也就更爲孤單,但同時他也變得更眞實,致使他和別人的關係能除盡虛僞,而變得更深刻、更滿意,也能在別人身上引發更多的眞實性,且使之投入關係中。

由另一個方式來看這個過程、這場關係,可以說:對受輔者而言,這是個學習(對治療者來說也是的,只是程度稍低些)。但這個學習卻有個不尋常的型式。人從來無法注意到這場學習的複雜性,而且,到最深的層次後,這個學習也不太能嵌合於語言符號之中。通常人在其中所學到的,只會用這麼簡單的形式表達:「我是和別人不一樣了」;「我確實感到我在恨他」;「我是很害怕依賴的感覺」;「我確實覺得對自己感到遺憾」;「我確實有溫柔和愛的感覺」;「我可以變成我想做的」等等。但儘管這些學習看來都很簡單,它們卻都滿含新義,而我們至今還無法完全掌握得住。我們可以用很多種方式去想它。比方說,那些學習總有某些方面可看成一種自我調節──它所根據的是體驗,而不是符

號。我們可將這種學習類比於小孩的學習。小孩學會說：「二加二等於四」之後，有一天剛好在玩兩個東西和另外兩個東西，突然，在體驗中他獲得一個嶄新的心得——「二加二眞的等於四」。

另一個理解這些學習的方式是把它看成一種意欲在感覺的世界中，將符號與意義拼合起來的企圖。這種企圖和認知領域中早已達到的成就比起來，當然是爲時已晚了。在智性的層面上，我們會小心翼翼地選擇個符號，使之能切合我們所體驗到的意義。所以，當我說某件事「漸漸地」發生時，我實際上已經很快地（而大部份是潛意識地）瀏覽過像「慢慢地」「不知不覺地」、「一步一步地」等等語詞，而且都捨棄不用，因爲它們並不帶有我所體驗到的某種一定色調的意義。但在感覺的領域中，我們卻從來沒有學過怎樣以意義精確的方式將符號和體驗聯結起來。由於身在這種能接納我、又讓我感到安全的關係中，我覺得在我裡面有某種東西正在膨脹——這到底是什麼？是悲傷嗎？是忿怒嗎？是懊惱嗎？或是爲我自己而哀愁？或是爲了機會喪失而憤恨？——我跟跟蹌蹌地在四處尋找一些符號，直到發現一個「剛好」的，一個「覺得正是這個」的，才和有機體的體驗眞正聯結起來。受輔者在做這種事情時，會發現他在學習表達感覺和情緒的語言，很像小娃娃在牙牙學語；更糟的是，他發現他得先把一套虛假的語言洗掉，然後才能學到眞正的語言。

我們再換個方式來界定這種不尋常的學習。這次我們來試試描述它不是什麼。首先，這種學習是不能被教的。它的精髓在於它具有自我發現的一面。平常我們所慣稱的「知識」，可由一個人教予另一個人，只要雙方都具有足夠的動機和能力。但在心理治療中發生的那種有意義的學習，卻不能由一個人教給另一個人。那種教法會毀掉學習。所以，如果我在教一個受輔者，說這裡很

安全，他可以做他自己，說這裡很自由，他可以明白自己的感覺
並不危險等等。他愈是學到這些說法，就愈不能以自我調節的、
體驗的、對自身有意義的方式去學到任何東西。齊克果認爲只有
自我體驗的學習才是眞正的主觀性，同時他也指出：人不可能直
接傳達這種主觀性，或甚至不可能談到它。一個人如想要催使另
一個人產生這種主觀性，他頂多只能創造出某些情況，以使得這
樣的學習有可能出現而已。那是逼不出來的。

　　用最後一種方式來描述這種學習吧。受輔者會漸漸學到將整
個有機體的狀態，包括體驗、感覺和認知，一併地用符號予以表
達、傳述。假若他覺得表達出來反而會使整件事變得更曖昧、更
令人不滿，那他又何勞去捕捉、創造那些符號？但通常受輔者仍
會想表達，因爲他希望向治療者至少說出自己的一部份，只是有
時他說的可能並非最重要的部份。在做這種表達時，唯一要緊的
乃是他對於自己的有機體之統合整體的、當下臨即的狀態能有內
在的明瞭。譬如說，能完全明瞭，此刻的我之唯一介意者乃是「我
對於我有可能變成別的東西正深感害怕」，這種明瞭即是心理治
療的一個要點。凡能有此種明瞭的受輔者，若換到別的地方，而
能有類似的情境展現時，也很可能會明瞭他自身之存在的此種狀
態。他也會盡己之可能去完整地辨認出其他發生在自身中的存在
之感覺。他將因此而奔向更能與自己合爲一體的境界。他將會以
更爲統一的方式與他的有機體合一，而這在我看來，就是心理治
療的根本要義。

以科學的角度看心理治療的要義

現在我該讓第二主角——擔任科學家的我——上台接手，好把他的觀點也陳述一下。

以邏輯和科學方法來接近心理治療的現象，其目的乃在對該現象進行*理解*。在科學中，這意思就是要獲得各個事素 (event) 事素間函數關係的客觀知識。科學還可能增加人對於這些事素的預測和控制程度，不過這倒不是科學工作必要的成果。在這個研究範圍內，如果科學的目標能充分達成，我們也許便能知道，心理治療的某些元素和某些類型的成果之間有一定的關聯。憑此知識，我們應有可能預測某一時刻的治療關係可以產生什麼一定的成果（在一定的機率範圍之內），因為我們知道其中含有哪些一定的元素。接著我們便也很可能以操弄治療關係中所含的一定元素而控制治療的成果。

應該明白的是：不管我們的科學探討得多麼深入，我們也決不可能由此而發現任何絕對的真理，而只能描述各種關係發生的機率。我們也決不可能發現任何有關於人、關係、以及宇宙的任何本然實相。我們只能描述可觀察的諸事素之間的關係。如果這個領域的科學追隨的是另一門科學的研究路線，則它對於實相所呈現的運作模型（在理論建構的路線上）將會與感官所體察的實相大不相同。換言之，對心理治療或治療關係所作的科學描述將會非常不像人所能實際體驗的心理治療。

顯然，打從開始我們就知道：心理治療是個複雜的現象，因此便很不容易測量。然而，心理測量的基本信念卻是：「任何事物只要存在，定可測量，」而且，由於心理治療關係的實際意義

206

早經公認，它的各種涵義還遠超過治療本身，因此這種測量上的
困難便值得克服，以便由此導出些人格或人際關係的法則。

　　在以受輔者為中心的治療法中，我們既然已經有了個初步的
理論（不是嚴格科學意義的理論），因此我們就有了個起點可作為
選擇假設的根據。為了本文討論的方便，我就從那個理論中抽出
幾個初步的假設，來看看科學的研究能夠怎樣處理它們。我們暫
時不把整個理論轉譯成形式邏輯的語言，而且也只先考慮少數幾
個假設。

207　　　首先陳述的是三個初步假設：

　　1.治療者對受輔者的接納會導致受輔者逐漸接納他的自我。

　　2.治療者愈能將受輔者視為人而不是個物，則受輔者也將愈
能視己為人而非物。

　　3.在治療過程中，會有種關於自我的體驗學習在受輔者自身
中產生。

　　我們要如何將這些假設轉譯成操作的（operational ）語言
❶，而且要如何對它們進行考驗呢？這些考驗又會有什麼一般的
成果呢？

　　這篇文章不適於對上述的問題作細節上的答覆，但有好些已
經完成的研究卻可以提供概括的答案。以第一個假設來說，要測
量「接納」必須先做出測量的設計──也許用態度測驗、客觀的
或投射的評量、Q 技術等等。也許，以同樣的測量工具，換上另
一套說明語或心向（mind set），也可用來測量治療者對受輔者的
接納，或受輔者對自己的接納。用操作的語言來說，治療者對受
輔者的接納程度將可在這個工具上以一定的分數反映出來。受輔
者的自我接納程度是否有所改變，也可在治療前後的測量中顯
現。治療中所有的改變都是由比較而決定的，而被用作比較的則

是某一段控制的期間，或某個控制組。最後，我們便能說：在治療者的接納與受輔者的自我接納之中是否具有某種關係——這關係須在操作定義上，以相關係數表現出來。

　　第二和第三個假設牽連到更嚴重的測量難題，但我們沒理由說這些問題不能用客觀的方法研究，因為心理測量已經發展到十分精鍊的程度。某種態度測驗或Q排組法也許可用在第二個假設上，測量治療者對受輔者的態度，以及受輔者對自己的態度。以此而言，從外在對象的客觀認定，到個人的主觀體驗之間，就形成了一個連續體。對第三個假設而言，可能需以生理學儀器來做測量，因為體驗的學習可能會有生理上可以測度的併隨現象發生。另外一種可能，是以學習的效果來推論體驗的學習。在現階段，第三假設所需的考驗方法可能超過我們的技術水平，但在可見的將來，我們仍可作出操作定義，並且一一付諸考驗。

　　研究的發現將會如假設的順序一樣依序產生。為了更具體地說明，我們就姑且用那樣的先後順序來看看吧。假若我們發現治療者的接納可導致受輔者的自我接納，而且在這兩變項之間求得的相關係數在.70 上下。而在第二假設上，我們也許會發現：假設本身並未受到證據的支持，但卻發現，治療者愈能視受輔者為人，則受輔者的自我接納程度也愈高。由此，我們可得知：「以人為本」（person－centeredness）乃是接納的要素之一，但它卻無關於受輔者之是否能變成更像自己的人。我們也可假定，第三假設中的體驗學習也以某些可描述的樣態發生於心理治療中，而不發生於控制組，也就是說，第三假設因此而獲得了支持。

　　撇開各研究中所發現的各個細節特性不談，也暫時忽略它們可能累積成什麼人格動力的理論（在理論形成之前，這都很難想像），前一節的說明至少已描出一個觀念，告訴我們，科學在這個

領域可以提出哪些貢獻。首先，它對治療的各種事素以及發生的各種變化都提供了精確的描述。它又可開始陳示一些關於人的關係之嘗試性的動力法則。它提供的是公開而且可複製的說法，也就是：「若某些可以操作定義的條件存在於治療者或治療關係中，則受輔者將發生某些行為，而其發生率會在可知的機率範圍內。」我們有理由假定，在心理治療和人格改變的領域內，作像這樣的科學研究，正如在關於知覺和學習等領域內所作的研究一樣可行。到了最後，我們終必需讓各個不同領域併在一起，作出理論性的法則，用以解釋人的行為之變化，而其中必網羅了關於知覺、學習、以及更全盤性的心理治療（包括知覺和學習在內）等所有的知識。

幾點爭議

上文中所呈現的是兩種非常不同的方法，這兩者同時也是非常不同的研究取向，因此它們所將探入的新領域也必有異。以它們各自存在的情形來說，這兩套描述系統之間幾乎沒有任何交會點。它們各自代表了一種看待心理治療的有力方式。它們似乎各自認為是通往心理治療之真理的坦途。然而當各別的人或各別的團體持有了其中的一種觀點之後，他們相互之間就會因立場之不同而造成尖銳的對立。可是，若同一個人覺得兩者都對的話（正如我就是一例），那麼他自己就會陷入自我衝突之中。雖然在表面上可以將兩者結合，或認為兩者可以互補，但對我而言，這兩者之間的許多方面都有基本的對立之處。我想我應該把這兩種觀點之間的對立情形提出來。

科學家的疑問

我先以科學的觀點，對強調體驗的學者們舉出幾個問題（「科學的」、「體驗的」之類字眼只是為了區別兩者而用的權宜之計）。硬腦袋的科學家們聽了體驗派的說明後，都會作如下的追問：

1. 首先他要知道的是：「你怎麼知道你們所提的那些說明，或是以後還要繼續提的說明，是真的？你怎麼知道那種說明和真實的世界有什麼關係？如果我們可以信賴這些內在的主觀體驗，說它們都是真的，都可以實在地說明人和人之間的關係，或說明改變人格的方法，那是不是說，我們就可以相信像瑜伽術、基督科學（christian science）、心象洗除術（dianetics），還有精神病人的妄想（他還可以自稱是耶穌基督呢！）都是真的？都和這些說明一樣的真？以上那些東西，確實都有些人打從心底裡認為它是真的。如果我們要避免這些多重而矛盾的真理之泥沼，那麼我們就必得退回到可以逼近真實的方法——科學方法——裡去，而這是我們唯一知道的方法。」

2. 「其次，這種體驗的取向堵死了改良治療技巧的大門，他使人無從發現治療關係中的一些不良因素。除非我們能認定目前的描述已經十全十美（而這是很不可能的），或認定現在這個層次的治療關係是最為有效的（這也一樣不可能），否則便得承認：在既有的說明中含有許多未知的缺陷、盲點、不盡完善之處等等。我們該如何去發現、去糾正呢？體驗的取向為了達到這個目的，沒有別的辦法，只會用嘗試和錯誤的過程，這樣做，耗時費事不說，還根本無法保證真的能發現什麼、糾正什麼呢！就算別人可以提出批評或建議，也是無濟於事，因為他們沒曾經歷那些體驗，因此他們對於治療關係本身不具有根本的權威。然而科學方法或

210

現代邏輯實證論的程序卻可以提供很多保證。任何體驗，只要能
夠描述的，就一定能用操作的語言予以描述。所有的假設都可以
陳述並付諸考驗，所以眞實和錯誤就可以涇渭分明。只有這樣才
確定能走上自我改進和知識成長之路。」

　　3．接著，科學家還有一個批評：「在你們對治療體驗所做的
描述裡頭，似乎隱含著這樣的觀念：其中有些不能被預測的因子
——其中有某種自發性或（抱歉用這個字眼）自由意志在其中起
作用。你們好像在說：受輔者的某些行爲——也許還包括些治療
者的行爲——不是某種因果關聯之下的結果。我不想談什麼形上
學，但我是不是可以說，這根本就是一種失敗主義？旣然我們都
確信可以發現大多數行爲的原因——而且你們自己也談到如何創
造一些條件以便導致某些行爲的發生——那又爲什麼在這個地方
自己放棄了呢？爲什麼不把目標設定爲發現所有行爲的原因呢？
這並不意指一個人必須把自己看成一部自動機械，但在追尋事實
的過程中，我們不必因爲某些信念而致劃地自限。」

　　4．最後，科學家無法理解的是：爲什麼心理治療者，或一個
信奉體驗論的人，有必要對著衆所公認的（而且也是科學所憑之
以步步推進的）方法及工具去開火呢？「在治療疾病、預防嬰兒
夭折、增加稻麥產量、食品加工保存，在製造種種增進生活福祉
的東西（包括從書籍到紡織品）、在瞭解宇宙運行等種種方面，最
根本的基石是什麼？那不就是科學方法嗎？它可以運用於上述的
各方面，也可以用在很多其他問題上。當然，它也可以用以改進
戰爭的方法，旣可爲人類的建設性也可爲破壞性服務，但即使如
此，它在社會用途上的潛能仍然有待大加開發。所以，爲什麼在
社會科學裡要懷疑這種方法呢？我們都知道，這個領域的進展很
緩慢，而且至今也還沒證明出一條像重力定律那樣基本的定律，

可是，我們能因為不耐煩就放棄這種研究方法嗎？難道還有別的
辦法可用，而同時也給我們同樣多的希望嗎？如果我們都同意：
整個世界的社會問題都在咄咄逼人，而且如果心理治療確能為人
類行為的改變提供一條有利的出路，那麼，當然，在心理治療學
中便應運用最嚴謹的科學方法，儘量使之普及於每一個角落，如
此才能使我們以最快的速度逼近人類行為和態度改變的法則。」

體驗論者的疑問

科學家們的疑問對某些人而言似乎把事情都弄清楚了，但對
於生活在治療體驗之中的心理治療者來說，科學家的意見並不能
完全令他滿意。他對科學的觀點難免也有些疑問。

1. 「首先，」這位「體驗論者」會指出：「科學總是和他
人(或曰『他者』──不一定指人──譯者)、物體(或曰『客體』)
有關。很多位科學的邏輯學家，包括心理學家史蒂芬斯（S. S.
Stevens ）在內，都說過：科學有個基本特質，那就是，它永遠
都在處理可觀察的物體（客體）、可觀察的他人（他者）。即使科
學家在對自己做實驗時，這個基本特質也沒變──因為他還是在
某程度上把自己當成個『可觀察的他人』。而這樣的『他人』和正
在體驗之中的『我』根本沒有任何關係。所以，科學家的這種特
質是不是意指：它必定永遠都和心理治療之類的體驗無關──既
然心理治療的體驗都是非常個人性的，其內在感覺都非常主觀，
而且完全仰賴著兩個『體驗之中的我』所建立的關係？科學當然
可以研究既已發生的事素，但它所進行的方式卻永遠和『發生中』
的事情兩不相干。打個比方，可以說：科學所能做的乃是對已死
的心理治療事素進行驗屍工作，但它根本進不了心理治療活生生
的生理作用裡頭。正因此故，治療者們才體認到：心理治療的任

何進展——不論是新知識，或有關的新假設——都必須來自治療者和受輔者的體驗，而不會來自科學。再打個比方吧。某些天體之所以被發現，只是因為科學家對各星球的運行軌道做過測量，而天文學家就根據這些測量，假設某星體之存在，然後果然找到了。這樣的結果在心理治療中簡直可以說是絕對不會出現，因為科學對於『我』在治療過程中的個人體驗實在沒什麼話可說。科學能說的只是那些發生在『他』身上的事情。」

　　2.　「因為科學的領域就是『他人』和『物體』，所以那就表示，它會將它所觸及的每樣事物都能轉化成物體。這種做法在物理科學中不會產生問題。在生物科學中，就有點困難了。有些醫學界人士開始關切到：把人的有機體視為物體的傾向愈來愈濃，這樣做即使有利於科學的實效，但對病人來說，卻不見得值得慶幸。他們寧願再把病人看成一個人。然後，到了社會科學中，這個問題才變得更為嚴重。社會科學家所研究的人原來只都是些物體。在心理治療中，受輔者和治療者都變成待人分割的物體，而不是可以與之一同進入活生生關係的人。乍看之下，這樣的問題好像並不重要。我們可以說：一個人只在扮演科學家角色的時候才會視人為物。他仍可以走出角色之外而變為一個人。但若我們稍微看遠一點，就會發現這樣的回答很是虛浮不實。如果我們把自己置於未來，並且假設當今的心理學已經為我們找出很多問題的答案，那又如何？我們會發現自己不斷地被迫將他人，乃至自己，都當做物體來看待。關於人的關係之種種知識都變得龐大無比，使我們只能知道，而不能不假思索地活在關係之中。有些老於世故的父母親早已先試嚐過這種知識，因而我們得以知道他們的態度——他們都知道感情『對孩子有益』，可是這些知識卻常變成他們的絆腳石——他們無法自由自在、不假思索地做他們自

己，更遑論還帶有感情呢！所以說，在心理治療的世界裡，其科學是否發展，乃是和人的體驗不相干的，更糟的是，科學還會使個人之間的關係和活在其中的體驗變得更爲困難。」

　　3.　體驗論者還有更進一步的關切。「當科學把人轉化成物體時，它會帶來另一種效應。科學的後果會導致對人的操弄和控制。這種後果在天文學那樣的科學中當然不會發生，但在物理科學和社會科學中，對於事素與關係的知識卻會令人去操弄方程式中的某些項目。在心理學中，這已是毋庸置疑的事實，而在心理治療學中，也將會如此。假若我們一旦知道學習是如何而能成功的，我們就會利用這種知識來把人像物一樣操弄。這個說法並沒有對『操弄』一事先下價值判斷，操弄可以做得很合乎道德原則。我們甚至可以用這些知識來把自己像物一樣操弄。譬如我們知道多次反覆溫習比凝神專注於一課的學習效果要更快些，於是我就會利用這個知識來操弄我對西班牙文的學習。而知識就是權力。所以我也會運用我對學習之法則的知識來操弄別人──不論是透過廣告或宣傳，透過預測或控制。這樣說應該不會太過份：社會科學方面的知識增長時，這知識本身中就強烈地含有社會控制、含有以寡制衆的傾向。另外一個強烈的傾向，則是將整全存在的人予以削弱或破壞。等到一切都物化之後，則人的主體、內在的自我、正在變化過程的個人、非思索性的存有意識、或整個生命的內在面相都會被削弱、貶低價值乃至被毀滅。這種情形可用兩本書來做最好的範例。第一本書是史金納寫的《桃源二村》(*Walden Two*)，也是一個心理學家心目中的樂園景像。對史金納來說，這個樂園一定頗值得人去追求，否則他應會用極爲諷刺的手法來描寫它。不論從哪個角度看，桃源二村都是個操弄之下的樂園，在其中，人之所以爲人的程度被削減到很低，除非他位

214

居統治委員會之中。赫胥黎（Huxley）的《美麗新世界》（*Brave New World*）很坦白地表現爲諷刺小說，他在書中清楚地勾勒出個人性（personhood）的喪失，而在他的心目中，這種絕境之所以出現乃是和生物學、心理學知識的增進有關的。總之，說得難聽一點，社會科學的發展（如我們現在所理解以及追求的）會導致社會性的獨裁以及個人性的喪亡。齊克果在一個世紀之前對這一方面所預見的危險，今天看來顯得更爲眞確，因爲知識增進了，比起以前，就更爲可能。」

4. 「最後，」體驗論者會說：「看過這些問題之後，難道我們還不知道：和科學相比，倫理學才是更基本的考慮？科學作爲工具的價值，我可以看得很清楚，但除非它是作爲倫理人（ethical persons）的工具，而且這裡所指的人還是竭盡人性所有可能的人，否則它怎不會搖身一變而爲吃人魔王？我們注意到這個問題已經很久了，因爲物理科學也曾花了好幾個世紀才使得倫理問題的重要性浮現，幸好這已經成爲事實。在社會科學中，倫理問題很快就冒出來，因爲其中牽涉到人。而在心理治療中，問題出現得不但最早，而且也最深。在這裡，所有最主觀、內在、個人的東西都被擴張到最大的程度；在這裡，關係是活的，而不是只讓人看的，而其中凸顯的是人，而不是物，在這裡，人是會感覺、會選擇、能相信、能行動的，而不只是一套自動機械。同時，這裡也顯出科學的終極眞髓——對生命之最主觀的面相作客觀的探索；將最個人的、最徹底內在的、最完全私己性的世界化約成假設，乃至歸納爲定理。正因爲這兩種觀點在這裡尖銳地碰頭了，使我們不能不作個抉擇——而這乃是倫理人所必須作的價值抉擇。我們固然可以用平常心看待它，當它沒這回事；我們甚至可以作個抉擇讓兩種價值或多或少都得以保留——但是抉擇本身卻

不是我們可以避免的。我所要求的只是：在我們放棄作爲一個人、放棄體驗、放棄活在關係中，以及放棄變化、過程、活在現時現刻中、活在內在主觀的自我中等等的價值時，我們可不可以再多花時間，認眞地想一想？」

兩難困境

以上諸位所看到的，就是兩種對立的觀點，這在當今的心理學思想中偶爾會明顯地表現，但多半是以比較不明顯的方式存在著。然後你就可以聽到一場辯論，正如它存在於我心中那般。我們該怎麼走？走往哪個方向？這個問題是否已被正確地陳示？或者問題本身已是謬誤的？如果有問題感知上的錯誤，這錯誤究竟在那裡？假若問題基本上沒錯的話，我們是不是必須在兩者之間擇一而從？若果如此，要選擇哪個？或者，是不是還有更廣博、更具有包容性的觀點，可以把這兩個觀點都涵攝於內，而不致損傷其中的任一個？

改變觀點的科學

上文的材料寫好之後，有大約一年光景，我時常會和學生、同事以及朋友們討論這個問題。我特別感謝其中的幾位❷，是他們使得某些觀點得以在我心中生根。漸漸的，我才相信：在初稿中，我犯的最基本錯誤是對於科學的描述。因此，我願在本節中改正這種錯誤，然後在下節中，把修正後的觀點重新整合起來。

我相信，主要的缺陷在於將科學視爲「就在那裡」的東西，可以視之爲自成一體，也就是一個「知識體」(body of knowledge)，反正我們總可以在空間或時間中的某處找到它。我和許多心理學家一樣，老是把科學當作一堆有系統、有組織、而且經過某些考核、驗證的事實，並且把科學方法視爲被衆所認可的、彙集此一知識體的手段，這種手段也會繼續用來核驗知識體的本身。因此，科學就變得好像是個水庫，所有的人都可以把吊桶甩進去，吸得一些水上來──還外帶99％ 的「保證水質清純」。從這種外緣而非人的方式來看，「科學」當然會被看成不僅是以傲慢的姿態在發現知識，還含有消除人性及操弄、否定基本自由選擇的傾向──這在我所體驗到的心理治療中尤其如此。現在，我該從另一個角度來重審科學的研究取向，希望這次的觀點能更爲正確。

在人之內的科學

科學只存在於人裡面。每一個科學研究計畫中，那些創意的開頭、那些過程和暫時的試驗性結論，都存在於一個人，或一組人的裡面。所謂「知識」──甚至科學知識──都是指人能主觀地接受的才算。科學知識傳播的先決條件是：它只能傳播給那些正在主觀上準備好來接收這些知識的人。科學也只能透過人而被利用，而這些人必定是爲了追求某些對他們有意義的價值，才會利用科學。以上這些說法大抵上表現了我對科學之描述的改變。以下，我就根據這個新觀點來把科學研究的過程以分期的方式重審一次。

創生期

科學的源頭總是有那麼一個特別的人，他在追求一些目標和價值，而這些目標和價值對他又饒富主觀的個人意義。這個人在追求過程中，對某些部份「很想探問出個究竟」。結果，假若他想

成為一個好科學家，他就會浸淫在和他的疑問相關的體驗中
──物理實驗室也好，植物或動物生命的世界也好，醫院也好，
或在心理學實驗室、心理診所等等。這種「浸淫」是完全主觀的，
和我先前描述過的心理治療者浸淫於心理治療關係中的情形，實
在毫無二致。他對他興趣所在的領域會動用所有的感覺，他活在
其中，而不只是在「想」問題而已──他會讓他的有機體做主宰，
對整個領域作反應，不論是在已知或未知的層面。他在其中可以
感覺到的，常比他能形諸語文的還要多，同時他以整個有機體所
反應的也常是他的意識所不能及的關係。

　　由這種徹底主觀的浸淫之中，浮現出創意的造形，方向的感
覺隨之冒出來，同時一些前所未見的關係也隱隱約約地搭建起
來。經過雕琢磨光，用更清晰的語言加以陳述，這個創意的造形
乃一變而為科學的假設──也就是一個表示個人主觀信念的、試
驗性的命題。科學家在提出假設時，他是在把已知和未知的體驗
收攏在一起，然後說：「我有個靈感，就是：這樣這樣的關係是
存在的，而這個現象的存在和我個人的價值觀也有關聯。」

　　這就是科學的最初階段，可能也是最重要的階段，但是我們
美國的科學家們，尤其是心理學家們却老是貶低或忽視了它。倒
不是說，科學家們否認這個階段，而是他們一發現自己不意間透
露了這部份，就會急急忙忙把它擦掉。史便斯 (Kenneth Spence)
曾經說：科學的這一面相「就這樣被視為理所當然。」❸很多被
視為理所當然的體驗通常也很容易被遺忘。不過，確實的，在人
的當下主觀體驗之網中，所有的科學，以及每一個各別的科學研
究，都能找到它的源頭。

用現實來檢驗

　　科學家既已創意地作出了他的假設，陳述了他試驗性的信念，但這個假設是否能通過現實的考驗呢？我們的體驗告訴我們：人是很容易欺騙自己的，我們很容易相信一些事情，而後來的體驗可以向我們顯示那些事情並不眞實。我到底要怎樣才能知道，這個試驗性的信念和觀察到的事實之間，是否有眞正的關係？我可以動用不只一個證據來證明。我可以用各種預警來包圍我對事實的觀察，以確定我不會欺騙我自己。我也可以向同樣努力避免自欺的人來交換心得，同時學會一些方法，阻止我自己根據一些錯誤的解釋而掉進一些不當的信念中。簡而言之，我可以動用科學所累積的一切精密的方法論。我發現，把我的假設用操作性的語辭說出來，可以避免走進許多死胡同，或作出不實的結論。我也學到，使用控制組 (control groups) 有助於避免作虛假的推論。我更學到，相關、t考驗、臨界比率、和整套統計程序也可以幫助我作出合理的推論。

　　所以科學方法論乃得以顯出它的本質──它是一種用以防止自欺的方法，也就是當我以創意的靈感在我和我的研究素材之間發展出一種主觀的關係之時，可以預防我欺騙自己。在這樣一個關聯脈絡之中（而且也許只在此一脈絡之中），操作定義、邏輯實證論、研究設計、顯著性考驗等等所構成的一套方法，才會擁有不容動搖的地位。這些方法存在的目的不是爲了它們自身，而是爲了要以客觀的事實來檢驗一個人主觀形成的靈感或假設。

　　不過，即使在運用這些嚴謹而不帶個人私意的方法之時，如何選擇使用的方法，則仍操之於科學家的主觀。在好幾個假設之中，我應該把時間花在哪一個上面？在這個研究之中，應該用哪

種控制組才最能夠避免自欺？我應該使用統計分析到什麼程度？
對於研究的發現，我有多大的把握信其爲真？以上這些問題必定
都是主觀的個人判斷，而我要強調的是：科學縱然有極了不起的
架構，但基本上它之所以爲用，仍存乎人的主觀。到目前爲止，
科學是人類所設計的最佳工具，它的確可以檢驗我們的有機體對
世界的感覺。

研究的發現

作爲一個科學家的我，如果我對於我的探討方式感到喜歡，
如果對於所有的證據都能開放心胸，如果也曾聰明地選用了從別
人那兒吸收的、或自己設計出來的所有預防方式，防止了自欺，
那麼，我就可以暫時相信研究的發現了。我會把這些發現視爲躍
向進一步探討的跳板。

在我看來，科學到了極致之處，其基本目的即在於爲探討者   219
提供更可靠的假設、信仰和信念。但當這位科學家一心只想向別
人證明某一事物——這種爲人而非爲己的錯誤，我自己也犯過不
止一次——則他必是在使用科學來支撐自己的不安全感，也同時
使科學無法展現它的創意面，來爲人的創意服務。

關於科學的發現，其中含有主觀的基礎一事，可以從一項事
實中顯示：科學家有時會拒絕相信自己的發現。「實驗雖然顯示
了這個、顯示了那個，可是我相信是不對的。」——這幾乎是每
個科學家都曾有過的想法。在科學家堅持不肯讓步的不信（dis-
belief） 中，倒是孕育出不少饒富意義的發現。這意思是說：有
些科學家在科學分析的最終極之處，仍寧可更信任自身整個有機
體的反應，而不單單信賴科學方法。不過，無疑的，這種作風雖
然造就了一些特別的科學發現，也會導致嚴重的錯誤。我想強調

的只是：在運用科學時，主觀確實佔著極大的份量。

科學發現的傳播

今早，涉水走過加勒比海的珊瑚礁岸時，我想我是看見了一條藍色的魚。假若你在不受別人影響之下，也看見了，那麼，我對於我的觀察就會更有信心些。這就是所謂「交互主觀的核驗」（intersubjective verification）。在我們對科學的理解之中，這種核驗方式佔了很重要的地位。如果我帶領著你來看我所做過的探討（不論是以口語交談、或寫成文章、或以行動表示），而你也看到：我並沒有欺騙自己，我確實以自己的價值觀為前導而在素材之間找到了一種新的關係，而且我有理由暫時相信這種關係，這樣的話，我們就可以說，已經開啓了「科學」的大門。到了這個地步，我們可能會認為我們已經創建了一個科學的知識體（body of knowledge）。可是事實上，這樣的知識體並不存在。真正存在的只是一些試驗性的信念，並且是主觀地存在於各個不同的人之中。假若這些信念不是試驗性的，那麼它就不是科學，而變為宗教信條了。相反的，如果除了研究者自己之外，沒有人相信那個發現，那麼，這樣的發現若非只屬於個人私己之事、或偏離常軌之事（如心理病理學中所看到的例子），則它就是天才所發現的不尋常真理，而一般人都還準備不及，無從去相信它。說完了這些，然後我才可以接下來談談一群特別的人——這些人有能力將暫時性的、試驗性的信念放在任何一個堪稱為科學的發現之上。

對誰傳播？

眾所週知的是：科學的發現只能傳播給那些贊同科學研究之

基本規則的人。澳洲莽原上的土著對於細菌傳染方面的科學發現可能非常無動於衷。他們所知道的是：疾病本來就是由惡靈所造成的。只當他們也同意科學方法是爲良好的防止自欺之道，然後他們才可能接受科學的發現。

不過，即使接受了科學的基本規則，能夠對科學研究的發現寄予試驗性的信念者，仍只是那些主觀上已經準備去相信的人。這樣的例子很多。大多數心理學家都有很好的準備來相信：「講述的制度可以產生有效的學習量」；但是要他們相信「超感能力可以知道覆蓋的紙牌是什麼號碼」，他們的心理準備就顯得要低得多多了。光就蒐集科學證據來說，後者顯然比前者更不容易做到沒有瑕疵的地步。同樣的道理，當所謂的「愛荷華研究」（Iowa studies）首次公佈時（其要點是：人的智能會因環境條件而大爲改變），許多心理學家所抱持的態度是強烈的不信，也有許多人起而抨擊該研究在方法上的缺失。到今天爲止，這方面的科學發現並不比愛荷華研究披露之時有更多的進展，但心理學家們在主觀上卻已大有準備來相信此說。有位科學史家曾經說過：在哥白尼的時代，假若眞有經驗論者存在的話，那麼最先表示不相信哥白尼學說的人，就一定是那些經驗論者了。

所以，我之是否能相信別人或自己的研究發現，似乎有賴於我是否有心理準備，好將試驗性的信仰放在這些發現上❹。我們之所以未曾特別注意這種主觀的事實，是因爲在物理科學中，我們已逐漸發展出一大片的體驗，也就是我們早已有所準備，好相信任何研究發現——只要這些研究確是好好遵守著科學規則所玩的遊戲。

科學之為用

科學存在於人的主觀體驗中的，不止是它的源頭、過程、和結論，還包括它的使用。「科學」決不會使人失去人性、不會操縱和控制人。只有人才會（而且能夠）這麼做。這種見解不但淺顯而且也毫不新鮮，但能夠深刻地理解及此，對我而言卻極有意義。它的意義在於：在有關人格的各方面，當要使用科學所發現的結果時，仍然得透過主觀的個人選擇才行——正如一個人在心理治療中所做的選擇一樣。如果一個人愈是由於自我防衛之故而將自己的體驗關上幾道閘門，使意識無法觸及體驗的某些部份，那麼，這個人所做的選擇就愈可能會損及他人。相反的，如果一個人愈是對自身體驗的各部份、各階段都開放，則他就愈可能運用科學的方法及發現(或任何其他工具、能力)來從事利己利人的工作❺。所以，實際上，「科學」這種東西本身並不會威脅人類的命運。只有人才會。不過，雖然人在強烈的自我防衛之下，常會造成對他人的威脅和危害，而且現代科學知識又會擴大這種威脅和危害的範圍，但這卻還不是人性的全貌。人至少還有另外兩個面相。(1)很多人能夠對自身的體驗比較開放，因此也比較可能對他人有建設性；(2)心理治療中的主觀體驗以及有關於此的科學發現都指出：人可以受激發或受協助而改變，其變化的方向為對體驗更加開放，因此，其行為就會表現為提昇自己、造福別人，而不會是損人害己。

簡而言之，「科學」決不會威脅我們。只有人才會這樣。雖然有些人在握有科學知識的利器之時會表現出極大的破壞性，但這只是人性的一面。我們現在已經有了人性之建設性的知識——我們已經能主觀地和客觀瞭解這樣的基本法則——而我們知道，人

透過這些自然的有機體變化過程，會變得更能表現有利於社會的
行為。

新的整合

　　經過這一路思考下來，我所獲得的乃是一個觀念上的新整
合，在其中，「體驗論者」和「科學家」之間的衝突得以化解。這
個觀念的整合，別人也許不太能接受，但對我自己卻頗有意義。
在上文中，我已隱約表現了這個想法的意思，但在本節中我要把
兩者之間互相對立的論證敷陳出來，好讓整合能更明顯地展現。

　　科學，就像心理治療或生活的所有其他面相一樣，乃是植根
於人的當下主觀體驗。它的泉源在於內在、整體的有機體體驗，
可是這種體驗卻只有一部份能以言語傳達。科學是主觀生活的一
個面相、一個階段。

　　正因為我發現人的關係中滿含價值與酬賞，所以我才會進入
所謂「治療的」關係裡來。在這種關係中，感覺與認知匯聚於一
路，而人只是活在其中，並不是一直在翻檢它；活在體驗之中的
意識乃是非反省性的，而我對於體驗也是個參與者而不是觀察
者。但又因為我對於這種關係中顯現的法則感到無比的好奇，我
猜想這種精巧的法則不僅存在於宇宙，也存在於人間，因此我才
能從體驗之中抽身而出，像個觀察者那般把自己與他人當作觀察
的對象。在做觀察者時，我會運用得自生活體驗中所有的靈感；
而為了避免自欺、為了對既存的秩序獲得更精確的圖像，我也會
把科學的所有規律都用上去。科學並不是沒有人性的東西，而只
是人以其主觀而活在自己的另一個面相、渡過自己的另一個階段

223

而已。對心理治療中（或任何其他問題）若要獲得更深刻的瞭解，則人可以由活在其中，或由觀察其過程（當然要遵循科學的規則）而得到這樣的知識；還有另一個方法，則是透過自身之內這兩種體驗之間的相互溝通。至於在主觀中所作的選擇，這不僅是心理治療中極爲基本的體驗，即使當個人在運用科學方法時，也一樣基本。

透過科學方法而獲得的知識，我究竟會怎樣運用——用之於瞭解、提昇、增長，或用之於控制、操弄和破壞——這都是主觀選擇的事，而這又有賴於我個人覺得有意義的價值何在而定。如果由於恐懼防禁之故，我阻斷了對大部份體驗的意義——如果我只能看見那些支持我目前信念的事實，而對其他則視若無睹——如果我只能看見生命的客觀面，而對其主觀面則無所感知——如果我把自己的感知能力削得很薄，不能讓所有的敏感發揮出來——那麼，不管我是使用科學知識爲工具，或運用主觀關係中的情感力量，我都可能會變得對別人、對社會盡是破壞。從另一方面來看，如果我能對我的體驗開放，允許我這個複雜萬端的有機體所產生的一切感覺都能被意識所觸及，那麼，我就可能會將我自己、我的主觀體驗，以及我的科學知識以合理而建設性的方式去運用。

到這個地步，就是我目前對於原先在體驗中相互衝突的兩種取向所能做到的整合。這對於本文前節所提出的問題還不能算是徹底的解決，但卻似乎已指出解決的方向。可以說我已經把問題重寫了，或以新的角度重審一遍。我的方法是把主觀的、存在的人，以及他所持的價值，放在治療關係的根部，也視之爲科學關係的基礎。因爲，科學在其根源之處，也是一種人與人的「我—你」關係。而只當我能做個主觀的人時，我才能進入這種關係之中。

注 解

❶在這些假設中，把一些主觀經驗拿來做客觀科學的處理，對某些人來說，這一定會顯得匪夷所思。不過，心理學中最好的思想老早超過原始的行為主義，且已經確定：心理學之能為科學，其客觀性之所憑，乃是其方法，而非其內容。因此，即使是最主觀的感情、掛慮、緊張、滿足或其他反應，只要能作出明確的操作定義 (operational definition)，則一定可用科學的方式去處理。把主觀材料予以客觀化的例子，有如史第芬生 (Stephenson) 的 Q 技術，詳見下章的介紹和討論。

❷我要特別感謝的是：和Robert M. Lipgar, Ross L. Mooney, David A. Rodgers以及Eugene Streich等人的討論，以及參閱他們寫的文章（不論已發表或未發表）。他們的想法已經被我們消化吸收到完全和我的想法密合難分了，使我無法再一一指出哪一部份來自於誰。我只知道，以下要談的，有很多是透過我而呈現了源自他們的想法。此外，和Anne Roe以及Walter Smet 的通信也使我獲益良多。

❸把這個句子的出處摘錄下來也許更能達意。他說。「………所有的科學所使用的與料都具有相同的源頭——說明白點，也就是觀察者當下的體驗或是科學家本身。換句話說，當下的體驗既是所有科學得以展開的溫床，因此當科學家在做科學家時，他就不再把這些基本的東西當作一回事來思量了。他就這樣視為理所當然地跳進他所要描述的事素之中，在那裡勤奮的工作，想找出並陳述各事素之間的關係之本質。」參閱K. W. Spence 收錄於*Psychological Theory* (ed. by M. H. Marx, N.Y.: Macmillan, 1951, P.173) 一書中的文章。

❹我自己的一次體驗可以做個例子。1941年，我所主持的一個研究完成之後，結果顯示：犯罪少年未來的生活適應情形，若要加以預測的話，則最

好的預測變項是他們對自我的真實瞭解，以及自我接納。我們使用的測量
工具還很粗糙，但若和家庭環境、遺傳條件、社會氛圍等等方面的測量比
起來，我們的工具確能產生較好的指標。在當時，我就是沒準備好來相信
這樣的發現，因爲，我自己的信仰和大多數心理學家一樣：家庭內的情感
氣氛和同儕團體的影響才應該是決定少年們未來是否會犯罪的因素。後
來，我的心理治療經驗增加，而且也變得更深入了，我才可能將暫時性的
信念放在這種研究發現上，爾後又更及於下一個確證此說的研究
　(1944)。(請參閱C. R. Rogers, B. L. Kell, and H. McNeil, "The role
of self−understanding in the prediction of behavior," *J. Consult.
Psychol.*, 1948, 12，174−186.)

❺關於這個說法的理由，我在另一篇文章中作了更詳盡的表達。參閱〈創造
性之理論的初步〉"Toward a Theory of Creativity"（本書十九章）。

第十一章
心理治療中的人格變化

　　本文是要陳示一個大型的研究計畫中抽得的一些顯著特點。這個研究由芝加哥大學的諮商中心在1950—1954年間負責執行，而洛克菲勒基金會 (Rockefeller Foundation) 透過其醫藥科學組對該計畫給予了慷慨的贊助。1954年第五屆國際心理衛生大會 (International Congress on Mental Health) 在多倫多舉行，我受邀到會上演說，而我決定嘗試把芝大那個計畫中的一部份拿出來發表。就在我寄發演說稿的那個月裡，整個計畫的成果也彙集成書，由芝加哥大學出版社發行。雖然黛蒙 (Rosalind Dymond) 和我同為該書的編者，也兼為若干篇章的作者，但其他幾位作者們對於該書的完成，以及對於計畫中繁重的工作所投注的精力，也實在功不可沒。而我這篇文章實際上就是從這許多人的工作成果中撈出精華才得以寫成的。這些作者們是：John M. Butler, Desmond Cartwright, Thomas Gordon, Donald L. Grummon, Gerard V. Haigh, Eve S. John, Esselyn C. Rudikoff, Julius Seeman, Rolland R. Tougas, 以及 Manuel J. Vargas。

　　至於將本文收在本書中，還有一個特別的理由：這篇文章很簡明地報導了我們在測量方面所獲得的一些可喜的進展，而我們

的測量對象正是那變化多端、曖昧不明但又是人格中極爲重要、
極具決定性的層面──自我。

＊　　　　　＊　　　　　＊

226　　我和我的協同研究人員花了很多心血，用客觀的科學方法，
對一種個別的心理治療成果作了一番測量。這篇文章的目的就是
要把這番體驗之中最精彩的場面展現出來。爲了使這些精彩場面
比較容易理解，我想我應該先大略說明一下研究進行的背景。

　　多年以來，我一直和心理學的伙伴們一塊兒在心理治療的園
地裡工作。我們一直想從實施心理治療所得的體驗中找出：對於
那些因適應不良或受盡困擾而前來求助的人而言，有效地使他們
在人格和行爲上發生建設性的變化的，到底是什麼？慢慢地，我
們根據這些體驗而摸出一條心理治療的路，後來有些人把它稱爲
「非指導性的」治療法，也有人管它叫「以受輔者爲中心的」治
療法。這種治療取向和它的理論已經在好幾本書(1)(2)(5)(6)(8)及許
多文章中有了說明。

　　我們堅持的目標是要使心理治療的動力及其結果都能付諸嚴
謹的研究探討。我們共同的信念是：心理治療乃是一種深邃、主
觀的存在體驗，對受輔者而言如此，對治療者而言亦然。這種體
驗滿是複雜幽邃之處，也含有許多精微的人際互動關係。此外，
我們也相信：如果這種體驗確有重要的意義，也就是說，在其中，
深刻的學習確實導致人格的變化，那麼，這種變化應該很容易在
研究中顯現才對。

　　過去的十四個年頭裡，我們作了不少這樣的研究，我們的焦
點放在治療的成果及其過程上。〔參閱(5)，特別在第二、四、七等
三章中，對於這整個研究的全圖有簡要的說明。〕到最近五年，
在芝加哥大學的諮商中心裡，我們又把這個研究的界限往前推

去。我們的方法是設計了幾個系列的探討，讓它們互相鈎連，因而能對於這種形式的心理治療成果投上一線曙光。所以，在本文中，我希望要描述的一些顯著特色，就是從這個研究方案中掏取而得的。

此一研究的三個面相

227

我相信，對於目前的聽衆來說，我們的研究中包含的三個最有意義的面相，應是這些：

1. 我們的研究所設定的標準，也就是，和流俗的思考可以分道揚鑣的標準何在？

2. 研究設計必須能解決過去一直使研究無法出現清晰成果的難題。這研究設計會是什麼樣子？

3. 要能用客觀的方式來測量微妙的主觀現象。在這方面可有什麼進展？

我們的研究方案中所包含的這三方面考慮可以運用於任何有關人格改變的測量，所以也就可以應用於任何一種心理治療的研究，或任何一種意圖改變行爲的研究設計中。

言歸正傳，我們就來依序談談這三個面相。

研究標準的設定

心理治療研究的標準是什麼？這是我們在草擬研究計畫的階段，最早面臨的棘手問題。很多人早已接受這樣的想法，認爲這種研究目標就是要測量心理治療「成功」的程度，或是「治癒」的程度。最初，我們也無法倖免於這種想法的影響，但在仔細思量之後，還是棄絕了這些概念，因爲它們不但無法界定，而且本質上都是價值判斷，所以就不可能收入這門學問的科學裡來。對

於「成功」究竟應包含哪些因子，眞是衆說紛紜——有人說是移除症狀，有人說是解決衝突，也有說改善社會行爲，或說是其他類型的改變。至於「治癒」的概念更是全然離題，因爲對於這些失調現象，我們要處理的是習得的行爲，而不是一場病症。

由於這番的考慮，結果我們在研究中乃放棄了「有沒有成功？失調的情況是否治癒了？」這樣的問題。我們改問的是一種在科學上能說得通的問題——「心理治療的同時併隨項目(concomitants)有哪些？」

228　　爲了能有根據來回答這個問題，我們一方面緊依著我們所發展出來的心理治療理論，另方面也從理論中抽出一些關於治療過程中人格變化的描述，並以此爲我們的研究假設，並且到達可測量的程度。我們從以受輔者爲中心的治療法中所抽出的假設舉例如下：(1)在治療期間，從前一向被摒斥於意識之外的感覺，如今變得可以體驗，並且也會被涵攝於自我概念之內。(2)在治療期間，自我的概念和理想自我的概念會變得更爲一貫相通。(3)在治療期間及治療之後，受輔者的行爲變得更爲社會化、更爲成熟。(4)在治療期間及治療之後，受輔者的自我接納態度提高，同時，這也和接納他人的態度提高有關。

以上舉出的一些假設是我們能夠加以探討的。這樣說也許會更明白些：我們的研究完全放棄了設定一個總標準的念頭，代之而立的是一些可以下明確定義的變項，而且每一變項都和一個有待探討的假設互相鈎連。這意思是說，我們希望這個研究將來可以作成像這樣的結論：以受輔者爲中心的治療所產生的可測改變有a、b、d、f等變項，但在c、e等變項上則未產生改變。當這種結論出現時，專業工作者或外行人就都可以自行判斷這個治療過程到底算不算「成功」了。不過，這樣的價值判斷卻不會

動搖我們逐步建立起來的科學知識。我們對於人格改變之有效動力的知識就是這樣慢慢成長的。

所以，我們的研究用了許多特定的標準變項來取代通常用以界定「成功」的總標準，而每一個標準變項都是從我們的治療理論中抽引出來，並且各個都有操作的定義。

關於標準的問題，作此解決之後，大有助於選擇研究工具，放進我們的測驗組合中來使用。我們不問「什麼工具可以測量成功或治癒」，因為這是無法回答的問題。我們要問的毋寧是和各假設有關的特殊問題。什麼工具可用來測量一個人的自我概念？什麼工具可以合理地測量到行為的成熟度？怎樣才能測量一個人接納他人的程度？這些問題縱然也都有其困難，但操作性的答案總還可以尋得。所以，對於標準，我們做了這樣的決定，因而在研究的工具選擇上，有了相當大的助益。

研究設計

心理治療究竟能否造成有建設性的人格變化？一些思慮嚴謹的作者曾經指出：客觀的證據並不存在。赫普 (Hebb) 說道：「沒有任何事實可顯示心理治療有價值。」(4,p.271) 艾森克 (Eysenck) 在披閱過一些已發表的研究之後，也指出：資料「無法證明心理治療（不論是心理分析的，或其他種類）可以促進精神官能症患者恢復正常功能」(3,p.322)

由於對這種令人遺憾的現況很是在意，因此我們急著想以十分嚴謹的方式來展開我們的研究，使得證明或推翻我們的假設可以建立兩個堅確的知識：(a) 有意義的人格變化確實發生了、或沒有發生，(b) 假若確實發生了這種變化，則其原因也可確定為心理治療的效果，而非由於其他因素所造成。在像心理治療這樣複

雜的領域中，要想作出一個研究設計而能達成上述的目標，實在
並不容易，但我們相信我們已朝這個方向邁開了一大步。

　　選擇了我們願意加以考驗的假設，以及最適於以操作的方式
進行測量的工具，然後我們才算有充分的準備，可以進入下一步
驟。這些選定的客觀研究工具用來測量一組受輔者的幾個特徵，
測量時間分別在治療前、治療完成後，以及在六個月到一年之後
做追蹤測量，詳如圖一所示。受輔者並未經特別選擇，大致可說
就是在芝加哥大學的諮商中心所常見的那些。我們的目標除了蒐
集測量的數據外，還包括至少二十五位受輔者的全部面談錄音。
我們選擇對一個中等大小的團體做密集的研究，而不取用更大的

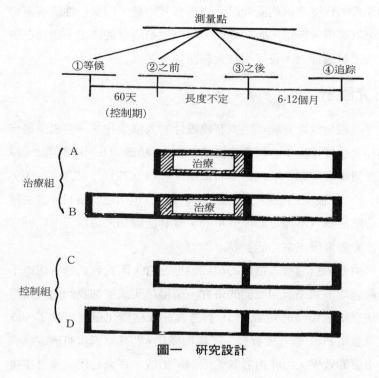

圖一　研究設計

數目，避免使分析逗留在淺淺的表面。

　　治療組中分出一部份受試者，另成一個組內控制組（Ｂ組）　230
這一組先做過測驗組合中的全部測驗，等過兩個月的控制期間，
然後在諮商治療之前再做一次同樣的測驗。這種區分和實施步驟
的理由是：如果一個人只因爲有接受治療的動機，或因爲這樣的
人具有某類型的人格結構，就可造成人格改變的話，那麼，在這
段控制期間就應有改變發生才對。

　　另外一組不接受治療的人就當成等同的控制組。所謂等同就
是說，這組人在平均年齡和年齡分佈上與治療組等同，而且在社
會經濟地位、男女性別比率、學生與非學生人數比率上都近似於
治療組。這一組接受的測驗，及測驗時間的間隔也和治療組一樣。
這一組中也分出一部份（Ｄ組），做四次測驗，俾能和組內控制組
（Ｂ組）做嚴格的比較。設立等同控制組的理由是：假若只因爲　231
時間的進行，或由於隨機變項的影響就可造成改變的話，那麼這
一組內也應可發現明顯的改變才對。

　　這個雙重控制的研究設計就整體的邏輯來說是這樣的：假若
治療組在治療期間及治療之後所表現的改變顯著地大於組內控制
期間的改變（即Ａ組在點②③之間及點③的改變顯著大於Ｂ組在
點②的改變──譯者），或大於等同控制組的改變，則我們就可以
很合理地認爲治療組的改變是由治療的影響所生。

　　我無法在這麼簡短的報告中談到各研究計畫的種種繁複細
節，只能把這整個研究設計大略陳述。關於研究設計更完整的說
明可以看最近彙集十三個計畫而出版的報告(7)。不提別的，單就
資料的蒐集來說，我們有的是二十九名受輔者，由十六位治療者
所處理的全部資料，而在控制組所獲得的資料也一樣完整。對於
研究的發現，我們做過縝密的評鑑，然後我們才能得到如下的結

論：(a)受輔者對自我的知覺在治療期間及治療之後，發生了深刻的變化；(b)受輔者的人格特徵和人格結構上發生了建設性的變化，也就是說，這些改變使得他們更接近於功能完全發揮的人；(c)所發生的改變乃是朝向於原先所界定的人格整合，或適應的方向；(d)受輔者的行為在朋友眼中變得比較成熟。在以上四例中，治療組所發生的變化都顯著地比控制組要來得大，而且也比組內控制期間所發生的改變要大。不過，在有關對他人的態度方面是否會因治療而變得更為接納、民主，這樣的假設下，得到的研究結果卻並不明確。

　　依我們的判斷，這整個研究計畫所獲得的結果已經足夠用來修正赫普和艾森克所作的斷言。至少在以受輔者為主的心理治療中，現在已經有客觀的證據，證明人格和行為之所以朝建設性的方向而改變，其部份的原因可歸之於心理治療。由於包含了多種特殊的研究標準，並且使用了嚴謹控制和比較的研究設計，才使我們有可能作出上述的結論。

自我之改變的測量

　　由於篇幅有限，我只能在此提出一小部份的研究，因此我所選擇的樣本是我覺得在方法論上有最大的進展，而且也最具有啓發性的研究結果。我們曾經企圖測量受輔者對自己的知覺發生了什麼改變，以及這種**自我知覺**（self－perception）和其他變項的關係為何。我要提出的就是這方面的成果。

　　為了要獲取受輔者自我知覺的客觀指標，我們使用了史第分生所發展的Q技術。首先從面談的錄音以及其他種種材料中取得許多句子，構成一大片描述自我的「空間」。其中典型的句子有如：「我是個很乖順的人」；「我不信任我的感情」；「我覺得很

輕鬆自在，沒什麼事會來干擾我」；「我很害怕男女間的性關係」；「通常我蠻喜歡人的」；「我的性格很吸引人」；「我很怕別人會把我想成什麼樣子」等等。再從這些句子中隨機抽出一百句，安排出一個次序讓句子能看得清楚些，這樣就形成了我們的測量工具。從理論上來說，我們所抽取的樣本可以代表一個人自我知覺的所有方式把這一百個句子各印在卡片上，交給受輔者。研究者請受輔者把這一百張卡片排組，以便能代表「現在的」他自己。卡片要分成九堆，也就是從最能代表個人特徵的，到最不能代表的。每一堆的卡片張數是事先由研究者規定的，以便使句子的分佈大致接近常態分配。受輔者就用這種方式，在幾個主要的測量點上（治療前、治療後、追蹤期、以及治療期間的某些時刻），各作一回卡片排組。每次他用卡片排組來描繪自己之後，研究者還會再要他用同樣的排組方式來描繪出他想要成為的人，也就是他的理想自我 (ideal self)。

由此，我們分別在不同的測量點上獲取了受輔者所呈現的許多細微而客觀的自我知覺，以及對理想自我的知覺。不同時間所作的排組結果，做了交叉相關及考驗之後，如果發現兩次排組之間有很高的相關，就表示其間有很高的相似性，或缺乏改變；而相關很低則表示不相似，或有相當高程度的改變。

為了說明這種工具如何用來考驗一些關於自我的假設，我打算提出一個個案研究上的發現〔取自(7)，第15章〕，因為這些發現和好幾個假設有關。我相信此一案例的結果比起整個有關自我知覺研究的總結論要更能顯出其啟發性，不過我仍會在下文中順便提提研究的總結果。

我選出的一個案例是位四十歲的女性，她的婚姻生活非常不愉快。她有個十幾歲的女兒因精神崩潰，使她覺得很是罪疚。她

受的困擾相當的深，在診斷的尺度上來說，算是重度的精神官能症。她不在自行控制組裡，所以在接受過那些測驗之後，立刻進入治療期。在五個半月的治療期間，她一共來作過四十次面談。追蹤測量是在治療期結束的七個月後，而當時她又決定再來作八次面談。第二次追蹤研究是在這面談的五個月後。諮商者的評量認為她在治療上發生了相當明顯的變化。

圖二所示的是這位受輔者在自我知覺上發生變化的一些數據資料。每一個圓圈代表的是一次排組的結果。排組的時間除了在治療前後之外，還有在第七次、第二十五次面談之後，以及兩次追蹤測量點。各個排組結果之間都求出了相關係數。

讓我們就來參看一下這些數據，用以檢驗一個假設，也就是：受輔者所知覺的自我在治療期間的改變會大於他在無治療期間的改變。在本個案中，治療期間的改變（r＝.39）果然大於各次追蹤測量的改變（r ＝ .74 ，.70 ），也大於整段追蹤研究期間的改變（r ＝ .65 ）。所以在本個案中，假設是可以成立的。以此而言，此一個案是我們的受輔者之中很具代表性的一個。我們在整個研究中的總發現是這樣的：自我知覺在治療期間的改變顯著地大於控制期和追蹤期，而且治療組的改變也顯著大於控制組。

我們再來看看第二個假設。我們所作的預測是：在治療期間，與治療之後，受輔者所知覺的自我對他而言將會具有更積極的價值，也就是說，這知覺到的自我將會和理想的自我更為一致。

235　　　　這位受輔者在剛來的時候，表現出她實際的自我與她想成為的自我之間有相當大的差距（r ＝ .21 ）。但在治療期間與治療之後，這個差距就降低了，而在最後一次追蹤測量時，兩者之間的一致性很顯然地出現（r ＝ .79 ），以此，我們的假設乃獲得確證。

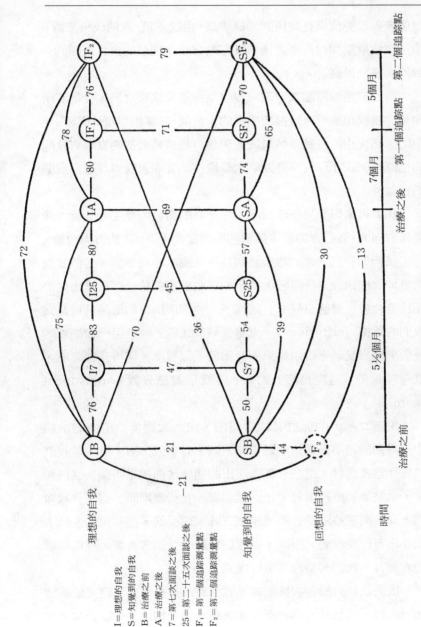

圖二 自我與理想自我之間的各種關係變化

I=理想的自我
S=知覺到的自我
B=治療之前
A=治療之後
7=第七次面談之後
25=第二十五次面談之後
F₁=第一個追蹤測量點
F₂=第二個追蹤測量點

這個發現很能代表整個研究的總成果，也就是說，就總成果來看，也是在治療期間和治療之後，實際的自我與理想的自我之間的一致性顯著地提高了。

再仔細點看看**圖二**，還可發現：在研究結束之前，受輔者所知覺的自我和她剛來時很想成為的人之間，非常相似（$rIB.SF_2 = .70$）。然後也可看到：她最後的理想自我與她最初的實際自我間的相似性($rSB.IF_2 = .36$)還略大於最初的實際自我與理想自我間的相似性。

我們再來想想另一個假設：知覺到的自我所發生的改變並非漫無方向的，而必會朝著專業裁判所認定的「適應」的方向改變。

我們的研究請來的專業裁判是一些臨床心理學家，他們並沒有參加這個研究。我們把Q 排組的那些卡片交給他們去排出他們認為符合於「適應良好者」的樣子。他們所排出的結果就可當做我們的效標（criterion），來讓受輔者比較。我們用一種簡單的分數來代表受輔者排組結果與效標的近似程度，使得分數愈高，就愈接近於「適應良好」的人。這就是**適應分數**（adjustment score）。

用**圖二**所示的那位受輔者為例，在六次測量中所做的排組中，得到的適應分數依序是：35，44，41，52，54，51。以我們的操作定義而言，這些分數表現出的適應趨向很是明顯。這種趨向，拿整個治療組來看，也一樣明顯。在治療期間，適應分數顯然上昇，而在追蹤測量期間略呈下降。相反的，控制組的人基本上都沒有什麼改變。所以，以這個特殊的受輔者而言，或以全組的人而言，我們的假設都可以成立。

後來我們對於各次排組結果做過質的分析，其發現更能確證此一假設。將最初的自我圖像拿來和治療後相比，可以發現，在

236

治療之後，受輔者覺得自己在很多方面都有所改變。她覺得她變得比較有自信、能仰仗自己、更瞭解自己、內心更為恬靜、和別人的關係也更好些。她同時覺得比較沒有罪疚感、恨意減低、不再像被逼趕得走投無路、同時也覺得不那麼需要躲躲藏藏。這些質的改變在本研究的其他受輔者身上也很類似，而且大體而言頗能符合以受輔者為中心的治療理論。

我還想就**圖二**所表示的東西中，指出另外幾個有趣的發現。

很明顯的，受輔者所呈現的理想自我，比起她所呈現的（實際）自我要穩定得多。理想自我之間的各個相關都在.70以上，而且這種理想自我的概念在整個研究期間，相對的改變也很微小。這個特徵幾乎也都可在其他受輔者的排組結果中發現。我們曾經期望（雖然我們沒有做這樣的假設）：要使自我和理想變得更為一致，有些受輔者會透過價值改變而達成，其他人則透過自我的改變。到目前為止，我們的證據顯示，這樣的期望並不正確。除了少數的例外，真正發生明顯改變的仍是對**自我的概念**（concept of the self）。

不過，我們的受輔者在理想自我方面確會有些微的改變，而且其改變的方向也頗為耐人尋味。假若我們把這位受輔者所呈現的理想自我用方才提到的「適應分數」來計算一下，我們會發現，前三次治療後的平均分數是57，而接下來三次的平均則為51。換言之，他的自我理想變得「適應稍差」了些，或變得更為可以企及了些。這樣的理想比較不帶有自我懲罰性。就此而言，這種變化也是全組共有的特徵。

另外一個發現，和**圖二**中的「回想的自我」有關。在第二次追蹤測量時，我們要受輔者把卡片排組成像她剛來接受治療時的樣子。結果，這種回想的自我和當初她所描繪的自我圖像極不相

237　同。兩者間的相關只有.44。此外，回想的自我也顯得比她自己當時的自我圖像更爲差勁（r ＝ －.21），其適應分數也低──只有26分，顯然比剛來時的35分要更低些。這個結果所暗示的是：在這個對回想的自我所做的排組中，我們差不多等於是在客觀地測量受輔者經過十八個月長的研究期間，其心理防衛性是否降低了。在最後一次會面後，她比較能夠繪出剛來接受治療時，自己是個如何適應不良、深受困擾的人。這幅圖像比較接近當時的眞相，我們將在下文中看到關於這一點的證據。總之，在一年半研究期間，自我所發生的變化也許用r ＝－.13（回想的自我與最終的自我知覺之間的相關）來表示，比起用 r ＝.30（最初和最終的自我之相關）來表示，要更好些。

　　接著，我們再來考慮下一個假設。在以受輔者爲中心的治療法中，我們的理論是：由於治療的關係所提供的安全感，使受輔者能允許種種感覺和體驗進入意識裡來，而這些感覺和意識在平常都是被潛抑或被意識所排斥的。現在它們得以融入自我之中。舉例來說，一個把所有的敵意都潛抑的受輔者，來接受治療，以便能自由自在地體驗到他自己的敵意。他對自己的概念因而得以重組，而將這種認識包含在內：有時他也會對別人有敵意的。他的自我圖像至少會變得像一張更準確的地圖，或更能清晰地呈現體驗的全貌。

　　我們費了許多心思才把理論的這一部份轉譯成以操作定義寫成的假設如後：在治療期間與治療之後，受輔者所知覺的自我與診斷者所知覺的那位受輔者，兩者之間的一致性會提高。這個假設之前還有個基本假定：一個專業的心理診斷者無論在意識或潛意識中對受輔者的知覺，都要比受輔者對自身的知覺，更能包含其體驗組型的全貌。所以，如果這位受輔者能將他先前所潛抑的

種種感覺和體驗都涵攝於他自己的自我圖像中，則這張圖像必會更接近於診斷者對他所描出的圖像。

　　要探討這個假設，須使用投射測驗（主題統覺測驗）。實施的四次測驗都交由診斷師去檢視。為了避免主觀的偏差，這位心理學專家在檢視測驗結果時並不知道測驗的先後次序。然後我們又請他用Q 排組卡片將他在診斷之時所看到的受輔者排出來。這種程序使我們能以同一種測量工具，將受輔者所描繪的自己和診斷者不偏差的衡鑑做個直接且客觀的比較。我們仍是用相關來表示各個排組結果之間的關係。

　　以此一個案來看，研究的結果如圖三所示。這個圖表的上半截只是從圖二中濃縮、移置於此而已。最底下一行才是診斷師所做的排組，而其間的各個相關使我們能夠檢驗我們的假設。我們可看到，在治療之初，受輔者對自己的知覺與診斷師對該受輔者的知覺之間，沒有任何關係（r ＝ .00）。即使到了治療終結時，情況也沒有什麼改變（r ＝ .05 ）。但在第一次追蹤測量（未在圖中顯示）、第二次追蹤測量的時候，受輔者對自己的知覺變得和診斷師對她的知覺相當接近（第一次追蹤，r ＝ .56；第二次追蹤，r ＝ .55 ）。因此，這個假設顯然已獲得支持，也就是說，受輔者所知覺的自我和診斷師所知覺的受輔者，這兩者間的一致性顯著地提高了。

　　從這個角度來看這個研究，可以找出其他一些有趣的發現。在治療之初，診斷師所看到的受輔者，和受輔者心目中的理想自我，是非常不相似的（r ＝ －.42）。在研究的最終階段，診斷師所看到的她，和她的理想自我之間則斷然是相似的（r ＝ .46），而和她剛來時的自我理想又要更相似些（r ＝ .61 ）。由此，我們

238

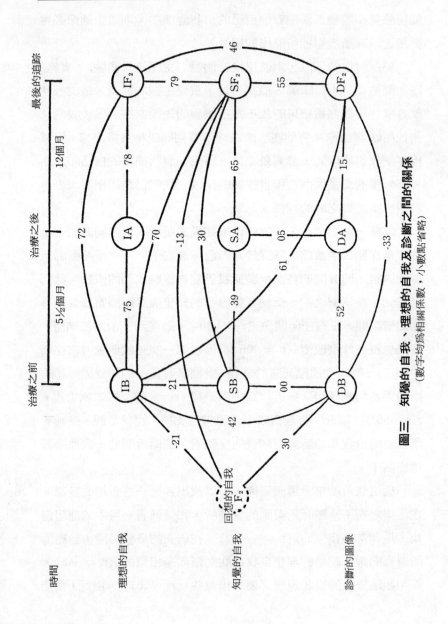

圖三　知覺的自我、理想的自我及診斷之間的關係
（數字均為相關係數，小數點省略）

可以說，客觀證據顯示的是：她的自我知覺和她的全人格圖像上
都實實在在變得更像她剛來時希望成為的樣子。

　　另外值得注意的一點是，診斷師對受輔者的知覺在最初和最
後兩次之間的改變是遠比受輔者自我知覺的改變來得厲害些 (rD
B.DF$_2$ = −.33，而rDB.F$_2$ = .30)。根據一般專業人士的看法，　240
受輔者會誇大他們身上發生的改變。這樣的事情頗耐人尋味。這
種可能性同時也意含著：一個人在經歷過長時的治療後會發生很
大的改變，而其人格在十八個月終結時和在初來時的人格相比，
其實際的不相似可能比相似性還要更大些。

　　對於圖三，我還有最後一個評論。這和「回想的自我」有關。
我們可以看到：這幅對自我回想的圖像和診斷的印象之間有正相
關的關係 (r = .30)，因此，也多少可以確證先前所說的：最後
回想的自我比起她初來時所描繪的自我而言，它代表的是一幅比
較正確、比較不帶防衛之心的圖像。

綜　論

　　在本文中，我費心地勾勒出來的是目前正在芝加哥大學進行
的心理治療研究之骨幹和起碼的綱要。我提到了好幾個要點。

　　第一點是揚棄籠統的標準，而改用操作定義所界定的改變來
作為本研究的標準。各標準乃是依各假設之所需而界定的。我們
的假設定得很細，並且也都以一個關於治療的動力理論為基礎。
使用多種特殊的標準，使我們得以斷定在實施以受輔者為中心的
治療法之際，哪些改變會發生或不會發生。

　　第二點是採用新的研究設計，用以對付過去在心理治療研究

中關於控制組的難題。我們的研究設計中包含了兩套控制的程
序：(a)一個等同的控制組，用以說明時間、重覆測量的效應，以
及各種隨機出現的變項所造成的影響；(b)一個自行控制組，在這
組內每位受輔者都要和自己沒有接受治療的時候相比，用以說明
人格變項和動機的影響。有了這個雙重控制的設計，我們才可能
下結論說：治療期間所發生的改變若非來自諸控制變項的影響，
那就應是治療本身所造成的影響。

　　我所選擇在此報告的另一要點是一個評量方法上的樣本。我
們對受輔者的主觀世界所含的一些微妙因子，是用嚴謹而客觀的
方式去加以探究的。在這方面，我們作出了點成績。可以報告的
客觀證據有以下這些：(a)受輔者自我概念 (self－concept)；(b)
知覺的自我與理想的自我之間的相似程度；(c)知覺的自我變得更
恬靜、更適應的程度；(d)受輔者對自己的知覺與診斷師所知覺的
該受輔者之間的一致程度。這些發現多少可以確證我們的理論
——這個理論中，自我概念佔著心理治療之動力過程中的一個重
要地位。

　　最後，我有兩點結論提供給各位。第一點，我所報告的研究
計畫很清楚地顯示。合乎嚴謹科學研究規準的客觀證據，在探討
心理治療所造成的人格與行為改變方面，不但可以獲得，而且已
經在一種心理治療的取向中獲得。這意思是說：在將來，對於其
他幾種心理治療法是否也能造成人格改變的問題，也就可以用類
似於此的堅實證據來加以證明。

　　第二點，我認為更有意義。近年來，在方法論上的進步，使
心理治療過程中的種種微妙因素都得以對研究調查者展現。我花
費心思針對自我概念的改變而做了這樣的研究和說明。但類似的
方法也同樣可能用來客觀地研究受輔者與治療者關係的改變，或

「情感移換」(transference) 及「反情感移換」(countertransfer-ence) 的態度，或受輔者價值體系根源的改變等等。我相信我們可以這樣說：幾乎任何一種可以和人格改變或心理治療過程有關的理論構設，現在都可付諸於調查和研究。如此一來，科學研究乃得以大開眼界。對人格動力的瞭解也將因此而闢出許多新路，特別在人際關係中的人格變化過程方面，更可望有柳暗花明又一村的進展。

242 **參考書目**

1. Axline, V. M.

   1947 *Play Therapy.* Boston: Houghton Mifflin Co.

2. Curran, C. A.

   1945 *Personality Factors in Counseling.* New York: Grune & Stratton.

3. Eysenck, H. J.

   1952 The effects of psychotherapy: an evaluation, *J. Consult. Psychol.,* 16, 319−324.

4. Hebb, D. O.

   1949 *Organization of Behavior.* New York: Wiley.

5. Rogers, C. R.

   1951 *Client−Centered Therapy.* Boston: Houghton Mifflin Co.

6. Rogers, C. R.

   1942 *Counseling and Psychotherapy.* Boston: Houghton Mifflin Co.

7. Rogers, C. R., and R. Dymond

   1954 (Eds.)*Psychotherapy and Personality Change.* University of Chicago Press.

8. Snyder, W. U.

   1947 (Ed.)*Casebook of Nondirective Counseling.* Boston: Houghton Mifflin Co.

9. Stephenson, W. U.

1953　*The Study of Behavior*. University of Chicago Press.

第十二章
以受輔者爲中心的治療法
及其實徵研究的經緯❶

243

　　美國的心理學界向有實徵研究的傳統，假若我要對不甚熟悉此一傳統的歐洲聽衆説明我如何對以受輔者爲中心的治療法做了實徵的研究，以及我用了什麼方法、有什麼發現、有什麼意義等等，我究竟該怎麼説才能説得明白？這個任務，事實上正是金傑(G. Marian Kinget) 博士和我共同決意要肩負的。我們合寫一本關於以受輔者爲中心的書，首先以法蘭德斯文發表，然後再譯爲法文。金傑博士負責治療法中的臨床原則部份，我則撰寫這種治療法的核心理論。該文和我那篇收錄在柯赫 (S. Koch) 所編的 *Psychology: A Study of a Science*, Vol. III. (N. Y.: McGraw－Hill, 1959, pp. 184－256) 一書中，題爲〈治療法、人格與人際關係的一個理論〉(A Theory of Therapy, Personality and Interpersonal Relationships) 的文章幾乎一樣。後來，我想把那些原則和理論放進實徵研究的脈絡裡來──這些研究，我們還正在進行中，目的也就在於要確證或否證我們的理論。經過稍微修改以適合本書的結果，就是本章。我希望它對美國人和對歐洲人一樣有意義。

　　有一點我想請求讀者的寬容。本文中有三段是描述Q排組法如何發展和使用，以及如何用來測量自我知覺，這三段和上一章

244

中所描述的幾乎完全一樣。我仍然把它留在這裡，是因為希望各章可以獨立閱讀而不一定要參閱其他章節。

本章是從我們最初開始進行實徵研究的1940年左右談起，最後談到1961年，也就是目前仍未完成、仍然對我們最大的努力構成挑戰的幾個研究計畫。所以，我企圖要報告的，至少是二十年以上的研究工作中，所取出的一小部份樣品。

＊　　　　　＊　　　　　＊

對研究的刺激

對於心理治療採用以受輔者為中心的取向，其最重要的特徵之一乃是，打從初始之時起，它不但刺激了研究，同時也存在於實徵研究的想法之經緯中。就已經完成的研究來看，其數量及多樣性相當可觀。1953年，西門和拉斯金（Seeman and Raskin）提到或描述了將近五十個和以受輔者為中心的治療法有關的研究調查，對象都是成年人，他們對這些研究作了批判的分析並指出將來的研究趨勢(9)。1957年，卡萊特（Cartwright）發表了一篇註解書目，把以受輔者為中心的治療法之研究和理論構想的篇章全部蒐集在內，結果他一共蒐集得122條(4)。事實上，卡萊特以及西門和拉斯金等人都省略掉了和遊戲治療、團體治療有關的研究。在當時，提出這麼多的例子似乎足夠說明這種治療法的理論和實務已經發動了多少客觀而實徵的研究，但他們沒有問為什麼。現在，我們倒是該來自問這個問題。

首先，以受輔者為中心的治療理論從開始就沒被當成教義或真理，而只是一些假設性的陳述，或一個用以增益知識的工具。我們覺得：一個理論，或理論的某一部份，只當它能付諸考驗時才會有用。我們對於這些假設每一

個重要面相之能否通過客觀的考驗都持有認眞而執著的態度，而 245
且相信：知識之所以能與每一個人一己的偏見或一廂情願的想法
分開，其不二法門就是透過客觀的探究。

　　所謂客觀，就是說：當別的研究用同樣的方式蒐集資料，並
且也用同樣的方法處理資料，則它將會和我們這個研究得到相似
的發現，而達到相同的結論。簡言之，打從一開始，我們就相信
一旦我們所有的假設考驗都採用可公開溝通、可任令他人複製的
方式進行，則心理治療學的領域將可因開放和客觀的假設考驗而
獲得進展。

　　以受輔者爲中心的想法對研究會造成刺激效應的第二個理
由，是它本身具有引導性的態度，使科學研究可以從任何一點出
發，也可從任何一個層次（或精或粗）開始；同時，這個想法又
只是指出一個方向，而不限定應使用哪種工具、到什麼程度。從
這個觀點來看，把面談錄音下來，就可算是科學努力的一個小小
的開始，因爲這樣做會比單憑記憶要客觀得多；其次，將心理治
療予以粗糙的概念化，並且用粗糙的工具來測量這些概念，也比
根本不做這些嘗試，要科學得多。因此各別的研究工作者會覺得
他們可以由自己的最感興趣的部份出發往科學的方向走去。以這
種態度爲起點，後來果然發展出一系列的測量工具，用來分析面
談的原始紀錄，而工具也愈作愈精，甚至發展到能夠測量以前認
爲不可捉摸的一些構設，如自我概念，或如治療關係中的心理氛
圍等。

　　由這一點又使我相信，本理論之所以能成功地激發這麼多研
究，必定有第三個主要的理由。這個理論的大部份構設都可以作
成操作性的定義。很多研究人格的心理學家都渴望他們這個領域
的知識能有進展，但正因爲許多理論構設無法付諸操作定義，而

使研究受阻。舉些例子來說，像自我(the self)，我(the ego)，人格(the person)等字眼所涵攝到的整個現象，就是這個樣子。假若有這麼一個構設開始發展出來——正如某些理論家所做的——而其中包含了一些內隱的事素，不是人的清醒意識所能覺察，則到目前這樣的構設就不會有令人滿意的操作定義出現。但如果先把自我概念限於可被意識的範圍內，則這個自我概念的構設就可透過Q排組的技術，或分析面談的原始紀錄等方法，而形成操作定義，並且使之逐漸變得更爲精細，終而把這整個研究領域衝開。累積一段時間後，各個研究成果也許就可能爲那群不在意識之中的事素引出操作定義來。

246

使用可以操作定義的構設會產生別的效應。它已經使得「成功」、「失敗」（兩個毫無科學用處的名詞）的標準從心理治療的研究中消失。與其用那種含糊籠統、定義不清的方式來思考，不如用操作定義的構設來作各別明確的預測，而且這些預測復可受到確證或否證，而不必以價值判斷的方式來斷定個人的效果是「成功」或是「失敗」。以此而言，這個領域要朝向科學而發展的話，其主要的障礙之一可說是被移除了。

此外，這一套體系之所以能催生一些研究（不論多少）還有另一個理由，那就是，它所產生的諸構設都具有普遍性。由於心理治療是最重要的人際關係、最重要的學習、最重要的人格與知覺之改變的縮影，因此，其中所衍生的構設乃具有高度的普遍性。像自我概念、對正面關懷的需求、或人格變化的諸條件等等構設，全都可以廣泛應用於很多方面的人類活動上。因此這些構設就可用來研究許多不同領域的問題，諸如：工業組織或軍隊的領導，精神病患者的人格改變，家庭或教室內的心理氛圍，或心理變化與生理變化之間的相互關係等等。

　　最後，還有個很幸運的情況值得在此一提。以受輔者爲中心的治療法不像心理分析那樣（只是舉個例子來做個比較），它很幸運能一直存在於大學校園的環境中。這意思是說：它一直能在篩篩檢檢的過程中去蕪存精，而在此過程中，個人的安全在基本上是先有保障的。換句話說：人人都只暴露於同仁們善意的批評中，正如化學、生物學、遺傳學等等學科，一旦有新的觀點出現，總要經過批判和檢視一樣。更重要的是，這些理論和技術都赤裸裸地丟到那些年輕而熱切於追尋的心靈之前。那些研究生們拚命地懷疑和追問；他們也會提出其他的理論陳述；他們學會用實徵的方法來確證或否決各種理論性的假設。就是這樣，使得以受輔者爲中心的取向得以保持開放和自我批判，而沒有變成獨斷的觀點。

247

　　由以上這些理由，以受輔者爲中心的治療法在開始之時就把自己變成一個可透過研究而改變的過程。最初它只是圍繞著技術而生出的少數幾個看法，也沒有任何實徵的核驗，而今天它已經蔚然形成網狀的理論，跨在人格、人際關係以及治療法等領域之上，同時它也在自身四週建起一個相當可觀的實徵知識體系。

早期的研究

　　心理治療的客觀研究並沒有很長的歷史。到1940年，曾經有少數人試過用電子器材來紀錄治療的面談，但這些材料卻沒被用來做研究。也沒有人認眞試過用科學方法來測量治療中所產生的變化。因此，我們要談的，乃是仍在襁褓之中的一個學科。不過，開頭的事已經有人做了。

　　1940年裡，我們有一群在俄亥俄州立大學的人很成功地錄下完整的治療面談。我們感到非常滿意，但這種心情很快就消褪了。

我們聽過那些錄音材料，那樣殘破不全、那樣複雜無端，使我們幾乎因絕望而放棄。在當時看來，那些材料幾乎不可能化約成可以用客觀方式處理的元素。

然而，我們還是有了些進展。在經費缺乏、設備不足的條件下，研究生的熱忱和技能把這些缺陷都彌補過去。由一些聰明而有創意的想法，那些心理治療的原始材料就都被轉換成幾個有關治療技術以及受輔者反應的初步範疇。對治療者的行為以很有意義的方式作出分析的是波特（Porter）。而分析幾個受輔者的案例，發現某些改變趨向的則是施耐德（Snyder）。其他人也很富創意，因此，漸漸地，這個領域中的研究便從可能性轉變成真實。

248   這些早期的研究常有思慮不週之處，也常在研究設計上出錯，更還有樣本數量不足的缺陷，但就開創先機而言，他們仍然功不可沒。

幾個研究的實例

為了透露這股穩定成長的潮流有什麼滋味，我打算把其中的幾個研究作些比較詳盡的描述，也好讓諸位能對他們的方法和各個發現有些概念。我選出來的一些研究並不是因為它們本身特別傑出，而是因為它們能代表各個不同的發展潮流。以下的報告次序，所根據的是各個研究出現的時間先後。

評斷的樞紐（The Locus of Evaluation）

拉斯金(5)在1949年完成的一個研究是關於人所知覺到的價值之來源，或關於評斷過程之樞紐何在。起初他們的想法相當簡單

——他們認為：輔導者的任務固然是要動腦筋，但他既不是替受輔者想、也不是在想受輔者到底有什麼問題，而是和受輔者一起想。在前面兩種情形中，評斷的樞紐無疑的會落在輔導者身上，但在第三種情形，輔導者卻努力於以受輔者的內在參照架構來想，他拚命用同理心來捕捉這種評斷的架構，並且完全尊重受輔者自己的價值判斷過程。

拉斯金所問的乃是：受輔者所知覺的評斷樞紐在治療過程中是否會改變其所在。說得更明白些就是，受輔者的價值標準仰賴於他人的判斷與期望之程度是否會降低？相反的，他信任自身的體驗而設定價值標準的程度是否會昇高？

為了要客觀地研究這種問題，拉斯金乃用了以下的幾個步驟。

1.邀來三位裁判，請他們分別在若干錄音面談的段落中選出和受輔者的價值標準之來源有關的段落。後來發現，三位裁判選出的段落之間有80%是相同的，由此可見，這個研究所要處理的構設確實可以區辨。

2.從這些段落中再挑出22個，用以代表廣泛的各種價值來源，然後把這些段落交給20位裁判，請他們把這些句子分成四堆，各堆是以連續而等距的分數分開的。其中有十二個段落得分最為一致，因而選作評斷樞紐量表的題目。各題的值就是在1.0到4.0之間。1分表示不假思索仰賴別人所作的評斷。2分表示大體上很在乎別人的看法，但對於這種依賴性多少有點自覺不滿。3分表示受試者對自身的評價過程很尊重，但也一樣在乎別人的期待，另外還表現出覺察到自我評斷與仰賴他人的價值判斷之間有所不同。4分則表示顯然能信賴自身的體驗和判斷，將此視為價值的基本根源。

　　以下有個例子可以說明量表上的3分實際上是一幅怎樣的圖像。

　　「所以我就作了決定，但我也在想，這樣到底對不對。如果你生在一個家裡，有個哥哥進了大學，而且每個人腦子都很好，我就會想：自己一個人我行我素，對不對呢？是不是我沒本事做這種事情？我一直在搞別人認爲我應該做的事，可是現在我很懷疑爲什麼我不可以做我自己想做的。」(6,p.151)。

　　3.接著，拉斯金用這個量表來評定十名個案的59次面談。這些面談都很簡短但錄音都完整。這些個案後來也做了其他的測驗。在做完這個量表的評定之後，著手分析之前，他希望先確定評定本身的信度。結果他從那59次面談中各隨機揀出一個和評斷的樞紐有關的段落，交給另一位裁判，他對這些材料全不知情，也不知道各段落的先後次序。最後發現，這兩套評定之間的相關是.91，這樣的信度很令人滿意。

　　4.旣已建立了等距分數的量表，也證明這是個高信度的工具，然後，拉斯金就想確定在治療期間，評斷的樞紐是否有所變動。十名個案第一次面談得分的平均數是1.97，而最後一次面談的平均數則是2.73，兩者間有顯著差異（顯著水準爲.01）。由此，以受輔者爲中心的治療法在這一點上可說是得到支持了。還有進一步的確證。這十個個案還接受了其他客觀方法的研究，因此可用那些研究中所設的客觀標準來斷定哪些個案比較成功，哪些比較不成功。假若取五個被判定爲比較成功的個案來看，則他們的評斷樞紐的變動就更爲明顯了——首次面談的平均爲2.12，而末次面談的平均昇爲3.34。

　　這個研究在許多方面都足以在爲數可觀的研究中成爲一個典型。它從以受輔者爲中心的理論中抽繹出一個假設，然後設計出

一個工具，對有所疑問的構設作出各種程度的測量。這個工具本身又還得經過一番考驗，以確定它事實上量得的東西是否與設計的原意相符，再看看幾位合格的評判人是否可經由同一套工具而獲得相同或相近的結果。最後就拿這套工具來評量治療面談的材料，當然還必須注意評量的方式，不可有偏差發生。（以拉斯金的研究來說，由另一位評判人對59個隨機抽取的材料項目再做核驗，結果發現原來的評判並沒有明顯的有意識或無意識的偏差。）用這套工具所獲取的材料可因此種分析而確定它是否能支持研究的假設。在本例中，假設確因證據的支持而成立，也就是說，我們可確信：受輔者接受這種治療法之後，對他人價值判斷的依賴會有降低的傾向，而對自己憑著體驗所做的評斷則會傾向於更加信賴。

這個研究中包含的個案數很少，而治療期間也太短促（尤其在最初的幾次面談中），這是本研究的主要缺陷。假若用同樣的方法施之於更大的樣本、用更長的治療時間，則相同的結果仍然相當可能出現。因此，這個研究可說是在粗糙的初步研究和精細的最近研究之間搭了一座橋樑。

自律功能與心理治療的關係

251

塞佛（Thetford）做了個很不一樣的研究，也是完成於1949年(11)。他的假設逸出了以受輔者為中心的治療法之外，所預測的是生理變化的後果，但這個假設和我們的理論可以並容，只是還沒有人這麼做過。

簡單地說，他的主要假設是：假若心理治療可以使人重整自己的生活組型，減低他在個人生活困境中感覺到的緊張和焦慮，則他的自律神經系統在壓力情境中的反應（這只是舉個例來說）

也必會有所改變。基本上，他的假設是說：如果治療能導致生活
組型和內在緊張程度的改變，則這種改變應會在有機體自律功能
的變化上表現出來，只是這部份不能由人的意識去加以控制而
已。所以，他的問題就是：以受輔者爲中心的治療法究竟可以造
成多深的影響？它可以深到影響整個有機體的功能嗎？

　　雖然他的研究步驟非常複雜，但若只談其中的精要部份，卻
可以作個很簡單的描述。這個研究首先從芝加哥大學的諮商中心
徵得十九名求助者，他們自願參加關於人格的研究。由於被徵詢
者都願意參加研究(只有少數幾個無法安排接受測驗的人例外)，
因此，這群人很可以代表該諮商中心的一般求助者。其中十人接
受個別治療，三人同時接受個別和團體的治療，六人只接受團體
治療。另外，在沒有接受治療的人中又徵求了十七人來當作控制
組，這些人的年齡和教育程度大致上和治療組接近。

　　每個人不論是屬於治療組或控制組都經歷同樣的實驗程序。
其中最重要的部份是這樣的：每個人都以導線連接於複寫紀錄
儀，由此而可紀錄其手掌的膚電反應 (GSR)、和心跳速率、呼
吸量。經過一段休息時間後，先建立個人的基線，然後實驗者就
告訴受試者說：用數碼記憶量爲指標，可以測得人的智力，而實
驗者就是想測量他的智力。做測驗用的數碼愈來愈長，直到受試
者很明顯地無法記得爲止。休息兩分鐘後，再做另一組數碼的測
驗，也做到明顯的失敗爲止。再休息一次，又來一次挫敗。由於
這些受試者都是學生，因此他們的投入和挫敗感一定都很眞實，
因爲這種體驗會使他們對自身的智能產生懷疑。在休息一會兒之
後，這些學生就都准予離去，但實驗者告訴他們，以後還會找他
們來。測驗進行時，實驗者從不讓受試者知道這和個別的治療有
任何關係，而且測驗地點也不和治療的地點相同。

在治療結束後，這些受輔者又被實驗者請過去，再重複一次先前所做的那套數碼記憶測驗——三次挫敗，中間各有間隔的恢復時間，但自律功能的測量則是連續不斷的。至於控制組則在一段相等的時間之後，也被邀回來，做了完全一樣的測驗和測量。

治療組和控制組的各種生理指數都經過計算，結果發現，兩組之間唯一的顯著差異只在前測和後測的挫敗感恢復速率上。一般來說，經過治療的那組在受挫敗後，恢復時間的差異是後測時比前測時要短，但控制組的結果卻相反：他們在後測時的恢復時間反而似乎要長些。

讓我說得更仔細點。治療組在「恢復商數」上的變化，以膚電反應來說，差異的顯著水準在.02，治療後比治療前顯然更容易從挫敗感中恢復。控制組的「恢復商數」之差異則在.1的水準，而且也恢復得比較慢。換句話說，在後測時，他們比在前測時更不善於因應挫敗。拿另一種膚電反應的測量——「恢復的百分比」——來說，再度顯現治療組在第二次測驗中，恢復得比較快，其改變的顯著水準爲.05，而控制組則未顯出變化。至於脈搏的測量，則治療組在平均數上顯出，後測的挫敗中，其心跳率變得比較低，顯著水準爲.05。控制組還是沒有變化。其他的幾個指數所呈現的變化和上述的幾個很類似，只是顯著程度較低些。

總而言之，經歷過治療的人在治療過程的接觸中，發展出較高的挫敗容忍度，而且也能以較快的速度在挫敗之後恢復生理的平衡。相反的，控制組表現出挫敗容忍度輕微下降的傾向，而且他們恢復平衡的速率則顯然比較慢。

用簡單的話來說，這個研究所呈現的意義是：在治療之後，人會以較高的容忍度和較低的困擾度來應付情緒壓力和挫敗的處境；縱然治療中並沒有處理過其中某些特定的挫敗和壓力，這種

狀況仍能維持；而且這種應付挫敗的效果並不只是表面的現象，而是表現於自律功能上——這是人的意識所無法操縱的，而且他自己也完全無法覺察。

塞佛的這個研究足以代表一些比較有開創性和挑戰性的新研究。在理論上，它已超過以受輔者爲中心的治療法的範圍，但它所作的預測卻與這個理論一致。也許它與我們的理論隱然相通，因此它才會預測道：如果心理治療可以使人更能在心理層面上處理壓力的問題，那麼這種效果也應能在自律功能上顯現。實際上，研究設計就在於考驗這個預測的正確性。像這樣一種和我們的理論稍有距離的預測，假若也都能通過考驗的話，當然就更能確證我們的理論。

受輔者對不同治療技巧的反應

柏格門 (Bergman)(2)在1950年完成的一個小研究是另一種範例。由於有了錄音的面談紀錄，因此對於心理治療過程可以做細部顯微的研究。柏格門所期望回答的問題是：輔導者所用的方法或技巧和受輔者的反應之間有何關係？

254　　　他選定了十個個案（和拉斯金等人的研究用的是同樣的個案），仔細研究所有的事例。每一個事例(instance)是指受輔者請求輔導者對他們的問題提供解決之途，或對他們的適應及進展情形作一評估，或確認他們的觀點，或建議他們如何往前走下去。經過這樣的界定後，在十個個案中一共取得246個事例。每一個事例就當做一個反應單位。因此，每一個反應單位裡必包含有受輔者對輔導者提出請求的全部述句，加上輔導者的立即回答，以及受輔者對這些回答的全部反應。

柏格門發現，輔導者對受輔者的請求可以區分爲以下五個範

疇：

1.以評斷爲主的反應。這種反應可能是對受輔者的話提出一番解釋，或表示同意、不同意，或給予資訊、提供建議。

2.「結構性」的反應。輔導者可能在解釋自己這個角色的意義，或說明心理治療本身該如何進行。

3.請求廓清語義。輔導者可能會指出他對受輔者的請求中有哪些地方的意思弄不清楚。

4.反映請求述句背景的意思。輔導者的反應可能是在嘗試瞭解受輔者圍繞著請求所說的那些話，但對請求本身則不置可否。

5.反映請求。輔導者可能會努力於瞭解受輔者的請求本身，或圍繞於請求本身的種種其他感覺。

接著，柏格門又對受輔者的反應作出四個區分的範疇如下：

1.受輔者再度提出請求，這個請求或許是重覆先前的請求，或是將它修飾、擴大，或提出另一個請求。

2.受輔者不論接受或拒絕輔導者的反應，對自己的態度和問題表現出放棄追索（通常會轉而談些比較不相干的問題。）

3.受輔者繼續追索自己的態度和問題。

4.受輔者將各種感覺間的關係說出來──表達出一種體悟和瞭解。

柏格門檢查過這兩種區分範疇的信度，發現用在該研究的材料上頗爲合適，因此他進而分析分類後的材料。他要決定的是哪些範疇比較常會聯在一起，而他所獲得的結果如下。

受輔者的最初請求所屬的範疇和受輔者後隨反應（就是對輔導者的回答所作的反應──譯者）所屬的範疇之間只有不顯著的關係，這在受輔者的最初請求和輔導者的反應之間也一樣。所以，輔導者的反應和受輔者的後隨反應兩者都不像是由最初的請求所

255

「引發」的。

　　但是在另一方面，從輔導者的反應和受輔者的後隨反應來看，卻可發現很多顯著的互動：

　　1.輔導者反應了受輔者的感覺之後，受輔者很可能會繼之以自我探索，或得到體悟。這兩者間的相關顯著性在.01的水準。

　　2.輔導者用第1類、第2類反應（類別編號依上文所示）時，其後隨的受輔者反應多半是放棄自我探索。這種關係的顯著性也在.01水準。

　　3.輔導者要求廓清意思，則會引起受輔者重覆原先的請求，或降低自我探索與體悟。這兩種後果與前者相關分別到達.01與.05的顯著水準。

　　柏格門乃由此而結論道：自我探索和體悟這兩種治療過程的正面效果，可以看出基本上是受「反映感覺」所促生的，至於評斷性、解釋性以及「結構性」的反應則傾向於引發負面的受輔者反應。

　　這個研究所明示的是：治療面談的錄音可以經由多番的檢視，而探討到極爲細緻、分析到接近於分子的程度，以便讓以受輔者爲中心的理論之某些面相彰顯出來。而這些研究確實探入了心理治療深處的內容，以客觀的方式加以檢視，以便找出一些光來，讓它投射於心理治療的過程之中。

自我概念的研究

　　關於受輔者自我概念的變化，也已經有過不少的研究，而自我概念是以受輔者爲中心的治療法及人格理論的核心構設。現在舉出巴特勒與海格 (Butler and Haigh)(3) 的研究來做個簡要的說明。

作這類研究而經常用到的一種方法是史第分生(10)所發展出來的Q技術，稍加修改後用來測量自我。由於巴、海二氏的研究中使用了這種工具，因此在呈現研究發現之前，應先簡單描述一下這種工具。

首先，從一大堆諮商個案的談話紀錄中，蒐集了所有自我指涉的述句。然後從其中再挑出100個述句，句子稍作修飾編排以便能增加清晰度。目標是將一個人對自己的知覺方式儘可能予以選擇表現。這個述句表中包含的項目有如下的這些：「我常覺得憤恨填膺」；「我很性感」；「我實在很受困擾」；「和某人談話會使我覺得很不舒服」；「我覺得很輕鬆，沒什麼事煩我」。

在巴、海二氏的研究中，研究者要求每個人把100張寫著述句的卡片分類。首先是「請將卡片排組，以便描述你在今天所看到的自己」。卡片要分成九堆，從最不像他的，一直到最像他的。每一堆的卡片數是事先定好的（各堆的卡片數分別是1，4，11，21，26，21，11，4，1，即強迫使它成爲接近常態分配。）完成這次排組後，研究者再請求他「描述你自己最想成爲的人」。這意思是說，每個述句不只用來表現自我的知覺，而且還把價值包含在內。

顯然，在各次排組之間可以求出其相關。在治療前的自我和治療後的自我間求相關，或在自我與理想自我間求相關，或在一名受輔者的理想自我與另一名受輔者的理想自我間求出相關。高相關表示沒有什麼差異或變化，低相關則反之。任何一個特定述句在治療期間所發生的位置變化，若能加以仔細研究，則可描出一幅關於變化之本質的圖像。由於述句衆多，構成相當大的母數，因此即使作統計分析也不會失去其臨床上的豐富內涵。相反的，無論從哪一點來看，這套程序都可使研究者把現象學式的知覺轉變成客觀而可處理的材料。

257

現在，回到巴特勒與海格所用的Q排組法。他們對於自我的研究有兩個假設：①以受輔者為中心的治療法可以降低知覺的自我與理想自我之間的差距；②差距降低的現象用各別的標準來判斷的話，將更能顯出治療中的變化。

Q排組法在一個更大的研究計畫中(8)也用來研究自我和理想自我。25名受輔者在治療之前、之後，以及治療結束的六至十二個月後（追蹤測量）分別做了Q排組。在治療組之外，另設一個控制組，其成員在年齡、性別、社會經濟地位上都與治療組相仿；這個組也做了和治療組一樣的測驗。

研究的結果很有意思。受輔者組在治療前的自我與理想之相關分佈是從－.47（自我與理想之間有明顯的差距）到.59（自我與理想的自我十分接近）。這些相關的平均為－.01。到了治療結束時，相關的平均昇至.34，而在追蹤測量時則為.31。這表示治療造成了極為顯著的變化，也支持了研究假設。特別有意思的是，在追蹤研究中所得的相關係數只比治療期間下降了一點點。若根據輔導者的評定，以及用主題統覺測驗選出治療效果最大的17名個案，則他們在Q排組顯出的變化更是劇烈——治療前的相關平均為.02，在追蹤期間則到.44。

有十五名受輔者構成一個「自行控制」組。他們在初來求助時便接受了測驗，然後等了60天再開始治療。治療之前，做了第二次測驗，治療後、追蹤期間又各做了一次。這十五人的控制組，在最初的自我理想上，相關為－.01，等過60天後，再做測驗，相關仍是－.01。由此可說：治療之後所發生的變化顯然是和治療有關，而不只是由於時間，或由於有接受協助的決心而已。

控制組和治療組相比，顯出極為不同的圖像。在開始時，自我與理想的相關為.58，而到了追蹤測量時，則為.59，沒有發生

改變。顯然控制組並沒有像治療組的受輔者那般感受到自我與理想間的緊張關係，他們雖傾向於視自身爲有價值，但卻不必朝這些價值的方向來改變自己。

這個研究可以得到一個合理的結論：以受輔者爲中心的治療法和一種變化有關，那就是，個人的自我知覺有所改變，而且是變得更能珍視自己。這種變化並不只是短暫的，而是能夠在治療之後持續下去。受輔者的內在緊張關係很顯著地降低了，不過，即使在治療結束後的自我，其理想性也不如非治療組那麼高。（換言之，心理治療並沒有造成「完美的適應」，或完全消除緊張。）同樣清楚可見的是：此處所討論的變化並不只因時間消逝而自然造成，也不只因有求助的決心而造成。這些變化確然和治療有關聯。

不少研究曾經對治療與自我知覺之間的關係有所啓示，而這個研究即是其中之一例。再拿其他研究來做佐證（參看Rogers and Dymond (8)），我們乃曉得：在心理治療中，真正發生變化的是自我概念，而不是理想的自我。後者雖也會有改變，但幅度相當小，而且其改變方向也是變得較不帶苛求之意，變爲較容易企及的理想。我們也才知道：在治療結束時所萌生的自我圖像，經過臨牀專家的評定（儘可能消除人爲的偏差）後，認爲是適應較佳。我們知道：這變化後的自我具有極高度的內在安適、自我瞭解、自我接納、和自我責任感。我們知道：治療後的自我在和他人建立關係時也覺得非常舒坦和滿足。我們就這樣一點一滴地累積客觀的知識，瞭解受輔者所知覺的自我如何因治療的鍛鍊而改變。

心理治療也會造成日常行為的改變嗎？

到此為止，本章中所描述的研究和下文中可能會引述的其他研究提供了許多證據，肯定以受輔者為中心的治療法可以造成多方面的變化。人會以不同的方式抉擇，會建立不同的價值；他在面臨挫敗時，生理上的緊張反應為時較短；他在自我理想上都發生變化。但這些結果對一般人和對社會來說，似乎並未回答他們所關切的實際問題：「受輔者的日常行為也會有顯然可見的改變嗎？改變的本質都是正面的嗎？」為了回答這些問題，所以我（由幾位同仁協助）才又著手研究受輔者行為改變的成熟度。這個研究於1954年出版(6)。

以受輔者為中心的治療法有這樣的假設：治療中所發生的內在變化會使受輔者在治療之後表現得較不帶防禁性、較為社會化、較接納自身與環境中的實相，也因而能支持較為社會化的價值體系。簡而言之，他的行為會被認為較成熟，而幼稚的行為則傾向於減少。對於這種假設，我們直接面臨的問題是：我們能不能為此作出運作定義，以便交付實徵的考驗？

在現有工具中，可用以測量日常行為者，可說是少之又少。最能符合我們目的的，應是多年前由威樓比（Willoughby）所發展而成的「情緒成熟量表」（Emotional Maturity Scale，簡稱E－M 量表），他首先設計了許多用以描述行為的題目，然後交予100位臨床工作者（含心理學家和精神科醫師）去評定各題的成熟度。以這種評定為根據，他選出其中的60個題目來構成他的「量表」。各題的值從1分（最不成熟）到9分（最成熟）。下列的幾個題目及各題的值是量表中的一些例子，可讓讀者們略嘗其味。

題值	題目	題號
1.	S（受試者）在想解決他的問題時，總是向人求援。	(9)
3.	在開車時，正常狀況下S會維持著平靜，但遇有別的車子妨礙前進的話，S會變得很生氣。	(12)
5.	在不得不表現出自己某方面的缺陷時，S會耿耿於懷，但卻能夠想想自己在其他方面的長處來安慰自己。	(45)
7.	S在追求他的目標時會將自己的努力予以組織安排，使追求的方法能成爲有系統的手段。	(17)
9.	S歡迎在合宜的機會中作與性有關的表達，不會爲這種話題感到羞恥、害怕或過份沈迷。	(53)

260

　　旣經選好工具，我們就能以操作的形式來陳述我們的假設：在以受輔者爲中心的治療完成之後，受輔者的行爲若以「E—M量表」來加以評定，將可獲得較高的分數，亦即變得較爲成熟。

　　這個研究的方法當然很複雜，因爲對日常行爲的測量要做到正確、可靠的話，本就很不容易。這個研究是一個更大的研究計畫(8)之下的一部份，該計畫包含有將近三十名受輔者，同時也有一個可以對照的控制組。研究的步驟簡述如下：

　　1.受輔者在治療前先以「E—M量表」自行評定自己的行爲。

　　2.受輔者舉出兩位朋友的名字。這兩位朋友不但對他非常熟識，而且願意來評量他。評量是以信函的方式投送。他們塡好「E—M量表」後，直接寄回諮商中心。

　　3.每位朋友在評量受輔者的同時，也另外評量一位很熟的人。其用意在斷定此種評量的信度。

　　4.治療組中分出一半，成爲自行控制組。這組人在初來求助時，塡答「E—M量表」，然後，經過六十天，也就是治療開始之

前，再填答一次。這些受輔者在填答「E－M 量表」的同時，也接受朋友的評定。

5.在治療結束時，受輔者和他的兩位朋友再用「E－M 量表」作一次評量。

6.治療結束的六到十二個月之後，研究者再請求受輔者和那兩位朋友用「E－M 量表」評定受輔者的行為。

261

7.與治療組相對的控制組也在和治療組同樣的時間用「E－M量表」作了評量。

以上的研究設計中獲取的一大堆數據，可供各種不同角度的分析。在此只將主要的發現作一報告。

「E－M 量表」經證實具有令人滿意的信度，不論由受輔者或觀察的朋友使用皆然。不過，不同的評量者所得的評量結果之間並沒有明顯的相似性。

非治療控制組的人在研究期所得的行為評量沒有顯著的變化。

自行控制組在六十天的等待期間，其自行評定和朋友的評定皆未呈現顯著的行為改變。

在治療期間，或治療到追蹤測量期間，朋友對受輔者行為所作的評定並未有顯著的變化。這個結果當然和我們的假設相違。如果能將受輔者依其在治療中的其他變化而區分成幾類，或許能斷定此一結果是否在各類受輔者中皆能維持。後來，受輔者就依輔導者的評定而區分為最大變化組、中度變化組及最小變化組。

再把朋友的評定拿來檢視一次，發現：最大變化組的行為成熟度果然有顯著的增加（.05水準）。中度變化組的行為改變幾乎等於沒有，而最小變化組則顯出負方向的變化，也就是變得更不成熟。

在治療者與觀察的朋友之間，對治療效果的評定分數有顯著的相關。這種相關特別有意思，因為治療者所作的判斷完全是根據治療時段內的觀察，他對受輔者在外面的日常行為毫無所悉。相反的，朋友的觀察則完全根據日常生活中之所見所聞，他對於治療過程也是全然無知的。

整體而言，這些發現和受輔者對自身行為的自評相符，但有個很有意思的例外。被輔導者評為有進展的受輔者，其自評的成熟度也有增加，評定的分數和朋友的評分幾乎相同。反之，被輔導者評為最不成功的那些受輔者，也被朋友評為成熟降低，但他們的自評分數在治療後及追蹤期中都呈現陡然上昇的趨勢。顯然，在治療沒有成效的狀況下，這些人都表現了防衛性的自我評定。

總之，我們的結論顯然支持了以受輔者為中心的治療法，也就是說：這種治療法若能有效地造成受輔者日常行為的改變，則此改變必是趨於更高度的成熟。相反的，若果治療者感到治療效果不彰，則受輔者的行為會顯出成熟度下降的傾向，而且可以被人觀察到。後面這個發現很值得特別注意，因為這是第一個顯示治療失敗竟會有解組效果伴隨而生的證據。以受輔者為中心的治療法具有這種負面的後果，雖然證據所顯示的程度不高，但這仍值得做進一步的探討。

這個研究例示了一種探討的努力，即企圖瞭解心理治療所造成的行為後果為何。同時，它也使我們曉得：要設計一個嚴謹的研究，其中含有重重難關，譬如我們必得先確定(a)行為的改變是否確實發生，以及(b)這些改變是否確為治療的效果，而非肇因於其他的因素。

既已對日常行為的改變做過這種全面性的研究，未來似乎也

可能把這個題目放進實驗室來做，看看在經過更佳控制的條件下，個人受過心理治療後，在問題解決行爲、調適行爲、對挫折與威脅的反應等等會有什麼變化。不過，以上所報告的研究確是在這方面拓荒工作，它指出的是：心理治療之成功者會導致正面的行爲改變，而不成功者則也會產生負面的行爲改變。

治療關係的品質與治療效果的關係

我要報告的最後一個研究是最近才由巴瑞・倫納（Barrett─Lennard）(1)所完成的。他在開始時先陳述了我的理論中關於「治療產生變化」的必要條件部份。他的假設是說：在關係中若具有五個態度條件，則受輔者會產生治療性的變化。爲了評量這個問題，他先發展出一個〈關係問卷〉，用以測量關係中的五個向度。這個問卷還設有兩種形式，分別給受輔者及治療者使用。到目前爲止，他只分析了受輔者所知覺的關係，因此我要報告的，也僅限於這一部份。

巴瑞・倫納請他的受輔者在第五次面談後塡答〈關係問卷〉。這些受輔者還將接受其他幾種客觀的測量。爲了讓讀者們嘗嘗這個研究的滋味，我打算舉出與各個變項有關的一些問題。

研究者有興趣知道受輔者感覺到自己被同理心所瞭解的程度，所以，用這個變項爲例，他在問卷中便列出一些關於治療者的題目，讓受輔者在六點量尺上勾選他同意的程度（從極爲同意到極不同意）。以下幾個題目顯然代表了幾個不同程度的同理心：

△他很能悅納我的體驗對我而言究爲何物。
△他會嘗試以我的眼光來看事情。

△有些時候他認爲我的感覺是如此這般，因爲他的感覺也是這
　樣。

△他是以抽離、客觀的角度來理解我的說法。

△他聽懂我的話，但卻不懂我的感覺。

　　其次要測量的是關懷的程度，也就是治療者喜愛受輔者的程
度。以下的一些題目可以爲例。每一題仍是依極爲同意到極不同
意來作評定。

264

△他很在乎我。

△他對我有興趣。

△他對於「什麼能讓我觸一下電」感到好奇，但並不是對我這
　個人感興趣。

△他對我漠不關心。

△他不贊同我。

　　要測量關懷是否爲無條件的，亦即輔導者對受輔者的喜愛是
否不受其他因素的操縱，可用下列的題目：

△不論我表露的情緒是「好的」或「壞的」，似乎都不會影響他
　對我的感覺。

△有些時候他對我的反應比其他時候要更積極、友善些。

△他對我的興趣要看我對他談的是什麼而定。

　　爲了測量治療者在關係中的表裡合一性或眞誠，乃用了像以
下這樣的題目：

△他在我們的關係中表現得就像自己本來的樣子。

△他做出喜歡我或瞭解我的樣子，比實際的他還要多。

△有些時候，在我看來，他的外表反應和他的內在感受大不相
　同。

△他在我面前只是在扮演個角色。

　　巴瑞・倫納還希望測量另一個他自己認為很重要的變項
——即輔導者在心理上的可及性，或是否願意讓受輔者知曉他。
為了測量這個變項，用的是如下的題目：

△他會很坦然地把他的想法和感覺告訴我，只要我想知道的
　話。

△每當我問及他個人的事時，他會很不自在。

△他不願意把他對我的感覺說給我聽。

265　　　他的研究發現之中，有些很有意思。他的治療者當中，經驗
比較老到的，就比沒有經驗的治療者更能顯出前四種品質。但在
「是否願意讓人知曉」的變項上，則恰好相反。

　　在他的樣本中，困擾較為嚴重的受輔者在前四項測量上，也
和客觀測量所得的人格改變，以及治療者所評定的改變程度之
間，有顯著的相關。同理心的瞭解和人格改變之間有最顯著的關
聯，但是輔導者的眞誠、關懷的程度、以及關懷的無條件性等三
項也都和成功的治療有關。至於是否願意讓人知曉便沒有顯著的
關聯。

　　因此，我們可以蠻肯定地說：治療的關係中，治療者若能有

高度的表裡合一或眞誠，有敏銳而準確的同理心，能非常尊重、非常喜愛，也就是說能高度關懷受輔者，而且能在這關懷中不帶條件的話，就極可能建立有效的治療關係。這些品質顯然是造成人格與行爲改變的影響力中最爲基本的。同時，在本研究及其他研究中也可以看出：這些品質可以在關係初建之時，取出一小部份的互動過程爲樣本而加以觀察或測量，並以此而預測該關係所能有的成果。

　　本研究所例示的乃是如何將以受輔者爲中心的治療法理論中一些精微的因子加以考驗。值得注意的是：這個研究並未特別處理技巧或觀念形成的問題。它直接切入不易被尋常方法所觸及的態度和體驗層面去。依我的判斷來看，心理治療的研究是須走上這麼長的路才能走到這個地步，開始來探討這些精微的層面。同時，我也覺得，研究中顯示前四個變項是正面的證據，而第五個變項則無法成爲正面證據，此等的結果說明了：在這樣的水平上所進行的研究確能獲得有益而又具有區別性的發現。

　　關係的品質中，凡與心理治療的進展有關者，都是態度性的。有這種發現實在不能只當成驚鴻一瞥。我們當然可以只把它看成某種的專業知識，或說，要造成人的改變總得再加上些特殊的技術才行，不過，這個研究實際上已經把一種很具挑戰性的可能性提昇了──一個人即使沒有任何學院式的知識爲背景，或沒有受過醫學或心理學的訓練，當他具有了某些態度或體驗的品質，也足以激發具有正面療效的變化過程。

　　這個研究在另一方面也有拓荒性。它以明確的設計來探討心理治療之原因的（causative）或造成變化的因子，而這樣的研究還很少見。就此而言，理論獲得長足的進展，而方法論上的精鍊性也增加了，我們可因此而期盼有更多的研究會投入這個領域

中。到時候我們會更有能力區別或測量造成人格與行為之建設性
變化的條件是什麼。

目前的一些研究

　　和心理治療有關的研究在本國正在萌芽。連心理分析界也正
著手為心理分析的治療法作些客觀的研究。目前很不可能整個地
評論現在進行的所有研究，因為情形相當複雜，而且變化太快。
不過我想把一些我所親身接觸過的研究計畫作個速寫。這些研究
都和以受輔者為中心的治療法有關。

　　在芝加哥大學有個研究由史林博士主持，他們所要探討的是
比較在時間有限的短期治療中所發生的變化，以及無時間限制的
治療所發生的變化有何異同。受輔者接受一定次數的面談（通常
是二十次，有些則為四十次）。面談結束時治療也同時告終。研究
者的興趣集中於兩點：(a)受輔者如何運用時間；(b)是否可能縮短
治療時間。這個研究計畫不久之後即可完成。

　　有一個很近似的研究，是企圖探討短期的**阿德勒式心理治療**
（Adlerian therapy）。而史林博士則與幾位同事〔代表者為居萊
克斯（Rudolph Dreikurs）〕合作，另進行一個可與上述研究平
267　行的阿德勒式心理治療。假若一切都能按計畫進行，那就表示我
們可以把兩種截然有別的治療法──阿德勒式的和以受輔者為中
心的──作個直接的比較。在設計中，兩種治療法都得作同樣的
前測和後測，在時間長度上必須相同，而且所有的面談都須有錄
音。這樣的設計確實可以成為一個里程碑，並且大大拓展我們的
知識，使我們進一步瞭解不同型式的心理治療有何相同和相異的

因子。

另一個在芝加哥大學進行的研究是由卡萊特、費斯克（Donald Fiske）、柯特納及其他人所合作的。這個研究想在很廣泛的基礎上探討和治療的變化可能有所關聯的許多因素。這就像撒下一面巨網，想把以前所未曾考慮過的種種因子重新探討一遍，好知道與治療進展或缺乏進展的相關原因。

在威斯康辛大學，羅斯樂（Robert　Roessler　）、葛林菲（Norman Greenfield）、柏林（Jerome Berlin）等博士以及我本人則著手展開一個分組的研究，期望在既有的一些考慮之外，還能爲以受輔者爲中心的治療法投下一線光芒，照出一些相關的生理因素。其中有一部份將受輔者在治療時間內的膚電反應、膚溫、心跳速率都作了連續的紀錄。這些紀錄和面談的錄音作個比較的話，也許可以使我們更瞭解人格變化過程的基本生理・心理本質。

有一個比較小型的研究，也是由好幾個人一起作，目的在探討心理治療的過程。我在最近發表的一篇報告中(7)，根據觀察，將心理治療過程中的一些不規則但具有順序性的階段現象作成了理論性的陳述。目前我們的工作則是將理論描述轉譯成操作性的量表，俾能用來研究治療過程的面談錄音。現在正在建立該量表的信度和效度資料。

在威斯康辛大學還有另一個計畫，由甘德林博士和我擔任主持人，企圖比較精神分裂症患者（慢性和急性的都有）和正常人的心理治療過程。每位治療者同時接受三名受輔者，他們的年齡、性別、社會及教育地位大致相稱。這三名中，一個是慢性精神分裂症患者，一個是急性精神分裂症患者，另一個則是由附近的居民中徵求而得的「適應正常」者。我們獲有許多種前測、後測的

268

結果，並有全部面談錄音，期望能從其中捕捉到許多有意義的發現。這個研究把我們的治療法理論推向新的領域——住院的精神病患。研究的基本假設中有一部份是說：假若具備心理治療的一些必要條件（近似於巴瑞‧倫納的研究），則精神分裂症患者和正常人的人格變化過程將會相同。

也許這些扼要的描述已足以指出：以受輔者爲中心的治療理論和實務所激發的客觀研究已經長出相當可觀的樹幹，而往後它也會繼續茁發枝葉。

研究對未來發展的意義

我想以回答一個問題來作爲本章的結語。問題是：「這些研究會把我們帶到哪裡去！」

在我看來，研究的主要意義在於累積有關心理治療的種種，經過客觀核驗的知識，其結果可能會造成各個「學派」的逐漸瓦解——包括我們自己這個在內。增加堅確的知識，便會使教義式的理論構想變得愈來愈不重要。而這些知識包括：促進治療性變化的條件是什麼？治療是如何進展的(治療過程的本質是什麼)？哪些條件會妨礙或抑制治療？以人格或行爲的變化來說，心理治療最具特色的成果是什麼？果能獲得這些知識，則意見的差異、治療的不同程序、對治療成果的不同判斷等等就都可用實徵的方式來加以考驗，而不會只是爭吵和辯論的問題。

今天，在醫學之中，我們看不到什麼「盤尼西林治療學派」和其他治療學派的對立。當然，判斷和意見的差異總是存在的，但我們也有信心說：在可見的將來，經過設計嚴謹的考驗，這些

差異是可以有所解決的。只有這樣，心理治療才有可能逐漸把差異的仲裁權轉給事實，而不是交給敎條。

經由這樣的過程，應會有一種更爲有效、也常能變化成長的心理治療誕生出來，而不必在它身上貼有任何標籤、冠上任何名稱。這樣的心理治療法可以涵蓋任何經過實際考驗的知識，而不論它的來源是哪種取向。

講到這裡，也許我該結束了，不過我還想對那些會討厭研究的人——尤其在這麼細膩、這麼個人性而且難以捉摸的心理治療學領域中——多說一句話。他們可能會覺得：把這麼密切的關係交付於客觀的檢視之下，總會在某些方面削減了它的人味、奪去它的根本特性、把它弄成一套冷酷的事實。我想說的是：到今天爲止，這樣的結果並沒有發生。相反的一面反而更眞實：研究做得愈是週延，愈能證明受輔者的變化與各種細膩的主觀體驗有關——諸如內在的抉擇、整個人格更趨於合一性、對個人的自我有不同的感覺等等。在輔導者這方面來說也一樣。最近的研究指出：最能發揮效能的輔導者應是具有溫暖人性、眞誠無僞的人，他所關切的乃是想瞭解受輔者當下的感覺，而這個受輔者正是在這種關係之中才得以逐漸變化而成長。很顯然的，沒有任何證據指出冷靜、理智、分析性、滿口都是事實的輔導者能產生任何治療的效果。當然，在心理治療中還有這樣一種弔詭存在：爲了使我們這個學問領域得以進展，每個人都必須願意將他最熱切的信念交付給最沒人味的實徵研究之考驗；但若想成爲一個有效的治療者，他又只能用這些知識來拓展他的自我，使自我的內涵變得豐實，他也必須要在他和受輔者的關係中泰然無懼地成爲那樣的自我。

注　解

❶本文乃是以下這篇文章的英文版：Chapter XII of *Psychotherapie en men-selijke verhoudingen:Theorie en praktijk van de non-directieve therapie* by Carl Rogers & G. Marian Kinget, Utrech, The Netherlands:Uitgeverij Het Spectrum, 1960.

參考書目

1.Barrett—Lennard, G. T.

　　1959　Dimensions of the client's experience of his ther-
　　　　　apist associated with personality change. Unpu-
　　　　　blished doctoral dissertation, Univ. of Chicago.

2.Bergman, D. V.

　　1951　Counseling method and client responses. *J. Con-
　　　　　sult. Psychol.* 15, 216—224.

3.Butler, J. M., and G. V. Haigh

　　1954　Changes in the relation between self—concepts
　　　　　and ideal concepts consequent upon client—
　　　　　centered counseling. In C. R. Rogers and
　　　　　Rosalind F. Dymond (Eds.). *Psychotherapy and
　　　　　Personality Change.* University of Chicago Press,
　　　　　pp. 55—75.

4.Cartwright, Desmond S.

　　1957　Annotated bibliography of research and theory
　　　　　construction in client—centered therapy. *J. of
　　　　　Counsel. Psychol.* 4, 82—100.

5.Raskin, N. J.

　　1952　An objective study of the locus—of— evaluation
　　　　　factor in psychotherapy. In W. Wolff, and J. A.
　　　　　Precker (Eds.). *Success in Psychotherapy.* New
　　　　　York: Grune &Stratton, Chap. 6.

6.Rogers, C. R.

　　1954　Changes in the maturity of behavior as related to therapy. In C. R. Rogers, and Rosalind F. Dymond (Eds.). *Psychotherapy and Personality Change.*University of Chicago Press, pp.215－237.

7.Rogers, C. R.

　　1958　A process conception of psychotherapy. *Amer. Psychol.*, 13, 142－149.

8.Rogers, C. R. and Dymond, R. F.

　　1954　(Eds.) *Psychotherapy and Personality Change.* University of Chicago Press, p.447.

9.Seeman, J., and N. J. Raskin

　　1953　Research perspectives in client centered therapy. In O. H. Mowrer (Ed.). *Psychotherapy : theory and research,* New York: Ronald, pp.205－234.

10. Stephenson, W.

　　1953　*The Study of Behavior.* University of Chicago Press.

11. Thetford, William N.

　　1952　An objective measurement of frustration tolerance in evaluating psychotherapy. In W. Wolff, and J. A. Precker　(Eds.). *Success in Psychotherapy,* New York: Grune & Stratton, Chapter 2.

第六部

對於生活的涵義

我已經發現：心理治療的體驗
對許多方面都有饒富意義乃至深邃動人的涵義，
譬如對教育、對人與人間的溝通、
對家庭生活、對創造的過程皆然。

第十三章
有關教學與學習的
一些個人見解

273

　　這是本書中最短的一章。但是，若把我的經驗拉進來的話，這篇卻是最具爆炸性的文章，因爲它牽連出一段非常有趣的個人歷史。

　　哈佛大學舉辦了一次「教室中影響人類行爲的方式」（Classroom Approaches to Influencing Human Behavior ）的討論會。他們邀請我去當場示範「以學生爲中心的教學法」──這是我將心理治療的原理運用在教育上的一種教學法。我當時覺得在兩個小時之內，面對著一群經驗十足的教師，要設法根據他們的想法，整理出他們的意向，定是一項十分勉強也難以令人滿意的作法。當時我仍有幾個月的準備時間，但我完全不知我會怎麼做。

　　就在那時，學期結束了。我利用寒假到墨西哥避寒，平時只畫些畫，寫些東西，照照相，並潛心研讀齊克果的作品。我相信，齊克果直言無隱的誠實態度在當時對我有莫大的影響。

　　假期快結束時，我又得面對我的功課。我回想起從前有幾次成功地引發十分有意義的課堂討論，那時的作法只不過是先把一些非常個人的看法扔給學生，然後嘗試去瞭解並接納學生的種種複雜反應與感覺。這個方法用來應付哈佛所指派的作業似乎相當不錯。

274

　　然後，我開始動筆寫下我個人教學的經驗，以及我自己學習的經驗。我模仿字典的方式逐條定義，並且儘可能地誠實。當時我遠離所有的心理學家，教育學家，以及有板有眼的同事們。我只簡單地寫下我的感覺，並相信如果有不夠完備的地方，屆時的討論也可以幫助我調整我的論點。

　　當時我或許過於天眞，但我的確不認爲這篇文字有任何煽動的意味。畢竟，與會的所有人士都是學識淵博、深具自我批評能力的教師，而他們的共同興趣是要探討什麼才是課堂中最佳的討論方法。

　　我抵達了會場，利用很短的時間唸完了我這篇文字中所寫下的看法，然後讓大家開始討論。我期待有一些反應，但沒料到竟引起一陣騷亂。會場中群情激昂。我的觀點似乎威脅到他們的工作，我說的話對他們而言似乎言不及義等等。偶爾，其中也會有位教師安靜地表達他的讚許之意；他說他也有同樣的看法，卻從來不敢說出來。

　　我敢說，當時與會的人，沒有一個記得那次研習會的原意在示範「以學生爲中心的教學法」。但我希望，當他們回想那次經驗時，會發現他們活生生地體驗了一次以學生爲中心的教學法。我當時拒絕答覆來自四方的詰難與攻擊，也沒有替自己辯護。我以同理心感受並接納他們所感覺到的憤怒、挫折與批評。我指出我僅僅表達了我個人的觀點，並沒有要求或期望別人同意。一陣風暴之後，會場中的人士開始愈來愈坦誠地表達他們自己對於教學的重要感覺——多半與我的感覺（也與其他人的感覺）大相逕庭。那場討論會激發了許多的看法。我現在不禁想問當時與會的所有人士，是否忘得了那一次的經驗。

　　翌日早晨，正當我準備離開當地時，與會的一位人士給了我

一句最有意義的評語：「昨晚你把好多人搞得睡不著覺了！」

　　事後，我並沒有發表這篇短文。我對心理治療的論調早已替我在心理學家與精神科醫師間博得一個「好引起爭端的傢伙」的雅號。我不想讓教育界人士也加入這個批鬥我的行列。雖然如此，這篇短文中的論點仍然經常被當時參加討論會的人士引述。幾年之後，有兩份期刊要求刊登。

　　在這段歷史性的高潮之後，您可能會覺得以下的文字本身平淡無奇。其實，我說過我自己從不覺得這些論點具有煽動性，只是相當能夠表達我對教育的最深刻見解罷了。

＊　　　　　＊　　　　　＊

　　在此，我要向各位提出幾個十分簡短的論點。希望藉著各位的回饋，我能更清楚地思考我自己提出的看法。

　　我覺得思考是一件非常棘手的事，尤其是當我要去思考我自己的體驗，並設法從這些體驗裏淬取似乎眞實涵蘊於其中的意義。起初，這類的思考總是很能令人滿意，因爲它似乎能從一大堆毫無關連的事件中，發掘出意義與模型。但是，這類思考後來常常會變得令我感到不知所措，因爲我發現這些對我來說十分重要，對別人卻會顯得非常荒謬。在我的印象中，如果我嘗試從自己的體驗裏找尋意義，結果往往會走向一個別人認爲十分可笑的結論。

　　所以，利用以下三、四分鐘，我要設法摘出我自己在課堂中得來的體驗，以及在個人與團體心理治療的經驗中歸納出的意義。我絕不想教任何人把這些想法當成他們的結論，或是他們行事爲人的指標。這些只是暫時性的想法，是截至一九五二年四月爲止，我的體驗展示給我的意義，以及在荒謬處所引發出來的一些令人困惑的問題。我會把每一個想法或意義條列在各別的段落

中,以字母標示。這種安排並不表示他們之間有任何邏輯的次序,而是因為各種意義對我而言各有獨特的重要性。

1. 我先針對此次討論會的目的提出這一點。我的經驗是,我無法教別人如何去教學。因為這樣的嘗試終究會是徒勞無功的。

2. 我覺得任何可教的事物,相對來說,都是無關緊要的,而且對行為只有極少,甚至沒有任何重要的影響。這一點聽起來十分怪誕。我自己在說出這一點時,都免不了要質疑它。

3. 我愈來愈清楚地知道我只對能有意義地影響行為的學習感興趣。這一點很可能只不過是我個人的特殊癖好。

4. 我開始覺得唯一能有意義地影響行為的學習是自我發現與自我調節 (self-appropriated) 的學習。

5. 這種自我發現的學習,這種透過個人體驗而調節之、同化之的真理,無法直接地向他人傳達。當一個人企圖直接向別人傳達這種體驗時,他所用的多半是一種頗為自然的熱情,但這就立刻會變成教學,而其效果也是微乎其微的。直到最近,我才十分欣慰地發現,早在一世紀前,丹麥哲學家齊克果便已由他自己的經驗中發現這項事實,並且很清晰地陳述出來。他與我見解的相同,使得我提出的這一點顯得不那麼荒謬。

6. 綜上所述,我發現我已不再有興趣成為一個教師。

7. 當我嘗試教學時 (有時我仍然會教一些書),我為我的教學效果感到驚愕。這後果似乎比「微乎其微」要多些,甚至有的時候我會教得很成功。但當這種情形發生時,我發現其後果常是有害的;這後果會導致一個人懷疑他自己的體驗,因而阻礙了真正有意義的學習。所以我才會有這種感覺;教學的後果要不是無關緊要,那就是有害的。

8. 我回顧自己過去教書的結果,結論仍然相同——要不就是傷

害已然造成，或是沒有產生任何重要的影響。坦白地說，這點發現十分令人困惑。

9.因此，我發覺我只想做一個學習者，最好是去學習一些重要的事情，一些能有意義地影響我自己行爲的事情。

10.我發現學習是十分有收穫的：在團體中，在像心理治療一樣，和一個人的關係中，或是我一人獨自學習時。

11.我發現，對我來說，最佳的，但也是最困難的學習方式，卻是卸除我自己的防衛性（至少暫時地卸下），同時設法瞭解別人如何接納與感受他自己的體驗。

12.我發現，對我來說，另一種學習的方式是說出我自己的不確定，並且設法澄清我的困惑，從而更接近我體驗中似乎已經含有的意義。

13.這一系列的體驗，與我到目前爲止從中發掘的意義，似乎把我推向一個令人著迷卻又令人害怕的過程。這似乎意味著，當我設法瞭解體驗的當下意義時，我讓體驗帶領著我走，朝著前進的方向，朝著我僅能模糊界定的目標走去。這感覺像是在體驗的亂流中漂游，帶著令人著迷的可能性來捕捉其中變化不定的複雜性。

　　我幾乎有點怕我已離題太遠了。我們要討論的是學習與教學。讓我說得實際一點，我對自己的體驗所作的詮釋可能顯得奇特與異常，但並不至於離經叛道。但當我明瞭這些詮釋的涵義後，我發覺我已遠離每一個人認爲正確的常識世界；這之間的距離才令我感到顫慄。我可以進一步地解釋這一點：如果別人的體驗與我的體驗一致，如果他們在體驗中也發掘了類似的意義，這便暗示了如下的後果：

1.這種體驗暗示我們可以廢除教學。要學習的人大可以自行聚

集而學習。

2.我們還可廢除考試。考試只能測量無關緊要的學習型態。

3.爲了同樣的理由，我們也可以廢除成績與學分。

4.同樣的，我們可以廢除學位評定能力的制度。另外，學位只能標示某件事的終止或結束，而一個學習者所在乎的是永不間斷的學習過程。

278　　5.這些同時意味著我們不必表明結論，因爲我們知道：沒有一個人可以從結論中有意義地學習到任何事物。

　　我想，我最好就此打住。我不想顯得太荒誕不經。我主要想知道：以上所描述的一些個人見解，與各位曾經體驗過的課堂經驗之間，是否有任何一絲相符之處。倘若確然如此，那麼你們的體驗對你們究竟存在著什麼意義？

第十四章

279

在治療與教育中有意義的學習

　　設在佛蒙特州普蘭費德市的格達學院（Goddard College）是一個實驗學院。除了為學生安排各種活動以外，他們還經常為教育學者舉辦研討會與工作坊（workshop，是一種帶有討論和實習的研習會—譯者），研究一些重要的問題。1958年二月，他們邀請我主持一個工作坊，主題是：「心理治療對教育的涵義」。國內東部地區的教師與教育行政人員，尤其是來自新英格蘭區的人，冒著風雪趕到此地，度過三天的密集研習。

　　為了這次的研習會，我決定重新整理我對教學與學習的看法，使得這些意見不會顯得如前一章中的論調那般地讓人吃驚，也不致違背身為一個心理治療者所持的根本信念。這篇文章便是經過整理後的結果。對於已經熟悉本書第二部份的讀者，本章中「心理治療中的條件」與「治療的學習過程」這兩節可能會顯得多餘，因此大可略過不看，因為這兩節大致在重述前面詳談過的治療中的基本條件。

　　　　　＊　　　　　＊　　　　　＊

　　此處，我要提出一個論點、一種立場，說明心理治療對於教育可以有什麼啟示。這只是一種暫時性的立場，而且我的態度不無保留，因為我對它仍有一些尚未解決的疑問。但是，這種論點

280

至少十分淸楚，並且提供了一個起點，可以讓敎育另起爐灶。

心理治療中有意義的學習

　　身爲一個心理治療者，長久以來的工作經驗使我確信，有意義的學習可受心理治療的輔助，並且會在治療的關係中發生。當我說有意義的學習時，我所指的遠比累積事實的學習要多得多。這種學習會使一個人產生明顯的變化──他的行爲，他對未來選擇的方向，他的態度，以及他的人格。這是一種有滲透力的學習，而不只是知識的增加；一個人存在的每一部份都會與這種學習的體驗交互貫穿。

　　這種學習的發生並不只是我的主觀看法，它已經由實驗證實。就拿以受輔者爲中心的心理治療來說，這是我最熟悉，而且作過最多研究的一種治療法，我們發現接受這種治療的人會產生以下幾種學習，或變化：

· 這人會開始對自己有不同的看法。

· 他變得更爲有自信，更能支配自己。

· 他變得更像是自己希望成爲的樣子。

· 他的知覺變得更具有彈性，較爲不死板。

· 他採取較爲實在的目標。

· 他的行爲較爲成熟。

· 他會改變適應不良的行爲，甚至如長期酗酒的習慣也可以改變。

· 他變得較能接納別人。

· 他變得對他周遭，以及他自身發生的各種事情更爲開放、和

坦誠。

· 他以建設性的方式，改變他基本的人格特徵❶。

　　我認爲這些項目或許足以指出，這些學習夠有意義，而且也確實使人變得不一樣。

教育中有意義的學習

　　我相信教育家本身也會對能造成變化的學習感興趣。對於事實的單純知識固然有其價值。誰要知道打贏了波塔瓦之役的是哪一方，或莫札特數以等身的作品中，某一號曲目首演的日期爲何，誰就可能獲有年薪六萬四千美元的教職。但是，若說教育的目的僅在於使人獲得這種知識，我想，教育家多半都會爲之赧顏的。提到這點，我想起我在大學一年級時，農藝學的教授說過一句強而有力的話。我在他的課堂上學的其他知識早就忘光了，可是我記得他如何根據第一次世界大戰的經驗，把有關事實的知識比喻成彈藥：「不要當運彈藥的貨車；要當一把槍！」我相信多數的教育家都會有此同感：知識之所以存在，是爲了有用。

　　如果說教育家感興趣的是學習是要有功能的、是會造成變化、會滲透到人格和行爲之中的，那麼他便該向心理治療法尋找些靈感。我們應該可以把心理治療中產生的學習過程運用到教育上。

心理治療中學習的條件

現在，讓我們看看：使心理治療產生有效學習的最主要因素
是什麼。我想先儘可能詳細地解釋一下，在這種學習的現象發生
之時，先存在著哪些條件。

面對難題

首先，受試者會面對一個他認爲十分嚴重而有意義的難題。
他可能發現他當時身不由己，或是滿心困惑和或是婚姻觸礁，或
是工作不如意。簡而言之，他面對著這樣一個困境，他雖已嘗試
去適應、卻發現自己沒有成功。因此，即使他害怕會在自身中發
現令他自己困擾的東西，他仍然渴望要學習。由此可知，一種想
要學習、想要改變的不明確慾望乃是基本的條件，而這種慾望是
在面對生活的困境時才會產生的。

當這個受輔者去見治療者時，他所面臨的又是什麼情況呢？
我最近勾勒出一個理論性的構圖，呈現出：治療者若要引發有建
設性的變化，以及有意義的學習，則他應先提供某些必要而充分
的條件(8)。目前已有一些實徵研究正在考驗這個理論的不同層
面。不過，我們仍應該視其爲根據臨床經驗所發展的理論，而不
是已被證明的事實。我先將這些條件簡述如下：

合一性

如果要進行治療，在這層關係中，治療者必須是一個人格統
整而一致的人。我的意思是，在這關係中，他完完全全是他自己

——不是一個表象、一個角色、一個假裝的人。我用「合一性」
這個字眼便是指體驗與自覺的精確配合；治療者完全而正確地感
覺到此刻、在這個關係中，他所體驗的是什麼；他裡裡外外完全
融合爲一體。除非這種融合性很顯然地存在，否則有意義的學習
是不會產生的。

　　雖然這個合一性的觀念十分複雜，但我相信每個人都可以直
覺地辨認出他交往的朋友中，誰具有這種特性。我們可以發覺這
個人不僅心口合一，而且他所表達的是他最深刻的體驗。因此，
無論他是生氣、親切、羞愧、或是熱情，我們都可以感覺到，在
各個層面上——生理層面上的體驗、意識層面的覺察、語言與溝
通——他都是一樣的人。我們能更進一步地發現他接受他自己的
當下感覺。對於這種人，我們會說我們完全瞭解他。相反的，另
外一種人，我們可以看得出來，他所說的話幾乎都是言不由衷。
我們不知道他眞實的感覺，不知道在虛僞的外表之下，他正在體
驗些什麼。我們甚至會懷疑他自己知不知道他眞正的感覺，因爲
我們看得出來，他並沒有意識到他眞實體驗某事之時的感覺。面
對這種人，我們多半會較有戒心。在這種關係中，防衛心很難消
除，更甭說會產生有意義的學習與改變了。

　　所以，治療的第二個條件是，在這個關係中，治療者必須是
相當表裡合一的人。他是他自己，自在而徹底的做他自己，且能
夠接納自己。他對於自己的感受與反應的實際體驗能與他對這些
感受、反應的準確意識完全相稱，同時又能清楚覺察這些感受與
反應何時產生，何時發生變化。

無條件的正面關懷

　　第三個條件是：治療者會體驗一種對受輔者的溫暖與關切

——這種關切不是佔有性的，也不要求報償。這是一種單純地展現「我關心」的氣氛；而不是「如果你這樣這樣，我才會喜歡你。」史單達（Standal）⑾把這種態度稱為「無條件的正面關懷」，因為這種態度不牽涉任何價值條件。我時常用「接納」這個字眼來形容治療情境中的這種關係。治療者接納受輔者的負面情緒，如：惡劣的、痛苦的、害怕的、或不正常的感覺；也接納他正面的情緒，如：很好的、成熟的、有信心的、以及社會性的感覺。治療者能把受輔者當成「獨特的」個體來接納與關懷，能容許他有自己的感覺與體驗，讓他自己決定這些感覺與體驗的意義。如果治療者所提供的情境能保障這種無條件的正面關懷，則有意義的學習便有可能產生。

284 同理心的瞭解

治療的第四個條件是治療者能準確而同感地瞭解受輔者的世界，宛如那是自己的世界，但不會忘記「宛如」的這種性質——這就是同理心。在治療過程中，這是十分重要的。我們現在要描述的條件便是治療者能將心比心，去感覺受輔者的憤怒、懼怕、困惑，而同時不會引發他自己的憤怒、懼怕與困惑。當治療者如此清晰地瞭解受輔者的世界，且能在這世界中進出自如時，他便能與受輔者溝通他所瞭解的、而受輔者也清楚的感覺；他甚至能說出受輔者尚未理清的體驗是什麼意思。費德勒（Fiedler）⑶的研究便指出了這種穿透性的同理心在治療中的重要性。以下所列者乃是經驗豐富的治療者認為在此關係中不可或缺的項目：

- 治療者能瞭解受輔者的感覺。
- 治療者從不會摸不清受輔者話中的含意。
- 治療者所作的評語能恰切吻合受輔者的情緒與談話的內容。

・治療者說話的語調顯示他能夠完全分享受輔者的感覺。

第五個條件

在治療中，有意義的學習仍應包含第五個條件：受試者應能體驗或覺察到治療者的某種合一性、接納、以及同理心。這些條件若僅存在於治療者身上是不夠的。他一定要能或多或少將這些條件成功地傳達給受輔者。

治療中的學習過程

根據我們的經驗，當這五個條件都存在時，某種變化的過程必然會發生。受輔者對己對人的僵化看法會放鬆下來，而開始對現實採取開放的態度。他會檢視自己對於種種體驗的意義所一向採用的僵固解釋，並且開始質疑他一生中的許多「事實」；他會發現這許多事實之爲「事實」，只是因爲他自己認爲如此而已。他也發現許多從前沒有覺察到的感覺；在治療的關係中，他已鮮活地體驗了這些感覺。他因此學習到如何對自己所有的體驗更開放——包括內在的與外在的體驗。他也學到如何與自己的體驗更爲合一——既能體驗他所害怕的感覺，也能體驗他所接受的感覺。他成爲一個更具流暢性、變化性，並且能不斷學習的人。

變化的主要動機

在這個過程中，治療者不須激勵受輔者，或是對他提供引發變化的動力。就某種意義來說，受輔者本身也不必有意地去準備動機。這種要求學習與變化的動機是源自於生命本身要求自我實

285

現的傾向──只要能體驗到這是一種自我提昇，則此一有機體便
會向每一個有發展潛力的管道流瀉而去。

　　我可以針對這一點深入發揮，可是本文的重心不在治療與學
習發生的過程，也不在促發這些變化的動機，而在造成這些學習
與變化的條件。因此，我要簡單地下個結論，指出這五個造成有
意義學習的條件是哪些：

- 當受輔者覺察到自己正面對一個嚴肅而重要的難題時；
- 當治療者在治療關係中是一個表裡合一、而又能夠做他自己
  的人時；
- 當治療者感覺到一種對受輔者無條件的正面關懷時；
- 當治療者以同理心準確地體驗到受輔者的內心世界，並且能
  和受輔者溝通這種瞭解時；
- 當受輔者能有相當程度地體驗到治療者合一性、接納、與瞭
  解時。

286

對教育的一些啓示

　　當這些條件運用到教育上時，他們代表的是什麼呢？毫無疑
問的，一個教師若以他自己的體驗爲根據，必能提出比我更好的
答案。不過，我還是把我所知道的啓示說一說。

面對難題

　　首先，有意義的學習要在最困難的處境中才最可能發生。我
相信我已提出足夠的證據來支持這一點。我嘗試過各種與我的治
療經驗相配合的課堂教學與團體輔導，結果發現，在研習班與大

學補校（extension course）中運用這種方法，要比在學校裡的正
規課程中更爲有效。到短期研習班或補校求助的人，多半都是面
對著、或自覺到難題的人。在正規大學課程中，尤其在必修課中
的學生，則多半是以被動或厭煩的心態來面對這些課程。在這些
課程中獲得的經驗常常與他自己的困難毫不相干。

　　然而，根據我的經驗，我也發現，當學生們認爲，某一門大
學正規課程能爲他們解決他們所關切的問題時，他們會表現出令
人驚訝的學習動機。各種課程都可能有這種現象發生，如數學課
或人格心理學等。

　　我相信，目前蘇聯的教育狀況便是一個很好的例證。當他們
全國上下都體認到科技落後的急迫問題——農業、工業生產、科
學發展、武器發展——有意義的學習便以驚人的速度展開。史普
尼克號太空船的發射便是一著名的例子。

　　由此可知，在教育上的第一點啓示便是：我們讓各種程度的
學生眞正的接觸到和他生活相關的問題，使他看清他希望去解決
的問題與事務。我十分明瞭，這一點啓示，以及我即將談到的其
他啓示，與我們文化中目前的潮流是背道而馳的。以後我會再談
到這個問題。

　　我相信在我對治療的描述中，已很清楚地指出，治療對教育
最主要的啓示是：教師應設法創造出一個有利的課堂環境，以便
使有意義的學習得以發生。這一點概括性的啓示又可分成幾個副
題來討論。

教師的眞實性

　　教師本人的人格若統整一致，較有助於學習的產生。這包括
了教師以他自己原本的面目出現在學生面前，並且清楚他所採取

的態度，也就是說，他能接納自己真實的感覺。因此，在他與學生的關係中，他是一個真實的人。他可以對自己喜歡的題材表現出他的熱情，也可以對他不喜歡的項目感覺厭煩。他可以生氣，可以敏感，也可以有同情心。因為他能接納自己的感覺，並能認清那是他個人的感覺，所以他不會強迫他的學生和他有相同的反應。他是一個人，而不是個沒有面孔的課程標準之化身，也不只是個世代自動傳遞知識的管道。

　　針對這一點，我只能提出一個證明。我回想起在我自己的學習過程中，真正對我有幫助的老師，他們都具有這項特質——真實的人。我不知道各位的回憶是否也是如此。果如其然，那麼，一個老師與其教完該教的課程，或使用花樣百出的視聽器材，還不如在他和學生的關係中，做一個人格統整一致的真實人。

接納與瞭解

　　另一點啟示便是：如果一個老師不論學生是好是壞，都能接納他的學生，而且能瞭解學生的感覺，則有意義的學習便會產生。拿上述第三與第四項治療過程中的條件來作例子，如果一個老師能溫暖地接納學生，能無條件地付出正面的關懷，能以同理心感受學生面對新教材時的恐懼、焦慮與沮喪，那麼他已經為學習設下了很好的條件。穆斯塔卡（Clark Moustakas）在《教師與兒童》（*The Teacher and the Child*）(5) 一書中，便舉了許多絕佳的例子，指出從幼稚園到中學，在一些個人或團體的情況中，他們的老師都曾朝著這一類的目標而努力。有些人士或許會因此而擔心，因為當一個老師秉持這種態度，去接納學生的感覺，他不僅僅要面對學生對學校功課的態度，同時也必須面對他們對父母的感覺，對兄弟姊妹的仇恨，與他們對自我的憂慮——幾乎所有

的態度範疇都包括在內。在學校的場所中，這些感覺可以公開表露嗎？我認為是肯定的。這些感覺與一個人的成長、有效的學習及有效的功能發揮都有關係。以接納與瞭解的態度來處理這些感覺，絕對會有助於學習複雜的除法，乃至學習巴基斯坦的地理。

資源的提供

在這一節中，我要談到心理治療對教育的另外一點啓示。在治療中要對於自我有所學習的話，其資源是內在的。治療者無法提供任何資訊，因為他們要處理的所有資料都存於受輔者身內。教育則不然。許多知識、技術與理論的資源構成了可使用的素材。我對治療所談的種種看法，其意在指出：教育者們不應該強迫學生接受這些材料與資源，而應把它們提供給學生，以便其利用。此處，巧思與敏感便是重要的本錢。

我不將一般性的資源一一臚列——書、地圖、工作手冊、課本、紀錄、工作場所、工具等等。我想談談如何拿教師本身與他的知識、體驗來作為一項資源。如果一位老師和我有相同的看法，則他應會在課堂中有如下的表現：

他會讓學生知道他對本科的特別體驗與知識，而且讓學生知道他們可以向他索得這種知識。不過，他不會讓學生覺得必須以這種方式利用他。

他會讓學生知道他自己對這門學科的看法與整理都可供學生利用。如果學生們想要的話，他甚至可藉講述的方式傳授。不過，他還是會讓學生瞭解，這只是他提供的一項服務，學生們可以接受或拒絕。

他會讓學生知道他是個資源查詢者。任何一個人或是整個團體所渴切學習的東西，他都會非常願意以各種辦法來設想如何能

289

查到這項資源。

在他與團體的關係中，他會讓他們很容易知道他的感覺，卻不會讓他們感到壓迫或受到限制。他可以與他們分享他自己學習過程中的興奮與熱情，卻不會堅持學生依樣畫葫蘆；他也可以讓他們知道他對某一個學生或某一個團體活動的滿意、不感興趣、喜悅、困惑，卻不會讓這些感覺變成對學生的獎賞或懲罰。他會希望他能自在地說：「我不喜歡這樣。」而學生也都有同樣的自由說：「可是我喜歡。」

因此，他所提供的任何資源──書本、工作場所、新工具、參觀工業生產過程的機會、畫片、地圖、他自己的情緒反應──都會讓他覺得，這是提供給學生利用的服務。他不會覺得這些東西是老師對學生的期待、或命令、或強制的要求。他要把他自己以及所有他可找得到的資源提供出來，為的是讓學生可以利用。

基本動機

很明顯的，一個教師的工作所仰賴者乃是學生的自我實現傾向。他的基本假設是：對於生活的難題有真實接觸的學生會希望能學習、成長、發現、掌握、和創造。這樣的老師將視自己的作用為：與學生發展出個人的關係，在課堂中營造出這種氣氛，好讓這些自然的學習傾向能有其成果。

幾點省略

以上是我認為心理治療對教育過程的一些啟示。我現在要指出幾點沒有被提及的部份，藉此來使以上幾點的意義更顯得突出。

我沒有把一些強加給學生的講述、報告、展示包括在內。如

果學生很想要這些東西的話，這些教學程序也可以成為經驗中的一部份。不過，一個以心理治療式的假設為基礎的教師會敏銳地感覺到學生興趣的轉移。學生可能會請求他講述一些東西（一個*應聽眾要求*的演講與平常上課的經驗*非常不相同*），可是當他發現厭倦與無聊的氣氛漸漸升高時，他會對此有所反應，設法瞭解這個團體中產生的情緒，因為他知道他對學生的態度與情緒的反應比他對教材的講解要更為重要。

我也沒有把借助外在標準來評量學生成績的制度包括在內。也就是說，我沒有包括考試在內。我相信，測驗學生是否符合教師所定的標準，已直接違反了心理治療中的有意義學習的原則。在心理治療中，任何測驗都是由*生活*所設定的。受輔者接受考驗，有時及格，有時過不了關。他發現他可以利用治療過程中的關係與體驗來重新整理自己，以便下次可以更成功地面對生活的考驗。我認為這也是教育所需的模式。這個說法意味著一種狂想，但我要以更直接的方式表達出來。

在這種教育制度中，生活處境裡的種種要求會成為教師所需提供的各種資源。學生必須知道，如果他沒有修過相當的數學，他不能進工學院；如果沒有大學文憑，他就無法在某公司謀得職位；除非他完成獨立的博士研究，否則就不能成為一名心理學家；沒有化學知識，他不能成為醫師；沒有通過道路駕駛考試，他甚至不能開車。這些都是生活規定的要求，而不是老師定的。老師只不過是幫忙提供資源，俾使學生能夠面對這些考驗。

291

學校中也會有些類似的評鑑方式。學生或許會因此而發現一項事實：除非他在標準數學測驗中得到相當的成績，否則他便進不了數學研習社；除非他有足夠的化學知識與實驗室技巧，否則便不能自行沖洗照片；除非他能展現他廣泛的閱讀及創作的能

力，否則便不能加入文學的特別班。在生活中，評鑑的結果就像是一張入場券，而不是對付不服從者的棍子。我們的心理治療經驗告訴我們，學校中的情形亦當如是。這會使學生成為一個自愛、自發的人，能自由選擇是否要賣力去爭取這張入場券。如此可避免學生成為一味服從、或老是犧牲個人創造性、或以他人標準過活的人。

我相當清楚，剛才我談到的兩點——老師硬性執行的講課與測驗——是構成目前教育的兩個主要成份。因此，當我說，心理治療的經驗會告訴我們，這兩個成份都可以省略。此時，我胸中早已了然：心理治療會對教育造成多麼驚人的啓示！

可能的成果

如果真的採取我所勾勒出的劇烈改革，那又會導致什麼樣的結果呢？曾經有人做過一些實驗(1)(2)(3)，研究以學生為中心的教學型態，探討其成效，雖然這些研究還遠不足以構成充分的證據。譬如說，他們的研究情境與我所描述過的條件大不相同。這些研究大多數僅為期數個月，只有最近一個以低年級學生為對象的研究作了一整年(4)。有些研究者運用充分的控制組，其他人則否。

292　我想，我們可以說，在這些（至少曾經設法營造出我所描述的氛圍的）課堂中，目前的研究有以下幾點發現：事實導向的學習和課程式的學習與傳統的課堂學習大致相同。有些報告指出會有稍多的成效，有些則稍少些。但以學生為中心的團體則比傳統課堂有顯著的收穫——在個人適應、自發性的課外學習、創造性、及對自己負責任等方面皆然。

我思考過這些研究的結果，而且深感困惑，因為其中有些設計優秀的研究應該可以提供更多的資料與結論才對。後來我才明

白，這些研究的發現無法解決我們的問題。原因是：所有這類的
研究都必須以我們所設的教育目標爲準來評量。如果我們只重視
知識的學習，那麼我們可以棄置我所描述的條件不顧，因爲我們
無法證明這種學習是否可使人學得更大量的事實知識。我們或許
可選擇一種方式——如同一位國會議員所提議的——依照軍事教
育的模式來成立科學訓練學校。可是，如果我們重視創造性，如
果我們對於我們在原子物理、心理學以及其他科學的基本概念皆
借自歐洲的事實感到懊惱，那麼我們應會希望能努力去發展出更
能保障心智自由的學習方式。如果我們重視獨立性，如果我們擔
心知識、價值、態度的一致**附從性**（conformity）會日益擴展
——而這些都是目前的制度所引起的——那麼我們會希望能建立
起一套可以導向獨特性、自主性與自發學習的學習條件。

幾點結論

　　我已經嘗試勾勒出心理治療界所啓示的一種教育方式。我也
設法扼要地解釋了這種教育方式的意義，也就是說，一位教師如
何能使他努力的重點放在發展出一種關係、一種氣氛，以誘發自
我推動、自我實現的有意義的學習。可是，這種教育方式與目前
教育的實際趨勢卻背道而馳。如果我們還想要有建設性地考慮我
所提議的發展方向，那麼，我也應指出我們所當面臨的一些問題。

　　首先，我們應該如何構思教育的目標？我相信我在前面所簡
要敍述的教育進路會有利於達成某些目標，卻無法達成其他目
標。我們必須辨清我們所認定的教育目的何在。

　　我所描述的教育，其實際成果爲何？我們需要更多嚴謹縝

密、實事求是的研究，來和傳統教育相較，而找出這種教育方式的真正效果。如此，我們才可根據事實來作選擇。

就算我們要選擇這種方式，我們仍須面對許多困難。我們能否准許學生接觸真實的問題？我們的整個文化——透過習俗、法律、工會與勞工管理的規定、以及家長和老師的態度——都在努力阻止學生接觸真實的問題。他們不需要工作、不必負責任、無法過問公民或政治的問題、在國際事務中毫無置喙的餘地；總之，他們被保護得好好的，不必與個人或團體生活中的實際問題接觸。沒有人期望他們幫忙家務、或賺錢、或對科學有貢獻、或處理道德問題。這是一個根深柢固的潮流，而且已延續了幾個世代。我們有可能改變它嗎？

另外一個問題是：我們究竟是容許學生自己整理、自己吸收知識，還是要替學生整理好知識？就這點而言，老師、教育界人士、加上家長和國家領導人都聯合起來，站在一條線上，堅認學生應該接受成人的帶領；他應該吸收我們為他整理好的知識。沒有人相信學生能自己去整理知識。胡佛（Herbert Hoover）提及高中生時曾說：「這種年紀的小孩一定要有人指導，你不能期望他們自己能決定他們需要什麼教育。」❷對大多數人來說，這道理似乎顯而易見，根本不需要去質疑。甚至當一位大學校長質問教育中是否真正需要有自由時，他說我們似乎高估了自由的重要性。他說，蘇聯不需要自由，仍可高速發展科學；他似乎暗示我們應該向蘇聯看齊。

還有一點是，我們是否願意反對目前的一股強大的趨勢，就是視教育為事實知識的演練。每一個人都應該以同樣的方式學得相同的事實。海軍上將里寇弗（Rickover）聲稱，他的信念是：「我們必須設計一種方法，把一致的標準引進美國教育界……家

長才能開始用眞正的尺度來評鑑他們的學校。如果地方學校還一直教導學生『生活適應』之類的輕鬆教材……而不敎法文與物理，那麼，全世界的人都會看得到，這學校的文憑會變成二流的。」❸這是一種十分普遍的論調。甚至連頗具有前瞻性看法的教育理論家勒能（Max Lerner）也曾說過：「學校對學生唯一能做的便是提供工具，好讓學生將來成爲受過教育的人」（5,p.741）。我們可以很明顯的看出來，他對目前的學校制度失望，而將有意義的學習寄望於校外的環境。學校能做的僅僅是把工具像塡鴨子般塞給學生。

史金納和他的同事所設計的「敎學機」便是灌輸工具性知識最不痛苦的方法之一。他們這幫人要證明，在算術、三角、法文、文學欣賞、地理或其他資料性的學科中，教師是過時而無效的工具。我毫不懷疑這種能立即獎賞「正確」答案的教學機將來會快速發展，同時會被廣泛採用。這是行爲科學界所提供的一項新貢獻，我們必須承認這事實。然而，到底這種發明會取代我的理論，還是會輔助我的理論呢？這是我們面對未來時，必須考慮的一個問題。

我希望在提出這些問題之同時，我已明白指出了有意義的學習之構成要素與達成之方法，讓我們思考到許多深刻而嚴肅的問題。此時此刻，謹愼畏葸的答案是不夠的。我已經爲心理治療所啓示的「有意義的學習」下了定義，也描述了促成這種學習的條件。我還指出，這些條件對教育會有些什麼啓示，也就是說，我已爲上述的問題提出了一個解答。或許我們可以用當前行爲科學所倡導的看法和知識爲背景，再以我所提出的教學方式爲開端，繼續發掘新的解決方法。

注　解

❶支持這些陳述的實驗研究證明，請參閱參考書目(7)與(9)。

❷《時代》雜誌，1957年十二月二日。

❸同上。

參考書目

1.Faw,Volney

　1949　A psychotherapeutic method of teaching psycho-
logy. *Amer. Psychol.* 4:104−09.

2.Faw, Volney

　1954　Evaluation of student−centered teaching.　Un-
published manuscript.

3.Fiedler, F. E.

　1950　A comparison of therapeutic relationships in psy-
choanalytic, non−directive and Adlerian ther-
apy. *J. Consult. Psychol.* 14,436−45.

4.Jackson, John H.

　1957　The relationship between psychological climate
and the quality of learning outcomes among
lower−status pupils. Unpublished Ph.D. thesis,
University of Chicago.

5.Lerner, Max

　1957　*America as a Civilization.* New York: Simon &
Schuster.

6.Moustakas, Clark

　1956　*The Teacher and the Child.* New York:
McGraw−Hill.

7.Rogers, C. R.

　1951　*Client−Centered Therapy.* Boston: Houghton

Mifflin Co.

8.Rogers, C. R.　　　　　　　　　　　　　　　296

　1957　The necessary and sufficient conditions of thera-
　　　　peutic personality change. *J. Consult. Psychol.*21,
　　　　95—103.

9.Rogers, C. R., and R. Dymond

　1954　(Eds.) *Psychotherapy and Personality Change.* Uni-
　　　　versity of Chicago Press.

10.Skinner, B. F.

　1954　The science of learning and the art of teaching.
　　　　Harvard Educational Review, 24, 86—97.

11.Standal, Stanley

　1954　The need for positive regard: A contribution to
　　　　client—centered theory. Unpublished Ph.D. thesis,
　　　　University of Chicago.

第十五章
一位參與者所體驗到的
「以學生爲中心的敎學」

297

　　本書中前幾章已經很明白地顯示：我無法僅以提供我對心理治療的看法就自覺滿足；我認爲受輔者對於這種體驗的看法也很重要，因爲他們的反應正是我歸納我的看法的素材。同樣的，因爲我們是以心理治療中的學習爲範本，來建立敎育的方式，因此我個人對於敎育的意見也定有所不足；我必須參考學生對於這種敎育方式的觀點。

　　爲了這個緣故，我曾考慮要採用這幾年來，在不同課堂中所蒐集的各種學生報告以及「反應卷」(reaction sheet)。這些材料只要經過濃縮整理便可達到我的目的。但是，最後，我卻決定選用譚能邦 (Samuel Tenenbaum) 博士所寫的兩篇文章。第一篇是他在修完我的課後所撰寫的；第二篇則是一年後他寄來的一封信。我非常感激他同意我使用這兩份私人文件。讓我先介紹一下那次課程的來龍去脈。

　　一九五八年夏天，我應邀到布蘭迪斯大學去開一門四個禮拜的課。我記得那次課程的名稱是「人格變化的過程」。我對那門課沒抱多大期望。我比較偏好的是密集的工作坊型式，但那門課並非如此。那只是學生修的數門課之一，每週上三次課，每次兩小時。我在事前得知那門課的學生成份複雜──有敎師，有心理系

的博士候選人，有輔導人員，幾位牧師（其中至少有一位是從國外來的），私人機構的心理治療師，還有幾位學校心理學者（school psychologists）。整體來說，這個團體比大學中其他一般性課程的學生要較成熟，較有經驗。對這一切，我覺得相當放心。我願盡我所能使我們每一個人都能獲得一次很有意義的體驗，不過，我當時很懷疑那門課能有類似我所主持過的輔導工作坊那般的衝擊力。

或許就是因爲我對那個團體及我自己期望不高，所以那次進行得十分順利。毫無疑問的，在我所有輔助學習的課程與工作坊中，我會把那門課歸類爲最滿意的嘗試之一。希望各位閱讀譚能邦博士的報告時，也能記住這一點。

在此，我想暫時岔開話題，解釋一下我在面對一位新的受輔者時，要比我面對一個新的團體更有自信。我覺得我對治療的各種情況有足夠的掌握，所以我能對即將展開的過程有合理的信心。但是，面對一個團體，我就不那麼有把握了。有些時候，我有絕對的理由來相信某一門課會進展得十分成功，可是那種富含生機、自動自發、自我導引的學習卻沒有真正發生。其他時候，當我自己也十分懷疑時，結果卻很成功。對我來說，這些現象意味著我們對輔助學習的教育方式無法規劃得像治療過程那般準確或完整。

但是，言歸正傳，回到布蘭迪斯大學的暑期班來。所有參與者對那門課的報告顯示，幾乎每一個人都得到非常有意義的體驗。我對譚能邦博士的報告特別感興趣，因爲他同時既說出了他同班同學的感覺，也說出了我的感覺。他是一位成熟的學者，而不是一個易受影響的年輕學生。他是一位經驗老到的教育家，並且曾經出版一本有關教育哲學家克帕契（William H. Kilpatrick）

的傳記。因此，他對那次經驗的看法特別有價值。

　　我要先聲明，我並不完全同意譚能邦博士的看法。我對那次經驗中的某些部份有相當不同的看法；然而，這一點卻正是使他的觀察對我有幫助的原因。我非常在意他提出的態度，那便是對他來說這是「羅哲斯式」的取向，好像這種教學方式純是由於我個人奇特的癖性所造成的。

　　為了這個緣故，他一年之後的來信特別使我高興。他在信中談到了自己的教學經驗。這封信證實了我從許多其他不同人的身上得到的信念，那便是：這種活力充沛的學習經驗之所以能出現，並不只在於某一個教師的性格，而是在於某些原則的運作。任何一位輔助者（facilitator）只要掌握適當的態度，都可運用這些原則。

　　我相信，譚能邦的兩篇文章說明得很清楚，為什麼體驗過這種團體學習的教師不會再回到傳統的教學方式去。雖然會面對挫折與偶然的失敗，但他們還是會繼續努力去發現──在每一個新團體中──能使這種富含生命力的學習體驗得以展開的各種條件。

卡爾・羅哲斯與非指導性的教學
───山繆・譚能邦博士撰

　　我本人對教育有濃厚的興趣。我修過一門有關課堂方法論的課，那門課非常特別，我覺得我必須和大家分享我的體驗。在我看來，這一門課中所用的技巧與慣常被接受的方法極端地不同，而且力足以瓦解傳統的方法，所以我覺得應該讓更多的人知道。我想，那門課的授課老師羅哲斯先生應曾同意使用「非指導性」

教學（non－directive teaching）這樣的名稱吧。

當時我覺得我瞭解這個名稱的涵義，可是，老實說，我並沒有料到會有這麼壓倒性的效果。我決非一個囿於傳統之見的人。克帕契與杜威兩位教育學者對我的思想影響深遠；任何一位稍能瞭解這兩位學者思想的人，都會知道他們決不帶有狹隘或區域性的色彩。但是，羅哲斯博士在布蘭迪斯大學所帶領的課實在不尋常，除非我身歷其境，不然我決無法相信這門課可能進行。我希望能描述這個教學法，讓各位稍微領略這種方法引發出的感受、情緒、溫馨與熱意。

這門課從頭到尾都是非結構性的。在課堂中的任何一個時刻裡，沒有一個人——甚至那門課的老師——知道下一刻會發生什麼事，會討論什麼主題、有什麼樣的疑問，而且個人的需要、感受、情感都會被引發。這種非結構性的自由氣氛—— 一個人所能給予他人的最大自由——是羅哲斯博士本人帶出來的。學生們（約二十五人）圍繞著一張大桌子坐著，他十分友善而輕鬆地和他們一樣坐下來，並且說大家最好先談談各人的目的，介紹一下自己。接著是一段不自然的沈默；沒有一人說話。後來，一個學生打破了沈寂，驀地舉手講了一些話。接著是另外一段令人不舒服的沈默，然後另外一隻手舉起來。就這樣，舉手的速度漸漸快起來。從頭到尾，老師都沒有催促學生講話。

非結構的方式

後來，他告訴班上，他帶來了許多材料——影印資料、小冊子、文章、書籍；他發給大家一份推薦閱讀的書單。他也沒表示

要大家去唸，或做什麼的。我記得，他只要求了一件事，那便是：
有沒有學生自動願意幫忙他把這些材料擺到一間指定閱覽室去？
兩位同學馬上表示願意。他又說他還有心理治療過程的錄音帶與
影片。這造成了一陣興奮的騷動，大家問他可不可以借來聽或看，
羅哲斯博士回答說可以。大家便開始討論，並決定應該怎麼安排。
有人自動願意來放錄音機，有人去找放映機；這一切幾乎都是學
生主動安排的。

　　接下來四次上課是困難而挫折的經驗。這段時間內，整個班
似乎沒有任何進展。大家隨意發言，說出他們心中任何念頭。整
個情形顯得十分混亂，沒有目標，浪費時間。譬如當一個學生提
出羅哲斯哲學中的一個觀念，下一個發言的人卻毫不理會前一個
人的意見，而把討論帶往另一個方向；第三個發言的人更會不顧
前兩個人提出的問題，而開始另一個新話題。有些時候，大家會
試著努力使討論集中在一個話題上；可是，絕大多數的時候，課
堂進行得毫無連續感與方向感。然而課堂主持人對於每一次發言
仍都表示同樣的專心與重視，他不覺得任何人的意見切題或不切
題。

　　班上同學還沒準備好來面對這樣毫無控制的教學方式。他們
不知道怎樣繼續下去。他們一方面覺得困惑、一方面也覺得挫折，
所以他們要求課堂主持人扮演習俗與傳統所指定的角色；他們要
他為大家以權威性的語言說明是非好壞的區別。他們不都是負笈
千里來追尋神喻般的指引嗎？他們不都很幸運？他們不是想讓這
位偉大的人物──這位羅哲斯運動的創始人──領導去經歷一連
串正確的儀式與練習嗎？每一個人都準備好了筆記本，只等著神
喻宣示的高潮時刻來臨，可是多半的人連本子都沒打開。

　　很奇怪的是，雖然帶著憤怒，這個團體的成員從一開始就覺

302　得他們都緊密結合在一起；課堂外也散佈著一股激動與熱情，因為雖然感覺挫折，但他們比在其他任何一門課中的溝通都要多些，而且表達的方式也完全不一樣。全班被一種共同而獨特的體驗所繫。在羅哲斯的課堂中，他們說出了自己心中的想法；他們說的話不是來自書本，也不是對課堂中老師說的話作反省，或取自任何權威。他們所表達的意見，感覺與情感皆來自他們自己，這是一種解放與刺激的過程。

在這種自由的氣氛中，這種他們沒有要求，也沒有準備好去面對的自由之下，他們表達了學生們極少表達的意見。在這期間內，課堂主持人承受了不少攻擊；而且，我覺得有許多時候他似乎動搖了。雖然他是我們惱怒的原因，奇怪的是，我們卻都很喜歡他，因為他對每一個人的意見與感覺是如此善於瞭解和同情，要對這樣的人生氣，好像很不對。我們都覺得我們與他之間一定有些誤解，只要誤會能澄清或彌補，那麼一切就都會回復正常。我們的這位老師雖然外表看起來那麼溫文儒雅，但卻像鋼鐵般堅持他的怪念頭。他好像不瞭解我們；如果他瞭解，他便是異常的頑固與執拗；他拒絕和我們妥協。就這樣，我們與他之間的拔河一直持續著。我們都期待他會改變，而他卻期待我們改變。有位同學說：「這本來是以羅哲斯為中心的教學，而不是以學生為中心的。我們是來這裡向羅哲斯學習的。」大家都同意他的講法。

鼓勵思考

有位同學發覺羅哲斯曾受克帕契與杜威的影響。以此為出發點，他說他覺得他知道羅哲斯想要做的是什麼。他認為羅哲斯要

學生獨立並且有創意地思考；他要學生重新回到自身，與自己合
一，希望如此而能「重建」一個人——杜威是這麼說的——包括
重建此人的外貌、態度、價值、行爲。這是體驗的眞實重建；這
就是學習的眞實意義。當然，他不要因循傳統的期末考方式，他
不要以教科書與學術演講來設計考試而結束一學期的課程，因爲
這意味著完成與遺忘❶。羅哲斯幾乎從最初就表達了他對這門課
的信念，也就是沒有人能教會別人任何事。可是這個學生堅持，
思考始於道路上的三岔口，這是杜威曾討論過的著名兩難困境。
當我們抵達三岔口時，我們不知道該走那一條路才能到目的地；
於是，我們便會開始檢視我們的處境，思考乃於焉開始。

　　克帕契也要求學生能有原創的思考力，同時他也反對不斷反
芻教科書的學習方式，可是他會提出極重要的問題讓大家討論，
這些問題會引起濃厚的興趣，如此也會造成一個人的鉅大改變。
爲什麼不能由學生委員會或某一個學生提出這類的問題來討論？
❷羅哲斯十分瞭解地聽著，然後回答：「我看得出來，你對這些
的感受很強烈？」只這樣，他就把這個提議打發掉了。如果我沒
記錯的話，下面一位發言的同學所說的與前一個提議毫不相干。
這就是本班的持色——他開始扯的是個全新的話題。

　　在課堂中，學生間歇地回到原先的提議，要求羅哲斯扮演傳
統教師的角色。那時候，羅哲斯承受十分頻繁而強烈的攻擊，而
我覺得他稍微向學生屈服了。（私下談話時，他否認他受到影響。）
一堂課中，有個學生建議他講課一小時，然後我們再進行一小時
的討論。羅哲斯說他手邊有一份還未發表的文章。他提醒我們，
我們要看的話，隨時都可拿去看。可是那位同學說那意義就不同
了。他們會失去文章中的人以及作者的層面，他們會感受不到作
者賦予每一個字的價值與意義，以及伴隨在文字中的抑揚頓挫、

和情感的細微變化。羅哲斯問大家，是否這些便是他們所要的，大家都說是。他便唸了一小時的文章。我們都已習慣課堂中活潑而尖銳的對話，現在這一小時眞是令人失望、而且極端地枯燥乏味、令人打盹。這次的經驗打消了所有其他要求演講的念頭。事後，他爲這事件道歉（當學生要求時，這比較容易說得過去）。但他說：「是你們要我演講的。沒錯，我是一個知識的資源，可是叫我演講有什麼意義呢？我不是已經帶來了這麼多的材料，這麼多的演講稿、文章、書本、錄音帶、影片，不是嗎？」

第五次上課時，無疑地，有一個現象確實發生了。學生們自顧自地討論，不再理會羅哲斯。他們要別人聽他們的意見，他們要發表意見；過去遲疑、結巴、自我意識的團體現在變成一個相互交流的團體，一個嶄新的凝聚單位，以一種獨特方式邁進，在他們之間發展出一種任何其他團體都無法重覆或模仿的討論與思考。課堂主持人也加入了討論，可是，更重要的是，他的角色與這團體合而爲一；團體才是重要的，運作的核心與基礎是團體本身，而不是老師。

是什麼原因造成這種現象的？我只能猜出一個理由。我相信眞正發生的情形是：前四次上課時，大家不肯相信老師會拒絕扮演傳統的角色。他們仍然相信他會指定工作，他會是所有過程的中心，他會操縱這個團體。大家花了四次上課的時間才明白他們錯了：這位老師到他們中間，沒有帶來任何多餘的東西，而只帶了他自己；如果他們眞希望某些事發生，則他們自己必須提供內容──這的確是一個令人不舒服而且極具挑戰性的處境。他們自己必須說話，承擔一切沒有保證的結果。他們都是這過程中的一部份，他們分享一切，接受種種例外，彼此同意，彼此反對。無論如何，他們整個人的最內在的自我都被包容在過程中；在這種

情形下，在這個團體中，終於誕生了如斯的新現象。

接納的重要性

　　各位或許都知道，羅哲斯相信，如果一個人被接納，完全的接納，而這種接納中沒有評斷，只有同情與了解，則這個人就能夠直接面對他自己，發展出撤除防衛心與面對眞實自我的勇氣。我見識到這種過程的發生。在最初的溝通與尋找現成生活方式的努力中，這個團體猶豫地交換彼此的感覺、情感與意見。但是，第四次上課之後，這個團體很偶然地結合起來，而且此後一直持續如此，他們彼此很親近，而且展露出他們眞實的自我。當他們彼此交談時，有些刹那的洞識、啓示與瞭解，幾乎到了令人肅然起敬的地步。我相信，這些便是羅哲斯所描述的「治療的刹那」(moments of therapy)──看到一個人的靈魂向你展現之前的孕育時刻，令人屏息的驚異；接著是一片沈寂，幾乎像是膜拜一般的情愫霎時瀰漫全班。班上每一個人都被一種近乎神祕的溫暖與愛悅的體驗所包圍。從前我從未有過這樣的經驗，而我確信其他人也沒有。那旣是學習又是治療；而提到治療，我不是指疾病的治療，而是指一個人裡面發生健康的變化，彈性、開放性與傾聽的意願都增加了。在這個過程中，我們都感覺到被提昇、感到更自由、更接受自己與他人，對新的看法更加開放，十分努力地想要瞭解和接納。

　　這並不是一個完美世界，有證據顯示：每當成員變動時，就會有敵意出現。然而，在這個團體中，每一次出現的攻擊都得以變得較爲緩和，好像尖銳的角被切除了一樣。如果有不當的非難，

大家會自然地轉向別的話題，使得這個攻擊就這樣消失無蹤。以我自己爲例，在進一步的認識之後，我開始接受與尊重原先惹我冒火的人；當我設法瞭解其中緣由時，我有一種念頭：一旦你接觸一個人，知道他的想法、他的情緒、他的感受之後，他不僅會成爲容易瞭解的人，還會變得和善而令人想接近他。有一些較具侵略性的人發言次數太多，超過他們分配到的時間，於是這個團體最後總會讓他們感覺到團體的權威──不是藉著規則，而是藉著這個團體本身的運作。除非某個人十分不健全或是不敏感，不然的話，一般的成員或多或少總會依照彼此的期望而表現。這些問題──敵意、支配慾、神經質──並不算嚴重；可是，若以傳統的方式測度，加上一個碼錶的話，則這個團體從頭到尾都無法免除無目的的討論與浪費時間的毛病。然而，當我觀察這些過程時，我一直有一種想法，那就是，這種「浪費時間」是必需的；我們甚至可以說，人在這種方式下學習得最成功；因爲，綜觀整個經驗之後，我相當確信在一個傳統課堂中決無法學到如此多、如此成功與如此徹底。如果我們接受杜威對教育的定義，亦即教育是經驗的重建，那麼，除了變成和整個自我合一，面對自己，面對所有基本的衝動、感情、態度與價值外，還有有什麼更好的學習方式呢？任何的事實陳述或論證──不管是多合邏輯、多精彩的安排──都比不上這種經驗。

在這過程當中，我見過腦子硬板、僵固、死抓教條的人，卻在短短幾個禮拜當中，在我眼前變成既具有同情心和瞭解能力、又能不輕作絕對判斷的人。我見到了神經質而行爲具有強迫性的人放鬆下來，變得較能接受自己與別人。有一個例子，是一位學生，他的改變特別令我覺得印象深刻。當我把我的看法告訴他時，他對我說：「真的，我變得比較不嚴苛，對世界比較開放。所以，

我也更喜歡我自己了。我想我從來沒在其他地方學到了這麼多的東西。」我也見到害羞的人不再害羞，具有侵略傾向的人變得謙和而能夠感受他人的感覺。

　　有人或許會說，看起來這基本上只是一種情緒變化的過程。但是，我相信那絕對不是正確的描述。這過程中有相當份量的知性內容，但這種知性內容是對人有意義而重要的。就某種意義來說，這些知性內容對他身為一個人頗有意義。事實上，有個學生便提出了這個問題：「我們是不是只關切情緒的問題？知識不重要嗎？」我則想要這樣反問：「有任何一個學生在任何其他的課上看過這麼多書或想過這麼多問題嗎？」

　　答案是很明顯的。我們不斷在看書；指定閱讀室內一直到晚上十點仍然有人，而且只因為校警要鎖上大門，我們才不得不離開的。大家聽錄音帶、看影片，而且，最令人激賞的是他們談了又談、談了又談。在傳統的課堂中，老師會講課，並指出哪些該唸該學；學生們就盡職地抄筆記，抄下所有的東西，然後參加考試，心情七上八下，端看考試的結果而定。最後有種結束的感覺，而後遺忘的法則便快速無誤地奏效。反觀羅哲斯的課堂，學生在課堂內外都會閱讀與思考；他們自己從閱讀與思考中選擇什麼對他們有益，而不必由老師指引他們。

　　這種非指導性的教學法，我必須指出，並不是百分之百會成功。我們之中有三、四個學生厭惡這整個構想。雖然在學期末時幾乎每一個人都十分熱烈參與，但據我所知，有一個學生產生極端負面的感覺；另一個學生則充滿批評的態度。這些人要求老師給他們包裝完整的知性商品，好讓他們易於記憶，到考試時再還回來。那樣，他們才會相信自己學到了該學的東西。有個學生曾問道：「如果我要寫一篇報告，解釋我在這門課上學到了什麼東

西，那我該說什麼呢？」無可否認的，如果不是不可能，要回答這個問題，至少是比傳統課程困難得多。

羅哲斯式的教學方式十分自由、流動、開放，而且具有包容性。第一個學生可能引發一個極有意思的討論，第二個人可能會接下他的話題；但是，第三位卻會把我們帶到另一方向。提出與班上無關的個人問題；我們都會因此而覺得十分挫折。可是這不就像是人生嗎？像河水般地流動，看起來徒勞無功，不斷地往前流，從來不會重覆過去的水，沒有人知道下一刻會發生什麼事。然而，在其中，有一種期待、一種變化、一種生意盎然之氣；對我來說，這是課堂中所能得到最接近於人生的標本。對於具有權威性、把信心建立在整齊排列的事實上的人，我相信這種教學法是一種威脅，因為，藉這種方式，他得不到保障，只能得到流動、開放、而沒有封閉性。

一個新的方法論

我相信，這門課堂上令人激動與興奮的特色，絕大部份是源自於沒有封閉性。在餐廳中，別人可以輕易地辨認出羅哲斯的學生，因為他們永遠在熱烈地討論，他們總喜歡聚在一起；有些時候，因為桌子不夠大，他們會圍繞桌子坐成三圈，把餐盤放在腿上吃飯。羅哲斯自己指出，這種過程沒有終點。他自己從不作總結（這點完全違反傳統教學法）。許多問題懸而未決；課堂中提出的問題永遠在流動進行的狀態中。當他們要求知道、要求意見一致的時候，他們只好聚在一起，尋找瞭解，尋找終點。甚至在分數上也沒有終點。分數代表結束，但是羅哲斯博士不給分數。他

讓學生建議分數，因此，這種一向代表結束的符號竟都變得沒有解決、沒有終點、非封閉性的。同時，因爲這門課是未經設計的，每個學生都把自己擺到這門課當中，他不以教科書爲標準來表達意見，而以自己爲標準，因此他與別人溝通自己，也因此，班上發展出了一種親密與溫暖的氣息，這與平常課程中非人化的題材眞有霄壤之別。

我可以描述一下這些親密的感覺。有一位同學邀請全班到她家去辦了一次戶外餐會。另一位同學——是個從西班牙來的神父——十分喜愛這個團體，他提議出版刊物，定期記錄大家分手後的行蹤。一小群對學生輔導感興趣的人自行聚會。一位成員安排全班去參觀一所兒童與成人的精神病院；他也安排讓我們看林茲里醫師（Dr. Lindsley）對重度精神病患所作的實驗。班上成員自動帶來錄音帶與影印資料，補充圖書館材料，以供我們利用。在各方面都展現出這種難得一見的強烈友情與好意。在我所修過的無數課程中，我從未見過類此的情形。在這裡，我還須特別指出：這群人是在偶然的機會下聚在一起的；他們背景不同，而且年齡也非常懸殊。

我相信，以上所描述的是課堂教學法之外，饒富創意的副產品。這些東西和傳統的課堂截然不同。我毫不懷疑，這種新方法可以感動人，也可以使人更自由、思想更開放、更具有彈性。我也相信這種非指導性的教學有很深邃的涵義，甚至連目前接受這種觀念的人都還無法完全窺其堂奧。我相信它的重要性已超越課堂，而延伸到人類企圖溝通與尋求共同生活的每一個領域裡。

更具體地說，它是一種課堂教學法，值得更廣泛的討論、探究與實驗。它有可能開啓嶄新而饒富創意的思考向度，因爲它的途徑、它的實踐、它的哲理都在在與傳統的教學法根本不同。我

覺得這種途徑應該在所有學習的環境中實行——小學、中學、大學、或任何人類聚集學習的場合。目前，我們不需要過分擔心它的限制與缺失，因為它還沒經過修正，而且我們尚未完全瞭解它。它是一個新的方法，所以必然有其缺陷。我們不喜歡丟棄舊的方法。舊的方法有傳統、權威與尊嚴來支持，而我們自己不也正是舊方法的產物？然而，如果我們把教育視為經驗的重建，這就預設了每個人都應該自己來重建自己的經驗。他必須自己動手——透過重新整理最內在的自我、以及價值、以及態度、以及整個人，他可以重建自己的經驗。還有什麼更好的方法可以如此打動一個人呢？還有什麼方法可以使他向別人傳達他自己的感覺和看法呢？在這個世界裡，人人都需要學會：自己是人類的一部份，因而得以建立他心理的安全與健康——還有什麼比這更好的方法可以打破人與人疏離的障礙呢？

個人的教學經驗
（一年之後向羅哲斯博士提出的報告）
——山姆‧譚能邦博士撰

我覺得我必須讓您知道——在接觸過您的想法與影響之後——我自己第一次實際的教學經驗。不知您是否曉得，我對教學一向有恐懼症。在跟您相處之後，我開始發現困難何在。我的困難主要源自我對於教師這一角色的概念——他是一場演出的提議者兼導演與製作人。我總是害怕我在課堂中會被「掛斷」——我相信您用的這個詞彙，我漸漸喜歡上它——害怕班上學生會沒精打采、不感興趣、沒有反應，害怕我會一直牢騷滿腹，直到我失去了控制，句子不連貫、講話造作，而時間卻變得分分秒秒愈來愈難捱。這就是我所想像的恐怖景象。我以為這種現象雖或多或

少都會發生在每一位老師身上，可是我卻會遭遇到一分不少的整套；我會帶著不祥的預感走進教室，心神不寧、魂不守舍。

我的經驗終於來了。我受聘去耶士瓦（Yeshiva）大學的教育研究所開兩門暑期班的課。但我卻有個極好的託辭：我即將遠赴歐洲，不能開這些課。但他們再問我願不願意在六月中，也就是暑期班以前開一門十四堂的密集課程？這應該不會妨礙歐洲之行吧？這一來，我找不到其他藉口，只好答應了──也因爲我不願再迴避這情況，而決定要一了百了地解決這個問題。如果我不喜歡教書（我已經有將近十年沒教書了），我會學到一些東西；如果我喜歡教書，我也會學到一些東西。如果我一定得受罪，那麼這樣更好，因爲這是一門密集課，至少時間較短。

您也知道我的教育理論深受克帕契與杜威的影響。然而，現在我的思想中具備了另一項有力的元素──您。當我初遇這班學生時，我做了一件以前從來沒做過的事。我向學生坦承我的感覺。我並不覺得一個老師必須什麼都知道，而學生則只是來此接受教導。相反的，我向他們承認我的弱點、疑慮、困境以及我所不知道的事情。因爲我在全班及我自己面前解除了高高在上的地位，所以我的本性得以自在地流露出來。我發覺我自己講話十分輕鬆，甚至較具創造性。我所說的「創造性」是指當我講話時，嶄新的想法會不斷湧出，我的感覺非常好。

另外一個重要的差別是：我的確受過克帕契方法論的影響，所以我一向歡迎廣泛的討論，可是我現在才知道，過去我還老是要求並期望學生熟知我所指定的教科書與我所安排的講課內容。更糟的是，我現在才知道，過去我雖然歡迎討論，但在一切都發表完了之後，我還是要求班上同學能依照我的思考方式做結論。因此，沒有一次討論是眞正的討論，沒有一次是自由、開放與追

311

根究柢的；沒有一個問題是眞正的問題，因爲它們並不刺激思考；這些問題都是有用意的，因爲我對好問題與壞問題早就有很明確的定義。就這樣，我帶著教材到班上，學生只是被我利用的工具，以便導致與教材相符的情況。

在目前這門課中，我還不敢拋棄一切教材，可是這一次我眞正的聆聽學生們的意見，我向他們傳達我的瞭解與同感。雖然我仍會花上好幾個小時的時間來準備一門課，但我發現我沒有一次引用我帶進教室的那堆長篇大論的材料。我讓學生自由馳騁，從不把任何一個人導向預舖的軌道上；我容許任何離題的討論，學生帶到哪兒，我就跟到那兒。

312　　我記得我曾與一位著名的教育學者討論這種上課方式，他以失望與不同意的口吻說：「你當然還是堅持正確的思考吧？」我則引用威廉‧詹姆士（William James）的話──實際上他說過，人只是情感之洋中帶著一葉扁舟的理性罷了。我告訴他，我更感興趣的是我所謂的「第三向度」──學生的感受。

羅哲斯先生，我不敢說我完全遵照您的方法，因爲我有時會表達我的看法，有時，很不幸的，還會講點課；我相信那是不好的，因爲一旦權威性的言論發表過後，學生們就會傾向於不思考，而會設法猜想老師腦中在想什麼，然後提供老師可能會喜歡的意見，以博取歡心。如果我必須重來一次，我定會減少講述的部份。可是，我嘗試（而且我相信是相當成功地）給予每一個學生尊嚴、敬重與接納；我從沒想過要探測他們、評估他們、或爲他們打分數。

結果是──這也是我寫信給您的原因──我有了一次無法描述、從未有過的體驗。我自己決不可能造成這一切，我只能感激這事發生在我身上。我在您的課上所體驗的一些特質也發生在我

的班上。我發現我從來沒有像喜歡這群學生般地喜歡過任何團體。我也發現——他們也在他們的期末報告上表達出來——他們開始在彼此間感到溫暖、友善與接納。口頭上，或在報告中，他們表示他們多受感動，學習了多少，以及覺得有多好。對我來說，這是一次嶄新的體驗，我完全被震撼，開始學到謙遜。過去我曾經有過尊敬、崇拜我的學生，但是我從來沒有過這麼溫暖與親切的課堂經驗。順便一提，依照您的例子，我沒有設定任何課堂準備的指定讀物。

　　我在課堂外得到的反應也證明了以上所說的決非「扭曲的看法」。學生對我的評語好得令系上同仁都希望能到班上旁聽。最棒的是，學生在期末時寫了封信給范恩院長，對我誇讚備至。院長也寫了一封信給我，意思也差不多。

313

　　說我被所發生的事所震撼，實在只是輕描淡寫。我曾教過許多年的書，卻從來沒有半點類似的體驗。我自己在課堂中從來沒有發現過這麼多人能整個地呈現，或這麼深刻地投入、深刻地激發。進一步的，我不禁開始質問：在傳統的教學環境中，那種對於教材、考試、分數的偏重，怎麼可能有空間容許「形成中」的人，在他努力實現自我時，顧及他深刻而多元化的需求？我只能向您報告發生的經過，並且表達我的感激，而且因為這次經驗，我變得更謙虛。我希望您能知道這些，因為您再一次地豐富了我的生活與整個人。❸

注　解

❶必須提醒一句的是，羅哲斯博士既沒有同意，也沒有反對。除了發言是針
　對著他說話，不然他通常都不對學生的意見作任何反應。有時就是對著他
　發言，他都可能不予置評。他主要的目的，我認爲，是聰明而同情地專心
　聽學生的發言。

❷有位同學蒐集了一些問題，列成一張單子，影印後發給大家，這便是這件
　事的尾聲。

　與這件事相關的另一件事也可在此提一提。第一堂課中，羅哲斯曾把治療
　過程的錄音帶帶到班上。他解釋說他不習慣擔任老師角色，所以他「滿載」
　而來，這些錄音帶會給他一些安全感。一位同學一直要求他放這些錄音
　帶，在班上的壓力之下，他放了一些錄音帶，但卻好像不太情願的樣子。
　而且，雖然有這些壓力，他前後總共播放的時間不到一個小時。很顯然地，
　羅哲斯寧願學生製造眞實的現場錄音，而不喜歡他們去聽這些只有學術
　價值的錄音帶。

❸譚能邦博士並非只有這一次的經驗。數月之後，他的另一封信也表達了類
　似的經驗。他說：「我所敎的另外一個團體中，跟上次一樣的，也發展出
　了類似的態度，不過他們表達得更爲強烈，因爲，我相信，我對這方法更
　爲自在，而且──我希望──更爲熟練。在第二個團體中，同樣也有一個
　人的完整展現，一樣的熱情與激動，一樣的溫暖；在一個人逐漸蛻下他的
　表層時，有同樣的神祕感發生。這團體中的學生告訴我，當他們到其他的
　班去上課時，他們的眼光會時時相遇，彼此注意，好像他們被同樣的經驗
　所繫，在班上是獨特而分離的一小群人。在這團體中，我也發現學生之間
　發展出彼此之間的親切感，因此，在期末時他們甚至談及每年要來一次團
　聚。他們說，他們要讓這經驗保持下去，不要失去任何一個人。他們也談

到了在他們個人身上發生的鉅大而根本的改變──外表、價值觀、感受、以及對己對人的態度。」

第十六章
以受輔者爲中心的治療法
對家庭生活的涵義

314

好幾年前，有一個本地的團體請我去演講，講題由我自訂。於是我決定對我的受輔者在家庭關係中所表現的行爲改變來作一次特別的討論。這篇文章就是這個情況下的產品。

　　＊　　　　　＊　　　　　＊

愈來愈多的心理治療者和心理輔導者從事於協助困擾的個人和團體，於是我們大家多半會有這樣的共識：我們的經驗和各方面的人際關係都有關，而且我們的工作成果對這些關係也會有些涵義。我們已經有人嘗試找出在某特定領域中的涵義——譬如在教育方面，已找出在團體領導、在團體間關係的涵義——但我們迄今還沒試過把它對於家庭生活的意義清清楚楚地找出來。因此，現在我要處理的就是這個問題。我希望能把以受輔者爲中心的觀點用在這上面，看看能把所有人際關係中最核心的一圈——家庭團體——繪出怎樣的一幅圖像。

315

我並不希望只在抽象或理論的層面上來談這個問題。我所希望的是把我們的受輔者在他們的家庭關係中所體驗到的一些變化呈現出來。這些受輔者由於和治療者密切接觸，因此他們才會努力地追求更能令他滿意的生活。我會引用很多人自己講的話，好讓各位能感受到他們實際體驗的一點滋味，然後讓你們自己去下

結論。

　　雖然有些受輔者的體驗和目前對於良好家庭生活的觀念有些
牴觸，但我並不想對這種差異作特意的辯解。此外，我也不特別
想爲家庭生活建立一個一般性的模型，或建議你們在家庭處境中
該如何生活。我只想報告一下，一些非常眞實的人在非常眞實（而
且常是困難重重）的家庭處境中所體驗到的一些生活的眞諦。他
們在奮鬥中追求能令他們滿意的生活方式。也許對各位來說，這
才會有點意義。

　　那麼，受輔者接受了我們的心理治療之後，在他們的家庭生
活中產生的變化是些什麼呢？

更能表達感覺

　　首先，我們所體驗到的第一個特徵是：我們的受輔者漸漸地
更能向他們的家人或向其他人表達他們眞正的感受。其中可能包
括一些負面的感受，如憎恨、憤怒、羞恥、嫉妒、嫌惡、厭煩等
等；也可能包括正面的感受，如柔情、敬佩、喜歡、愛。受輔者
好像在治療中發現：原來人是可能撤除他一向掛著的面具而變成
更眞實的自己。一個做丈夫的有一次發現他對他的太太感到怒火
中燒，且把這種憤怒表達出來，然而在從前他對他太太的行爲卻
總是保持──或自認爲他保持了──冷靜客觀的態度。自此，他
的「感覺表達地圖」和眞正的情緒體驗地區似乎更爲相符了。父
母和子女，丈夫和太太能更爲接近，以表達眞正存在於他們之中
的感覺和情緒，而不再把這些情感藏著不讓人知，甚至不讓自己
知道。

　　也許舉出一兩個例子就可以使這一點變得更清楚些。一位少
婦前來諮商，她叫M太太。她埋怨她的先生（叫做比爾）對待她

好像一直都保持著一定的分寸、正經八百的，不和她交談，不把
自己的想法拿出來讓她分享，不體貼，在性關係上不能配合，所
以很快的他們就同床異夢了。正當她把這些態度說出來時，整幅
圖像跟著就發生劇烈的變化。她說出了自己有很深的罪疚感，因
為她在婚前的生活中數度和男人（多半是已婚的男人）有過關係。
她這才曉得：雖然在大多數人面前，她都能夠愉快而自然，但和
先生在一起時，她就變得木然、拘束、不自在。她也看出自己一
直在要求她先生完全像她所期望的樣子。到了這個地步時，由於
輔導者有事離開該地一段時間，她就繼續用通信的方式向輔導者
表達她的感覺。她補充道：「但願我真能夠把這些都告訴他，這
樣我也許可以在家裡變得比較像我自己。但是，那樣就能使他對
人更加信任嗎？如果你是我先生，你會不會因為發現我在排斥
你，然後就明瞭了真相呢？我只希望我是個『好女孩』而不是個
『小娃娃』。我真的把事情搞成一團糟。」

　　接著她又寫了一封信。我覺得應該把其中的幾個段落摘錄出
來。她說的是她變得非常容易生氣——當晚有熟人來訪時，她是
多麼不能平易近人。而當訪客離開後，她說：「我對自己的惡形
惡狀覺得真是連畜牲都不如……我還是覺得很冷峻、罪疚、氣憤。
我自己和比爾——而且就像朋友來訪時一樣的心情惡劣。」

　　「所以，我決定就豁出去，把我想說的都說出來，因為我覺
得這實在比我對任何人的期望都要高些——我決定就告訴比爾，
到底是什麼事情弄得我舉止惡劣。要對他說這些話，比對你說還
難得多——這實在是夠困難了。我不能說到很多細節，不過，反
正我是把一些關於我父母有那些『他媽的』男人們的一肚子苦水
都吐出來了。我聽他對我說了一句最好聽的話：『好，也許我可
以幫你個忙』——他指的是我對爸媽的那部份。而且他對我從前

317 所做過的事情都蠻能接納的。我跟他說，在很多情形下我都會不知所措——因爲有很多事情我從小都是不准的——連玩個牌都不准。我們談哪、討論哪，實實在在地進到我們倆深處的情感裡去。我沒有完全說出關於過去那些男人的事——沒說出他們的名字，但我確實讓他知道有多少。結果呢，他這麼能瞭解，而讓滿頭烏雲一掃而光，使我信任了他。那些愚蠢、不合邏輯的感覺，常在我腦子裡亂竄，但是我再也不怕告訴他。而且如果我都不怕了，也許那些笨念頭就不會再跑出來。前幾天晚上正在給你寫信時，我幾乎就想開溜了——想遠離這個地方（逃開這整堆的事情）。但後來我也明白，我只是一直在逃避、永遠無法愉快，除非我敢去面對它。我們談到關於生孩子的事，不過我們還是決定等到比爾的學業接近完成的時候。對於這樣的安排，我感到很高興。對於我們該怎樣對待小孩的事，比爾的想法和我一樣——更重要的是，對於我們不該怎樣對待小孩，他的想法也和我一樣。所以，假若你沒有再接到語氣頹喪的信，那你一定會曉得：事情變得像我們所能預料的那般順利了。」

「現在，我常想——你不知道，只有經過這些事情才能把我和比爾拉近？我一直告訴我自己，只有那樁事，對比爾不公平。我以爲那會打爛他對我的信心，還有大家對我的信心。從前在比爾和我之間有個鉅大的障礙，使我覺得他像個陌生人。我之所以能催促自己去告訴他，是因爲我明白，如果我不試試他對這些事情的反應，那對他就很不公平了——讓他在那兒而沒有機會證明他可以受人信賴。後來，他所證明的還比那更多——他也讓他的情感深入到地獄裏去——談到關於他的父母、還有很多其他人。」

我相信這封信已經不需要評論了。對我來說它的意思只是：經過了一段治療，她體驗到成爲自己的滿足，也講出了內心深處

的感覺，使她變得不可能故意和她的先生唱反調。發現她必須感受到自身最深刻的感覺，並將它表達出來，哪怕會有危及婚姻的可能。

　　我們的受輔者還有另一種微妙的體驗。正如在此例中，受輔者發現：將情感表露乃是一件極能令人滿足的事，然而從前人們總以爲那樣做會有破壞性或會惹來災禍。我們的看法之所以不同於一般人的想法，乃緣於這樣的事實。一個人生活在一個假面具或面子底下，情感無從表露，因而堆積到接近爆炸點時，任何突發的事情都可能將它引爆。假若只到這時候才讓它爆發出來——經常，要不就是一陣情緒的狂飆，再不就是一陣深入骨髓的自憐和憂鬱——最後它總難免帶來極不幸的結果，因爲那種情緒表露都極不適於當時的處境，因此看來很不講理。爲了一次煩人的事情而爆發的憤怒，可能是兩個人關係中好幾打類似情形下累積起來而又得不到出路的感覺。但從爆發時的前後關係來看，那種情緒既是不合理的，因此也很難令人瞭解。

　　就在這裏，心理治療可以一刀切入，截斷那種惡性循環。受輔者既可以把日積月累的焦躁、憤怒、或絕望的情緒一股腦潑灑而出，而且在治療者的協助下，接納自己的這種種感覺，於是，這些情緒的爆炸性就消失了。此後，這個人當更能夠在任何家庭關係中把關係本身所激發的感覺表現出來。過去的擔子不再沉重地壓到現在，因此現在表露的情緒會更適切、中肯，也更容易被人理解。慢慢的，這個人會發現自己常能表達當下的感覺，而不必等到怒火中燒，或等到情緒發膿、潰爛的時候。

人可以眞實地活在關係中

　　心理輔導對於受輔者的家庭關係體驗方式，似乎還可以有另

318

一種效果。受輔者常會在驚奇之中發現：原來人可以活在關係裏頭，而且這種關係還建立在眞實情感的基礎上，而不只是一些防衛性的、假惺惺的表面關係。在有眞實情感的關係中含有深刻而令人快慰的意義，這是Ｍ太太的案例所顯示的。人若發現自己旣能表達羞恥、憤怒、厭煩的感覺，而又能保持著關係，這種發現當然令人更肯定關係的意義。此外，人若發現自己能表達柔情、敏感和憂懼而不覺得好像在出賣自己——這實在眞能使關係更深爲加強。這些表達之所以能造成建設性的後果，其部份原因似乎是這樣的：在治療中，這個人學到如何辨認情感，並且將它表達爲他自己的感受，而不是關於別人的事實。所以，一個人如果對自己的伴侶說：「你做的都錯了」，其結果除了惹來一場爭吵外又還能怎麼樣？但若換成：「你做的事情讓我覺得實在很惱火」，這樣就只是在陳述說話者的實情，沒有人能否認這點。這種說法並不是在指控一個人，而只是反映了存在於說話者之中的感覺。「我覺得很不滿，這都是你弄的，」這樣的話一定會引起爭端，但若說：「你這樣這樣做的時候，我都會覺得很不滿，」那麼，這句話只是反映出關於兩個人關係中一個眞確的事實罷了。

不過，情感的表露之所以有意義，還不只是在語言的層次上而已。一個人若能接納在他自身之中的感覺，也必會發現他可在這些眞實感覺的基礎上，讓關係活著。我現在就抽出一系列的錄音段落來作個說明。錄音中的受輔者是Ｓ太太。

和Ｓ太太住在一起的是她的十歲女兒，和七十歲的老母。這位母親以其纏身的「老病」而霸佔了全部家務。Ｓ太太被她的母親所控制，卻又管不住她的女兒凱若。她覺得憎恨她的母親，但無法表達這點，因爲，她說：「我這一生都覺得很愧疚。我從小到大都在覺得愧疚，因爲我做的每一件事我都覺得是……像是不

知道哪裏都在影響我媽的健康……。事實上，幾年前有個晚上我甚至夢見我在……在推我媽，還有……我就……我有個感覺，眞想把她推開。而且……我可以瞭解凱若會怎麼想。她不敢這樣……我也不敢。」

S太太曉得大多數人都認爲，假如她能離開她媽媽，一定會覺得好多了，但她就是不能離開。「我知道如果我眞的離開她，我也不可能愉快的，我會很擔心她。我如果把一個可憐的老太婆丟下不管，我會覺得很糟很糟。」

她一面抱怨自己如何被支配和控制，一面也開始看到自己在其中所扮演的角色——一個軟弱的角色。「我覺得我的手被綁住。也許我自己有錯……而不是媽媽的錯。事實上我知道是這樣，但一碰到和媽媽有關的事，我就會變得很軟弱。每次她爲一些雞毛蒜皮的東西又要開始嘮叨生事時，我總是要想盡辦法避開她。」

等到她對自己更爲瞭解後，她作出了一個內在的結論，想試試看如何以自己相信爲正確的做法來維持這關係，而不是只根據她媽媽的想法。她在一次面談的開始之時談到這一點。「看，我有個很不得了的發現，就是說，也許我一直對媽媽百依百順，這根本完全錯了……我是說，我把她慣壞了。所以，我下定了決心，像我每天早上下的決心一樣，不過這一次一定會成功，我會試著……唔，很鎮定，而……如果她又開始唸咒，我會不理睬她，就像你看到一個小孩亂發脾氣來引人注意時那樣。我就這樣試了一次。她又爲芝麻大小的事情生氣，還從桌上跳起來走進她的房間。好啦，我沒有急急忙忙跟過去說，哎，對不起啦，還請她回來，我只是坐在那裏沒理她。過了幾分鐘，嘿，她走了回來坐好，還有點悶悶不樂的樣子，不過她的氣頭已經過了。所以，這個辦法我還要用它一陣，看看……。」

320

　　S太太很明白，她之所以能對母親表現這種新的行為，其實基礎在於她終於能眞眞實實地接納她自己對母親的感覺。她說：「爲什麼不面對它呢？你看，我一直覺得很恐怖，但又在想：我是什麼鬼東西，居然憎恨起自己的媽。現在，不管這些，我只要說，沒錯，我討厭她；對不起；但我們該面對這個事實，然後我可以想辦法把現狀做個最好的處理。」

　　等到她愈來愈能接納她自己時，她就變得愈能面對她自己的內在需求以及她母親的需求。「有些事情好多年來我一直想做，到現在我才剛開始去做。現在，我媽可以自己一個人在那裏待到晚上十點。她的床邊有個電話，還有……假如發生火警或什麼的，她也可以叫鄰居，或假如她病了……就這樣，我要到夜校去選修一些課，我要把我一輩子想著要做，要做的很多事情都做出來。老待在家裏，憤憤不平的，就像個殉教徒一樣……想說，我該去，哎，算了，又沒去做。反正，現在我要去了。我還想：只要我去一次以後，嘿，她一定一點事兒也沒有。」

　　這個新的發現很快就在她和母親的關係中實驗起來。「前幾天我媽的心臟病發作得很厲害，我就說：你最好去看醫生，而且……當然你必須住院。我就把她趕到醫院去，醫生說她的心臟好好的，她只是該出去散散心而已。所以她出去朋友那兒玩了一個禮拜，也去看了表演，玩得蠻開心的。所以……實際上那天說好要去醫院時，我當著凱若的面前老實不客氣的頂撞她，狠狠地說了她一頓，她舉手投降了，後來也面對了事實，就是……她的心臟根本強壯得像條牛，嘿，她才想到也許她可以用這顆強壯的心臟出去玩個痛快。所以，那就好了。結果眞是好。」

　　到此爲止，這個關係對S太太而言是改善了不少，但對她母親卻似乎不然。其實，這個故事還有另一面。過了一陣子之後，

S太太這樣說：「我還是覺得非常、非常對不起媽媽。如果我是
她，我一定會恨這個樣子。還有，你看，我剛又說到另一件事了，
我說我恨母親；我非常不喜歡碰她，我受不了……我是說……摸
摸她或什麼。可是……我也覺得自己，唔，對她有點親愛的感覺；
有兩三次我走進去，想也沒想，吻了她，跟她道晚安，而平常我
多半只是在門邊喊一聲而已。而且……最近我覺得對她和善得
多，往常感覺到的厭惡也漸漸消失，同時她對我的控制好像也一
起消失了，你看看。所以啊，昨天我注意到，我在幫她整裝和上
上下下打點東西；我整了一下她的頭髮，而從前好久好久以來我
連摸她一下都會覺得難受；可是我卻在用髮捲和髮夾幫她做頭髮
等等；而我……我突然想到：這根本不會讓我覺得不舒服；我反
而覺得變好的。」

　　這幾段摘錄，在我看來，描述了一種家庭關係變化的型式，
我們大家應該都熟悉才對。S太太覺得（雖然她簡直不敢向自己
承認）厭憎她的母親，以及她好像沒有自己的權利。起先她以爲，
如果讓這些感覺公開存在於她們的關係中，其結果除了製造難題
之外，別的實在令人難以想像。可是，當她試圖讓這些感覺在眞
實的處境中出現後，她才發現自己反而表現得更爲肯定、更像個
完整的人。她們的關係非但沒有惡化，反而改善了。最令人驚奇
的是：關係能在眞實情感的基礎上重新運轉時，她才發現，原來
她對母親的情感並不只是厭憎和怨恨而已。親愛和歡喜之情也一
併進入關係之中。顯然，在她們兩人之間，有時會有失諧、不悅
和氣憤，但其中也有尊重、瞭解和喜愛。她們學到的似乎和很多
其他的受輔者所學的一樣：關係並不是用假裝來建立的，而必須
以眞正存在且變化多端的情感爲基礎。如是，人乃可以活在關係
之中。

從我所選擇的例子來看，似乎只有負面的情感才是既不容易表達，也令人難以活在其中。但這卻不見得正確。有位年輕的專業人員，叫做Ｋ先生，他就曾發現，在一張假面孔之下，要想發掘正面的情感，就像發掘負面的情感一樣困難。一段簡短的摘錄可以說明他和他的三歲女兒之間有什麼樣的關係變化。

他說：「我騎車到這裏來的途中一直在想——我現在對小女兒的看法實在很不一樣——我今天早上和她玩——而——我們只是，啊，真是——我是怎麼了？為什麼連話都講不清楚了？那種經驗實在真棒——很溫暖，很快樂，好像我看見也感覺她和我好親近。我覺得，其中含有非常有意義的地方——從前，我可以談朱蒂。我可以說些關於她的好話，還有她做的一些有趣的小事，我只是在談她，好像我這樣就已經是個、已經感覺我是真正快樂的爸爸了，可是這裏頭就是有些假假的東西……好像我之所以那樣說是因為我*應該*覺得那樣，而且一個爸爸就*應該*用那種方式談他的女兒，但是，我總覺得有點不對勁，因為實際上我確實對她有<u>些</u>負面的，和混合起來的感覺。現在我才真的認為她是全世界最棒的孩子。」

治療者：「以前你的感覺是說『*我應該是個快樂的爸爸*』——今天早上你卻*就是*個快樂的爸爸……」

「沒錯，今早我是覺得那樣。她在床上打滾……後來她問我要不要再睡一個覺，我說好啊，然後她說，好，我去拿我的毯子……然後她說了一個故事給我聽……大概是三個故事合成一個吧……全攪在一起，可是……我就覺得*這*才是我真的想要的……我*要*這樣的體驗。覺得我像是……我猜想，我是覺得我長大了。我覺得我是個成熟的男人……現在聽來覺得有點怪，不過當時我確實覺得我好像長大到可以做個負責而又可以愛孩子的父親，夠大、

大、夠認眞也夠愉快來擔任這個孩子的爸爸了。反觀從前，我一
直覺得自己弱小，甚至不配，不夠格成爲那樣重要，因爲當爸爸
是件非常重要的事情。」

　　他發現他可以接納這種對自己的正面感覺，接納自己成爲一
個父親，也可以完全接納自己對小女兒的溫暖愛意。他不必再假
裝他愛孩子，不必再害怕底下潛伏著別的感覺。

　　就在這之後不久，他也說出，他覺得可以自由自在地表達他
對這個小女孩的惱火、氣憤等等感覺，不過，我想，這大概不會
令各位驚訝才對。他所學習的是：凡是存在的各樣感覺，人都可
以活在其中。感覺是不需要鍍金的。

雙向溝通的改進

　　心理治療的經驗似乎還爲受輔者的家庭關係帶來另一種變
化。他們學會了如何開啓並維持眞正的雙向溝通。想要完完全全
地瞭解另一個人的種種思想和感覺，以及這些思想、感覺對他的
意義爲何，又能讓這個人對你回報以完完全全的瞭解——這是人
的體驗中令人覺得最爲値得，也非常難得的一種。前來尋求輔導
的人常會報告說：發現自己竟能和自己的家人有這麼眞實的溝
通，這種體驗眞令他們喜悅萬分。

　　他們之所以能和家人溝通，至少有部份的原因是直接來自於
他們和輔導者的溝通經驗。發現自己能被人瞭解，那眞能使人撤
除所有的防衛，眞教人覺得像放掉胸中的一塊大石。緣此之故，
他也希望能爲別人製造這樣的氣氛。在輔導的關係中，發現自己
最邪門的想法、最怪異、不正常的感覺、最可笑的夢和願望、最
惡劣的行徑等等都可被另一個人瞭解，這眞是天大的解放。因此，
人才會開始想把這種體驗延伸到他人身上。

　　但是，除此之外，還有個更根本的理由使得這些受輔者可以瞭解他們的家人。平常我們對別人展現的是一張冠冕堂皇的外表，我們躲在那後面，而且我們的言行舉止也常不與真正的感覺互相調和。正因如此，我們也就不敢自由自在地傾聽別人的感受。我們總是在自己面前豎起擋箭牌，以免別人射穿我們的外表。但當一位受輔者進入輔導的關係之後，他總會想把自己的感覺如實地表達出來；而當他在家庭中也同樣能以真實存在的感覺來過生活時，他就不會再守著重重防線，他就真的能夠傾聽和瞭解家裏的任何一個人。換句話說，他可以放手讓自己看見另一個人真正的生活是怎麼過的。

　　我所說的這些，可用一個例子來說明。我要用的例子是Ｓ太太，也就是上文中曾經引用的那位。在治療結束之後，我們作了追蹤的接觸。我們請她談談她對自己的體驗有些什麼反應。她說：「最初我沒感覺到那是心理輔導，曉得嗎？我以為啊我只是在講話，但是……後來想想，才明白，這正是心理輔導，而且是最好的一種，因為，我聽過很多教訓和勸告，醫師、家人、朋友給我的，但是……都不管用。後來我想，為了要接觸到人，你不能先堆起一道障礙或像那樣的東西，因為那樣的話你就看不到真正的反應了……不過，我已經花了很多腦筋在這上面，也許可以說我有點像是和凱若一起動腦筋吧（笑），或正在試試看吧。這個奶奶後來對她說，你們怎麼可以對又老又病又可憐的奶奶這樣差勁，你瞧。而我知道凱若的感覺是什麼。她就想好好整她一頓，因為她實在太壞了！但是我也沒對凱若說很多，或指點她怎麼做。可是我想把她拉出來……讓她覺得我是跟她站在一起、支持她，不管她會怎麼做。我讓她把對於各種芝麻大小事情的感覺對我說，結果這樣做很好。她跟我講過，哎，媽，奶奶這麼老了，也病了

324

這麼久了。我就說，是啊。我沒罵她，但也沒誇獎她，而她呢，就在這短短的時間內開始……唔，把一些小事都拋到腦後，而且……不用我追問她或試探什麼……就這樣，對她好像蠻管用的。而這一套用在我媽身上也還有點用咧。」

我想我們可以說，Ｓ太太既已接納了她自己的感覺，也更願意把感覺表達出來、和自己的感覺一起過活，所以現在她自己會有更高的意願來瞭解她的女兒和母親，且更願意設身處境地感受她們對生活的反應。她能完全撤除防衛之心，因而能夠以接納的態度來傾聽別人，以別人對世界的感覺來感受他們的生活。這種發展很能代表我們的受輔者在家庭生活中所發生的變化。

325

讓別人自立的意願

最後我還注意到另一個傾向，我願在此描述一下。我們的受輔者表現了一種很容易看出來的傾向，就是變得更能容許每個家人都有他們各自的感覺，也各自成爲獨立的人。這樣的說法聽起來可能有點奇怪，但實際上這卻是發生變化時最斷然的一步。我們很多人也許不太注意到，我們常會傾向於以重重的壓力逼使我們的太太、或先生、或孩子一定要和我們有一模一樣的感覺。好像我們常會這樣說：「你要我愛你，好，那你就得和我有一樣的感覺。如果我覺得你這樣做很不好，那你就得覺得不好；如果我覺得做什麼會很好，那你就得那樣是很好。」然而，經過心理治療後的受輔者們卻剛好與此相反。他們情願讓別人有不同的感覺、不同的價值觀、不同的目標。簡單地說，就是願意讓別人自立。

我相信，若要讓這種傾向發展出來，那總要在一個人發現他能信賴自己的感覺和反應之後——他要能相信，自己深處的種種

衝動既不帶有破壞性，也不會惹來災禍，因此不必對自己步步設
防，反而能以如其所是的方式去面對生活。當他如是學會信賴自
己之後，他就會以自己獨特的方式而變得更能信賴他的配偶，或
他的孩子，並且也能接納這個有別於己的人可以擁有他自己獨特
的感覺和價值觀。

　　以上我所說的，可以從一位女性和她先生寫給我的幾封信裏
看出來。他們倆都是我的朋友，他們手上有一本我寫的書，因爲
他們對我所做的事情很感興趣。看過這本書的效果似乎和實際接
受治療有些相似之處。那位太太給我寫的信裏有一段描述了她的
反應：「爲免使你覺得我們只是信口胡說，所以我們就認眞談起
你的《以受輔者爲中心的治療法》。我差不多快讀完了。你說一本
書通常不太能引起什麼反應，但在我卻不然。事實上，讀那本書
很接近眞正的諮商經驗。它使我去想關於我們家中的一些不太令
人滿意的關係，尤其是我對菲立普（她的14歲大的兒子）的態度。
我才曉得我已經很久沒對他表現過眞正的愛，因爲我實在很討厭
他把我所想的每一件事都拿來和一些標準比較，然後顯出一付不
在乎的樣子。後來我終於停止幫他決定他的目標，讓他負起自己
大部份的責任，而且我也拿他當個人一樣去反應，正如我對待南
絲那般，結果，他的態度發生了令人吃驚的轉變。當然不是像天
旋地轉──而是個讓人覺得滿心溫暖的開始。我們不再對他的功
課集中炮火，而前幾天他自動告訴我們，他的數學考了個蠻不錯
的成績。今年第一次這樣。」

　　幾個月後，我接獲她先生的信。「你簡直要認不得菲立普了
……他雖然還不至於出口成章，但他再也不像以前那樣滿口令人
費解的謎語，而且雖然我們也很期望他以出類拔萃的成績畢業，
但他的功課確實比以前好多了。你實在該爲他的進步多誇幾口，

因爲，當我終於懂得信賴他可以自己爲人時，他就開始開花結果。
我決不再想把他按著我以前在這個年紀時的樣子來塑造他，而且
還逼他變成連我也做不到的完美形象。哎，當今之務應是盡棄前
嫌了。」

　　一個人可以自己爲人；只要信賴他，他就可以做到。這個觀
念對我來說眞是意義非凡。有些時候我會這樣幻想：假若一個小
孩打從出生起就受人這般對待，結果眞不知會是什麼樣子。試想
想，如果大人允許小孩可以有他自己獨特的感覺——想想，如果
小孩不必爲了博取大人的歡心而排擠自己的感覺；又假如孩子的
爸媽也可以自在地表達他們各自的感覺，這些感覺未必常和孩子
一樣，甚至在兩個爲人父母者之間，也儘可以有所不同。我很喜
歡想想這般體驗將會有什麼意義！我想，可能的意義是：孩子將
以尊重自己獨特性的方式成長；即使在他的行爲須受限制時，他
仍可以公開地保有他對自身感覺的「所有權」；他的行爲將可維持
合理的平衡，也就是可以同時將自己的感覺以及對人公開、爲人
所知的感覺一併考慮在內。我相信，他會成爲一個能負責也能自
我引導的人，他們也不會需要對自己隱藏感覺，也沒有必要躲在
一張堂皇的外表後面過生活。他將會比我們大多數人更能避免受
困於心理上的不良適應。

一幅總圖

　　如果我確能在許多受輔者的體驗之中正確地析出一些趨勢的
話，那麼，以受輔者爲中心的治療法對於家庭生活就有好些個涵
義。現在讓我試用稍微一般性的形式來將這些涵義一一加以重
述。

　　一個人若能將他的處境所引發的持續而強烈的情緒表達出

來，並且，他傾吐的對象是個關切他的人，而他所表達的深度也能與那些情緒存在的樣態十分貼合，那麼，這個人必須覺得非常滿足。相形之下，否認這些感覺的存在，或必得讓它們堆積到爆發的程度，或把情緒轉到與原意不相干的處境上去等等，都會使人覺得很是不能滿足。

從長遠的觀點來說，一個人若能在他所生長的家庭中以眞實存在的情感而活在關係中，必會比喬裝、掩飾的關係更能令他滿足。在這種生活裏，眞實的情感既然得以表露，他就不必害怕關係有所損傷，尤其當他所表達的是屬於他自己的感覺，而不是藉此指摘別人時。

我們的受輔者發現，他們若能更加自在地表達自己，使關係的表面特徵更能貼合於心中變動不斷的態度，則他們會因此而將他們的一些防禁之心擱在一邊，開始眞心傾聽別人說的話。他們常會因此而得以開始瞭解別人是怎麼感覺、以及爲什麼會有那種感覺的。於是相互的瞭解開始擴散到互動關係的各方面中。

最後，受輔者們還逐漸昇高「讓別人或爲他自己」的意願。當我更願意成爲我自己時，我也會發現我更樂意允許你成爲你自己，以及接納連帶發生的所有事情。這意思是說：這樣的家庭會傾向於變化而爲幾個各別、獨特的個人之組合，他們各有其目標和價值之所在，但卻能以眞實的情感而結合在一起——而眞實存在於人與人之間的情感永遠是包含正面和負面的，也能以相互瞭解、令人滿足的關係而保持了至少一部份各自私有的世界。

我相信，正因此故，心理治療使個人變得更爲充分而深刻的自己，也使他能在眞實的家庭關係中尋得更大的滿足。而其結果也促成了同一方向的發展——輔助了家中的各成員去發現、並且變成他自己。

第十七章
溝通失敗的處理──
個人之間，團體之間

329

　　就時間而言，這篇文章的發表，在本書的各篇文章中，算是最早的。那是在1951年，我爲了在西北大學傳播學百年紀念研討會 (Centennial Conference on Communication at Northwestern University) 上發表而寫就本文。當時的題目原是「溝通的障礙與輔助」。這篇文章自發表之日起，先後被不同的團體、不同的期刊印行六、七次，其中包括 *Harvard Business Review*，以及普通語義學協會 (Society for General Semantics) 的會刊 *ETC* 在內。

　　雖然文中的某些說明從今天來看，顯得有點過時了，但我仍決意把它收進本書裡來，因爲我覺得這篇文字指出了有關於群體間緊張關係的一個重點──不論是國內的，或是國際的。其中談到美蘇兩國間的緊張關係，我所提議的解決方案在當時咸被認爲「過份理想、毫無希望」。但現在我卻認爲我的提議可能被很多人接受，因爲其中不無道理。

　　　　　　＊　　　　　　＊　　　　　　＊

　　一個潛心於心理治療的專業工作者竟會對傳播學上有關溝通的問題發生興趣，這似乎令人費解。爲一個情緒上調適不良的人提供心理治療的協助，和本研討會上所關切的溝通障礙，這兩者

330

之間可有什麼關係嗎？實際上，這兩者間確有密切的關係。心理治療的全部工作就在處理溝通失敗的問題。一個情緒調適不良的人（或稱為「精神官能症患者」）所發生的困難，首先是起於他自己內在溝通的瓦解，然後才導致他和別人間溝通的敗壞了。如果各位對這種說法感到有點奇怪，那我就換用另一種說法好了。一個心理失調的人，在自己的意識裡有個常被稱為潛意識的部份，這些部份由於受到壓抑或否認，以致造成了知覺上的障礙，使得這些部份的訊息無法向意識、或向他自己的主宰部份傳遞。只要這種狀況形成，則在他向別人表達自己的時候，也會發生各種扭曲，因此他不僅會感到內在的痛苦，也會感到人際關係上的痛苦。所以說：心理治療工作就在於透過和治療者所建立的特殊關係，而協助人達成良好的內在溝通。一旦這種溝通達成，他也就能更自由，更有效地和他人溝通。所以我們可以說：心理治療乃是在人之內及在人之間的良好溝通。我們也可以把這句話倒過來說而仍不失其眞：凡在人之內及在人之間的良好溝通和自在的表達，都具有治療性。

接著，我要根據我在諮商和心理治療的溝通經驗，來談談兩個觀念，首先要談的是：我深信有一個重要的因素常造成溝通的障礙；其次要談的則是我們都曾體驗過的一種增進或輔助溝通的方式。

我先提出一個假設，讓大家想想：在人和人之間，主要的溝通障礙乃是我們都有一種自然的傾向——對別人說的話（或對別的團體）施以裁判、評斷、或表示贊成反對之意。我可以舉幾個簡單的例子來說明這個意思。在這場演講之後，你們也許就會聽到人說這樣的一句話：「我不喜歡那個人講的東西。」那時，你會怎樣回答呢？我可以料到，你要嗎就表示贊成，不然就是反對

那個人所表現的態度。你可能回答說：「我也不喜歡。我覺得他講得很濫。」或則是說：「喔，我覺得他講得蠻不錯的。」換句話說，你的基本反應是在評斷別人剛才說過的話──你用自己的觀點，或是用你自己慣有的參照架構去評斷。

再舉一個例子。假如我感慨地說：「我覺得最近共和黨的作為相當有意義，」你聽了之後，心中浮現的又是什麼反應呢？我想，絕大的可能仍是一種評斷。你可以發現自己又在同意、不同意，或對我下了這麼一個判決：「這個人一定很保守，」「他的想法好像很固執，」等等。我們再用國際社會的現象來說明也罷。當蘇聯悍然宣佈道：「美國與日本訂的條約顯係一種戰略陰謀。」我們也會跳起來叫道：「那是胡說！」

上面的說明引發了另一個含於我的假設之中的要素。在所有的語言交換活動中，評斷別人固然是很普遍的傾向，但值得注意的是：在那種情況下，人的感覺和情緒必然也會大大地涉入其中。於是，我們的情緒愈高漲，則溝通之中相互認可的因子也愈不可能存在。在此，我們只會發現兩套觀念、兩種感覺、兩個判斷、而失去了相互包容的心理空間。我肯定諸位可以在自己身上找出這種經驗。如果你曾經聽過一次激烈的爭論，而當時你自己並沒有情緒上的介入，你轉身走開時一定常會想到：「嘿，他們談的根本不是同一件事。」事實上，確是如此。各方都只是持著自己的參照架構去作評斷、作判決而已。這樣的語言交換，實在稱不上什麼溝通。對於別人所說的話中任何的情緒意涵，如果你只憑自己的觀點就對它作成評斷的話，讓我再重覆一次：這種反應傾向乃是人際溝通的主要障礙。

然而，我們有什麼法子來解決這個問題，或避免這個障礙呢？我覺得我們所做的一些努力已經向這目標邁進了一大步，因此我

願在此向各位作個簡單報告。眞正的溝通之所以能產生——而使評斷的傾向得以避免——乃是當我們能以瞭解來聆聽之時。這也就是說：能從那個人的觀點去看他所表達的意思和態度；體會他究竟有什麼感覺，捉摸出他的談話背後的參照架構。

　　講得這麼簡單，難免令人覺得近乎荒謬。但其實不然。因爲這就是我們心理治療的領域中所發現的一種治療取向，而它實在是法力無邊。要改變一個人的基本人格結構，以及增進他和別人的溝通與關係，這種治療取向是我們所知道的最有效的一種。如果我能夠聽他所告訴我的一切，如果我能瞭解，在他看來事情是什麼個樣子，如果我能理解這對他個人的意義何在，如果我能體會這對他有什麼情感意味，那麼，我就是在釋放他自身中強大的自我改變的力量。如果我能眞正瞭解他是多麼痛恨他的父親，或痛恨學校，或痛恨破壞國家安全的黨派；如果我能捕捉他在害怕不正常、害怕核子輻射、或甚至怕共產黨時的情緒調調，那麼，我就幫了他一個大忙，使他能夠把那些痛恨和懼怕轉變過來，而致能夠和那些他所恨、所怕的人或事物建立起合理而和諧的關係。我們知道，這種具有同理心的瞭解——和他*一起看*，而不是*看他長得什麼模樣*——正是我們透過研究而肯定爲最有效的方法，它使人能達成人格上主要的變化。

　　你們當中有些人也許會覺得，你已經很能聽別人說話了，可是卻沒看過我所說的那些變化。事實上，很可能你們的聆聽並不是我方才描述的那種。還好我可以提出一些實驗室裡做過的研究，好讓各位能知道如何可以考驗一下，你自己對他人的瞭解究竟具有什麼性質。下一回，如果你和自己的配偶、朋友、或一群朋友們發生爭執時，你們不妨暫時停火一下，做個實驗。當然，有個法則先要成立：「每一個人必須**先**把前一位發言人所說過的

想法和感覺正確地重述一遍，直到該發言人認爲滿意，然後他才可以表示自己的意見。」你們一定可以體認這個法則的意義何在。就是說：在表示自己的觀點之前，必須先能確實摸淸別人的參照架構──因爲你對他的思想和感覺有充分的瞭解，所以你才能夠幫他作個摘要。聽起來很簡單，對不對？但假若你開始嘗試，你會發現，這是你所做過的事情當中最困難的一種。不過，一旦你能夠看淸對方的觀點，你對他的評論就不得不作一番徹底的修改。你會發現有些不在討論中，但却一直伴隨存在的情緒；會發現一些根本的差異，但在討論之初就被化簡了；也會發現還有一些可以理解的差異留在討論裡頭。

　　各位能不能想像一下，如果我們把這種溝通方式搬到大一點的領域上，那會是什麼樣子？如果勞資雙方的爭論中，可以運用這種方式，使勞方能先對資方的觀點作個正確的敍述（不一定要同意），且獲得資方的認可；而資方呢，也能先把勞方的情形說出來（也不一定要先同意），而讓勞方的人認爲說得正確──如果能夠這樣，想想，接下來會發生什麼？這樣做的意思是：眞正的溝通是靠人建立的，而且人也有辦法保證，某些合理的解決總是可以達成的。

　　如果你們都試過了這個實驗，而且我十分肯定，你們會同意：這確是建立良好溝通和良好關係的一條康莊大道，但是，爲什麼這個方法沒有被人廣泛地採用呢？我想，有以下幾個困難，使人不太能實際運用。

　　首先，人得要有勇氣才行，然而這種品德並不常見。我很感謝語義學家早川（S. I. Hayakawa）博士向我指出：用這種方式來進行心理治療，實際上是很冒險的，因此必須先具有勇氣。如果你能以這種方式去眞實地瞭解一個人，如果你願意進入他的私

333

己世界，去看看生命如何在其中展現，而不試圖去作一番評斷，那麼，你所冒的險乃是：你自己也會被改變。你會用他的方式去看，你也會發現自己的態度和人格因而受到影響。我們多半對於要改變自己會感到害怕，因此，去面臨改變的可能性，便已是個冒險了。假如我儘可能整個人走進一個精神病患，或精神官能症患者的私己世界，其中不是存在著這樣的危險嗎──我會在那個世界中走失？大多數人都不敢冒這個險。如果今晚我們的演講者中有位來自蘇聯的共產黨員，而參議員麥卡錫（Joseph　McCarthy）先生也在座，我們當中有幾個人敢試試分別從他們兩方的觀點來看看這個世界？我們大多數人都沒法傾聽；我們好像都被逼著作評斷，因為傾聽似乎太危險了。所以，我們必須具備的第一個條件是勇氣，而我們並不是經常備有這個條件。

334　　　　其次，還有第二個障礙。當人的情緒高漲時，要想捉摸別人或別個團體的參照架構，就變得格外困難。但如果要把溝通建立起來的話，這個時候人不可能沒有態度〔因為態度正代表了各人所持的評斷觀點──譯者〕。不過，我們在心理治療的經驗中發現，這樣的障礙並不是不可以克服的。假若在對立的雙方以外還有個第三者，而這個人能夠擺開他自己的感覺和評斷的話，那麼他就可以幫上個大忙──他可用瞭解來仔細聆聽雙方的說辭，並且澄清各方所持的觀點和態度。在小團體的輔導之中，出現相互矛盾、衝突的態度時，這種做法相當管用。當爭執的各方都知有個人能瞭解他們，也能看清他們各自的處境時，他們的言辭會變得比較不誇張，不帶有強烈的防衛性，同時也會覺得沒有必要繼續堅持原來的態度，認為「我是百分之百的對，而你呢，是百分之百的錯。」在團體中有這麼一位善體人意的輔助者，使能影響團體成員，使他們得以縮小相互間的距離，而且也愈能接近雙方

關係之中所含的客觀眞實。於是相互的溝通乃得以建立，而某種雙方同意的條件便極可能產生。所以，我們可以說：雖然高漲的情緒使人難以瞭解對方，但我們的經驗卻使我們明白，如果有位立場中正且善體人意的輔助者來擔任領導或輔導的工作，則在一個小團體中是可以克服這種障礙的。

方才的最後半句話中，隱含了另一種障礙。到目前爲止，我們所談的經驗還都限於人和人能面對面交談的小團體中——譬如在工商機構、宗敎團體、種族團體或治療團體中所出現的緊張關係。在這種小團體裡，我們的經驗以及一些實驗研究的證據支持了我方才提到的處理取向，使我相信那是有效的方法。但這只是小團體經驗中的發現。假如我們期望讓兩個地理上遙遙相隔的大團體之間也達成瞭解，我們辦得到嗎？或者在兩個雖能面對面，但都不爲自己講話的團體，譬如聯合國裡的代表團之間？坦白說，這些問題，我們都還不曉得答案。但我相信，對於這種處境，我可以這樣說：因爲我們是社會科學家，所以對於溝通失敗的問題，我們所提的還只是實驗性的試管解決方案。至於這種試管方案的效度如何，還有，當問題放大到階級、集團、國家之間的溝通失敗時，我們的方法又該如何實施，這些問題就必須留給更大筆的基金，更多的研究，和更高層次的創造思考去尋找答案。

就目前這有限的知識來說，我們也可以肯定：如果要使大團體間能互相增加「一起傾聽」，而減少「評斷是非」，則某些步驟是可以採取的。我們姑且來一段想像的時間吧——假設現在有個曾受過溝通輔導的外交團體，被派遣到蘇聯，會見莫斯科的領袖們。他們這樣說：「我們想要眞切瞭解你們的對美國的觀點，還有，更重要的是，你們的態度和感覺。我們願意扼要重述你們的觀點和感覺，而且，必要的話，重覆再三，直到你們認爲我們的

335

描述確實道出了你們的處境爲止。」然後，假設他們也到我國來，對我們的領袖依樣畫葫蘆一番。接下來，雙方的人一起把這兩種觀點的內容範圍全部描繪出來，同時也讓雙方的感覺都包含在內，而不是像以往那樣只在互相戴帽子和指名叫陣。想想看，這樣做，其後果不是很可觀嗎？雖然我們不能保證會產生我所描述的那種瞭解，但卻會因此而瞭解的可能性出現。一個恨我的人，如果我想瞭解他的感覺的話，那麼，透過一個態度中立的第三者所作的描述，會比聽他本人當面的揮拳怒吼，要好得多。

但就算我們只在描述這第一步驟，其中又暗示了這種瞭解取向所隱含的另一個障礙。我們的文明對於社會科學還沒有足夠的信心來運用它的種種發現。相反的，對物理科學，我們卻信得不得了。在大戰期間，對於合成橡膠的問題才發現一個試管的解決方案，立刻就會有數以百萬計的經費和一隊隊的人才投入其中。假若合成橡膠材料可以做到以毫克爲單位的程度，那它就一定會被做成如此，而且生產出幾千噸來。事實正是如此。但在社會科學的領域中，有人發現了可以在小團體中輔助溝通、促進瞭解的方法，卻沒人敢擔保這種發現會被採用。也許是隔一代，或更久之後，才會有金錢和腦力投進去開採那個發現。

在結束本演溝之前，我要把我所提議的「克服溝通障礙的小型解決方案」再簡要重述一遍，指出其中的幾個特點。

我說過的第一點是：溝通的失敗，以及造成溝通困難的第一道障礙——評斷他人的傾向——以我們目前所有的知識和經驗而言，是有辦法避免的。我所提議的解決方法是，創造出一種情境，在其中讓各方的人都能以他方的觀點來瞭解該方的人。在實際進行時，可設一個仲介人，這個人願意以其同理心去瞭解兩方觀點，而他就以這輔助者的角色來引導兩方的人進一步相互瞭解。

　　這個程序有幾個重要的特點。程序可以由一方人發起而不必看另一方人是否已有準備；也可以由中立的第三者來發起──假如他能得到其中一方些微的合作的話，要起頭更容易了。

　　這個解決程序可以處理的是不誠懇的態度、防衛性的誇張、欺騙、「虛偽的表面」等等問題，而這些都是失敗的溝通所共有的特徵。當雙方的人發現，此程序中唯一的目的是要瞭解，而不是要判決時，他們會以驚人的速度撤除防衛性的扭曲觀點。

　　這個解決之道可以穩定而迅速地引導參與溝通的人去發現真相，也對各種溝通障礙作出合理而客觀的衡量。若有一方開始撤除一些防衛性的話，另一方也會跟著撤掉更多的防衛性，因此他們會更捱近真相。

　　這個程序可以逐步達成相互的溝通。相互的溝通多半傾向於尋求問題的解決之道，而不在於作互相攻詰。它會導致這樣的結果：我可以看出，問題對我而言是如何，以及它對你自己的意義如何。問題經過這種準確且合理的界定之後，幾乎一定可以經得起理性的質問；而如果其中某部份是不可解決的話，雙方也會安心地接納問題中所顯露的本然狀態。

　　這就是在小團體的範圍內針對溝通失敗所發現的一個試管解決方案。我們能不能把這個小尺碼的答案繼續推進幾步，作更多的探討，找出更多細節，讓它發展到足夠應用於更大的溝通障礙──我說的是當今世界上所呈現的那種悲劇而致命的國際溝通失敗──因而使得我們每一個人的生存不再繼續受它威脅？在我看來，這確是一個可能，也是一種挑戰，而我們都應當去探索，去回應。

337

第十八章
人際關係的一般法則——
一個試驗性的陳述

　　最近一個暑期裡，我反覆思考一個時時煎熬著我的理論難題：我是否可能以一個假設來把輔助任何人際關係成長（或妨礙成長）的諸因素都予以陳述？我為自己寫出一份簡短的文稿，有機會時，就在團體工作坊以及一些與我協商的企業管理人員之間試用一下。對於所有人，我所寫下的東西似乎都讓他們感興趣，但那些企業領導者們則特別受到刺激。他們在討論中提出很多問題，有贊成的，也有反對的，譬如：督導者與被督導者的關係；勞工與管理人員間的關係；經理人員的訓練；高階層管理人員之間的關係等等。

　　我把這份文稿視為試驗性的東西，而且對於其中所陳述的內容是否完備，也很不敢肯定。但我仍把這篇稿子收進本書，因為很多讀過的人都覺得它很能激發思考，也因為公開刊行之後才能引發一些人來對它進行研究，開始考驗它的效度。

　　　　　　＊　　　　　　　＊　　　　　　　＊

　　我曾經好幾次問我自己：我們在心理治療之中所學到的東西究竟能怎樣運用到一般人的**人際關係**（interpersonal relationship）？最近幾年我經常思索這個問題，並且企圖將它弄成一個人

際關係的理論，以便納入以受輔者爲中心的治療法理論架構之中
(1)（第IV節）。本文則是想用比較不同的方式把這個理論的某些面
相揭出來。它要認眞專注的，乃是所有人際關係背後，可以看出
什麼規律性，也就是說，什麼樣的法則可以決定某種關係是否能
促進成長、提昇生活層次。使雙方均能開放而發展；相反的，又
是什麼樣的法則使這個關係會遏止心理的成長，造成雙方的相互
防禁，並生出重重障礙。

合一的概念

　　我想說的，最基本的一個乃是我稱爲「合一」的這個概念。
這個構設發展出來，是想涵蓋一組現象。這些現象對心理治療和
對所有的人際互動似乎都很重要。我想嘗試給它下個定義。

　　合一這個名詞是用來指體驗與意識之間準確的密合狀態。擴
而言之，更可延伸爲體驗、意識與表達之間的密合狀態。也許最
簡單的例子就是一個嬰兒。如果他在生理和內臟器官上體驗到飢
餓，則他的意識顯然能貼合這樣的體驗，而他的表達也會和他的
體驗步調一致。他餓了，而且很是不滿足，這在他而言，無論哪
個層次都是眞實不二。在此時此刻，他會整合或統一於飢餓中。
相反的，當他饜足之時，他也會在感官、意識、表達等層面上表
現出面面合一。他從頭到脚整個人都是統合爲一的，不論你從哪
個層面去偵測他。人們之所以能那樣看待嬰兒，是因爲嬰兒就是
那樣徹徹底底的眞實不二、表裡合一。如果一個嬰兒表現出親愛、
氣憤、或滿足、或害怕，在我們的心中總不懷疑他和他的體驗有
何不同，他的整個人裡裡外外都是這個體驗。他會透明地顯現出
他在害怕、或親愛、或飢餓，或任何其他感覺。

　　至於談到表裡不一的例子，就得轉向嬰兒期以上的人才行。

舉個最容易辨認的例子吧：一群人正在熱烈討論，其中有個人爭得火冒三丈。他的臉孔漲紅，聲調高揚，頻頻用手指尖指著他的對方。此時，有位朋友說道：「好了，別爲這種事情動氣吧！」而他則非常認眞並且吃驚地說：「我沒生氣啊！我對這種事情根本沒什麼感覺！我只是指出邏輯上的事實。」其他人聽到了都會禁不住爆笑起來。

340

　　這是怎麼回事？顯然，在生理層面，他確實體驗著氣憤。但這卻和他的意識不符。他在意識上**沒有**體驗到氣憤，而且他也沒有在言語上表達出來（至少在他所意識到的範圍內）。所以，在他的體驗和意識之間兩不合一，在他的體驗和表達之間亦然。

　　另外值得注意的一點是：他的表達實際上也是含混不淸的。在言辭上，他說的是邏輯和事實。在語調上，以及在伴隨的姿勢上，他所傳送的卻是相當不同的訊息——「我在生你的氣。」我相信，當一個人在不能合一的時刻卻又拚命想作表達的話，則這樣的含混和矛盾就經常會出現。

　　「不合一」這個概念還有另一面相，在此例中可以看出。這個人自己對於自身之合一與否的程度無法作很好判斷。那群人的爆笑指出：大家都同樣感覺到他正在氣憤，至於他自己是否同意，那並不會改變當時大家眞正的感覺。只是在他自己的意識中，這卻不是事實。換句話說，合一與否的程度，在當時無法由那個人自己來衡量。假若能由外在的參照架構來學習衡量，也許還能使人的自知之明有所進步。由這個人過去的經驗來看，我們也可以曉得他是否一直缺乏辨認自身之合一性的能力。所以，如果此例中的那個人是在心理治療中，他也許會因治療情境中所提供的接納與安全而能夠回顧爭吵之時的情形，並且說：「現在我曉得當時我是氣得不得了，只是那時候我以爲我沒生氣。」我們可以

說：他終於能認清，當時由於他的自我防衛，使他無法意識到自己的憤怒。

再舉一個例子可以描繪不合一性的另一面相。布朗太太，幾個小時裡不斷看錶，也連打無數個呵欠，但在起身告辭時，她對女主人說：「今晚的聚會眞不錯。我覺得**實在**很高興。」這個例子裡的不合一，並不是在體驗和意識之間。布朗太太很清楚地意識到她覺得很無聊。其中的不合一乃是意識和表達之間的問題。所以我們可以說：在體驗和意識之間的不合一，通常就是對意識的拒斥，或稱爲防衛性。若是意識與表達之間不合一，則通常稱爲虛僞或欺騙。

在合一性這個構設之外還可衍伸出另一個重要概念，它不是顯然易見的，也許可以這樣說：當一個人在此刻是完全合一的，也就是說，他的身心體驗可以準確地在意識中再現，且他的表達也能準確地貼合於他的意識，則他的表達中決不可能只包含一些外在事實。如果他確是個合一的人，他不會說：「這個石頭很硬」；「他是個笨蛋」；「你眞壞透了」或「她很聰明」而已。其理由是：我們眞正體驗到的決不只是這些「事實」。對體驗若有準確的意識，必會表達爲某種情感、知覺、或從內在的參照架構中比照而得的意義。我決不可能**知道**他笨或你壞，我只能說：在我看來，你像是這樣這樣。同樣的，嚴格地說，我也不**知道**石頭硬不硬，我敢相當肯定的是：如果我一頭撞上去，我會體驗到它的硬。（即使如此，我仍願讓物理學家說：那是一堆以高速運動的原子和分子所構成的物質，具有很高的可穿透性云云。）如果一個人能完完全全地表裡合一，則他所有的表達必然會以個人知覺的脈絡來呈現。這一點，有些相當重要的涵義。

可順便一提的是：一個人若經常按個人的知覺來說話，那並

不一定表示他必是個合一的人，因爲任何一種說話的方式都有可能拿來作防衛之用。因此，在合一時刻裡，人必然會把他的知覺、情感直接表達爲知覺和情感，而不會說成是別人或外在世界的事實。但，反過來說，則未必能成立。

　　爲了指出「合一」這個概念含有多複雜的特性以及涵義，也許我已經說得過多了。我沒有輕易動用操作定義，不過，有些已經作完的，以及一些正在進行的研究，倒是提供了幾個初步的操作指標，用以指明該體驗的眞相爲何，並且說明：對於該體驗的意識和體驗本身是可以區別的。我們相信這些指標在將來還有可能作進一步的琢磨。

　　對於這個構設的定義，用常識的方式來作個結語吧：我相信我們大家或多或少都可以在和我們相處的人之中看出他到底是否表裡合一。對某些人，我們很容易明白：這個人的大部份不只有意識地說話算話，而且他最深處的感覺也和他的表達相符──不論那是憤怒、或互爭短長、或親愛、或互相合作。我們會覺得「我們曉得他確實的立足點何在」。相反的，另外有些人我們也可以一眼辨認他嘴巴說的一套其實只是個幌子、只是個表面。我們會懷疑他到底眞正的感覺是什麼。我們無法確定他到底知不知道自己的感覺。因此我們對於這樣的人就會特別猜疑和謹愼。

　　所以，人之合一與不合一，是顯然有別的；而同一個人在不同時刻也會有不同程度的合一性，端賴他當時的體驗內容爲何，以及他能否在意識中接納這種體驗，或他是否必須對自己而防衛這些體驗而定。

在人際關係中的合一性與表達有何關聯

　　合一性的概念對人際互動究竟有什麼特殊的意義？也許我們

342

用假設的老李和老王來做個例子，作些說明便可令人容易理解。

1.老李對老王所說的話中一定帶有老李本身之某程度的合一性。上文中可以明顯看出這一點。

2.在老李身上，其體驗、意識和表達之間的合一性愈高，則老王愈能夠體會到該表達的**清晰性**。這一點，上文也曾經充分說明過。假若從言辭、語調到姿勢中透露的訊息都能統一（因為這都是從老李自身的合一性中發出的），則這些表達對老王來說，就極不可能是線索模糊或意義不明的。

3.結果，老李的表達愈清晰，老王的反應也會愈清晰。這是說，就算老王對於當時的話題也有些不合一的體驗，但是他的反應仍可以有較高的清晰性與合一性——相形之下，如果老李的表達含混不清，則老王就不可能有這樣的反應。

4.在雙方的溝通之中，老李對於話題的體驗愈能合一，則他愈不需在這方面作自我防衛，因此他也愈能準確地傾聽老王的反應。換言之，老李表達了他自己真正的感覺。因此他能了無拘束地收聽。他愈能避免豎起擋箭牌來自衛，就愈能準確地傾聽老王所說的話。

5.但，到此為止，老王的感覺又會是什麼呢？他會覺得他被人瞭解了。他覺得他所說的話(不管是防衛性的，或是合一性的)，被老李所瞭解的，和他自己所感覺的，以及他對該話題的看法，實在非常接近。

6.老王若能感受被人瞭解，那麼他所體驗的就是老李對他的正面關懷。一個人若覺得另一個人被瞭解，那麼他就覺得他對另一個人顯出了正面的意義。這是指老李對老王。

7.到了某個地步，老王能夠(a)體驗到老李在這個關係中是合一而又統整的；(b)體驗到老李對他的正面關懷；(c)體驗到老李

對他有設身處境的瞭解，到這樣的地步，則建立治療關係的條件就都具備了。我曾另撰一文(2)描述這些條件，說明它們如何被人所體驗，並因而相信這就是心理治療的充分和必要條件，所以在此不再贅述。

8.當老王能體驗到這些治療關係中的特徵時，他會發現他也同時體驗到：表達的障礙減少了。因此他才更能如其所是地表達他自己，更能表裡合一。漸漸地，他的防衛性就愈來愈低了。

9.既能較不帶防衛性，且更自在地表達自己，所以老王現在也更能準確地聆聽，不必爲防衛之故而扭曲老李的意思。這可以說是第4步的重複，但這次輪到的是老王。

10.當老王也能聆聽時，老李就會覺得他也被人設身處境地瞭解了（正如第5步中的老王）；感受到老王對他的正面關懷（可和第6步比擬）；也發現自己正在體驗的關係具有治療作用（在某方面類似第7步）。由此，老李和老王就變得在某程度上互相具有治療性了。

11.這意思說：治療過程（在某程度上）是發生於兩方的，而治療的效果（在同一程度上）也會發生於各個人身上：人格發生變化，且其變化是朝向更高的統整性而發展；在自身之內，衝突變得較少，因此會有更多精力用之於有效的生活；行爲也發生變化，朝向更高的成熟度而發展。

12.以上這個連鎖過程中，含有一個共通的因素，就是不斷引入一些頗具威脅性的素材。所以，假若在第3步時，老王引入的是更爲合一性的反應，以致逸出老李的合一程度之外，而觸及老李的言不由衷之處，那麼，老李可能就會沒辦法再作準確的傾聽，他會防衛自己，使老王的話傳不過來，他對老王的反應也會變成一些含混不清的表達，於是，上述整個過程的步驟就會逆反過來。

一般法則：試驗性的敘述

把以上各點拼在一起考慮的話，好像很可能用更簡練的方式說出其中的一般原則。我這就來試試看。

假設(a)接觸的雙方具有最起碼的溝通意願；(b)雙方具有起碼的能力和意願，可以接受對方的表達；(c)假設這種接觸可以延續一段時日；則下述的關係就可能可以成立：

在一個人身上，其體驗、意識與表達之間的合一性愈高，則他和另一個人在其後的關係愈可能含有：相互溝通的傾向，且帶有愈來愈能表裡合一的性質；對於相互的表達有更能準確瞭解的傾向；雙方心理適應和功能發揮均有增進；雙方在關係中有相互的滿意。

相反的，若在表達之中含有體驗和意識之間較高的不合一性，則雙方的關係就可能是：繼續以言不由衷的方式談話；準確的瞭解漸趨崩潰；雙方的心理適應和功能發揮均不充分；雙方對於關係均不滿意。

345

這個一般法則若要作得更具形式上的準確性，則還可以改用另一方式來敘述，把重點擺在溝通的接收者那一方，也就是由接收者的觀點來看這種溝通的關係。在預先的條件均和上文所述的情形一樣時，這個假設的法則可以說成如下的樣子：

當Y愈能體會到X的表達具有體驗、意識、表達三者的合一性時，則其後的關係中愈可能含有：（如以上所述，等等。）

用這種方式敘述的話，則這個「法則」就會變成可能加以考驗的假設，因為，Y對於X的表達有何感受，那應該不會太難測量。

存在的抉擇

還是用相當嘗試性的方式，我要把這整個問題的另一面指出來。這個面相在治療關係中和在其他關係中經常是很真實的，只是比較少人認真地注意罷了。

在實際的關係裡頭，受輔者和治療者雙方常常要面臨存在的抉擇——「我敢不敢把我所感覺到的，用最高程度的合一性表達出來？我敢不敢讓我的表達符合我的體驗，以及我對那種體驗的意識？我敢不敢如實地表達我自己？或者反正我只能表達得比真正的自己少一點、或總之不要太像我自己？」這些問題都很尖銳，因為它們顯然和自己是否可能受到威脅或拒絕有關。在人際關係中，把自己所意識到的體驗托出，這總帶有危險性。在我看來，決定要承擔，或決定不承擔這種危險，會直接影響一個現有的關係走向何處——或是變得愈來愈具有相互的治療性，或是走往逐漸冰消瓦解的方向。

換個方式來說吧。我無法透過自由選擇而使意識與體驗合一。這種問題的答案就在於我到底會對防衛性感到何等需要——而這是我所無法意識到的。但是，在我*確然*對我的體驗有所體驗時，我總是可以不斷地作出存在的抉擇——我到底要不要把這種意識如實地表達出來。就在此刻，在這場關係中，我究竟作了什麼抉擇，這就可以回答：我們的關係，根據上文所設的法則來說，究竟會走往哪個方向。

346

參考書目

1. Rogers, Carl R.

　1959　A theory of therapy, personality and interpersonal relationships. In Koch, S. (Ed.). *Psychology: A Study of a Science,* vol. III. New York: McGraw—Hill, 184—256.

2. Rogers, Carl R.

　The necessary and sufficient conditions of therapeutic personality change, *J. Consult. Psychol.,* 21, 95—103.

第十九章
創造性之理論的初步

　　1952年十二月，俄亥俄州立大學邀請各界參與一次有關創造性的研討會。與會者除了藝術家、作家、舞者、音樂家，以及這些科系的教師之外，還有關心創作過程的有關人士，如哲學家、精神科醫師、心理學家等。那是一次十分活潑而豐盛的研討會，激發了我對於創造性及其構成元素的許多想法。我在當時留下的一些筆記，便是這篇文章的前身。

　　　　＊　　　　　　＊　　　　　　＊

　　我認為，在每一位具有創造能力者的創意行為背後，必定有一個迫切的社會需求。這個前提使我們能為創造力設定一個初步的理論──創造行為的本質，發生的條件，以及建設性地引發此行為的方式。這個理論也許可提供研究這類問題的人士一些刺激與方向。

社會需求

348

　　針對我們的文化及社會趨勢，常有各種嚴厲的批評，其中絕大多數都指出創造力匱乏的現象。以下數條即可見一斑：

　　我們的教育製造出人云亦云的附從者（conformists）和一模一樣的刻板造型人物，這些受教育者的書已經「讀完」，因此，他

們再也沒有原創性、沒有自由思考的能力。

我們的休閒生活中，絕大多數都是被動的消遣或團體活動。有創意的活動相形之下則是少之又少。

在科學界中，我們不乏科技人員，但能有創意來擬定假設與理論的人卻是極爲稀罕。

在工業界裏，創意的行爲只保留給少數人——經理、設計師、研究部門主任——其餘的人在工作中則毫無創造性可言。

在個人與家庭生活中的情形也一樣。我們穿的衣服、吃的食物、看的書、想的念頭都傾向於一致化、典型化。人人認爲特立獨行、與衆不同都很「危險」。

爲什麼要對這些事操心？如果我們這個民族喜歡附從一致，而不要創造力，難道我們不能作這個選擇嗎？我的看法是，要不是我們都會因此而背負一個極大的陰影，這個選擇應是完全合理的。當今各種具有建設性或破壞性的知識都以令人難信的速度急遽發展，一躍而進入這個千奇百怪的原子時代。唯一使人們跟得上這個如萬花筒般變化不斷之世界的可能，便是一種眞正具有創造力的適應性。當科學發現與發明以幾何級數前進時，一個總是被動而且老在傳統文化格局之內打轉的民族定不可能應付層出不窮的問題。除非個人、團體與國家能想像、建設並且具創意地有擬定新的方法來處理各種新的變化，不然，這個民族是沒有希望的。除非人們能夠以科學改變環境的速度，不斷以創造性來發現適應環境的新方法，不然，這個文化終將滅絕。創造力的匱乏不僅僅會造成個人的適應不良或團體管理的緊張狀態，連世界都會隨之毀滅。

因此，在我看來，著手研究創造的過程、引發此過程的條件，以及輔助此過程的方法，都是極端重要的項目。

以下的討論提出了一些觀念性的架構，期望能促使這一類的探討有進一步的發展。

創造過程

創造力有好幾種不同的定義方式。爲了釐清以下文字的含義，我要先討論一下創造過程中包含的元素，然後再設法提出我的定義方式。

首先，身爲一個科學家，我認爲這過程必須包含可見的創造成果。雖然我的綺想可能十分新穎，可是除非這些想法能夠具體地轉化爲可見的成品——文字、詩、藝術品或任何發明——否則這些想法都算不上具有創造性。

這些成品必須是嶄新的構作。這種新鮮感源自創造者與他所體驗的材料之間互動時所呈現的特質。創造性便是成品中代表個人的標記，但是這成品不是這個創造者，也不是他的材料，而是參和著兩者之間的關係所生成者。

根據我的評判標準，我認爲創造性不須局限於某些特定的內容。我的假設是，無論是畫一幅畫，編一闋交響曲，設計一種新的殺人武器，發展新的科學理論，發現人際關係中新的交往過程，或在心理治療中重新建立自己的人格，這些行爲展現的創造過程基本上是一樣的。(我個人便是在心理治療的經驗中，而不是在藝術表現中，發現了我對創造力的興趣以及創造力本身的重要性。我曾目睹，在治療關係中的個人以獨創性與有效的技巧而重新塑造了自己。這種經驗使我對所有個體的創造潛能深具信心。)

350

我對創造過程所下的定義便是：創造過程是在行動中發生的一種新的關係性的成果，一方面源自創造者的獨特性，另一方面

則是源自他生活中的材料、事件、人物與環境。

我要爲這個定義補充幾點負面的註脚。這個定義無法區分「好」與「壞」的創造行爲。一個人可能會發明解決痛苦的方法，然而同時另外一個人卻會設計出折磨政治犯的新招數，令人嘆爲觀止。對我來說，雖然這兩種行爲的社會價值不同，但它們的創造性卻是相同的。待會兒我會再討論這些社會評價的問題。這個評價標準的變動幅度太大，所以我不願意把它們包括在定義之中。伽利略與哥白尼極具創意地發現在當時被認爲是瀆神與邪惡的觀念，在今日卻被視爲基本而具有建設性。我們不要讓我們的定義蒙上主觀的色彩。

從另外一個層面來看這個問題，我們必須知道，若要從歷史的角度來說，一件作品是否能代表創造性，則這件成品必須至少被某一時代的某一群人所接受。可是，這種說法也無助於我們的定義，原因有二：其一便是我們已提過的評價標準的波動，另外便是許多饒富創意的成品根本還沒被社會注意或評價就已經消失了。因此，我們的定義不包括是否被群體接納的觀念。

還有，我們的定義不區分創造性的程度，因爲這種區分也屬於價值判斷，本質上極其變動不定。幼童和玩伴發明新遊戲的行爲、愛因斯坦對於相對論原理的闡釋、家庭主婦設計出一種新的調味醬、年輕作家創作第一本小說等等，根據我們的定義，這一切都屬於創造性的行爲。我們不打算區分高下，或說哪一種行爲較具創意、哪一種創意較爲薄弱。

創造行爲的動機

創造行爲的主要動機似乎與我們在心理治療中發現的基本治療力量屬於同一種傾向——人類實現自我、使潛能成形的傾向。

我是指所有的有機體與人類生命中展現的具有方向性的趨勢
——擴張、延伸、發展、成熟的衝動——有機體，或自我，要求
表達與執行所有能力的傾向。這種傾向可能會被深深埋藏在一層
又一層心理防衛的外殼底下，也可能會被美麗的外表所掩蓋而無
法顯露其存在；然而，根據我的經驗，我相信每一個人都有這種
傾向，只等著恰當的時機來到，便會被釋放與表現。這種傾向便
是創造力的基本動機，也正是這種傾向才使得有機體在努力成爲
自己時，能建立與環境之間各種新穎的關係。

現在讓我們試著正面探討這個令人困惑的問題——創造行爲
的社會價值。我們可以假定，沒有什麼人會對破壞社會的創造行
爲感興趣。我們不希望故意幫助一些人去發展他們的創造天才，
以設計出更新鮮與更傑出的搶劫、剝削、折磨與謀殺其他人的方
法；我們也不希望幫助這些人去發展出某些政治組織或藝術形
式，而把人類導向戕害身心的道路上。然而，如何才能有效地區
分哪些是我們可以鼓勵的、具有建設性的創造行爲，而哪些又是
具有破壞性的創造行爲呢？

我們無法藉著對成品的檢驗來作這種區分。創造性的本質便
是新奇，因此我們沒有既成的標準可資判斷。歷史告訴我們，愈
是具有原創性的成品，其含意愈深遠，而且愈可能被具同時代的
人定爲邪惡。眞正重要的創造，無論是一種觀念、一件藝術品、
或是一項科學發明，剛開始時都有可能被視爲是錯誤、低劣或是
愚蠢。過一段時日之後，人們才會開始認爲那是不証自明的。一
直要到再過一段時日之後，人們才會承認那是具有創造性的貢
獻。同時代的人似乎都無法在藝術品完成之時作令人滿意的評
價；愈是新奇的創造愈會遭到這種待遇。

若要檢查參與創造過程者的動機，那也無濟於事。絕大多數

352　經證明爲有重大社會價值的創造或發明都是由個人興趣，而非社會價值所促成。然而，相反的，歷史記載告訴我們，許多聲稱要貢獻社會，增益社會福祉的發明（各種各類的烏托邦、禁令等），其結果都是相當令人失望。不，我們必須承認一項事實，那就是：一個人之所以要創作，是因爲那會使他滿足，因爲他覺得那種行爲是自我實現。我們若想事先區分創作過程之「好」與「不好」的動機，那根本和創作本身是風馬牛不相及。

我們是否就應放棄區分有建設性或有破壞性的創造力呢？我不相信這樣悲觀的結論是理所當然的。近幾年心理治療的臨床心得給了我們相當的希望。這些臨床的發現讓我們瞭解：當一個人對他所有的體驗「開放」（下面我們會更完整地定義這個名詞）時，他的行爲會具有創造性，而且我們可以相信他的創造力本質上是屬於建設性的。

以下我們可以扼要地陳述其中區別。如果一個人拒絕覺察（或說是壓抑，如果你比較習慣使用這個字眼的話）他體驗中的絕大部份，那麼他的創作行爲就可能是病態的，或危害社會的，或兩者兼有。如果一個人對他體驗中的各個層面都能開放，而且能覺察所有在他體內發生與進行的感覺與認知，那麼他與環境互動後的新產品便會對他和其他人具有建設性。我們可以進一步說明這觀點。一個有妄想傾向的人會很有創意地發展出有關他與環境之關係的最新奇理論，尋找種種細微線索來証明他的理論。他的理論沒有什麼社會價值，或許正因爲在這個人的體驗中有一大片範圍是他自己不願意去承認、去覺察的；相反的，蘇格拉底雖也被當時的人們認爲「瘋狂」，卻發展出具有社會建設性的新思想。這很可能是因爲他對自己的體驗有顯然的非防衛性和開放的態度。

這種現象背後的邏輯可以在這篇文章的後半段看得更明白。

基本上這是依據心理治療的發現：當一個人對他自己的各種體驗
變得更爲開放、更能覺察時，他也會變得愈來愈適於社會生活。
如果他能覺察到他自己具有敵意的衝動，同時也能覺察到他對友
情與接納的渴望；覺察到社會文化對他的期望，同時也覺察到自
己的目標；覺察到他自私的衝動，同時也覺察到他對別人溫柔與
敏銳的關懷；如此，他的行爲便會是和諧、統整與有建設性的。
他對自己的體驗愈開放，他的行爲愈可證明：人類的本性具有朝
向建設性之社會生活的傾向。

建設性創造力之內在條件

　　一個人的內在條件中，有哪些是與基本上具有建設性的創造
行爲有關的呢？以下是我認爲可能的條件。

　　1.對體驗的開放：延展性。這一點與心理防衛性恰好相反。
心理防衛性會使一個人爲了保護自我的組織而使某些體驗壓抑或
扭曲，以致無法覺察。一個對體驗開放的人則不會讓任何體驗經
過防衛過程而受到扭曲。每一種刺激都會透過神經系統而自由地
傳送。無論這刺激來自於環境，或來自造形、色彩、聲音等對感
官神經造成的衝擊，或來自內臟，或中樞神經系統的記憶痕跡，
都能被覺察得到。也就是說，我們不是根據事先決定好的範疇去
認知（「樹是綠的」，「大學教育是好的」，「現代藝術十分愚蠢」）；
每一個人都能以其存在的當下片刻來感受覺察，因此能活生生地
體驗許多不在平常範疇之內的事物。（這棵樹是淡紫色的；這種
大學教育是有害的；這座現代雕塑對我有強烈的震撼力。）

　　前面所談的現象是對體驗開放的另一種描述方式。實際上，
方才那個例子的意思是指不用僵硬的態度面對事物，在觀念、信
仰、認知、假設的邊界之間能相互融通。當含混不明的狀態存在

353

時，有能力去包容。面對各種相互衝突的資訊時，有能力接受，而且不會爲當時處境硬下結論。這些就是語意學家所說的「**延展取向**」(extensional orientation)。

這種對此時此刻存在的所有感覺完全的開放，我相信，乃是建設性創造力的一項重要條件。所有創造行爲中無疑的都有這種特性，具有同樣強度但或許範圍稍窄些而已。嚴重失調的藝術家無法認清或覺察使他自己不快樂的來源，卻仍然可能會對造形與色彩有淸晰而敏銳的感受。一個無法面對自己弱點的暴君（無論其權力範圍有多大）可能會敏感地覺察到對手在心理武裝上的任何漏洞。這種對某一特殊層面體驗的開放會使得創造力仍可能存在；但因爲這種開放只針對某一層面的體驗，所以這種創造力的成果很可能只具有破壞的價值。一個人愈能對自己各層面的體驗有敏銳的覺察能力，我們愈能確定他的創造力對個人與對社會都有建設性。

2.內在的評斷樞紐。創造力的最基本條件大概就是一個內在的評價和判斷樞紐。他的成品的價值，對創作者來說，不是建立在別人的讚美或批評上，而是在於他自己。我是否創造出了令我自己滿意的作品？它是否表達了我的一部分——我的感覺或思想，我的痛苦或狂喜？這些是對創作者，或對任何一個正在發揮創造力的人，唯一重要的問題。

這並不是說他對別人的批判毫無所知，或是不願意去聽取批評。這只是說評價的基石是奠立在他自己之內，他會對成品作有機的反應與評量。如果對一個人來說，他的「感覺」乃是「我正在動作中」；他一向沒被使用的潛力現在得以實現，或被引發出來而開始存在，使他覺得非常滿足而充滿創造力，那麼沒有任何外在評價足以改變這個基本事實。

3.處理材料與觀念以自娛的能力。雖然這一點或許沒有上述兩項重要，但這仍然是創造力的一項必備條件。與第一項中描述的開放與非僵化的態度有關的，是以自然的方式處理意念、色彩、造形與關係的能力——把素材如同玩遊戲、變戲法似地擺到幾乎不可能的並置關係中，以大膽的假設塑造形狀，使既成的事實呈現問題多端的面貌，表達荒謬可笑的經驗，把一種形式轉換成另一種形式，改變成似乎不可能的對等狀態等等。從這種自發的遊戲與探索行爲中，浮昇起一種意念，一種嶄新而有意義的創造性人生觀。就好像從成千上萬個被把玩過，且被浪擲了的作廢的可能性中，冒出一兩個，演化而成形，而其特質竟具備了更爲永恒的價值。

創造行爲與其伴隨物

當這三種條件存在時，建設性的創造力就會發生。但是，別期望對這種創造行爲作精確的描述，因爲這種行爲的本質便是不可描述的。它是未知的；在它發生之前，我們必須承認我們無法知道。它是把不可能的變爲可能。我們只能以最概括的方式說創造性的行爲是有機體的自然行爲，當這有機體對其內在與外在所有的體驗開放，且又能自由順暢地去嘗試各種關係的所有方式，則創造性的行爲會自然產生。在這無數半成形的可能性中，有機體像是一部大型電腦，它會選擇此一可能性（因爲它能有效地配合其內在需要），或選擇彼一可能性（因爲它與環境能產成更有效的關係），乃至選擇另外一個（因爲它能以單純而完滿的次序展現生命）。

不過，有一種創造性的行爲是可以描述的。幾乎在所有的創作成品中，我們都可發現一種選擇性，或是對某方面的特別強

調，再加上某種節制，以及某種想挖出本質的努力。藝術家以簡化的形式塗抹出平面或觸感，而忽略在現實中存在的細微差異。科學家陳述關係的基本法則，而不顧許多可能掩蓋住法則之赤裸美感的各個特殊事件與情狀。作家選擇能使表達具有完整性的字彙。我們可以說，這是受到了一個特定的人的影響——「我」。現實存在於繁複而令人眩惑的事實中，但是「我」對於我與現實間的關係賦予一種結構；我有「我」瞭解事實的方法，就是這種（無意識的？）有節制的個人選擇或抽象化，使得創造的成品具有美感的品質。

這樣就是我們對於創造行爲的各方面所能描繪的極限。不過，在創作者身上還有一些伴隨的感覺可以提一提。首先就是那種豁然開朗的感覺——「就是這個！」「我找到了！」「這就是我要表達的！」

另外一個伴隨的感覺是分離的焦慮。我不相信有任何重要的創作成品是在沒有這種感覺的狀態下產生的——「我好孤單。沒有人曾經做過和我一樣的東西。我在一個無人的領域裏探險。我大概很蠢，我也許是錯誤、迷失、甚至不正常。」

還有另一個經常伴隨創作行爲的體驗，就是溝通的慾望。如果一個人不希望與別人分享他的創作，那麼他能否創作，便根本令人懷疑。創作是緩和他的孤單焦慮，並且保證他屬於團體的唯一方式。他或許只在私人日記中傾訴他的理論；或是以密碼記錄他的發現，或是把他的詩鎖在抽屜中，或是把他的畫藏在櫃子裏。但是，他仍然渴望能與一群瞭解他的人溝通，雖然這樣一群人可能只存在於他的想像中。他不是爲了溝通而創作，然而一旦創作完成，他就會渴望能與別人分享這種「他與環境交關」的新層面。

促進建設性創造行為的條件

　　到目前為止，我已經描述了創造行為的本質，指出個人經驗中的哪些特質會增加建設性創造行為的可能性，界定創造行為的必要條件，同時說明了其伴隨的感覺。但是，如果我們想要設法配合社會需求，則我們必須知道是否能促進建設性的創造行為，以及如何能達到此目標。

　　從創造力的內在條件之本質來看，我們知道創造行為是勉強不來的，而必須在寬容的條件下才得以萌發。農夫不能強迫種子發芽；他只能提供養料與環境，使得種子的潛力得以發展。創造行為亦復如是。我們如何能建立外在條件，以培養並促成上述的內在條件？心理治療中的經驗使我相信，若建立了心理上的安全與自由這兩個條件，則我們會增強建設性創造發生的可能性。以下我將分述這些條件的細節，就權稱之Ｘ項和Ｙ項吧！

　　Ｘ. *心理安全*。這一點可由三種相關的過程來建立。

　　1. 接納這個人，視之為具有無條件的價值。當一位老師、家長、心理治療師、或任何一位有輔助功能的人，基本上覺得這個人無論其目前的處境與行為如何，都具有他自己的價值，則這位輔助者便是在促進創造行為。只有在這位老師或家長能感覺到這個人的潛力時，他們的態度才會是真實的，才能無條件地對這個人有信心，而且能不論其目前的狀況為何。

　　當這個人理解到別人的這種態度，他便會感受到一種安全的氣氛。他會漸漸曉得他可以成為他想要成為的任何一種樣子，而毋需偽裝或作假，因為無論他作什麼，別人似乎都認為很重要。因此，他不需持有僵固的態度，能夠發覺「做他自己」是什麼意思，並且能夠以嶄新而自發的方式來實現自己。也就是說，他正

朝向創造性邁進。

2.提供一個不含外在批判的氛圍。當我們不再以自己的判斷立場來批評別人時，我們便是在促成創造力。一個人若發現他所處的環境對他不作評斷，不以外在標準衡量他，他便享有極大的自由。評斷永遠是一種威脅，永遠會造出防衛性的需要，永遠會使某一部份的體驗無法被覺察。如果一件作品依外在標準已被認定是好的，那麼我就不能承認我不喜歡它。如果根據外在標準判斷，我現在正在做的事是不好的，那麼我就不應該覺察到，實際上這件事還是我的一部份。但是，如果根據外在標準所作的批判得以撤除，那麼我便可以對我的體驗更開放，可以重新辨認我自己喜歡或不喜歡的感覺；我也可以準確而敏銳地覺察到材料的本質，或自己的反應。我可以開始重新辨認我自己的內在評價樞紐。如此，我也會更具有創造性。

為了稍減讀者可能感覺到的疑慮與害怕，我必須指出：不評斷別人並不表示不對別人有反應。實際上，那反倒是幫助人更自由地去反應。「我不喜歡你的想法」（或彩畫，或發明，或文章），這並不是評價，而是一種反應。這種反應與判斷評價有微妙而確切的差異。判斷是指「你現在所做的很不好（或很好），而這樣的品質認定是依照外在來源而決定的。」前半句陳述還允許人維持他自己的評價樞紐。這句話表達了一種可能性，也就是說話者承認自己可能欠缺欣賞好作品的能力。但後半句陳述，無論是褒是貶，則將被評價者置於外在標準之下。別人告訴他的訊息是：他自己無力自問這件作品是否恰切地表達了他自己；他一定要知道別人是怎麼想的。於是，他便因此而喪失了創造力。

3.同理心的瞭解。這一點，加上以上兩點，便能提供無上的心理安全。如果我說我「接納」你，可是卻對你毫無所知，這便是

一種十分膚淺的接納，你也知道，如果我進一步瞭解你之後，這種接納就很可能會變質。可是如果我能以同理心來瞭解你，以你的觀點來看你和你的所作所感，能進入你的內心世界，以你的角度看你內心所有的感受——而又仍然能接納你——這才眞是一種安全。在這種氛圍中，你會准許自己眞實的自我出現，以各種新奇的形式表達自我與世界的關係。這是對於創造力最基本的促成力量。

Y．*心理上的自由*。當一位教師、家長、心理治療師、或其他輔導者允許一個人擁有完全的自由，以各種象徵形式來表達，那麼創造力便受到了鼓勵。這種寬容的態度使人能完全自由地去思考、感覺、存在，他最內部的意念感受都能被帶出來。創造力中包含的開放性會因此被引發，創造者能自由地、遊戲式地、自發地玩弄感受、概念、意義等等，而這些都是創造力的部份組件。

必須注意的是，此處所描述的乃是以*象徵作表達的完全自由*。若是以行爲來表達所有的感覺、衝動、造形，那樣的表達方式並不都能令你感覺自由。某些情況下，行爲可能會受社會所限，這也是自然的。但是象徵表達則不需要受限制。因此，你可以藉著摧毀一個象徵物品來毀滅你所憎惡的對象（無論是你的母親、或是一棟洛可可式建築）乃是一種解放。在現實中攻擊這些對象則會造成罪惡感，因此會限制住所能體驗的心理自由。（我對這個段落所談的沒有十分的把握，但目前我是根據我的經驗而歸納出的最好講法。）

以上描述的寬容態度並不是軟弱、縱容或鼓勵。所容許的是*自由*，同時也意味著一個人必須要負責任。一個人可以自由地對新的探險感到畏懼，也可以自由地渴望它，他可以自由地承擔自己的錯誤導致的後果，也可以自由地享受完成的成果。這種負責

359

任的自由、做他自己的自由，是促使一個人發展內在評斷樞紐的
主要力量，也因此能引發建設性創造力的內在條件。

結論

我已經循序提出有關創造過程的一些想法，同時我期望這些
想法能交給客觀而嚴謹的方法去考驗。我提出這些理論，以及希
望有人能針對這些而進行研究。我的理由是，目前自然科學的發
展對我們每一個人以及這個文化都造成極大的威脅；如果我們希
望能生活下去，我們一定要用創造行為才能夠適應這個新世界。

第七部

行爲科學與人

正在發展中的許多門行爲科學
似乎都可被用來控制人，奪去他的個性
我對此感到極深的關切。
但是，無論如何，我仍相信：這些科學
正也可用來提昇人性。

第二十章
諸行爲科學正在茁長中的力量

　　在1955年底，哈佛大學的史金納教授邀請我於1956年秋天在美國心理學協會的年度例會上，和他作一場友善的辯論。他曉得我們在關於科學知識可否用以塑造或控制人類行爲方面，持有相當歧異的見解，而他建議我們來一場辯論，可能有助於澄清這個問題。他曾經發表過他的基本觀點──他很遺憾心理學家們不願運用他們的力量。「突然之間，心理學家們對於本已具備的控制力開始變得意見紛紜，而對於尚未具備的力量是否值得發展，也變得七嘴八舌起來。在多數的心理診療機構裡，工作重點仍擺在心理測量，其部份的原因在於心理學家們不願意承擔控制的責任……令人不解的是，我們好像被迫把積極控制人類行爲責任拱手讓給一些滿懷私心的人。」❶

　　我和他都同意：這樣討論將會非常有益於對這個重要問題激發興趣。1956年九月，我們舉行了那場辯論，吸引了很有心的聽衆，而且，正如大多數的辯論一樣，進來聽的人在離開時，多半會覺得他們原先秉持的觀點獲得了肯定。辯論的紀錄刊登於《科學》（*Science*）雜誌（Nov. 30, 1956, 124, pp.1057─1066）。

　　事後，我對這個經驗一直耿耿於懷。唯一令我覺得不滿意的是：事實上，那就是一場辯論。雖然史金納和我都儘量避免爲爭

辯而爭辯，但我們的語調卻決不像那種可有可無的樣子。我覺得問題本身實在太重要，根本不能用兩個人來辯論一下，分出個黑白高下就算數。因此，在接下來的一年，我把我自己對問題中某些因素看法用較長的篇幅、較不帶辯論氣息的方式寫下來。總有一天，這些文字會因爲其深思熟慮之故，而得銘諸金石以昭於世。整個闡說好像可以自然地分爲兩部分，於是也就構成了以下的兩章。

　　當初我執筆時，心中並沒有特別計劃要怎麼發表文稿。不過，我倒是在威斯康辛大學的一門課「當代趨勢」裡，把它派上了用場。去年我又在加州理工學院的一個研討會上，以這兩篇稿子爲本，對那裡的師生作一次報告。

＊　　　　　＊　　　　　＊

　　處理人類行爲的科學至今仍在襁褓狀態中。這叢集結在一起的科學大致上包含了心理學、精神醫學、社會學、社會心理學、人類學和生物學等學門，不過有些時候其他的社會科學諸如經濟學和政治科學等也會包含在內，而數學和統計學當作工具性的學門來說，也被捲在其中。雖然這些學門都在竭力試圖理解人類和動物的行爲，而且在這些領域中，研究的成績也以跳躍的方式成長，但是，無疑的，在這方面，我們所獲有的堅確知識還遠不如紛亂的說法爲多，比較深思而多慮的研究者們寧可強調我們對行爲的無知，並且他們常會把這方面的成績拿來和物理學作比較，因此對於行爲科學中有關測量、預測的準確性，以及研究發現之是否能以簡練的方式作成法則性的敍述，就會非常保留，同時也清楚地意識到它的生澀和不成熟。

　　對於這幅誠信不欺的圖像，我決無意否認，不過，我相信，過分強調這點，會使一般大衆忽略了它的另一面。行爲科學雖然

仍在嬰兒期，但卻十足顯示它已經變為一種「若─則」的科學。
我的意思是說：在發現和辨認「法則性的關係」上，它已有令人
驚異的進步，因此在若干情況下，我們已經可以胸有成竹地說：
若某某條件存在，則某某行為的出現是可以預測的。我相信，絕
少人曾注意到近數十年來的行為科學已經進展到什麼地步、什麼
廣度、什麼深度。至於這些進展對社會、教育、政治、經濟、倫
理以及哲學等問題造成多深遠的影響，那就更是少為人知了。

　　在本講和下一講中，我想要完成幾個目標。首先，我要將行
為科學在理解、預測和控制行為方面逐漸茁長的能力，以印象的
方式作一番速寫。接著我要指出這些成就對個人和對社會所造成
的一些嚴重問題和難點。然後我要對這些難題提出一些嘗試性的
解決方法，這些方法對我而言都饒富意義。

行為科學中的「實際知識」

　　行為科學的知識究竟有什麼意義？讓我們潛入其中去汲取一
些研究的成果，然後再嘗試看看能獲得什麼概念。我費了很多心
力挑選出若干研究，用以代表到目前為止，這方面的成果涵蓋了
多大的一片天地。我受限於自己的知識範圍，不敢宣稱這些挑選
能充當隨機選擇的樣本，也不能說它能真正代表現在的行為科
學。由於我是個心理學家，因此我難免會偏重於從心理學中選出　366
樣本。另外我也偏向於選出著重於預測和能用以控制行為的研
究，而不是那種只在於增進我們對行為之理解的研究。我相當清
楚，後面這種研究，就長遠的意義來說，會對於預測和控制發生
更深的影響，只不過它們對於這些問題的關聯還不到立竿見影的

程度而已。

在舉出這些行爲知識的樣本時，我用的是單純的語辭而省略了表現嚴謹準確性所需的各種性狀述辭。我所作的通則性敍述都有相當充分的研究可爲支持，不過，縱令如此，在科學裡頭，這樣的敍述仍只能看成某程度的或然性，而不能當作絕對的眞理。此外，每一項敍述都可接受修正、更改或否證，只要未來有準確或更富想像力的研究出現。

行爲的預測

在瞭解了這些選擇的因素和條件之後，我們首先要看看一些在預測方面有傑出成就的行爲科學。這些預測所共通的型式是：「假若某人具有可測量的特徵 a，b，c，則我們可用極高的機率預測他會表現出 x，y，z 等行爲。」

由此，我們乃能以相當的準確性知道如何預測哪個人會成爲成功的大學生，哪個人是成功的企業經理、成功的保險推銷人等等。我不試圖在此列出文獻來支持上述的說法，因爲文獻實在多如牛毛。這裡會牽涉到性向測驗、職業測驗、人員選擇等的整個領域。雖然在這方面的專家們還正關切他們所作的預測之不準確性到什麼程度，但是仍有許多硬腦筋的工商企業、大學院校及其他機構相當歡迎行爲科學在這方面的成績。我們差不多已經認爲行爲科學家有辦法從一堆特徵不明的人中選出（當然容許有某些程度的誤差）哪種人可以做個好打字員、實習教師、文書簿記、或甚至哪種人可以做個好物理學家。

367　　這個領域還在不斷擴大。很多新的努力投入其中，譬如關於做化學家吧，就有些研究致力於辨別哪些特徵可以使人成爲有創意的化學家，而不只是成功的化學家；也有些研究想找出成功的

精神科醫師和臨床心理學家背後有哪些潛在的特徵，雖然到目前為止還未見到很好的成果。這方面的科學一直在穩定地成長，使它能夠說出一個人是否具有某些可測的特徵，而這些特徵又和某類職業活動之間有所關聯。

*我們知道如何預測軍校學生在校成績的好壞，以及實際戰鬥中表現的優劣。*在這領域可以舉出威廉斯和利維特（Williams and Leavitt）(31) 的研究為例。他們發現他們可以由「哥兒們」的評定而預測一位海軍陸戰隊戰士在戰技訓練的成績以及後來的實際戰鬥表現是否良好。他們發現，用戰友們來做心理測量的工具，比任何其他客觀測驗要好得多。這個研究所顯示的不僅是使用測量來預測行為，同時還有研究者使用測量的意願。不論他用的測量方法是很平常或不尋常的，都在於要證明測量工具的預測力。

*我們能預測一個人在擔任業務經理後，究竟有多高的急進性或保守性。*懷特(30)在他的近著中以這個例子來說明工商機構中使用測驗有多頻繁。就由這種測驗結果（在誤差的範圍內），使最高管理階層可以從一群正待拔擢的年輕業務人員中挑出他們認為最具有合於該公司發展需要的人。他們同時還可知道他們甄選對象帶有多高的反社會性、同性戀傾向、或精神病傾向。能夠顯示（或意在顯示）這些指標的測驗，正被許多公司採用，其目的或在於篩檢應徵工作的人員，或在於評鑑現有的工作人員，以便決定什麼人可以擔負更多的管理責任。

*我們知道如何預測一個組織中誰會成為搗蛋者與／或違法犯紀者。*有位年輕且深具發展潛力的心理學家(10)設計了一個簡短的紙筆測驗，用來預測百貨公司的售貨人員中那些比較不誠實、不可靠或有其他的麻煩。後來這個測驗顯示了極高的預測準確度。他說：在任何一個組織機構中，要找出潛在的搗蛋者，不但非常

368

可能，而且還有相當高的準確性。把製造麻煩的人辨認出來，若只就技術層面來看的話，這種能力事實上只是把其他領域中所發展的（有關預測的）知識加以延伸而已。從科學的觀點來說，這和預測誰可以成爲良好的排字工實在沒有兩樣。

　　*我們知道：一個能幹的櫃台服務人員若使用一組測驗，再加上幾張實際評量表，則他對於一個人的人格和行爲可以做出很好的預測，甚至連經驗老到的臨床心理學家也會自嘆弗如。*密爾（Paul Meehl）(18)指出：我們在人格測驗方面的發展已經相當可觀，所以若要對人格作精確的描述，則由這些測驗所累積的資訊已經使得訓練和經驗中所培養的廣博知識與直觀判斷，相形之下變得很沒有必要。他也指出：在很多地方，如心理衛生中心、榮民醫院、精神病療養院等等，由受過專業訓練的人員來實施測驗、診斷、面談，這都是極爲浪費的事。他的研究顯示：一個普通職員都可以做得更好，而且對病患的接觸時間也只要一點點就夠，甚至接觸方式也可以摒除個人因素。首先要做幾個測驗並加以計分，接著將分數的側面圖畫出來，這分數須有個常模，也就是以數百人的實際分數分佈情形爲基礎，讓一個人的分數可以與此比較，然後就可以對他的人格產生準確的預測性描述。負責這件事的職員只要把這組分數中出現統計上顯著意義的那幾個抄下來，就算大功告成了。

　　密爾在這裡所做的，只不過是把目前心理測量工具的發展推往邏輯上的下一步驟而已。這種衡量、評鑑人類特徵並且預測行爲的科學旣已進展到這一步，說實在的，我們就沒有理由不往下再走一步——把密爾的那個職員也給撤掉。只要把各項說明都換成適切的符碼，那麼，一部電子計算機不但可以爲測驗計分，可以分析分數側面圖，甚至可以比一個人更準確地繪出預測的圖

像。

　　我們可以辨別哪些人容易被說服，哪些人會順從於團體壓力，369
，或哪些人比較不容易屈服。有兩個獨立但可相容的研究(15)(16)顯
示：在主題統覺測驗（TAT）的反應中表現某種依賴性主題的
人，或在另一種測驗上顯示出社會關係匱乏感、壓抑攻擊性、以
及憂鬱傾向者，就比較容易被人說服，或容易屈從於團體壓力。
這兩個小型的研究雖尚未獲致蓋棺論定的結果，但我們卻有十足
的理由可以推定他們的假設是正確的，也就是說，用這些測驗或
更細密的測量方法，我們定可準確預測一個團體中哪些成員比較
容易被說服，或哪些人即使在相當強的壓力之下也不輕易屈服。

　　我們可以從一個人在暗室中對談光點移動的知覺方式來預測
他是否具有偏見的傾向。已經不少的研究致力於探討種族本位主
義——這是一種心理傾向，就是以籠統而僵化的標準來區分內團
體、外團體，並且對外團體一概懷有敵意，對內團體則不問青紅
皂白相信並順從其規範。有個已經發展出來的理論是這麼說的：
一個愈是種族本位主義的人愈是無法忍受其處境中的曖昧與不確
定。布洛克與布洛克（Block and Block）(5) 兩位就以這個理論
為基礎，在完全黑暗的實驗室中打出光度微弱的光點，然後令受
試者報告他們所見的光點移動情形（事實上，光點是靜止的，但
幾乎每個人都會覺得它在移動）。此外，受試者還作了一個種族本
位主義的測驗。結果正如研究者的預測：凡是在幾次試驗中很快
建立起一套固定的「移動法則」者，就比那些在每次試驗中都報
告了不同的移動情形者，更傾向於種族本位主義。

　　這個研究在澳洲有人重作了一次(28)，方法稍有改變，其結果
不但證實原來的研究，而且還擴大了結論的範圍：愈是種族本位
的人愈不能容忍曖昧，而他們所感覺到的移動也比較少。再者，

當他們有人爲伴時，他們也比較會依賴別人，也就是比較會附和那位同伴的判斷。

因此，研究一個人在暗室中對微弱光點所感覺到的移動情形，然後我們就很可以憑此而判斷他的態度是不是僵硬、是不是懷有偏見的種族本位主義者。這樣說，對於目前行爲科學的發展而言，並不過分。

以上這份拼盤式的舉例，旨在說明行爲科學之預測行爲的能力。有了這種能力，就會被應用來甄選人員，而這樣的應用正與這門科學一起萌芽茁長。不過，這個說明所暗示的意義也難免會令人打起一陣寒戰。任何有識之士都看得出來：上文所描述的種種，還只是一個開始而已。假若照此趨勢推演下去，則當那種發展精良的工具落在一些各別的人或一些團體的手中，再加上些權力運用的話，則其社會與哲學的涵義就不免令人畏懼了。所以，他也就可以瞭解爲什麼像封・貝塔藍費（von Bertalanffy）這樣的學者會提出這樣的警告了：「在物理科技的威脅之外，心理科技的危險倒是常被人忽視了。」(3)

團體中引發特定行爲的條件

但在投注於這個社會問題之前，我們還是再回到行爲科學的另一領域，也拿一些研究的例子來瞧瞧。這次，我們要看的研究顯示出人有潛在的能力可以控制團體的行爲。我要舉出的例子基本上都含有下述的型式：「若在一團體中存在著、或能建立 a，b，c 等條件，則這些條件將以極高的機率引發 x，y，z 等行爲。」讓我們來看看這些例子。

我們知道如何爲一工作群體（不論是屬於工業界、或屬於教育界）提供一些條件，而這些條件確能提高生產力、原創性、以

及工作士氣。柯克與法蘭其 (Coch and French) (7)，內葛 (Nagle) (19)，還有卡茲、馬柯比與摩斯 (Katz, Macoby, and Morse) (17) 等人所作的研究大體上都顯示：如果工業機構中的勞動者可以參與計畫與決策，還有，如果管理者對勞工們的態度有足夠的敏感，而且管理的態度不是猜疑和威權傾向的話，則生產力和士氣都會提高。相反地，我們也知道如何提供一些條件來降低生產力、降低士氣，因為相反的條件就可以造成相反的效應。

　　我們知道怎樣在任何團體中建立一些領導的條件，使該團體的成員可以發展其人格，同時增加其生產力和原創性，改善其團隊精神。在性質相當不同的團體中（譬如一個大學裡的短期研習會和一個工業機構的設廠人事會議），戈登 (Gordon) (9)以及李查 (Richard) (22)都發現：只要領導者表現了一種通常被認為像心理治療者那般的態度，則其結果往往都極為良好。換句話說，如果他能以敏感的同理心來瞭解別人；如果他允許而且鼓勵自由討論；如果他把責任感建立在團體之中；那麼，既有的證據顯示：這個團體的成員人格會成長，整個團體的功能更能發揮，而且創意豐饒，士氣高昂。

　　我們知道如何製造一些條件，致使一個團體的成員昇高其心理上的僵硬性。拜爾 (Beier) (2) 作了個審慎的研究，用了兩組背景相稱的學生，測量了他們多方面的智能，特別是抽象推理的能力。其中有一組學生也各別用羅夏克墨漬測驗 (Rorschach test) 作了人格分析。然後兩組學生又重作一次各種智能的測驗。作過人格評鑑的那組在智能上顯現彈性降低，而且也顯然變得比較沒法作抽象推理。他們的思考和另一組相比之下顯得較為呆板、急躁、紊亂失序。

　　像這樣的評鑑——在實驗組的體驗中是帶有些許威脅性的

371

——難免令人聯想到，它和中小學乃至大學裡在「教育」的包裝下實施的很多種成績考核，其實非常相似。不過，在這裡，我們只關切這樣的事實：我們確實知道如何製造一些條件來使人降低複雜的心智功能。

我們非常熟知如何製造一些條件來影響消費者的反應與／或輿論。我想關於這一點就不必再舉研究的例子了。我建議各位去看看任何雜誌上的廣告，看看電視的消遣節目和它們在收視率排行榜上的名次，再看看公共關係專業機構如何像雨後春筍般冒出來，以及企業機構在製作促銷產品的廣告上如何投下大把金錢，然後你就明白了。

我們知道怎麼決定和安排一些條件，提供人們所不能意識到
372　的滿足，因而影響人們的購買行為。已有研究顯示：有些婦女之所以不買即溶咖啡的理由是「不喜歡那種味道」，但實際上她們的不喜歡卻是因為在下意識中，即溶咖啡和偷懶、吝嗇等習性會被聯想在一起(11)。這類研究所根據的是投射測驗技術，及「深度」訪談。由這些研究結果所引發的是一場推銷運動，即大量訴求於人的潛意識動機——人自己所不知道的性慾、攻擊慾、依賴他人的需求、或（如本例中所顯示的）獲得他人贊同的需求等等。

上述的研究所例示的乃是我們在影響或控制群體行為方面的潛能。如果我們擁有足夠的勢力或權威，可用以製造那些必要條件的話，那麼，我們所預測的行為就會跟著出現。無疑的，那些研究和方法在目前都還很粗略，但更精細的研究設計和方法技術是一定會發展出來的。

在個人身上造成特定效應的條件

在對於團體的知識之外，行為科學現在累積著一些更令人嘆

為觀止的知識，就是關於哪些條件可以造成個人的某類特定行為。當這些預測和控制個人行為的可能性在科學上顯現時，實在令人不得不對它多注意幾分。我們再拿些點點滴滴的例子來看看這一類的知識中究竟有什名堂。

我們知道如何製造一些條件，使很多人會說他們所作的判斷是對的，然而實際上這些判斷卻和他們所知覺的證據正好相反。舉例來說吧，他們會說：A圖的面積大於B圖，但他們實際上看到的情形明顯的指出，相反才是正確的。艾許（Asch）(1) 作了實驗，後來經由克拉其菲（Cruchfield）(8) 改良重作，他們得到的結果是：當一個人被弄得相信他所處的團體中，別人都認為A大於B時，他就會很強烈地傾向於採信這種判斷，而且在很多種情況下，他不但會作出如此的判斷，也相當相信他所說的是正確。

我們不只能預測多少百分比的人會傾向於附從別人而不相信自己的感官，而且，照克拉其菲的方法，我們還可以斷定具有哪些人格屬性的人會如此，也就是說，透過一個選擇程序，我們可以選出一組人，他們幾乎統統會屈服於團體壓力而變成順從的一群。

我們知道如何改變一個人的意見，使之轉往某個既定的方向，而他自己對於肇致他改變的刺激則毫不覺察。史密斯、史邊士、和克萊恩（Smith, Spence and Klein）(27) 等三人把一幅靜止而且沒有表情的男性肖像打在螢幕上，然後詢問受試者，圖中的表情有什麼變化。在這中間，他們會間歇地在螢幕上打出「氣憤」的字樣，但由於字出現的時間甚短暫，因此受試者完全不會意識到字的出現。而後，他們就傾向於看見臉孔變得比較生氣的樣子。當「快樂」的字樣以同樣的方式閃現於螢幕之後，受試者則傾向於報告說他們看見臉孔變得比較快樂。因此，那些刺激顯然已打

入了一個很微妙的層次而影響了這個人，但他卻沒有察覺，或無法覺察到這種刺激。

　　我們知道如何以藥品來影響人的心情、態度、以及行爲。在這段說明中，我們跨進目前正在快速發展的化學與心理學交界地帶。從讓人在開車或用功時可以保持淸醒的藥品，到可以使人減低防衛性的所謂「眞相乳漿」（truth serum），到精神科病房中使用的化學療法，這中間的知識已成長到令人驚訝的複雜程度。漸漸的，很多人都在努力尋索藥效更爲特殊的藥品——可以使鬱症患者活動起來的藥品，或使過度興奮者安靜下來的藥品等等。有報告指出，在作戰前給戰士服用某些藥品可以消除恐懼感。有些鎭靜用的藥品所使用的商標（譬如Miltown）不但已溜進我們日常語言，甚至也在卡通片裡出現了。這方面還有很多未知之處，不過哈佛大學的史金納博士已經作了如是的宣言：「在不久的將來，正常生活裡的動機和情緒也許都可用藥品來維持一個所需的狀態。」(26) 雖然這個看法稍嫌誇大，但他的預言在某些部份卻並非沒有道理。

　　我們知道如何提供一些心理條件，致使一個完全正常的人在清醒狀態下也會產生鮮明的幻覺及其他不正常的反應。這個知識是在麥吉爾大學（McGill University）的研究(4)中不意出現的副產品。這個研究發現：如果一個人的所有感官管道都被堵塞或切斷的話，就會隨之產生不正常的反應。令一個健康的人固定於床上，減少肌動刺激（kinaesthetic stimuli）；然後讓他戴上半透明的護目鏡，使他無法看到外界事物；他的聽覺則一方面被海綿枕頭擋住，一方面他所躺著的小臥室也是隔音的；觸覺則被超過手掌長度的袖口所阻撓，這樣，在四十八個小時之內，大多數受試者會產生類似於精神病人的幻覺和怪異的念頭。至於把感官堵

塞得更久之後會有什麼結果，那就不得而知了，因為這種實驗已經顯出潛在的危險性，所以研究者不肯再繼續下去。

　　我們知道如何用一個人自己的話，來開啓他的體驗中整片困擾他的區域。卡美隆 (Cameron) (6)和他的協同研究者們從心理治療面談的錄音中取出受輔者的幾句簡短言辭，這幾句話似乎和個案進展的基本動力有顯著的關聯。把這句話錄在錄音帶上，讓它反覆播放，受輔者一次又一次聽他自己講的這句話，結果會發生很有力的效應。通常在播放到二十至三十次時，受輔者會請求停止播放。很明顯的，這句話就像穿透了他防衛的外衣，打開了和這句話有關的整個心理區域。舉個例子：有位女性，她覺得自己處處不如人，而且也正面臨著婚姻難題。有一次面談時，談到她的母親，她說：「我可以瞭解那一點——我瞭解她為什麼會打一個小孩。」這句話錄下來後，對她連續播放。她聽了變得非常恐慌不安，而她對母親的所有感覺也似乎頓時都打開了。這時她才看清「因為我不信任母親不會傷害我，使得我對每一個人都無法信任。」這種方法的功效在這個簡單的例子上顯露無遺。不過，雖然它對人可以有很大的幫助，但它也同時具有危險的破壞力——假若它穿透人的防衛層面太快且太深的話，它會使人因解組而癱瘓。

　　我們可以預料，由治療者或輔導者所提供的某些態度會在受輔者身上造成有建設性的人格變化，以及行為改變。在心理治療學領域中，好些研究已經在近年中完成(23)(24)(25)(29)，可以支持這個說法。這些研究的發現可以簡述如下： 375

　　如果受輔者提供了某種關係，且他在該關係中能夠(a)眞誠，內在地一致；(b)接納，視受輔者為一個值得尊重的人；(c)以同理心瞭解受輔者個人的情感與態度世界；則受輔者就會發生某些變

化。受輔者所發生的變化有(a)對自我的知覺更爲實在；(b)更有信心決定自己的方向；(c)對自己有更積極的評價；(d)較不會壓抑自己各部份的體驗；(e)在行爲上更爲成熟、更爲社會化、更能在環境中調適；(f)較不會因壓力而煩亂，也較容易自煩亂中恢復；(g)在人格結構上更接近於健全、統整、功能發揮良好的人。以上這些變化可以確定是和受輔者正在治療關係之中有關，而且對照組也未曾發現有同樣的變化。

我們知道如何使一個人的人格結構解組，瓦解他的自信心，破壞他對自己的概念，使他依賴別人。辛柯與沃爾夫 (Hinkle and Wolff)(13) 對共產黨審訊囚犯的方法作了很縝密的研究。他們特別針對中共的所謂「洗腦」而著手。研究顯示：其中並沒有任何魔術式的，或新鮮的手段，而只是把一些常識性的手法加在一起罷了。用相反於上文中所謂的心理治療方法，而且變本加厲地施諸於人的身上，這就是洗腦所做的大部分工作。假若一個嫌犯被嚴厲排斥而且長久隔離的話，他對於人的關係會變得渴望迫切。審訊者就是對他表現不接納，並且處心積慮地激發他的罪疚、衝突和焦慮感，如是而剝奪了他對關係的渴望。只有當他肯和審訊者「合作」時——也就是肯以審訊者的眼光來看事情時——他才會被接納。嫌犯的內在參照架構和對事物的知覺完全被否決。漸漸的，由於他需要被接納之故，他會開始把半眞半假的事情當成眞的，後來，他也會一步步地放棄他對自己的看法，而接受審訊者的觀點。他會變成個在道德上幾乎無自主能力的人，人格解組，變成審訊者手下的傀儡。接著他會自願「供認」他是國家的敵人，曾經幹下各種各樣的叛國行爲，而事實上他要不就是根本沒幹過，要不就是那些事情原本另有其他解釋。

把以上的知識當成行爲科學的產品來描述，實在有點不對

勁，因為發展出這些手法的，不是行為科學家，而是蘇聯和中共的警察。不過我把它包含在這一節中，是因為我們非常清楚：這些手法雖然粗糙，但若以我們現在擁有的科學知識來重做的話，斷然會做得更為有效。簡言之，我們對於人格和行為變化的知識，既可用以建設也可用以破壞一個人。

用以在動物身上產生特定效應的條件

對於這門年輕的科學具有何等驚人的力量，以上所舉出的證據也許已經夠豐富了。但在跨向所有這些證據的涵義之前，我還要把問題往前推進一步。在有關動物行為方面，目前已累積大量的知識，但限於我對這方面並不十分熟悉，因此我將只舉出三個研究的例子。

我們知道哪些條件可以使小鴨子發展出對某物（譬如一隻舊皮鞋）長久不變的忠貞。 赫斯(Hess)⑿ 在歐洲首先做了「銘印」(imprinting) 現象的研究。這個研究顯示：小野鴨在孵化之後大約13到17小時之間，對於任何接近牠們的物體都會緊緊跟隨。牠愈是費力去跟，則牠對該物體的附隨性也會變得愈強。在正常的情況下，其結果是小鴨子會緊隨著母鴨，但是事實上，小鴨也很容易跟住任何一個物體不放——跟住一隻假鴨，或一個人，乃至如我方才所提的，跟住一隻舊皮鞋。這使人禁不住會想：人類的嬰兒時期是不是也有類似的傾向呢？

我們知道如何用電擊來消除一隻老鼠的某些特定的恐懼。 杭　377
特與布雷迪 (Hunt and Brady) ⒁首先訓練了三十隻老鼠學會壓桿以獲取飲水。老鼠在實驗箱裡經常而自由地表現這種動作。當這種習慣固定下來之後，研究者製造了一種制約的恐懼 (conditioned fear)：就是在壓桿之同時，給予一次會引起痛楚的電擊，

然後配上一陣鬧鈴。過了一段時間，鬧鈴聲響時，老鼠就會表現
出很強的恐懼反應，也停止所有壓桿的動作，即使鬧鈴響前並沒
有任何會引起痛楚的刺激。不過，經過一連串的電擊處置之後，
這種制約的恐懼反應便幾乎完全消除了。經過這種處置後的老鼠
不再出現恐懼，而且也能自由地壓桿，即使在鬧鈴大作時也仍能
如此。這篇研究報告的作者對研究結果作了很謹愼的解釋，但是，
電擊處置和用在人類身上的電擊療法之間具有相似性，那是非常
明顯的。

　　我們知道如何訓練鴿子，使牠可以引導一滿載炸藥的飛彈到
預定的標靶上去。史金納(26a)作了有趣的說明，告訴讀者們：所
謂的操作性制約學習 (operant conditioning) 具有很多令人嘆爲
觀止的可能性，而用在戰爭事務上的發展只是其中一例罷了。他
用鴿子爲例，逐步模塑牠們的啄食行爲，他的做法是：凡是鴿子
啄到預定的靶區、或接近靶區的部位時，實驗者就給鴿子獎賞一
次。用同樣的方法，他也可以拿一張外國城市的地圖來，慢慢訓
練鴿子啄到某些重要部份——譬如飛機工廠。另外，他也可以訓
練鴿子去啄海上某種型式船艦的模擬圖形。接下來，如何讓鴿子
從啄食到成爲飛彈的導向裝置，雖然這是很複雜的事情，但這確
實只是個技術上的問題了。把兩三隻鴿子裝在飛彈頭上，每當飛
彈偏離航向時，鴿子就會以啄的動作而修正航向，對準原訂的標
靶飛去。

　　我確信，你們一定會問這樣的問題。我就先回答吧：沒有。
這些知識從沒用在戰爭的事務上，因爲電子儀器的發展快得出
奇。不過，那種訓練可以成功，這應該不成問題才對。

　　史金納曾經成功地訓練鴿子打乒乓球，而他和他的同僚們也
在動物身上發展出很多複雜的行爲，看起來就像「有智能的」乃

至「有意圖的」那般。在所有的例子上，原則都是一樣的。每當動物表現出實驗者所欲的行為，或接近於該行為的動作時，實驗者就會給動物一個正增強——也就是一點小小的獎賞。在剛開始時，動物表現的行為可能只是粗略地接近實驗者所定的方向。但牠的行為經由逐步模塑之後，終會變得與選定的行為分毫不差。從一個有機體的整個行為清單中挑出一些，予以逐漸增強，最後就會完全符合研究者的目的。

　　用人來做這種實驗，其結果比較不那麼分明，不過，已有的研究顯示：這種操作制約（譬如以實驗者的點頭為增強）可以使受試者增加名詞複數的使用，或增加個人意見的表達語句，而受試者本人對於這種行為變化的原因則毫無所覺。依史金納的觀點而言，我們的行為之中就有許多是這種操作制約的結果，而參與的雙方則常在不知不覺中完成這種制約過程。他想把這個過程帶上意識層面，且賦予一定目的，並由茲而能控制人類的行為。

　　我們知道如何為動物提供最能令其滿足的經驗，包括完全使用電流的刺激在內。歐茲（Olds）[20]曾發現：他可以在實驗用鼠的腦膜植入很小的電極。當這個小動物壓了一下籠中裝設的橫桿時，就會有一股輕微電流通過電極。由於這種經驗非常令牠愉快，結果這小老鼠就會拚命去壓橫桿，壓到牠筋疲力竭為止。不論我們稱這種經驗為愉快或什麼的，反正老鼠就是非常偏好它，以致不做其他的活動。這套程序可以用之於人的身上，這是我毫不懷疑的，而且在這種情形下，我也不懷疑它會產生同樣的結果。

一幅總圖，及其涵義

　　我希望以上這許多例子可以使我讀者更能具體地明白：行為科學在理解、預測、及控制種種行為上，正以快步向前奔跑。在

379　許多重要的方面，我們已經知道如何挑出一些會表現某些特定行
爲的個體；知道在團體中建立哪些條件可使該團體表現出哪些可
預料的行爲；知道如何在個體上建立一些條件，致使他表現特定
行爲結果；而在動物身上，我們可以理解、預測、和控制更多
──這些能力很可能已經影響到未來和人有關的種種事情。

　　若你的反應和我一樣的話，那麼你一定會覺得以上這幅圖像
中，帶有些相當恐怖的涵義。儘管你可以說這門年輕的科學還不
成熟，甚至相當無知，但在它現階段已具備的知識之中，就含有
很多令人驚懼的可能性。試想想：假若某個人或某個團體旣具備
現有的知識，又擁有可運用那些知識的權力吧，這個世界會變成
什麼樣子？他（們）會挑選某些人來擔任領導者而讓其他人擔任
跟從者；他（們）有辦法使人得以發展、提昇或得到輔助，也可
以使人變得弱小、破碎。搗蛋鬼在還沒開始搗蛋之前就被揪出來
處理；士氣可被激勵也可以降低；行爲可以在人所不能意識的動
機層面就受到影響，總之，這會變成一場人操縱人的惡夢。我承
認這只是我的狂想，但却不敢說，這種想像純屬無稽。也許，拿
一位最傑出自然科學家，羅伯·歐本海默（Robert Oppenheimer）
來說吧，以他所熟習的物理學觀點而論，我們就不難體會他所提
出的警告是什麼意思。他說，在物理學和心理學之間，有些相似
之處，而其中有一點「乃是我們的進步對於公共決策的領域所製
造的難題，在程度上是同樣深切。過去十年以來，物理學家對於
他們自己的貢獻實在顯得相當聒噪。但當風水一轉──心理學對
於人類行爲和感覺也建立十分客觀的知識主幹之後──使人能從
其中獲得控制行爲力量，那麼，它所引出來的問題可就會比物理
學所曾經引發過的，更要困難得多。」(21)

　　有些人也許會覺得我似乎把問題看得太嚴重，超過了它的實

情。你們也許會指出：我們提到的那些科學發現，被實際應用而且對社會造成顯著影響的，也只不過是其中的少數，因此，這些研究大部分還只是對行為科學家很重要而已，但對我們的文化則幾無衝擊可言。

對於最後這點，我相當贊同。目前的行為科學，就其發展而言，大約只在物理科學的幾代以前的階段。拿一個比較的例子來說，你們就會懂我的意思。在1900年左右，有這麼個爭論道：比空氣重的機器是否可以飛起來？當時的航空科學還沒有充分發展，或還沒有到夠精確地步，因此，雖然有些發現已經對那個問題作了肯定的答覆，但卻也有更多研究排成長龍，站在否定的一邊。最重要的是，大眾不相信這門科學的效度，也不相信它會對文化造成任何要緊的影響。他們寧可用他們的常識，也就是說：人不可能坐在比空氣重的機械裝置裏而竟能飛起來。 380

拿當時大眾對航空科學的態度來和今天的態度作個對比吧。幾年前，科學家們預言道：我們將可把人造衛星打入太空。人們大都認為那是荒誕的幻想。但大眾對於自然科學實在已信服得五體投地，所以沒有人把他們的不信說出口。大眾所問的唯一問題只是：「什麼時候？」

我們有十足的理由相信：同樣的發展順序也會發生在行為科學的領域裡。大眾起先是忽視，或以不信來看待這些研究；後來他們會發現：科學總是比常識要可靠得多，於是大眾也開始運用科學的發現；對一門科學的應用廣泛傳開之後，大量的需求於焉產生，而人力、財力和努力就一股腦湧入那門科學裡去；最後，那門科學乃得以騰空捲起的速率急遽發展。這種發展順序，在行為科學中似乎相當可能。所以說，雖然這些科學的發現在今天還沒有被人廣泛利用，但很可能，明天的一切就改觀了。

疑問

　　這麼說來，我們是擁有一種正在成形且深具潛力的科學，它可以成爲工具，而對社會發生巨大的影響——其影響力之大，將使原子能也相形失色。無疑的，這種發展所引發的問題，將是這一代和往後幾代人所要面臨的最大問題。我們姑舉出其中的幾個問題來看看。

- ・我們該如何運用這種新科學的力量？
- ・在這等美麗的新世界中，人究竟會變成什麼樣子？

381

- ・誰會持有運用這些新知識的權力？
- ・而運用這種新知識之時，它究竟會把世界帶向什麼目標、什麼終極的價值？
- ・在下一講中，我想試試對這些疑問作一番初步的考量。

注　解

❶Skinner, B.F., 載於Wayne Dennis所編的 *Current Trends in Psychology* (University of Pittsburgh Press, 1947)), pp.24-25.

381 **參考書目**

1. Asch, Solomon E.
   1952 *Social Psychology.* New York: Prentice—Hall, 450—483.

2. Beier, Ernst G.
   1949 The effect of induced anxiety on some aspects of intellectual functioning. Ph.D. thesis, Columbia University.

3. Bertalanffy, L. von.
   1956 A biologist looks at human nature. *Science Monthly,* 82, 33—41.

4. Beston, W. H., Woodburn Heron, and T. H. Scott
   1954 Effects of decreased variation in the sensory environment. *Canadian J. Psychol.,* 8, 70—76.

5. Block, Jack, and Jeanne Block
   1951 An investigation of the relationship between intolerance of ambiguity and ethnocentrism. *J. Personality,* 19, 303—311.

6. Cameron, D. E.
   1956 Psychic driving. *Am. J. Psychiat.,* 112, 502—509.

7. Coch, Lester, and J. R. P. French, Jr.
   1948 Overcoming resistance to change, *Human Relations,* 1, 512—532.

8. Crutchfield, Richard S.

   1955　Conformity and character. *Amer. Psychol.,* 10, 191−198.

9. Gordon, Thomas.

   1955　*Group−Centered Leadership.*Chapters 6 to 11. Boston: Houghton Mifflin Co.

10. Gough, H. E., and D. R. Peterson

    1952　The identification and measurement of predis-positional factors in crime and delinquency. *J. Consult. Psychol.,* 16, 207−212.

11. Haire, M.

    April 1950　Projective techniques in marketing research. *J. Marketing,* 14, 649−656.

12. Hess, E. H.

    1955　An experimental analysis of imprinting—— a form of learning. Unpublished manuscript.

13. Hinkle, L. E., and H. G. Wolff

    1956　Communist interrogation and indoctrination of "Enemies of the State." Analysis of methods used by the Communist State Police. *Arch. Neurol. Psychiat.,* 20, 115−174.

14. Hunt, H. F., and J. V. Brady

    1951　Some effects of electro−convulsive shock on a conditioned emotional response ("anxiety"). *J. Compar. & Physiol. Psychol.,* 44, 88−98.

15. Janis, I.

1954 Personality correlates of susceptibility to persuasion. *J. Personality,* 22, 504－518.

16. Kagan, J., and P. H. Mussen

1956 Dependency themes on the TAT and group conformity. *J. Consult. Psychol.,* 20, 29－32.

17. Katz, D., N. Maccoby, and N. C. Morse

1950 *Productivity, supervision, and morale in an office situation.* Part I. Ann Arbor: Survey Research Center, University of Michigan.

18. Meehl, P. E.

1956 Wanted── a good cookbook. *Amer. Psychol.,* 11, 263－272.

19. Nagle, B. F.

1954 Productivity, employee attitudes, and supervisory sensitivity. *Personnel Psychol.,* 7, 219－234.

20. Olds, J.

1955 A physiological study of reward. In McClelland, D. C. (Ed.). *Studies in Motivation.* New York: Appleton－Century－Crofts, 134-143.

21. Oppenheimer, R.

1956 Analogy in science. *Amer. Psychol.,* 11, 127－135.

22. Richard, James

1955 in *Group－Centered Leadership,* by Thomas Gordon, Chapters 12 and 13. Boston: Houghton Mifflin Co.

23. Rogers, Carl R.

1951 *Client — Centered Therapy.* Boston: Houghton Mifflin Co., 1951.

24. Rogers, Carl R. and Rosalind F. Dymond

1954 (Eds.) *Psychotherapy and personality change.* University of Chicago Press, 1954.

25. Seeman, Julius, and Nathaniel J. Raskin

1953 Research perspectives in client — centered therapy, in O. H. Mowrer (Ed.). *Phychotherapy: Theory and Research,* Chapter 9. New York: Ronald Press.

26. Skinner, B. F.

May 1955 The control of human behavior. *Transactions New York Acad. Science,* Series II, Vol. 17, No 7, 547 — 551.

26a. Skinner, B. F.

1960 Pigeons in a Pelican, *Amer. Psychol.* 15, 28 — 37.

27. Smith, G. J. W., Spence, D. P., and Klein, G. S.

1959 Subliminal effects of verbal stimuli, *Jour. Abn. & Soc. Psychol.,* 59, 167 — 176.

28. Taft, R.

1956 Intolerance of ambiguity and ethnocentrism. *J. Consult. Psychol.,* 20, 153 — 154.

29. Thetford, William N.

1952　An objective measure of frustration tolerance in evaluating psychotherapy, in W. Wolff　(Ed.) *Success in psychotherapy,* Chapter 2.　New York: Grune and Stratton.

30. Whyte, W. H.

1956　*The Organization Man.* New York: Simon & Schuster.

31. Williams, S B., and H. J. Leavitt

1947　Group opinion as a predictor of military leadership. *J. Consult. Psychol.,* 11, 283－291.

第二十一章
人在行為科學新世界中的地位

384

在前一講中，我用速寫的方式所努力指陳的是：行為科學在預測和控制行為方面的能力有哪些進展。我的意思是：我們正以莽撞的腳步，一頭栽向一個新的世界裡去。今天我則想來思量一下這樣的問題：我們作為一個人、或一個團體、或一個文化而言，究竟該如何生活、如何反應、如何調適於這個美麗新世界？面對這些新的發展，我們究竟該採取什麼立場？

我打算描述一下兩個現成的答案，然後我想提提另外一些考量。也許，這又會引出第三個答案。

否認與忽視

我們可以採取一種態度，就是否認有這些科學進展發生，而堅認對人的行為所做的研究不會成為真正的科學。我們可以說：人這動物不可能對自身而持客觀的態度，所以就不會有真正的行為科學存在。我們也可以說：人總是個自由的存在體，以某種意 385
義而言，這就使得對人的行為作科學的研究變為不可能。怪不怪也，不久之前，在一個關於社會科學的討論大會上，就有位著名經濟學家持有這種觀點。而國內有位極負盛名神學家也這麼寫道：「在任何場合下，對過去行為的任何科學研究都不可能成為

預測未來行爲的基礎。」(3, p.47)

　　一般大衆的態度也多少與此類似。市井小民倒不必否認科學有什麼可能性，他們只是對這些發展視若無睹罷了。不過，當他們聽說共產黨人可以用「洗腦」來改變一些俘虜的想法時，他們還是會很激動的。此外，當他們看到一本像懷特(13)所寫的書時（書中顯示：現代的工業機構如何大量應用行爲科學的發現，以操縱人的行爲）他也可能會略表嫌惡。但就大體而言，他對於這整個科學的發展還是漠不關心，正如當初有人發現原子可以分裂時，也沒什麼兩樣。

　　如果我們要的話，也大可以加入他們的行列——忽視這個問題。更有甚者，我們還可像我在前文所引述的老智者那般說道：「沒那種玩意兒！」因爲這類反應實在沒什麼聰明智慧可言，所以我就在此打住，而把目標轉向另一種比較精練、也更爲得勢的觀點。

以科學程式所描繪的人生

　　在行爲科學家之中，大多數人會理所當然地認爲，這門科學的發現將用於預測和控制人的行爲。可是這些人卻很少想過，這種想法究竟是什麼意思。在衆人之中，哈佛大學的史金納博士倒是個例外。他非常積極地鼓勵心理學家運用他們的控制力來創造一個更好的世界。史金納博士爲了讓大家瞭解他的意思，他在前幾年寫了一本書，題爲《桃源二村》(*Walden Two*)(12)，這本書是以小說體裁來說明他心目中的烏托邦社會，在其中，生活的各方面（婚姻、生育、道德規範、工作、遊戲、藝術活動等等）都充分運用了行爲科學的種種知識來重新塑造。在下文中，我會幾度引用他的著作。

386

在小說作家中，也有些人看到了行為科學所將造成的重大影響。赫胥黎(Aldous Huxley) 在他的《美麗的新世界》(*Brave New World*)(1)一書中就描繪出一個由科學所操縱的恐怖圖像，其中充滿了像人工糖精一般的快樂幸福，但最後人還是難免要反抗。歐威爾(George Orwell) 在《一九八四》(5)一書中則繪出一幅由專制權力所建立的世界，在其中，行為科學被當成對人作絕對控制的工具——被控制的不僅是人的行為，還包括人的思想。

科學幻想小說的作者們在此所扮演的角色乃在於為我們具象呈現了未來可能發展出來的世界。在那樣的世界中，人的行為和人格也和化學合成物或電的波動一樣，會成為科學的主題。

我想在此盡我所能把行為科學籠罩之下的世界繪出一幅簡圖，並指出其中可能呈現的文化型式。

首先要認出的是一種基本假定，那就是：科學知識乃是用來操縱人類的力量。史金納博士說：「我們必須接受這樣的事實：對人類的事務作些控制乃在所難免。除非有人用心於設計和建造一些影響到人類行為的環境條件，否則我們將無法在人類的各種事務中善用我們的理智。環境的改變永遠是文化型式改善的條件，而我們若不以很大的尺度進行改變的話，就不太可能有效地利用科學方法……。從前，科學曾經轉變為很危險的過程，也製造過很危險的物質。把在關於人的科學上所發展出來的知識和技術作最充份的利用，而能避免產生一些窮兇極惡的錯誤，這絕對是困難重重的。現在實在不是自我欺騙和放縱情緒的時刻，而且我們也沒有時間再來對人類的態度作一番無用的假想了。」(10,pp. 56–57)

接下來的一個假定就是：這種控制力量必須加以利用。史金納認為人可以善用這種力量，不過他也承認，同時會有誤用的危

險性存在。赫胥黎也認爲人可以心存善意來運用這力量，但實際
上仍不免造出一場惡夢。歐威爾所描繪的則是不懷好意地運用這
種力量所造成的結果——提高了獨裁政權對人的宰制程度。

387　控制的步驟

　　由行爲科學之助來控制人的行爲，這樣的概念中含有什麼因
素呢？一個社會若要用人的科學來組織和規劃人的生活，那麼它
會透過哪些步驟來實施呢？

　　首先要做的應是選擇目標。史金納博士在最近一篇文章中，
對於行爲工學(behavioral technology) 提出一個可能的目標如
下：「讓人活得幸福、獲得充分的資訊、滿富生活的技能、行爲
端正、且能具有生產力。」(10, p.47)在他的《桃源二村》中，由
於藉著小說的外貌來表達，因此他的意思更加膨脹了幾分。他的
主角這麼說：「好哇，對於人格該如何設計，你怎麼說？對這種
事你也關心嗎？還控制人的氣質？只要你給我什麼規格、我就給
你什麼樣的人！還有，對於控制人的動機、製造人的興趣，使他
可以變得最有生產力、最成功，對於這些，你又怎麼說呢？你認
爲這都像是幻想嗎？但是我們已經擁有一些技術了，而且還可用
實驗來產生很多其他的技術。想想看這些可能性把！……讓我們
來控制孩子們的生命，看看可以把他們造成什麼樣子。」(12, p.
243)

　　史金納的要點在於：以目前的行爲科學知識加上未來的發
展，將會使我們有辦法以今天所無法想像的程度爲人塑造出特定
的行爲和人格。這種期望顯然一面是個好機會，一面又是個沉重
的負擔。

　　其次一個因素對於在應用科學方面有老練經驗的科學家們應

該都很清楚。有了目的或工作目標之後，我們自然要靠科學方法才得以往前推進。我們要以有控制的實驗法來發現達到目標須經過哪些步驟和手段。舉例來說：如果我們目前對於「人由於哪些條件而能具有生產力」的知識還很有限，則再進一步的探討和實驗當然會使我們拓展這方面的知識。再進一步的話，還可能使我們獲知更爲有效的手段。科學方法就是這樣以自我修正的方式逐步前進，使方法本身變得愈來愈有效，而更能達到我們所選擇的目的。

在透過行爲科學來控制人類行爲方面，第三個因素涉及了權力的問題。當我們發現了達成目標的條件或方法時，就總會有個人或有個團體獲得可以建立該條件或運用該方法的權力。我們一向過於忽視此中所包含的問題。我們總希望行爲科學所產生的力量會由科學家來掌握，或由一個心存善意的團體來執行，但在我看來，無論近代歷史或古代歷史似乎都很少支持這樣的希望。相反的，假若行爲科學家仍抱持目前的態度，他們似乎更可能像當年爲德國製造導向飛彈的科學家一樣。他們會忠心耿耿地服膺希特勒指令去摧毀蘇聯和美國。而當蘇聯俘獲他們之後，他們忠心耿耿地爲蘇聯效命，力圖摧毀美國；反之，被美國俘獲的話，他們也會賣命工作以圖摧毀蘇聯。假若行爲科學只一心一意地關切他們這門科學的發展，那他們就很可能會爲任何掌權者所訂的目標而服務。

不過，說到這裡，好像有點旁生枝節了。我的主要論點只是：有些人會擁有或運用權力來將新發現的方法付諸實施，以便達成他所欲求的目的。

第四步，就是把個人放進上述的方法和條件裡來。當一個人暴現於 定條件下時，他曾有很高的可能性發展出設定的行爲。

388

於是，這個人就會變得很有生產力，或者，變得很順從，或不管
變成什麼，只要原定的目標就是如此的話。

　　關於這點，在倡議此說的人心目中究竟是什麼樣子，我想我
還是再摘引一下《桃源二村》的主角所說的話，各位當必可嘗出
一點味道。「既然我們知道正增強是怎麼作用的，而負增強又是爲
什麼不發生作用的，」他正在評論他所倡議的方法，而如此說道：
「我們在文化設計上，就可以更精練，也因此而更成功。我們可
以達成某種的控制，而被控制的人雖須遵循比舊體系中更爲嚴謹
的規定，卻會覺得自由。他們是在做他們要做的，而不是做被迫
去做的事。那就是正增強裡所含有的巨大力量之源——其中不必
有禁制，也不會有反抗。透過仔細的設計後，我們所控制的就不
是終端的行爲，而只是行爲傾向——亦即行爲的動機、欲求、和
願望。最有趣的是，在這種狀況下，*關於自由的問題永遠都不會
有人提出。*」(12, p.218)

這幅圖像及其涵義

　　行爲科學對個人和對社會所造成的衝擊，已在史金納博士的
筆下，以及大多數行爲科學家的態度及工作成品中表現出來。我
想以很簡潔的方式描出它的一幅圖像。行爲科學顯然還在向前邁
進；它所產生的控制的力量也正在逐漸的加強，而總會有某人或
某團體攫得這種力量；這個人或團體必然會選擇某種目標而企圖
達成之；於是我們大多數人就會更爲陷入他們所佈下的控制網
中，但由於控制的手法相當精微，使我們對此竟至不知不覺。所
以，不論由一群聰慧的心理學家組成的諮議委員會來掌權，或由
一個史達林或一個「老大哥」來掌權（一個矛盾的對比）；不論他
們所選的目標是幸福、或生產力、或解決戀母情結、或順服、或

對老大哥的愛等等，我們都會無可避免地發現自己朝那些目標邁進，並且還可能認爲我們自己想要的正是這樣的目標。所以，如果這一路下來的想法都算正確的話，那麼，某種完全被控制的社會——有如一個《桃源二村》或一個《一九八四》——顯然就已步步逼近了。事實上，我說它會步步逼近，或點滴聚成，而不會在一夜之間突然來襲，但這並沒有在根本上改變我們的問題。人，和他的行爲，在一個科學化的社會中就會變成計畫下的產品。

你很可能會問道：「但人的自由呢？人權和民主的概念又是怎麼了？」史金納博士對這一點也說得很清楚。他直言無隱地說：「『人並不自由』乃是科學方法可以運用於研究人類行爲之上的基本假設。認爲有個自由的內在人躲在生物性的有機體內，負責指揮行爲，這只不過是前科學式的(pre-scientific)代替品，用以解釋如今已被科學分析發現的種種原因。事實上，所有眞正的原因都在人之外。」(11, p.447)

在另一篇文章中，他對這點用了更多篇幅來加以解釋。「當科　390
學更加被人利用後，我們會被迫接受一些理論架構，而科學正是以這些架構來再現事實的。難題是：科學的架構顯然與民主傳統中關於人的概念格格不入。每一個科學上的發現，凡是和塑造人的行爲有關者，似乎都無法歸功於人自身；而當這些解釋愈趨完整之後，所有可歸諸於人自身的貢獻者，實際上便愈趨近於零。人所一向自誇的創造力，在藝術、科學、和道德上的原創性成就，以及選擇的能力和讓人爲自身的選擇所發生的後果負責等等——這些性質在新的自畫像中，無一是清晰可見的。從前，我們相信人會自由地在藝術、音樂、文學中表達自己，探索自然的內在意義，在自身中找出救贖之道。他會以自發的行動造成事物的大幅改變。即使在最嚴厲的束縛之下，他仍留有某種抉擇。他有

辦法抗拒任何控制他的意圖，死而無憾。但是科學卻堅持道：行動只是外力所引發而加諸於人身上而已，而各種變化的自由則只是人對尚未發現的原因隨便取個代名罷了。」(10, pp.52－53)

對於人的本性或對於政府的民主哲學，在史金納看來確曾有過一時的用處。「在令人對抗暴政之時，『那種哲學』是必要的，因爲它可以強化個人，可以敎人相信他有權利，也有能力管理自己。讓凡夫俗子接受一些觀念，如人的價值、人的尊嚴、人有能力自救等等，在此時或在往後，常是革命家們唯一的動力來源。」(10, p.53)然而他認爲，這種哲學在今天已經落伍而且也實在是個障礙，「因爲它會使我們無法將人的科學運用於人的事務上。」(p. 54)

我個人的反應

說到這裡，我所努力的乃是爲行爲科學的某些發展以及這些發展之後所可能產生的社會各描出一幅客觀的圖像。這些圖像中有個史金納（和其他許多科學家）所期待的世界，而我對於這樣的世界卻有強烈的反應。對我而言，這樣的世界會毀滅掉深具人性的人——我是在心理治療的時刻才獲知這樣的人性。在那時刻中，我和一個自發、負責而自由的人建立關係，他曉得他可以選擇做個怎樣的人，也曉得他的選擇會有什麼後果。因此，要像史金納那般相信所有這些都只是人的錯覺，相信人的自發、自由、責任、選擇等都不存在，對我而言，這是不可能的。

我覺得我已盡我的全力來推展行爲科學，但如果我和其他人的努力，結果只會讓人變成機器人，只會被他自己所造的科學倒過來造他和控制他，那麼，我實在會很不愉快。如果在未來的美好世界中生活的，只是那些被環境控制所制約的人，或被控制酬

賞而制約的人，不管他們能夠多麼冷靜地生產、行為多麼端正、或覺得多麼快樂，這樣的人，我是一個也不想要。對我而言，這是一種虛假的美好人生，其中雖然好像包含了一切美好的東西，但就是缺少了個讓它變得美好的根本之物。

於是，我才如此自問：在這科學發展中，是不是有什麼邏輯上的缺失？關於行為科學對於個人和社會有什麼意義，是不是還有別的觀點？在我看來，我確實看出了其中有個邏輯的缺失，也想到另一種觀點。我願把這些都呈現給各位。

目的與價值和科學的關係

對於目的與價值之於整個科學事業的關係，一直存在著一種錯誤的看法。我所要呈現的觀點就是建基於對這種看法的駁斥。人們從事於科學，必會有個目的，但我相信，目的本身的重要性卻被嚴重地低估了。我想先提出分义為兩路的論點來供各位思考，然後我再詳論各點的意義。

1. 在任何一種科學的追求之中──不論是「純」科學或應用科學──總會先存有個人目的或價值的主觀選擇，然後科學工作才被用為手段。

2. 使科學追求得以實現的主觀價值選擇永遠都須存在於追求之外，而且永不會變成科學工作之中的一部份。

讓我用史金納博士所寫的東西來說明第一點。當他倡言道，行為科學的任務就在於「提高人的生產力」或「讓人的行為端正」等等，顯然他已經作了選擇。他本來還可能選擇讓人變得順服依賴、終日群居或其他。可是，以他自己的話來說，人的「選擇的能力」，以及選擇行動方向或發起行動的自由──這些力量在科學的人像之中，不是不存在嗎？我相信，這裡頭含有一個深入骨

髓的矛盾或弔詭之處。讓我把這點說得更清楚些。

　　科學不是有賴於這樣的假定嗎？——行爲是被造成的，一個特定的事素定會有某些特定的事素尾隨於其後。因此一切都已被決定，沒有什麼東西是自由的，而選擇也斷不可能。但我們必須記得：科學本身，以及任何一種科學上的努力，任何一次科學研究上的改變路向，對科學發現所作的任何一種詮釋，以及任何一次決定如何應用這些發現，都有賴於人的主觀選擇。因此，科學就總體而言，也和史金納博士個人一樣，存在於相當弔詭的處境中。人所作的主觀選擇發動了科學的運作，然而就在科學發動起來之時，它卻宣稱天底下沒有「人的主觀選擇」那回事。我在稍後會對這個至今仍一直存在的弔詭作點評論。

　　我強調這樣的事實：任何一個引發科學活動，或推進科學探索的選擇，都是個價值選擇。科學家會研究這個，而不研究那個，是因爲他覺得前者對他較有價值。他會選擇一種方法來進行研究，而不用另一種方法，是因爲他對前者的評價較高。他對他的研究發現作了一種詮釋而不作另一種，是因爲他相信前者較接近眞理，或較切中問題的本質——換句話說，就是比較接近他認爲有價值的標準。但現在，這些價值的選擇怎麼也算不進科學活動裡的一份。和任何一個特定的科學事業原本聯在一起的價值選擇，現在卻必須永遠被劃在那番事業的外面。

　　我希望在此表明一下：我並不是說，價值不可能成爲科學的一種研究題材。科學並不只在處理某幾類「事實」，而且其中也不包括價值在內。眞正的情形要比這複雜些，用一兩個例子來說明，會比較清楚些。

　　假如我認爲「讀、寫、背」的知識是敎育上極有價值的目標，那麼，科學方法就可以給我很多正確的資訊，告訴我如何達成這

個目標。如果我認為解決問題的能力才是最有價值的教育目標，
則科學方法也會給我同樣的協助。

現在，如果我想判定，解決問題的能力是否「優於」讀寫背
的知識，那麼，科學方法就以那兩種價值來作研究，但，只在——這
是很重要的——只在其他主觀選擇的價值所範限的方式內作此比
較。我也許先認定大學學業成就比較有價值，然後我就能斷定，
解決問題的能力和讀寫背的知識中，哪一個比較接近於認定的價
值。我認定的價值也許是個人的整合性、或職業上的成就、或能
負起責任的公民身份，然後我才能決定，解決問題的能力和讀寫
背的知識兩者中，哪一個較「優於」達成上述的價值。但是，價
值和目的雖能把意義賦予某一特定的科學活動，它卻總是必須在
該活動之外。

雖然在這幾講中，我們所關切的多半是應用科學，但我所談
的，對所謂的純科學也一樣真實。在純科學中，通常先有的主觀
價值選擇乃是要發現真理。但這仍是個主觀的選擇，而科學決無
法說，這到底是不是最好的選擇，除非另有其他的價值作為判斷
的基礎。舉例來說，蘇聯的遺傳學家必須作個主觀的選擇，以決
定究竟是追求真理比較好，還是發現事實以便支持官方的教條比
較好。哪個選擇才是「比較好」的呢？我們固然可以對各個選擇
的內容作科學的探討，但仍需其他主觀選擇的價值為本才行。舉
個例，如果我們認為一個文化的生存最有價值，然後我們才能夠
用科學方法來探究如下的問題：在追求真理或支持官方教條這兩
者之間，哪一個和文化的生存最是息息相關。

所以，我的要點乃是：任何科學上的努力，不論是純科學或
應用科學，都是在執行一種價值或追求一種目的，而這些價值和
目的則都是由人的主觀選擇而決定的。把這種選擇明示出來是很

重要的，因爲，除此之外，人所追求的某一特定價值總是無法在
科學活動的本身以內去作考驗或評鑑，肯定或否定，雖然科學活
動的意義還是由那個價值所衍生的。最初的價值或目的就這樣而
永遠落在它所推動的科學的視野之外。

　　這意思是說：如果我們已然爲人類擇定了某個目標，或一系
列的目標，然後著手在一個很大的尺度上對人的行爲進行控制，
以便達成該目標，這樣做來，我們就會封閉於原初的選擇之內，
因爲這種科學工作永遠不會超越自身而另設新的目標。只有主觀
的人自體才能做這種事情。因此，假若我們爲人類選擇了快樂狀
態爲目標（赫胥黎在《美麗的新世界》中把這個目標狠狠地嘲弄
了一番），並且假若我們把所有的社會都涵蓋在成功的科學計劃
之中，使人人都能變得很快樂，那麼，我們就都會被封鎖在一個
硬梆梆的巨籠裡，而沒有一個人能自由地對這個目標提出疑問，
因爲我們身陷於其中的科學運作並沒有辦法超越自身，而能對指
導原則有所疑問。不用對這點再多贅言，但我得指出：這個巨大
而僵硬的東西（不論是叫恐龍巨獸或叫專制體系）在演化的歷史
上，並沒有很好的存活紀錄。

　　然而，假若我們的計畫裡也有一部份是要釋放一些「計劃
者」，他們不必追求快樂，也不受控制，因此他們可以自由地選擇
其他的價值，而這一點頗有些意義。首先，它的意義是：我們所
選擇的目標不夠充分並且也無法令人滿意，因而必須有所補充。
此外它又意指：如果我們必須設立一個擁有自由權的精英集團，
那麼，顯然大多數其他人就只是奴隸而已——不管我們用多冠冕
堂皇的名字來稱呼他們——因爲他們必須臣服於選擇目標的人之
下。

　　不過，也許科學的思想是：科學在繼續不斷的努力工作之

中，自會演化出自己的目標；早期的發現也會改變科學的方向，使後隨的發現進一步造成改變，終而發展出科學自己的目標。許多科學家似乎暗地裡都持有這樣的觀點。這個想法固然也有合理之處，但這種持續發展的過程卻忽略了一個重點，那就是：當方向改變每一個關鍵處，總是有主觀的個人選擇介入。科學的種種發現，或實驗的各種結果，都不會、而且永遠不會自動地告訴我們：科學該追求的下一目標究竟是什麼。再怎麼純粹的科學也須由科學家來決定它的發現是什麼意思，他必須主觀地選擇下一步驟是什麼，必須根據他自己的目標來決定什麼是有利的追求方向。而如果我們談的是如何應用科學知識的話，那麼這道理就更明顯了：對於原子結構的知識再怎麼增加，其中也不會含有任何東西可以來告訴我們，這些知識究竟該擺到什麼目標上。選定目標的主觀決定，在這種情況下，必須出之於許多的個人之手。

395

　　由此，我要回到原先的命題上去──我用那個命題來引出這段論述，如今我要換一句話來重述這個意思。科學的意義乃是對一目標作客觀的追求，但目標則是由一個人或幾個人主觀選擇的。目標或價值可以孕育出科學，並將意義賦予科學，但它們卻不可能由某種科學實驗或調查中獲悉。所以，當我們在討論如何透過行為科學來控制人類時，我們首先必須要深切地關注科學本身中的主題選擇的目的何在，以及如此應用這種科學，究竟是存心要做出什麼。

另外一套價值

　　假若我這一路來所提出的理由沒錯的話，那麼，這些理由已經為我們開啓了一扇門。如果我們能坦白地面對這樣的事實，也就是說：科學還是從主觀選擇的一套價值起脚的，那麼，我們也

就可以自由地選擇我們想要追求的價值了。我們不見得非要自陷
於那些愚蠢的目標裡——說什麼行爲科學就是要在控制之中製造
快樂、生產力等等。我倒想提議些迥然有異於此的目標。

假設我們的起點是和以上所再三談論的那類目標極其不同的
另一套價值、終點和目標；假設我們相當公然地著手從這裡做
起，且把這種價值選擇視爲只是一種可能性，讓人們可以接受它
也可以拒斥它；假設我們選擇的一套價值注重的是流動的過程因
素而不是靜止的屬性，那麼，我們的價值就可能是這樣的：

人乃是變化的過程；由於潛能的逐漸發展，使他在此過程中
獲致他的價值和尊嚴；

每一個各別的人則是個自我實現的過程，一直奔向更具挑戰
性、更能豐富自己的體驗；

396

人乃是以創意來向不斷更新、不斷改變的世界調適的過程；
人的知識又不斷在超越自身，就像相對論超越了牛頓物理學，在
未來，相對論也可能被另一種新觀點所超越；

假若我們所選擇的價值就像以上這些，那麼當我們再轉回行
爲的科學與技術時，我們想要探索的問題便將大不相同。我們的
問題可能會是：

科學可以幫助我們去發現豐富而令人欣慰的新生活樣態嗎？
發現更有意義、更令人滿足的人際關係樣態嗎？

科學可否告訴我們，人類要怎樣才能更聰慧地參與他自身的
演化過程——包括他的身、心、和社會演化在內？

科學能否告訴我們，什麼方法可以將一個人的創造能力釋放
出來？因爲在這個擴張快得出奇的原子時代裡，創造的能力似乎
是必要的。歐本海默博士(4)曾經指出：知識的量在過去需歷經千
年或幾世紀才會增長一倍，而今，在短短一個世代，或甚至只消

十年工夫就加倍了。顯然，我們必須在創造力的釋放之中，來發現我們的上限，這樣我們才能作最有效的調適。

　　簡言之，科學能否發現一些方法讓人能最便捷地在他的行爲、思想和知識上都變成不斷發展的自我超越過程？科學能否預測和釋放一種本質上「不可預測」的自由？

　　把科學當成方法來看，它帶有一種美德，就是能夠將這種目的和標準推進並實現出來，而不僅僅在作某些靜態價值（如能充分獲悉既有的資訊，或快樂，或服從）的工具。確實的，我們有些證據可用來說明這一點。

一個小小的例子

　　對於這方面的種種可能，我要依心理治療中取出的文獻來做說明，因爲這是我最熟悉的領域，但願讀者能原諒我。

　　根據梅爾婁(Meerloo)(2) 和其他人的說法，心理治療可以變成控制別人的一種最精微的工具。治療者可以很微妙地以他自己的形象來模塑另一個人。他可以致使一個人變得順從而附和。當某些治療原則以很極端的方式運用時，我們就稱它爲「洗腦」397──使一個人的人格解離，然後依照控制者所期望的樣子重新組合。所以，心理治療的原則確可用作控制人格和行爲的最有效手段。但是，心理治療可有別的用處？

　　我得說，以受輔者爲中心的治療法有許多發展(8)，而我在其中發現一些令人興奮的蛛絲馬跡，讓我曉得：行爲科學或多或少可以達成我所說的那些價值。姑不論這是心理治療中相當新穎的一種取向，但在它的發展中，對於行爲科學與控制人類行爲的關係上，却有相當重要的涵義。讓我來描述一下我們的體驗，說明它和現在這個論題有何關聯。

　　在以受輔者爲中心的治療法中，我們也賣力地從事預測行爲和影響行爲的工作。我們會以治療者的身份來建立某些態度條件，相形之下，受輔者在這種事情上就沒有太多發言權。扼要地說，我們的發現是這樣的：如果治療者能具備以下三種態度條件，那麼他就可成爲最有效能的治療者。這三種條件是：(a) 他在兩人的關係中能夠眞實、整合而且淸明透澈；(b) 接納受輔者之爲一個獨立而不同於己的個人，接納受輔者所有的表達方式，哪怕它起伏波動、時而若此、時而若彼；(c) 能敏銳瞭解，透過受輔者的眼睛，設身處境地看待他的世界。我們所作的研究使我們能預測到：當這些態度條件能建立之時，某些行爲的後果就會隨之發生。這樣的說法：聽起來又好像掉回前文所述及的窠臼，也就是說：能夠預測行爲，因此也必能控制行爲。不過，其中卻存在著一個迥然不同之處。

　　我們選擇建立的條件所預測的行爲後果是這樣的：受輔者會變得能自我引導，更不僵化，更能對感官的證據而開放，更有組織、更能整合爲一，更接納他爲自己所建立的理想。換句話說，我們以外在控制的方式所建立的條件，結果（依我們的預測）會引發個人的內在控制，使他能追求他內在的選擇的目標。我們設立的條件可以預測許多種類的行爲——自我引導的行爲、對內外實在世界的敏感度、有彈性的調適行爲——而在本質上，這些行爲的細節則都是不可預測的。我們所建立的條件要預測的都是些「自由的」行爲。最近的研究(9)指出：我們所作的預測有相當程度可以確立，而由於我們對科學方法都很認眞，因此我們此也相信：我們也許還可用更有效的手段來達成這些目標。

　　在其他領域中的研究——工業、教育、團體動力學——也相當可以支持我們的發現。我相信我可以很保守地說：在人際關係

中，科學的進步乃在於更能指認一些條件，使得條件成立時，就可預知如下的結果：行為更加成熟，對他人的依賴減少，更能表達個人的感受，增加可變性和彈性，增加調適效率，自負責任之感昇高，也更能作自我導引。有些人擔心這樣的結果會造成過度的混亂和不定，但我們的發現卻正好與此相反。一個人若能對自身的體驗開放，且能自我導引的話，他將是內外和諧，而不是擾攘不安，是見解獨到，而不是散漫失所，因為他會以想像力來整理自己的反應，使得他自己的目標更易於達成。他的創意行動不再是胡作非為；而更像是科學家在發展一套理論時的作為。

由此，我們發現，我們在基本上和杜威(John Dewey)的說法非常接近。他說：「科學的進步乃在於釋放個人新鮮的創意以及變化、發明和改革等因素，而不在於壓制這種種。」(7, p.359)我們因而更相信：個人的生活和群體生活上的進步也是以同樣的方式展現——釋放出人的變化、自由、和創意。

控制人類行為的一個可能的概念

很顯然的，我所表明的觀點和平常人的概念形成很強烈的對比 —— 一般人總認為行為科學和控制人類行為之間有某種一定的關係，如上文之所述。為了更坦率地指出這種對比，我打算提出一些可能性，以便和上文所敍述的那些控制步驟能作個對照。

1.我們可能選擇一種價值，視人為一種自我實現的變化過程；珍惜人的創意，以及能自我超越的知識過程。

2.我們可以藉由科學方法來向前推進，以發現這些過程的必要條件，並且透過實驗來找出達成此一目標的更佳途徑。

3.在個人或團體都有可能設定這些條件，只要加上最少量的外力控制就好。根據目前的知識，我們所需要的唯一權威乃是能

夠開啓人際關係之某些品質的那種權威而已。

4.依目前的知識來看，人若置身於這些條件之中，他很可能會變得更能自我負責，在自我實現方面節節進展，變得更有彈性，更獨特而又有變化，更能以創意調適其生活。

以這種選擇爲起點，有可能肇致一個社會體系或社會次體系的建立，在其中，價值、知識、調適之道、乃至科學的概念都會不斷變化、不斷自我超越。在這樣的社會中，所強調的乃是：人乃是一個變化的過程。

我相信上述的觀點並不必然會導致一個確定的烏托邦。它的最終結果是不可能預知的。那些過程包含了一步接著一步的發展，而發展又是根據個人對目的作不斷的主觀抉擇而定。行爲科學可以使這目的變得清楚可見。照此發展下去，它終將走向一個「開放社會」，有如巴柏(Popper)(6)所界定者，在其中每一個人都要負擔起個人抉擇的責任。這樣的社會正好和封閉社會（可以用《桃源二村》爲代表）的概念完全相反。

我很相信，所有的重點都會擺在過程上，而不在於其最終的狀態。我的意思是說：我們若能把價值設定於某些變化過程的品質因素上，那麼我們當能找到一條通往開放社會的坦途。

抉　擇

行爲科學對於我們的下一代可以提供的選擇究竟有多少？我很希望這番述說有助於澄清這個問題。我們可用那日漸增長的知識來以人類從未夢想過的方式奴役人民，讓他們全部失去人樣，以極縝密選擇的手段來控制所有的人；使他們在不知不覺中失去

做人的本質。我們可以運用科學知識保證人人都變得快樂、多產、行為端正，有如史金納博士所倡議的樣子。還有，如果我們想要的話，也可以使人人變得溫馴、依附、言聽計從。相反的，我們可以運用行為科學來使人自由，而不是控制人；讓人發展創意，而不是輕易地安於現狀；讓人獲得助力而得以推進其自身的變化過程；協助個人、團體、乃至科學的概念，讓他（它）們能變得自我超越，現出嶄新的本色，以調適生活並因應生活中的種種難題。這些抉擇都有賴於我們自己，然而人類之為人類就在於我們有些時候會不經意地這裡拐一腳、那裡跌一跤——有時我們會作出災天禍人的價值抉擇——而其他時候我們則會選擇具有極高建設性的價值。

　　如果我們決定要善用科學知識來使人自由的話，那麼我們就必須坦然接受行為科學的這種弔詭性質。我們得承認：用科學來檢視行為的話，最容易理解的乃是由先前原因所導致的行為。這是科學的基本事實。但是，個人自負其責的抉擇乃是我們做人最重要的因素，也是心理治療體驗的真髓，而它的存在總是先於科學工作的——這是我們的生命中另一個同樣根本凸顯的事實。我們必須在自己的生活中認清這樣的事實：負責的個人所作的抉擇乃是極真實的體驗，若果否認這種真實性，那就和否認行為科學一樣愚蠢無知和固步自封。我們的體驗中含有這兩個因素，而兩者間顯然存在著一種矛盾，這種情形也許正像光波和光粒子理論間的矛盾一樣有意義。矛盾的兩面雖不能相容，但卻可各別成立。否認主觀體驗的生活，對我們絲毫無益，正如我們也不能否認對那種生活所作的客觀描述一樣。

　　所以，我的結論就是：我堅信，假若缺少了個人的價值抉擇，或缺少了我們所欲達成的目標，那麼科學決不可能自動誕生。

而我們所擇定的這些價值永遠會在科學所能運作的世界之外；我
401　們所選的目標，我們所欲達成的目的，一定永遠座落在科學的努
力之外。對我而言，此中饒富鼓舞的意義，因爲那等於告訴我們
說：人既帶有主觀抉擇的能力，那麼他就能夠、而且也永遠會存
在於他的科學世界之外、存在於他的科學工作之前。除非我們的
選擇是放棄主觀抉擇的能力，否則我們將永遠保有我們自由人的
身份，而不會淪爲人所締建的行爲科學之掌中玩物。

參考書目

1. Huxley, A.

   1946 *Brave New World.* New York and London: Harper and Bros.

2. Meerloo, J. A. M.

   1955 Medication into submission: the danger of therapeutic coercion. *J. Nerv. Ment. Dis.* 122, 353-360

3. Niebuhr, R.

   1955 *The Self and the Dramas of History.* New York: Scribner.

4. Oppenheimer, R.

   1956 Science and our times. *Roosevelt University Occasional Papers.* 2, Chicago, Illinois.

5. Orwell, G.

   1984. New York: Harcourt, Brace, 1949; New American Library, 1953.

6. Popper, K. R.

   1945 *The Open Society and Its Enemies.* London: Routledge and Kegan Paul.

7. Ratner, J.

   1939 (Ed.) *Intelligence in the Modern World: John Dewey's Philosophy.* New York: Modern Library.

8. Rogers, C. R.

1951 *Client — Centered Therapy*. Boston: Houghton Mifflin.

9. Rogers, C. R., and Rosalind Dymond

1954 (Eds.) *Psychotherapy and Personality Change*. University of Chicago Press.

10. Skinner, B. F.

Winter, 1955-56 Freedom and the control of men. *Amer. Scholar,* 25, 47 — 65.

11. Skinner, B. F.

1953 *Science and Human Behavior*. New York: Macmillan. Quotation by permission of The Macmillan Co.

12. Skinner, B. F.

1948 *Walden Two*. New York: Macmillan. Quotations by permission of The Macmillan Co.

13. Whyte, W. H.

1956 *The Organization Man*. New York: Simon & Schuster.

附　錄
卡爾・羅哲斯的重要著作簡介

1.《以受輔者爲中心的治療法》(*Client-Centered Therapy,* Boston：Houghton Mifflin, 1951)

　　羅哲斯對他所自行發展的治療法作了首度的整理彙集發表。書中曾解釋他和心理分析及醫學模式的差異，並強調以人爲本的觀念如何藉個別諮商、團體諮商、遊戲治療以及教學、行政等方式表現出來。末章則首度提出他對於人格、自我結構以及治療法的理論。是一本進入羅哲斯世界的最佳入門書。

2.《心理治療與人格變化》(*Psychotherapy and Personality Change.* Chicago：University of Chicago Press, 1954)。

　　由羅哲斯與黛蒙(Rosalind Dymond)合編，是羅哲斯在芝大諮商中心工作期間所主持的研究計畫之完整報告。其中包括首度使用Q排組法來測量自我概念的全部過程。整個研究計畫幾乎無所不用其極地記錄了所有的面談，也安排了實驗設計所必要的對照（控制）組，援引了其他種種用以測量人格和行爲改變的素材。作者不僅報告了治療成功的個案資料，也報告了治療無效的資料，其用心之坦率由此可見。心理治療的實徵研究實由此一研究計畫而肇其端，故本書堪稱爲一座心理治療研究的里程碑。

3. 〈在以受輔者為中心的架構中發展而得的治療法、人格及人際
   關係的理論〉（A theory of therapy, personality, and inter-
   personal relationships, as developed in the client-
   centered framework. In S. Koch (Ed.) *Psychology：A
   Study of a Science,* Vol. III. New York：McGraw-Hill,
   1959, pp. 184-256)

　　這是一套大部頭選集中的一章，羅哲斯自認為本文和《成為
一個人》是他一生最重要的兩種作品。他說：「（在本文中）我提
出我對心理治療、人格和人際關係的理論，這是我感到很滿意的
一篇，因為這個理論和別的理論很不一樣。我費盡心血把文中的
每一個主要句子字字斟酌，使得這些陳述都可以付諸研究考驗。」
　　（參見1984年羅哲斯的訪問錄。由本書譯者節譯：〈關懷人性，
致力創造──卡爾羅哲斯一生的回顧〉，載於《張老師月刊》，123
期，第78-87頁。）Corsini（1984：192）對本文的評論是：不容易
讀。但有心的讀者却不可遺漏。

4. 《卡爾・羅哲斯論個人權力：內在的力量及其革命性的衝擊》
   (*Carl Rogers on Personal Power：Inner Strength and
   Its Revolutionary Impact.* New York：Delacorte Press,
   1977)。

　　以人為本的思想正帶動一場無聲的革命，而它的影響遍及於
各種助人的專業工作、教育、婚姻與家庭關係，乃至行政管理的
方法。在國際或文化之間的緊張關係上，人本的原則也發展出一
套初步的模型，有助於解決衝突及增進溝通。本書中有一章描述
了一次為期十六天的工作坊如何借助於人本治療法的理念而設
計、進行並獲致令人滿意的成果。另外也有一些案例足資說明在

婚姻、政治事務中的應用情形。本書所企圖指明的是：這場無聲的革命所預示的，乃是些具有自我實現傾向的具體個人，而他們無論在任何文化、任何社會中，都將萌生而出。

5.《存在之道》(*A Way of Being*. Boston：Houghton Mifflin, 1980)。

　　書名中譯用了個「道」字，一點也不是巧合，因爲羅哲斯相當偏愛中國哲學中的《老子》一書。

　　在名著《成爲一個人》之中，羅哲斯已經顯露出與東方自然哲學親和的徵象。到了晚年出版此書時，更令人清楚看出：他的以人爲本取向，本質上乃是一種東方和西方思想融和後的結晶。孜孜不息的羅哲斯，到了年逾古稀，仍然辛勤於推展人本理念。但他已逐漸離開胼手胝足的科學檢驗工作，而戮力於哲學式的探索。他是個存在主義者？現象學家？或是個東方神秘主義者？本書所輯錄的十五篇文章(1961-1980)將可讓讀者在其中尋得答案。

索 引

A

acceptance 接納 20, 54, 67, 82, 109, 207, 305, 357, 375

    definition of ～的定義 34

    of feelings 對情感（感覺）的～ 151

    of others 對他人的～ 174

    of self 對自己的～ 51, 63, 75, 207

actualizing tendency （自我）實現傾向 351

adjustment score 調適分數 235, 236

Adlerian psychotherapy 阿德勒學派的心理治療 266

aggression 攻擊、侵犯 194

alcoholics, therapy with 對酗酒成癮者的心理治療 46, 47

American Psychological Association 美國心理學協會 125, 363

Asch, S. E. 艾許 372, *381*

attitudes：態度

    of the helping person 助人者的～ 50

    of the therapist 治療者的～ 63, 74, 84

    parental 父母親的～ 41, 42, 43

    positive 正面的～ 52, 65, 75

autonomic function in relation to therapy 自律（神經）功能（和治療的關係） 251-253, 267

awareness 意識，知覺，覺察

T

當代思潮系列叢書

《當代思潮》已出82冊·總定價25300元

《教育的語言》

謝富勒 Israel Scheffler 係當代美國教育哲學界中，被公認爲最凸出的學者之一。在本書中他檢證教育中常見的三種語句:定義、教育口號和隱喩式的叙述，用邏輯的觀念來評析它們的地位;用時著敎學觀念的概略分析，以及使用此觀念的顯著方式，並提出與基本教育觀念相關的研究方法。本書出版後，廣受好評，咸認其爲教育哲學樹立了新的里程碑。

新知叢書

國家圖書館出版品預行編目資料

成為一個人：一個治療者對心理治療的觀點／
卡爾‧羅哲斯（Carl R. Rogers）著；宋文
里譯；-- 初版. -- 臺北市：桂冠出版，
1999〔民79〕
　面；　公分. -- （當代思潮系列叢書；1）
　譯自：On becoming a person: a therapist's
　view of psychotherapy
　ISBN 957-551-002-X（平裝）

1.　心理治療 2.臨床心理學

178　　　　　　　　　　79000131

08701

成為一個人：一個治療者對心理治療的觀點

On becoming a person

A therapist's view of psychotherapy

著者 ——— 卡爾‧羅哲斯（Carl R. Rogers）
譯者 ——— 宋文里

出版者 ——— 桂冠圖書股份有限公司
地址 ——— 台北市 106 新生南路三段 96-4 號
電話 ——— 02-22193338　02-23631407
購書專線 ——— 02-22186492
傳真 ——— 02-22182859～60
郵政劃撥 ——— 0104579-2　桂冠圖書股份有限公司

電腦排版 ——— 獨立電腦排版公司
印刷廠 ——— 海王印刷廠
裝訂廠 ——— 欣亞裝訂公司

初版十刷 ——— 2001 年 10 月
網址 ——— www.laureate.com.tw
E-mail ——— laureate@ laureate.com.tw